El Che Guevara

Hugo Gambini
EL CHE GUEVARA

```
923      Gambini, Hugo
GAM      El Che Guevara.- 1ª. ed.– Buenos Aires : Stock Cero, 2002.
         328 p. ; 23x16 cm.

         ISBN 987-20506-4-3

         I. Título - 1. Biografía-Che Guevara
```

Hugo Gambini

El Che Guevara

Stockcero

Diseño de cubierta: Esteban Portela
Diseño de interior: Mónica Deleis

© Hugo Gambini

1ª, 2ª y 3ª edición 1968, Editorial Paidós

4ª y 5ª edición 1973, Editorial Paidós

6ª y 7ª edición 1996, Grupo Editorial Planeta

8ª y 9ª edición 2001, Grupo Editorial Planeta

10ª edición 2002, Stockcero

ISBN Nº 987-20506-4-3
Libro de Edición Argentina

Hecho el depósito que prevé la ley 11.723
Printed in the United States of America

Ninguna parte de esta publicación, incluido el diseño de la cubierta, puede ser reproducida, almacenada o transmitida en manera alguna ni por ningún medio, ya sea eléctrico, químico, mecánico, óptico, de grabación o de fotocopia, sin permiso previo del editor.

A Emiliana López Saavedra,
un amor que ya va por el cuarto nieto.

Sumario

La historia de este libro 15

I - La muerte del Che 23

9 de octubre 23
10 de octubre 23
La versión definitiva 24

De Alta Gracia a Sierra Maestra 29

II - El aventurero 31

El yerbatal de Misiones 32
Primer ataque de asma 34
Formación del carácter 35
Manías peligrosas 36
Factores psicosomáticos 37
Un Guevara asesinado 38
La casa de Alta Gracia 39
Hincha de Rosario Central 41
Llegan los Aguilar 42
El año '39 43
El Colegio Nacional 44
Barral, otro amigo republicano 45
Los Guevara, buscadores de oro 46
Los Lynch, terratenientes 48
Personalidad de medio-scrum 49
El temor al nazismo 51
El año '45 52
Dos amores imposibles 53
Los sofisticados estancieros 54
El tango y el rugby 56
El mate, el ciclismo y la aviación 57
El antiperonismo de sus padres 58
Doce provincias en bicicleta 60

La amistad con Granado	61
La gran aventura en moto	62
Descanso en Machu Picchu	63
El regalo de los leprosos	65
En balsa por el Amazonas	65
Campeones de fútbol en Colombia	66
El *rush* de las doce materias	68
El nuevo rumbo	69
En La Paz, con los antiperonistas	70
El asalto al Moncada	72
Perú, Ecuador, Colombia	74
Panamá: otra vez de a pie	76
Sorpresas en Costa Rica	77
A quedarse en Guatemala	79
La caída de Arbenz	82

III - El guerrillero   89

La amistad con Raúl Castro	90
El plan de Fidel	93
Fondos para el 26 de Julio	94
Nace El Che	96
A derrocar a Batista	97
Una odisea en el *Granma*	99
Desembarco y tiros	101
Un código de moral	105
El primer triunfo	107
Deserciones, desbandes y paludismo	109
Con Frank País y Herbert Matthews	112
Los peores días	113
Un incidente	115
Médico en la selva	116
Armas y publicidad	117
Discusiones con Fidel	119
El Uvero	120
Una actitud heroica	121
Ahora también la odontología	123
La estrella de comandante	125
Los festejos del 26	126
Salvada milagrosa	128

IV - El comandante ... 133

Un pacto desautorizado ... 134
También un periódico ... 136
Balance de recuerdos ... 137
Radio Rebelde empieza a transmitir ... 138
Huelga general ... 140
Se afianza el ejército ... 142
Un documento conjunto ... 143
La campaña de Las Villas ... 144
Llegan las armas ... 146
Sin zapatos, sin comida y con sueño ... 147
"Estamos todos muertos" ... 149
Descanso reconfortante ... 150
La muy sabrosa carne de yegua ... 151
Reunificar fuerzas ... 153
Cuba y Estados Unidos ... 154
La ofensiva final ... 156
¡A Santa Clara! ... 157
La batalla decisiva ... 159
Huye Batista ... 160
Hay que asegurar la victoria ... 163
La imagen del Che en Buenos Aires ... 164
Aleida, la guerrillera ... 166

De Cuba a Punta del Este ... 169

V - El político ... 171

Cambios en Estados Unidos ... 171
¿A pelear contra Trujillo? ... 172
La imagen de Cuba ... 173
Adams, Jefferson y Canning ... 174
Martí, el *Maine* y Platt ... 175
Confesiones de Butler ... 176
"Cubano de nacimiento" ... 178
Proyecciones sociales del Ejército ... 179
Un informe del Banco Mundial ... 181
Datos económicos y humanos ... 182

El hambre de los campesinos 183
Diez años es demasiado 185
Celia quiere saber todo 187
Exceso de trabajo y asma 188
El paredón y el cerebro 189
¿Convivir con Estados Unidos? 191
A vender la imagen de la Revolución 194
Viaje al Tercer Mundo 195
Euforia en Cuba y expectativa en Estados Unidos 195
Desaparece Camilo Cienfuegos 197
El tercerismo: un buen negocio 198
Dos nuevos cargos 200
El economista 200
La guerra de guerrillas 201
Información para el enemigo 203
Reencuentro con Granado 204
Notas para la ideología 205
El ministro de Industrias 208
Ruptura de relaciones y sondeos 210
Un libro y dos cartas 212
Celia escribe en *La Vanguardia* 213
El triunfo de Palacios 214
Con Martínez Estrada 215
Kennedy se decide por la invasión 218
Bahía de Cochinos (o Playa Girón) 219
Ahora, a ganarle a los comunistas 220
"Les honneurs, ca m'enmerde" 222
Fracasa un atentado 222
Fidel insiste en negociar 223
Punta del Este 224
"Hay ayuda gracias a Cuba" 226
"Hay 500 millones, no 20.000" 227
La planificación de la letrina 228
¡Huevos! 230
Frondizi planea una entrevista 231
"No podemos esperar quinientos años" 232
"La guerra no nos conviene" 234
El viaje a la Argentina 235
En Olivos con Frondizi 236
El Che "derroca" a Quadros 239

De la Revolución a la Leyenda 245

VI - El socialista 247

Fallas en la agricultura 247
Expulsión de la OEA 248
Los cohetes rusos 249
Volver a empezar 251
¿Estímulos materiales o morales? 252
Calentura tropical y revolucionaria 253
Las guerrillas: un método 255
El *hombre nuevo* 256
Un rótulo: chinófilo 257
En USA y URSS, en la UN 259
Visitas a Ghana, Guinea y Malí 261
Argel, un reto a los rusos 262
Viaje secreto a China y exigencias de Mao 264
El socialismo y el hombre 265
Sentimientos de amor y sacrificio 267

VII - El revolucionario 269

Llevar la revolución a otra parte 270
Despedida de los viejos 272
Adiós a *Pepe* y a Alberto 272
La renuncia formal 273
Fidel lo despide 275
"A mis hijos" 276
Los bolcheviques en acción 277
Rumbo al Congo 277
Nace la Tricontinental 278
Argentina, el gran objetivo 279
Adolfo Mena, un señor calvo 280
El plan de los hermanos Peredo 281
Con las piezas en el tablero 282
Las condiciones de Mario Monje 283
Los uniformes y el "cemento" 284
Llegan Debray, *Tania* y Bustos 285
Se abre el fuego 286
Mensaje a la Tricontinental 288

Debray debe irse 289
Lo que no se imaginaban los militares 290
Barrientos recibe ayuda 291
El combate de Iripití 292
Caen Debray y Bustos 294
Ultimo esfuerzo por obtener apoyo 294
Exitos y arengas 296
El ardid de Samaipata 297
El cerco se cierra 298
Caen *Joaquín* y *Tania* 299
La Higuera: último reducto 300
La captura 301
"¡Tenemos a *Papá*!" 302
Las pruebas de la ejecución 303
Todos se lavaban las manos 303
La orden de ejecución 304
Los policías que identificaron las manos 306

VIII - El mito 309

Roberto Guevara en La Habana 309
"¡Que sean como El Che!" 310
Debray acusa a los comunistas 310
Las probabilidades de una traición 311
El guevarismo, una táctica 312
San Ernesto de La Higuera 312
El diario de campaña 313
La autodefinición 315

Indice de nombres 317

La historia
de este libro

Ni la primera edición (1968) ni las sucesivas cuatro reimpresiones (aparecidas entre ese año y 1973) de El Che Guevara llevaban un prólogo. No lo tenían porque no hacía falta explicar nada. Pero desde aquella primera edición han pasado veintiocho años y muchas cosas en nuestro país, y me pareció razonable incorporar al texto esta pequeña historia, contar cómo fue la elaboración del libro en sí, el interés que despertó y las prohibiciones que finalmente afectaron tanto a la obra como al autor.

Como me considero intelectualmente honesto –no por acertado sino por sincero–, me parece fundamental aclarar que la idea de escribir una biografía de Ernesto Che Guevara no fue mía sino de Jaime Berstein, por entonces director de Editorial Paidós junto con Enrique Butelman. Ambos me habían convocado en 1967 para dirigir una colección de pequeñas biografías de figuras políticas escritas por periodistas. Naturalmente me entusiasmé. Tenía treinta y cuatro años, integraba la redacción de la revista Primera Plana y la dirección de esa colección significaba un desafío profesional nuevo para mí. Apenas comencé a trabajar en el proyecto, la noticia de la muerte del Che en Bolivia nos sacudió a todos. Berstein me llamó enseguida para pedirme que incluyera urgente una biografía del Che en la lista de títulos. Por lo fascinante y complejo del personaje y del entorno que reflejaría el libro (la Revolución Cubana, especialmente), propuse contratar a un periodista famoso para hacer realmente un buen libro. Berstein escuchó un rato mi argumentación hasta que me cortó con esta respuesta: "No, no busquemos a nadie. Escríbala usted. Y no perdamos tiempo. Póngase a trabajar ya mismo. El otro proyecto quedará para después".

De la sorpresa pasé a la excitación. Salí a revolver archivos –empezando por el mío y el de la revista–, a recopilar la mayor cantidad de información, como si se tratara de una gran nota periodística. Sólo que esta vez debía escribir no menos de cien carillas, sin el menor margen de improvisación, chequeando y rechequeando todos los datos, "porque los libros quedan para siempre; no sirven para envolver la lechuga, como los diarios de ayer, ni van a la molienda para reciclarse en papel higiénico, como las revistas de la semana pasada", según me había enseñado con su inolvidable ironía Osiris Troiani, uno de los grandes de aquel periodismo tan serio como transgresor de entonces. Llevaba un fichero cronológico de episodios con todos los datos que iba acumulando, para evitar el caos y ordenar la información. Cuando empecé a escribir advertí enseguida que el texto se alargaría más de lo previsto y que el fichero iba a adquirir dimensiones embarazosas, alimentado no sólo por mí sino también por amigos que viajaban a Cuba y a Europa y me traían recortes, libros y testimonios inéditos sobre Guevara. Berstein, constituido en médico partero, revisaba cada carilla de los originales con extrema dedicación y me apuraba como un jefe de redacción en hora de cierre.

El libro apareció exactamente a los nueve meses, en junio de 1968, luego de los tres meses que demandó la intensa investigación, los cuatro de redacción definitiva y los sesenta días necesarios para la impresión gráfica. No hubo feriados ni vacaciones durante ese período, ni para mí ni para mi esposa Emiliana, que se encargaba de sacar de nuestro departamento de Juan Bautista Alberdi y Pumacahua a nuestros dos infiernos –Gabriela de seis años y Verónica de cinco–, para que yo pudiera seguir acribillando carillas con la ruidosa Olivetti Lettera, día y noche, ignorando los airados chistidos vecinales. Cuando concluí el índice bibliográfico me di cuenta de todo lo que había acumulado, revisado y leído en esos pocos meses. A la ansiedad característica del oficio de periodista había que sumarle la del autor novato que publica un libro por primera vez en su vida, para explicar esa hiperactividad sin descanso.

Apenas llegó a las librerías la primera edición se agotó. Amalia Baigorria –promotora de la editorial– recorría entusiasmada las redacciones de diarios y revistas: el libro era bien recibido. Pero el primer gran impacto para mí tuvo lugar en *Primera Plana*, que lideraba el mercado de revistas de opinión con su estilo mordaz (y a veces soberbio o tilingo pero siempre mejor informado y más audaz que sus competidoras). A la sorpresa de que uno de los redactores más oscuros de la revista –casi todos eran brillantes– produjera un best-seller de la noche a la mañana le sucedió, también de la noche a la mañana, el comentario del propio director, Ramiro de Casasbellas, quien me dijo: "Me llevé tu libro a la cama y no lo pude soltar. Está muy bien". Escuchar eso de quien era capaz de estrellar una pizza contra la pared porque descubría dos datos erróneos en una misma carilla o de romper un teléfono porque le informaban mal desde el archivo, era para un periodista como recibir el Nobel de Literatura.

A pesar de la bendición, no hubo crítica bibliográfica en la revista, porque en *Primera Plana* se había establecido la norma –absurda– de no comentar los libros publicados por sus redactores. Sólo se admitió que *El Che Guevara* figurara en el ranking de best-sellers si así lo certificaban las librerías consultadas. En el curso de pocas semanas el libro trepó al primer lugar, no solamente en esa revista sino también en el suplemento cultural de *Clarín* y en la sección literaria del semanario *Análisis*. Los comentarios fueron muy favorables en medios como *La Nación, Siete Días, Claudia, Confirmado, Propósitos, Inédito, Correo de la Tarde* y *La Vanguardia*. Todos recomendaban su lectura, nadie intentaba destruirlo. Hasta que lo descubrieron los sagaces agentes de la División de Investigaciones Policiales Antidemocráticas (DIPA).

Estos buenos muchachos (quienes en una desapacible tarde de agosto de 1969 irían democráticamente a clausurar las antidemocráticas oficinas de *Primera Plana* por orden del general Onganía) recorrieron las librerías céntricas para secuestrar la tercera edición de *El Che Guevara*. Quedaban muy pocos ejemplares y estaba en marcha la cuarta impresión, cuando se declaró que la lectura de ese y otros libros era perniciosa para la salud intelectual del pueblo y, en un ostentoso operativo, se destruyeron los pliegos impresos y los ejemplares decomisados de *El Che Guevara*, así como de *Planificación y desarrollo*, de Lange; *Elites y clases dominantes*, de Paul Sweezy; y *Fusiles para rescatar la tierra*, de Willy S. Taylor. Todos peligrosísimos, sobre todo el último: una atrapante novela del Lejano Oeste norteamericano. Felizmente, las purificadoras llamas de DIPA no alcanzaron los Estados Unidos, donde el crítico John Womack Jr. acababa de escribir en *The New York Review of Books*: "Hay varias biografías sobre Guevara, con rebuscadas interpretaciones y muchos errores en los datos; en cambio, la de Gambini es la más objetiva y seria, pues ha sido elaborada con suma prolijidad".

Cinco años después, en julio de 1973 –instalada nuevamente la democracia–, apareció por fin aquella postergada cuarta edición, y volvió a agotarse. Luego de lanzarse la quinta hubo que detenerse, porque los editores fueron advertidos –lo que quiere decir amenazados– por los buenos muchachos de las Tres A, más democráticos todavía que los de DIPA. Como muchos otros colegas supe entonces que me había convertido en una persona peligrosa, no solamente escribiendo sino también hablando por radio o televisión, y fui prohibido, esta vez por los buenísimos muchachos de la SIDE (Secretaría de Informaciones del Estado), quienes construyeron un magnífico prontuario, que tuve la suerte de leer en 1983 y donde se revelaba, por ejemplo, que "formaría parte del comité comunista de San Isidro", y que "en enero de 1948 se dedica a la venta de bonos para recaudar fondos para el partido".

Reconozco que a esa edad –en 1948 yo tenía trece años– mis lecturas eran clandestinas. Compraba a escondidas la revista *Dinamita* (que trataba de explosivos, claro) y por las noches Jane Russell, Hedy Lamarr y Rita Hayworth estallaban en mi mente –y en mi mano– junto con otras bombas de fabricación nacional. Del barrio de San Isidro, en cambio, sólo sabía, por un tío muy burrero, que había un hipódromo, pero nunca había estado por ahí porque apenas estaba autorizado a salir de Floresta con mis pantalones cortos rumbo al colegio nacional, en Flores, y a las cercanas canchas de Vélez (en Liniers) y de Ferro (en Caballito), todo por Rivadavia y en tranvía. Por supuesto que los muchachos de la SIDE agregaron a mi prontuario la autoría de *El Che Guevara*, que encajaba como anillo al dedo con mis "antecedentes comunistas". De lo que realmente había sido mi militancia juvenil (en el centro de Flores del Partido Socialista), de mi iniciación en el periodismo (en *La Vanguardia*, dirigida por Alicia Moreau de Justo), y de mis audaces incursiones oratorias en la tribuna callejera (acompañando al maestro Alfredo L. Palacios) decían poco y nada. Les importaba mucho más mi candidatura a presidente de Vélez Sarsfield en 1979 y lo que dije en una cena partidaria sobre "el cambio de mentalidad futbolística" que necesitaba el club. Les debe de haber parecido un caso de terrible penetración ideológica, porque lo incluyeron en el expediente.

Lo cierto es que la conclusión de la SIDE fue contundente: "Registra antecedentes ideológicos marxistas, que hacen aconsejable su no ingreso y/o permanencia en la administración pública. No se le debe proporcionar colaboración. No debe ser auspiciado por el Estado. (Fórmula 4.) Origen CAA, Legajo 11.171". Después sabría que "Fórmula 4" significaba la exclusión lisa y llana de la radio y la televisión, oficial y privada, pues no sólo fui vetado en los cuatro canales estatales. En 1979 me echaron del noticiero de Canal 13 y no pude entrar a ningún otro porque –según me confió un marino–: "Los de Ejército te pusieron en la lista negra". Ese año tampoco me renovaron contrato en la privada Radio Continental, donde conducía a la mañana *Dos en la noticia* con el colega Silvio Huberman. Ni siquiera pude participar en los programas a los que me invitaban a discutir sobre deportes, como *Polémica en el fútbol* en Canal 11, pues una tarde me sacaron del aire al concluir el primer bloque por una "terminante orden de arriba".

Mi actividad se concentró en esos años en la revista *Redacción*, que fundamos con Emiliana en 1973 –y que seguimos dirigiendo juntos–, en la que siempre publiqué mis opiniones con toda claridad.

Cuando escribí este libro era un periodista del montón. Tres décadas después me conoce más gente por mi trayectoria en los medios gráficos y audiovisuales –estos últimos únicamente con la democracia– y todos saben que soy un discutidor frontal, muy apasionado en la defensa de mis ideas, así me inviten a una mesa redonda de nivel académico o a la mesa de café de *Polémica en el bar*. Siempre voy a decir lo que pienso, aunque me ponga a todos en contra, porque no me achico y trato de ser lo más coherente posible. Tal vez por eso hay una frase del Che que siempre me llegó íntimamente. Es la que escribió a sus hijos en la carta de despedida: "Su padre es un hombre que actúa como piensa y, seguro, leal a sus convicciones".

Esa conducta me conmueve. Jamás he disparado un tiro ni me atrevería a convivir rodeado de bichos en la selva; he desaprobado siempre la insurrección armada –aunque los muchachos de la SIDE piensen lo contrario–; pero no puedo ignorar a quien predicó siempre su revolución con el ejemplo antes que con los libros, ni dejar de sentir admiración, aun en el disenso, por todo ese romanticismo que llevó al Che a convertirse en una leyenda. Me resulta imposible sustraerme a tanta bravura y tanto idealismo.

Finalmente, así como en la primera edición agradecía a los periodistas Julio Algañaraz y Leda Orellano sus valiosos aportes, ahora es el turno de reconocer la invalorable colaboración del profesor Miguel Mazzeo, quien me ayudó a retocar y mejorar sustancialmente esta sexta edición, y a la profesora María del Carmen Ariet García, por su espontáneo interés en agregar nuevos datos históricos.

Hugo Gambini
Buenos Aires, 1996

Oigo a un hombre de ingénita sinceridad, llano y transparente, que cautiva entregándose y que inspira seguridad. Guevara olvidó cuanto aprendió y sabe. Y vive de nuevo una vida que no le pertenece. Ojalá pudiera yo hacer lo mismo.
EZEQUIEL MARTÍNEZ ESTRADA

I
La muerte del Che

9 de octubre

–Ah... ¿venís a matarme, chango? Claro, te mandaron a vos... Después decile a tu coronel que *Che* se escribe sin acento ortográfico, que lo que puso en este pizarrón está mal... Esperate un poco. Me duele la herida de la pierna, pero quiero estar de pie. ¡Ahora vas a ver cómo muere un macho! ¡Tirá ahora, carajo!

(Disparos.)

–La orden fue cumplida, mi coronel.
–A ver, déjeme entrar... Pero... ¿le dio el tiro de gracia, sargento?
–Sí, mi coronel. En el medio del corazón.
–¿Está seguro, sargento? Fíjese en los ojos...
–¡Está muerto, mi coronel! Puede entrar...

10 de octubre

La cabeza de Ernesto *Che* Guevara descansaba sobre una tabla, con la melena colgando hacia atrás y los ojos abiertos. Su cuerpo semidesnudo, estirado sobre la pileta de un lavadero, soportaba inmóvil la tormenta eléctrica que le descargaba una nube de fotógrafos. Cada disparo de flash era como una nueva ejecución; sin embargo, esos relámpagos producían un efecto extraño, pues al rebotar en sus pupilas parecían devolverle el brillo natural a sus ojos. Cegaban, en cambio, a los oficiales apretujados detrás de él para salir en las fotos.

(Algunos disimulaban, señalándole las heridas; otros, más sinceros, esperaban sonrientes cada disparo.)

Los fogonazos (y los parpadeos de los militares bolivianos) se prolongaron casi veinticuatro horas. Después hubo que llevárselo porque venía un hermano del Che a identificarlo y seguramente a reclamar el cadáver. Entonces lo hicieron desaparecer. Y como sólo se necesitaban las manos para cotejar las huellas digitales con la ficha policial, alguien las cortó de un par de hachazos.

Esas veinticuatro horas de exposición en Vallegrande habían sido decisivas. El rostro del Che empezó a asomarse por la ventana que le abrían millones de diarios. Recorría el mundo con su boca entreabierta y sus ojos encendidos, multiplicándose en las tapas de las revistas y en los afiches políticos. Ya era imposible esconderlo.

La versión definitiva

Sobre la muerte del Che se tejieron varias teorías, pero la verdad quedó revelada cuando el ex ministro de Gobierno de Bolivia, Antonio Arguedas –fugado por entregar fotocopias del Diario del Che y acusado de agente doble– reveló las averiguaciones que había hecho como ministro entre los soldados bolivianos. Arguedas contó todo a un corresponsal cubano de la agencia noticiosa Prensa Latina. Su versión confirma, en parte, la escena imaginada y relatada al comienzo de este libro –en su primera edición–, la que había sido concebida con los escasos datos obtenidos antes de esa declaración.

Esta es la versión de Arguedas:

El domingo 9[1] de octubre, a las dos de la tarde, el presidente Barrientos y el general Ovando recibieron la información de la captura del comandante Guevara. Hubo una reunión del alto mando militar en la que estuvieron, además de Barrientos y Ovando, los generales Juan José Torres y Marcos Vázquez Sempértegui; los comandantes de las fuerzas naval y aérea; el jefe de la CIA en Bolivia, John S. Tilton, y el jefe de la misión militar norteamericana. En esa reunión se analizaron los hechos y se decidió lo que iban a hacer con Guevara. Fueron los generales Torres y Vázquez Sempértegui quienes presentaron la moción de ejecutarlo. Ninguno de los presentes se opuso al proyecto. Callaron. Poco tiempo después, el general Ovando transmitía a Valle Grande esta orden: "Salu-

den a *Papá*". *Papá* era el sobrenombre en clave asignado al Che. La orden se transmitió por radio.
En mi país, de acuerdo con la Constitución, no existe la pena de muerte. Además, el delito de guerrillas no está tipificado en la legislación boliviana, sino en la llamada Ley de Seguridad del Estado, que es inconstitucional. Un tribunal burgués, con sólo respetar el ordenamiento jurídico, se hubiera visto obligado a absolver de culpa al comandante Guevara. Creo que, si bien la decisión de su muerte –según me dijo Barrientos– fue "iniciativa de dos generales de escasas luces", es probable que ellos captaran, más que nadie, el mandato imperialista de acabar con el comandante guerrillero. La perfidia del general Ovando radica en que, además de haber impartido la orden para la ejecución del Che, ha intentado mellar el prestigio del guerrillero, atribuyéndole la frase "He fracasado".
Si bien el mando militar demostraba su satisfacción por la victoria obtenida, tanto los soldados como los pobladores de La Higuera, comenzaron a intuir la proximidad del trágico fin de los prisioneros y su impotencia para cambiar una situación que veían injusta. Jefes, oficiales y suboficiales brindaban con vasos de cerveza y vociferaban que la captura del Che significaba la derrota del movimiento guerrillero. Fue en ese ambiente que el coronel Miguel Ayoroa Montano recibió la orden que lo conminaba a "saludar a *Papá*". El coronel se la transmitió al teniente Pérez Panoso y éste, a su vez, al suboficial Mario Terán Ortuño y al sargento Bernardino Huanca.
Inicialmente se pretendió simular un motín entre la tropa para que, en la confusión, El Che fuese muerto. Se daría así al asesinato cierto aspecto de legalidad; pero los soldados, obrando con inteligencia y nobleza, se resistieron a obedecer la argucia de los oficiales y por eso se tuvo que recurrir a Terán y Huanca como último recurso.
Los victimarios empuñaron sus carabinas M-1. En el *lacay* –término que significa *construcción ruinosa*, en lengua aymará– que estaba al lado del encierro del Che, yacía amarrado *Willy Cuba*. Cuando Terán apareció frente a él, *Willy* comenzó a insultarlo y aquél le disparó un tiro en la cabeza. Lo mismo hizo Huanca con Aniceto Reynaga, encerrado en un aula vecina a la del Che. Mario Terán Ortuño fue señalado por el destino para matar al comandante Guevara.
Cuando *Willy* expiraba, Terán salió del *lacay* pensando en su próxima víctima. Pero como consideró que su arma no sería lo suficientemente eficaz para abatir al coloso, desvió su camino y se dirigió hasta el lugar donde estaba el teniente Pérez Panoso para reclamarle una carabina M-2, de esas que descargan ráfagas.
Terán es un hombre bajito, de un metro con sesenta centímetros de altu-

ra. Debe pesar unos sesenta y cinco kilos; es de nariz afilada, bigote ralo, tez morena y ojos pequeños de color castaño. Lo conocí a principios de 1968, mientras yo preparaba unos apuntes sobre la guerrilla, para tener un mejor conocimiento de la misma. Un oficial me dijo que en esos días se encontraba en La Paz el victimario del Che Guevara y quise conocerlo. El oficial dijo a Terán que me viniera a ver, que a lo mejor yo podría ayudarle a resolver el problema que lo había llevado hasta la capital. Terán vino a mi despacho y me contó que el gobierno había prometido premiarlo por su acto, pero sucedía que el beneficiario había sido otro Terán y que a él solamente le habían entregado un reloj ordinario "de esos que apenas valen ochenta pesos". En la confusión, el otro Terán había sido enviado a estudiar con los Boinas Verdes, disfrutando de una beca.

Le pregunté cómo había sido el episodio de la ejecución y Terán me hizo este relato: "Cuando llegué al aula, El Che estaba sentado en un banco. Al verme dijo: *Usted ha venido a matarme*. Yo me sentí cohibido y bajé la cabeza sin responder. Entonces me preguntó: *¿Qué han dicho los otros?* Le respondí que no habían dicho nada y él comentó: *¡Eran unos valientes!* Yo no me atrevía a disparar. En ese momento vi al Che grande, muy grande, enorme. Sus ojos brillaban intensamente. Sentía que se me echaba encima y cuando me miró fijamente, me dio un mareo. Pensé que con un movimiento rápido El Che podría quitarme el arma. *¡Póngase sereno* –me dijo– *y apunte bien! ¡Va usted a matar a un hombre!* Entonces di un paso atrás, hacia el umbral de la puerta, cerré los ojos y disparé la primera ráfaga. El Che, con las piernas destrozadas, cayó al suelo, se contorsionó y comenzó a regar muchísima sangre. Yo recobré el ánimo y disparé la segunda ráfaga, que lo alcanzó en un brazo, en un hombro y en el corazón. Ya estaba muerto".

Cuando esto sucedía, el general Ovando ya se encontraba en Valle Grande, impaciente porque el cadáver del Che no llegaba. Quería mostrarlo cuanto antes a la prensa nacional e internacional; pero había calculado mal (por las demoras en La Higuera para ejecutar al guerrillero), pues mientras Ovando volaba a Valle Grande con los periodistas, El Che aún estaba con vida.

Después de morir, el cadáver de Guevara fue arrastrado, aún caliente, hasta una camilla y llevado al sitio donde sería recogido por un helicóptero. El aula quedó con el suelo y las paredes manchadas de sangre, pero ninguno de los soldados quería limpiarla. Lo hizo un sacerdote alemán, al que habían avisado de la ejecución. Pacientemente lavó las manchas y luego guardó en un pañuelo los proyectiles que habían segado la vida del Che.

Apenas llegó el helicóptero, la camilla fue atada a uno de los patines y el cuerpo, aún vestido con su campera de guerrillero, fue envuelto en un lienzo blanco. Como transcurrieron pocos minutos entre la muerte y el arribo a Valle Grande, el cuerpo aún no tenía la rigidez de un cadáver; pero ninguno de los periodistas allí presentes advirtió este hecho, ni se acercaron para comprobar la reciente ejecución y las contradicciones con las noticias oficiales. El primero en acercarse a la máquina fue el agente de la CIA Eduardo *Eddy* González (un cubano que en La Habana había regenteado un cabaret en la época de Batista), pero lo hizo para darle una bofetada al muerto.

Con el cuerpo del comandante Guevara se hicieron mutilaciones y con sus efectos, algunos repartos. Su voz quedó enlatada en los Estados Unidos[2]; su diario de campaña y otros documentos quedaron en poder de las Fuerzas Armadas. El fusil fue a parar a manos del coronel Zenteno Anaya, el reloj Rolex a la muñeca del general Ovando y la pipa al bolsillo del sargento Bernardino Huanca. Se dice que la campera ensangrentada la guarda el pueblo de Valle Grande y que no quiere soltarla a ningún precio. Uno de los soldados que participó de esas operaciones trató de quedarse con los mocasines que el propio Guevara se había hecho con piel de montuno, pero como eran de cuero mal tratado, con la humedad se descompusieron.

Notas

1 Según confirmaciones posteriores, Barrientos y Ovando recibieron la noticia de la captura del Che el 8 de octubre.

2 No se conocen indicios de que la voz del Che haya sido grabada en sus últimos momentos y conservada en archivo alguno.

De Alta Gracia
a Sierra Maestra

–¿Qué gigantes?
–Aquellos que allí ves –respondió don Quijote–,
de los brazos largos, que los suelen tener algunos
de casi dos leguas.

CERVANTES

II
El aventurero

La historia del Che arranca en Cuba. Pero la historia de Ernesto Guevara de la Serna, el hombre que le dio vida, el elegido para ser El Che, es una historia argentina. Empezó el 14 de junio de 1928 en una maternidad de Rosario, cuando Celia de la Serna dio a luz a su primogénito, y su marido, Ernesto Guevara Lynch, esperaba impaciente el resultado para reanudar sus negociaciones con una firma comercial. Habían ido a Rosario a concretar la instalación de un molino yerbatero e hicieron coincidir la fecha con los días previstos para el parto, porque allí, en la segunda ciudad argentina, estaban todas las seguridades mínimas para tener un hijo. Esas comodidades faltaban en Caraguataí (Alto Paraná), donde ellos vivían explotando un yerbatal misionero.

El recién nacido ignoraba, claro, que cerca de él, en la imponente Facultad de Medicina del Litoral, los estudiantes celebraban el décimo aniversario de la Reforma Universitaria con un acto de insurrección. Habían tomado el edificio en actitud de protesta contra el decano y desde la azotea lanzaban volantes y pedían la renuncia del Consejo Universitario. Uno de ellos trepó al mástil y ató la bandera violácea de la Reforma. Estaban allí desde el día anterior, aturdiendo con sus gritos, hasta que el decano no tuvo más remedio que clausurar el edificio "por tiempo indeterminado".

El resto de la ciudad, desentendido del conflicto, prefería comentar las dramáticas alternativas del campeonato olímpico de fútbol que acababa de perder el seleccionado argentino en la famosa "final de Amsterdam". Los rosarinos no salían de su asombro por ese revés (2 a 1 en favor de los uruguayos) después de haber seguido por radio el arrollador dominio del equipo capitaneado por Luis Monti, el popular *Doble Ancho*. Algunos compensaban esa amargura con la esperanza puesta en el proyecto de una nueva tribuna oficial de cemento, techada, con treinta y tres escalones y ciento sesenta metros de largo, cuya maqueta acababa de exhibir el club Newell's Old Boys.

Otros planos y maquetas también deslumbraban a los rosarinos: eran los bocetos del Monumento a la Bandera Nacional. Claro que esa erección demoraría treinta años más que la tribuna de Newell's, porque en la Argentina de los años 30 el fútbol siempre ganaría más adeptos que los gobiernos.

Aquel 14 de junio, en que el presidente Marcelo T. de Alvear cablegrafiaba a Londres su pésame por la muerte de la líder sufragista Emmeline Pankhurot, Ernestito Guevara berreaba por primera vez en brazos de su madre, aún exhausta por los dolores del parto. Sus gritos todavía no asustaban a nadie. El mundo se aprestaba a escuchar a otros argentinos en ese momento. Eran los abogados Carlos Saavedra Lamas, representante en la Conferencia Internacional del Trabajo reunida en Ginebra, y Mario Bravo, delegado al Congreso de la Internacional Socialista, a celebrarse en Bruselas. Ninguna de esas voces, sin embargo, cosecharía tantos aplausos como la del triunfador Carlos Gardel, ahora radicado en París con un éxito sin precedentes: setenta mil discos vendidos en tres meses. La música de Buenos Aires, el tango, se convertía así en la segunda representación argentina. El fútbol seguía siendo la primera y el boxeo se colocaba en el tercer lugar, con los títulos olímpicos alcanzados en Amsterdam por Víctor Avendaño y Arturo Rodríguez Jurado.

El país acababa de asistir a uno de los pronunciamientos populares más significativos de su historia, al consagrar por segunda vez a Hipólito Yrigoyen para ocupar la presidencia de la República. Había ocurrido el primero de abril, en comicios que le dieron el triunfo por 838.583 votos contra 414.026 de su oponente, el antipersonalista y conservador Leopoldo Melo.[1] Alvear entregó el poder a Yrigoyen el 12 de octubre de ese mismo año, 1928, en que otro flamante electo pasearía su triunfo por Buenos Aires: el líder republicano Herbert Hoover, nuevo presidente de Estados Unidos.

El yerbatal de Misiones

Cuando el matrimonio Guevara Lynch se embarcó en Rosario para retornar a Misiones, el pasaje observaba en silencio. Eran hombres de mirada triste, encorvados por el peso de la humillación y la miseria, que iban a entregar lo que quedaba de sus vidas en los yerbatales. Ese era el destino del *mensú*, un pobre diablo conchabado para siempre en el infierno misionero, donde el látigo del *capanga* no lo dejaría rebelarse. Allí iba Ernestito, envuelto en una frazada, protegido del viento helado que se filtraba por las hendijas del barco y curioseado por todos. El río Paraná los guiaba hasta Misiones, donde el invierno castigaría menos.

Pero ese no era el lugar indicado y su padre comprendió que debían salir de allí cuanto antes. Además, la instalación del molino yerbatero en Rosario no se concretaba; exigía una inversión demasiado costosa para las finanzas de Ernesto Guevara Lynch (un empresario poco próspero, con escasa visión para los negocios), que sólo había heredado un par de apellidos ligados a la aristocracia del siglo anterior y una fortuna no muy grande de su padre, que debía compartir con otros once hermanos.

Esa situación no lo acomplejaba ni le restaba ánimos para emprender negocios. Por eso, en el reportaje que el periodista italiano Franco Pierini le hizo en Buenos Aires a la semana de morir su hijo[2], Guevara Lynch contó:

> No me avergüenzo de confesar que no soy un hombre rico. En verdad, no he tenido jamás una gran fortuna, pero nadie puede decir que yo sea un haragán, que no haya tratado de realizar empresas de todos los géneros, siempre con criterios nuevos. He tenido cultivos de yerba mate en la provincia de Misiones, donde aplicaba sistemas humanos. ¿Sabe lo que quiero decir? Le explicaré. La yerba mate fue siempre cultivada con prisioneros sacados de las cárceles o con verdaderos esclavos conchabados por el patrón a los que les pagaban con víveres. Esos hombres se liberaban de las deudas sólo con la muerte.
> Yo he cultivado la yerba mate con sistemas científicos en Misiones, con pocos cultivadores pero bien remunerados, sin utilizar ladrones ni asesinos condenados a vivir en aquellos lugares infernales. Pero la verdad es que no obtuve un solo peso de aquella experiencia. Y fue a raíz de aquella empresa que bajé a Rosario, donde nació Ernesto. Pensaba que para hacer rendir mis cultivos debía completar el ciclo de elaboración instalando un molino para manufacturar y empaquetar la yerba y vender el producto terminado. No lo pude concretar porque hacía falta demasiado dinero. Entonces vendí todo y nos fuimos a vivir a la provincia de Córdoba, a una ciudad ubicada a treinta kilóme-

tros de la capital: Alta Gracia. Allí creció Ernestito. Fue una decisión improvisada; de la mañana a la noche me transformé de cultivador de yerba mate en empresario de la construcción. Pero he hecho muchas otras cosas más...

Primer ataque de asma

Ernesto Guevara Lynch no alcanzó a obtener el título universitario para ejercer la arquitectura, pues abandonó cuando le restaban pocos exámenes. "Me llaman arquitecto, pero no lo soy", admitía sin reparos. Cuando su hijo Ernesto fue muerto en Bolivia, sólo concedió dos reportajes; ambos se efectuaron casi simultáneamente[3], y a pesar de que su voz quedó registrada en cintas magnetofónicas, al ver publicadas sus declaraciones las negó.

Antes de instalarse en Alta Gracia, el matrimonio vivió dos años en San Isidro (sobre la costa norte del Río de la Plata), mientras se liquidaba el yerbatal misionero y recuperaba sus inversiones. Fue en ese lugar donde a Ernestito se le reveló la enfermedad bronquial que lo acompañaría el resto de su vida y fue esa enfermedad la que decidió el traslado de los tres a la provincia de Córdoba, donde el clima es seco, ideal para los enfermos de los pulmones. En el otro reportaje[4], Ernesto Guevara Lynch lo recordó así:

> Lo que determinó gran parte de nuestra vida fue la furiosa asma de Ernestito. Recuerdo el día en que le dio el primer ataque y que descubrimos su mal. Tenía dos años. Era el 2 de mayo de 1930. Hacía un frío horrible y había sudestada. Celia era una excelente nadadora y no le interesaba el mal tiempo. Ella igual iba a nadar al club náutico de San Isidro, cerca de la casa en que vivíamos. Ese 2 de mayo yo la había ido a buscar por la tarde. Era muy joven y, como tal, algo desaprensiva. No pensó en ningún momento que esa temperatura podía perjudicar al chico. Cuando salimos del club, Ernestito estaba muy mal. Fuimos a lo de un viejo médico cuyo nombre no recuerdo, que era vecino nuestro. En ese momento descubrimos la enfermedad. Durante los dos años que siguieron le hicimos todos los tratamientos posibles; por último el médico indicó que el lugar adecuado para él era Alta Gracia, en Córdoba.

Formación del carácter

A pesar de que le endosaron un sobrenombre, *Teté*, apenas creció todos lo llamaron Ernestito. De aquella niñez en Alta Gracia, donde nacieron sus cuatro hermanos (Roberto, Celia, Ana María y Juan Martín), Ernesto Guevara de la Serna guardaría imborrables recuerdos.

Son diversos los testimonios que dan cuenta de la prematura formación de su carácter, lo que contribuyera a otorgarle una personalidad definida cuando aún contaba con pocos años. "Desde que éramos chicos, se advertía que Ernesto despuntaba como un líder. Eso es algo que se presiente, y yo presentía que él estaba llamado a realizar cosas importantes", asegura uno de sus hermanos, el abogado Roberto Guevara de la Serna,[5] pocos años menor que Ernesto. Lo mismo opina su padre: "Era tímido, pero jamás introvertido o reservado como muchos dicen. Hay una diferencia entre timidez e introversión. Desde chiquito tenía alma de líder. A los seis años era jefe de toda la chiquilinada del lugar". (Esa timidez suele ser frecuente en quienes se lanzan a grandes empresas, según explican los psicoanalistas, porque son decisiones que responden al incontenible deseo de superar un conflicto interior.)

La libertad con que el matrimonio Guevara criaba a sus hijos influyó en la formación de Ernestito. Su padre lo explica así:

> Todos venían a mi casa. Desde los hijos del encargado del hotel de Alta Gracia hasta los *caddies* del campo de golf y los hijos de los peones que trabajaban en los cerros cercanos. Todos venían con él. Y él los capitaneaba. Por otra parte, fue una norma de mi casa: jamás en Alta Gracia estuvieron las puertas cerradas. Venían muchachos de todas las clases sociales y de todas las condiciones económicas; jamás hice diferencias. Recuerdo que una vez, cuando él tenía diez años, vi que por el cerro bajaba toda la barra de chicos cargando algo con esfuerzo. Yo no pude ver qué era hasta que estuvieron cerca; después me di cuenta. Era Ernestito, que había sufrido un ataque de asma.
> Los fui iniciando a mis hijos en los secretos y peligros de la vida, desde muy temprano. Yo tenía la firme convicción de que debían ser libres, criarse en absoluta libertad. A los catorce años, durante las vacaciones de la escuela, Ernesto quiso ir con Roberto a la cosecha de la uva, que se hacía en la zona de los cerros, y me pidió permiso. Ellos sabían perfectamente cuáles eran los peligros que acechaban a los chicos. Los dejé, pero volvieron a los tres días. Ocurrió que les pagaban poco, ochenta

centavos por día, y les permitían comer toda la uva que desearan. Se pescaron una indigestión tremenda. Entonces regresaron, algo arrepentidos, desde luego. Pero volvían a insistir. No en la recolección de uva, sino en recorrer el país a dedo, en auto-stop. Salían juntos, cuando terminaban las clases, y volvían a los dos meses, trayendo recuerdos de las provincias. A Ernesto siempre le gustó hacer eso, aunque no descuidaba sus estudios.[6]

Durante su niñez, Ernestito se hizo de muchos amigos: Tomás, Ariel, *Tiqui*, *El Gordo*, *Calica*, fueron los nombres y sobrenombres que su madre pudo rescatar de la memoria durante el reportaje que una vez le hizo Julia Constenla.[7] En esa oportunidad, a las pocas semanas de la Conferencia de Punta del Este (que traería al Che como jefe de la delegación cubana), Celia de la Serna de Guevara reveló que, antes de que Ernestito cumpliera ocho años, ella recibió una circular del Ministerio de Educación haciéndole notar que su hijo tenía siete años cumplidos y no figuraba inscripto en ningún establecimiento de enseñanza primaria. "Contesté de inmediato", recordó, "pues me hizo sentir orgullosa aquella preocupación de que los chicos aprendieran a leer y escribir. Yo le enseñaba las primeras letras a mi hijo, porque Ernestito no podía ir a la escuela por su asma. Sólo cursó regularmente segundo y tercer grado. Cuarto, quinto y sexto los hizo yendo como podía. Sus hermanos copiaban los deberes y él estudiaba en casa".

Manías peligrosas

Sobre el origen de la enfermedad de Ernestito hay también otras versiones, además de la que cuenta Ernesto Guevara Lynch, que cargan la responsabilidad sobre este último más que en la desaprensión de la madre. "Celia era algo descuidada, es cierto, pero él (su marido) tenía algunas manías peligrosas. Por ejemplo, cuando bañaban a Ernestito, él lo ponía a secar al sol. Decía que de esa forma se fortalecía físicamente y aprendería a soportar el frío... El pobre chico se pescó una pulmonía que le engendró la bronquitis crónica y los espasmos asmáticos de los que nunca se pudo liberar."

Esta revelación la hizo un familiar cercano que prefirió escudarse en el anónimo. Cuando algunas publicaciones extranjeras la incluyeron en sus páginas, exageraron algo la nota y Ernesto Guevara Lynch se convirtió poco menos que en un sádico torturador. "Guevara padre", publicó una de ellas[8], "estaba decidido a dar a su hijo, prematuro y enfermizo, una crianza rígida, y lo hacía tomar sol envuelto en un pañal en pleno invierno. El Che soportó baños fríos de inmersión y duchas heladas".

Es probable que la primera manifestación asmática se haya presentado aquella fría tarde del 2 de mayo de 1930, y que coincidiera con un descuido de la madre, pero esto no invalida la posibilidad de que el chico estuviera predispuesto por los rigores a que lo sometía su padre o que su alergia bronquial fuera congénita y estuviera esperando una oportunidad para manifestarse.

Lo cierto es que el complejo de culpa lo absorbió Celia, la madre, y se despertó en ella una preferencial atención por este hijo, la que se hizo cada vez más notoria. Ese cariño se acentuó más todavía cuando el matrimonio se dividió (aunque esta separación nunca se formalizó totalmente, pues vivían en casas distintas pero se veían con frecuencia), al radicarse todos en Buenos Aires, en 1945.

Factores psicosomáticos

Las relaciones entre madre e hijo (cuya incidencia en la salud ha iluminado el psicoanálisis) pueden haber contribuido en alto grado a agravar el asma de Ernestito, si se considera la influencia directa que ejercen los factores emocionales en la gestación de esta enfermedad. Al estudiar los trastornos psicosomáticos, la doctora Bela Mittelman explica que sobre cincuenta pacientes tomados al azar en una investigación realizada por ella, treinta y siete sufrían asma por factores emocionales.[9] Y dice:

> Los factores psicógenos son múltiples: 1) enfermedad física de la infancia (ataque de asma producido por factores alérgicos, tos convulsa o bronquitis), en un período de conflicto emocional, por ejemplo cuando el niño siente afecto o aversión simultáneos hacia sus padres; 2) actitud de los padres hacia el niño durante dicho período, excesiva atención (particularmente materna) prestada a su enfermedad; 3) conflicto corriente durante la vida adulta (por ejemplo, separación conyugal).

Cualquiera de estas tres variantes podría corresponder al caso de Ernesto Guevara. Otros ejemplos, descriptos esta vez por el doctor León Grinberg en el prólogo a la edición castellana de un tratado sobre la materia,[10] señalan a los ataques de asma como "respuesta al nacimiento de un hermano o como una reacción frente al embarazo de la madre", lo que también se ajusta al caso de este primogénito.

Los psicoanalistas consideran que la respiración constituye la primera función fisiológica posnatal, lo que representa una independencia biológica del niño respecto de su madre, y algunos interpretan el espasmo bronquial como una expresión de conflicto por la dificultad emocional de emanciparse de la madre.

Para terminar con estas referencias, el caso tratado encaja a la perfección en la primera de las dos variantes que anota Bela Mittelman:

> Los sujetos comúnmente atacados de asma son esos individuos siempre sonrientes, que nunca se enfadan por nada, o bien los emocionalmente inestables y dependientes. Por lo general, desarrollan una vida llena de fantasías, algunas de las cuales tratan ocasionalmente de llevar a la práctica.

La última descripción parece hecha a medida para él.

Un Guevara asesinado

Apenas habían organizado su vida en Alta Gracia, cuando Córdoba fue sacudida el 28 de septiembre de 1933 por un asesinato político que se comentó mucho en casa de los Guevara. Alguien del mismo apellido, pero sin parentesco alguno (o tal vez muy lejano), había sido muerto en la capital cordobesa y los vecinos de Alta Gracia querían saber si se trataba de un familiar. Era el diputado provincial José Guevara, del Partido Socialista, abatido por un balazo que le disparó el jefe del grupo de choque fascista Rodolfo Odonetto (según se supo después), cuando se aprestaba a hablar en un mitin en la esquina de Achával Rodríguez y Belgrano. La investigación policial determinó que a las diez de la noche, mientras hablaba otro orador, Odonetto se acercó a José Guevara por la espalda, dio un grito para disimular ("¡Abajo el fascismo!") y promover desorden, y en la confusión disparó sobre la sien del legislador. Una foto tomada minutos antes por el reportero del diario *Córdoba* lo delató, pero la justicia fue benigna con él: lo condenó a dos meses de prisión.[11]

Gobernaban en Córdoba los conservadores y, aunque la mayoría de ellos se manifestaban liberales, sus vínculos familiares con los fascistas de la Legión Cívica Argentina[12] obstruían las medidas represivas para evitar los atentados contra los dirigentes de izquierda. Esos grupos fascistas, criados al calor del golpe de Estado de 1930, quedaron aislados ante el fracaso del proyecto cuando se impuso una salida electoral a través del liberalismo conservador. El general Justo, sucesor de Uriburu, había pactado con los liberales, lo que provocó la irritación del nacionalismo fascista.

Ese resentimiento se expresaba en desfiles de camisas negras y en crímenes políticos, un signo que marcaría el comienzo de los años 30 (lo que en la Argentina se llamó después *la década infame*) y que incluyó el fraude "patriótico", la sumisión económica y financiera a los capitales británicos, el soborno a los concejales por parte de las compañías eléctricas, el asesinato de Enzo Bordabehre en el Senado y los grandes negociados en la administración pública. Todo eso, además de figurar en los vibrantes alegatos de Lisandro de la Torre, era tema de discusión en casa de los Guevara, donde las visitas de parientes llegados de Buenos Aires renovaban las noticias. (Los hermanos de Ernesto Guevara Lynch eran conservadores y los de Celia de la Serna, izquierdistas.)

La casa de Alta Gracia

Córdoba recobró la calma en 1936, cuando el caudillo radical Amadeo Sabattini llegó a la Casa de Gobierno de esa provincia, al levantarse la abstención partidaria impuesta en 1930. Hipólito Yrigoyen y Carlos Gardel ya habían muerto y las miradas convergían ahora sobre Europa, donde Hitler y Mussolini preparaban la guerra. Ese año se produjo la sublevación de Franco contra la República Española y un tío de Ernestito, Cayetano Córdova Iturburu (*Policho*, casado con Carmen de la Serna, hermana mayor de Celia), viajó a Madrid como corresponsal de guerra del diario *Crítica* de Buenos Aires.[13] Su mujer se fue a vivir entonces con los Guevara, hasta que su marido regresara de esa misión, y conoció de cerca las intimidades de esa bochinchera casa de Alta Gracia. Sus recuerdos[14] son estos:

Aquella era una casa de dos pisos, tan mal construida que presentaba grietas por todas partes. Había goteras, y cuando la perrita orinaba arriba, el pis caía a la planta baja. No era una residencia impecable ni mucho menos. El desorden gobernaba a todos y sólo hacían grandes limpiezas cuando se festejaba algo. Mi hermana Celia, muy descuidada, se había adaptado a la manera muy despreocupada de vivir de su marido. Pero en ese *vive como quieras* todos parecían felices. Cada uno hacía lo que le daba la gana y nadie se quejaba. Eso otorgaba a los hijos una valiosa independencia, que Ernestito y Robertito sabían aprovechar muy bien. Ambos solían escaparse a trepar por los cerros, junto con otros chicos, y retornaban por la noche, rendidos. Aprendieron a nadar en la pileta del Sierras Hotel, ubicado cerca de allí, y en verano se pasaban el día en el agua.

Ernestito no era un chico simpático con la gente. Era más bien hosco, muy callado, introvertido. Quizá porque se sabía más inteligente que otros chicos. Esa inteligencia era manifiesta: veía algo y ya sabía de qué se trataba; pocas explicaciones le bastaban para darse cuenta. Además, tenía una voluntad de hierro y una decisión envidiable. Todo lo necesario para ser lo que fue. Si no lo hubiesen matado se habría convertido en el gran líder de América latina. Rasgos de valor no le faltaban, pues desde muy pequeño demostró su audacia. Una vez se puso a torear un carnero que había suelto en un baldío cerca de la casa, y al que todos los chicos tenían miedo. Ernestito se revolcó con él hasta vencerlo. No era extraño que después de una de esas proezas se fuera directamente a la escuela, con las rodillas mugrientas.

El asma, que lo acosaba constantemente, era su enemigo más temible, el único que lo vencía, y cuando le daba un ataque buscaba desesperado el inhalador en los bolsillos, el que más de una vez había perdido en sus correrías. Los hermanos, que conocían su punto débil, cuando se peleaban con él, llenaban una jarra con agua para volcársela encima y provocarle un espasmo bronquial que lo paralizara... Pero todo ese trajín lo ayudó a mejorarse. Cuando era muy chico tenía los hombros levantados, por la respiración forzada, pero luego se le ensanchó la caja torácica con el deporte, y el aire de Córdoba le oxigenó bien los pulmones.

De esa niñez de Ernesto Guevara también se acordaría Armando March (ex secretario general de la Confederación de Empleados de Comercio, en la década del 60), quien lo conoció en 1936. March tenía trece años, cinco más que Ernesto, cuando el padre de éste lo empleó en su empresa constructora. "Siempre revelaba una enorme curiosidad por las cosas", evocó March en un reportaje[15], "y mucha vivacidad. Esas ansias de vida le permitían influir sobre sus compañeros de más edad. Vivía organizando excursiones a los cerros. Desde muy joven desarrolló un espíritu de autocrítica que lo llevaba a examinar cuidadosamente cada uno de los actos que realizaba. Sufría penosas decepciones cuando los resultados no eran los previstos".

Hincha de Rosario Central

En 1937 Ernesto tenía nueve años. En esa época se entusiasmaba coleccionando figuritas que las fábricas de chocolatines Noel, Aguila y Nestlé regalaban para incrementar sus ventas. Todos los chicos intercambiaban esas figuritas, o las arriesgaban en juegos ideados en el colegio, para poder completar un álbum individual, que se canjeaba por valiosos premios (bicicletas, monopatines, pelotas de fútbol).

También leía las crónicas deportivas para informarse sobre los campeonatos profesionales de fútbol y, como la mayoría de sus amigos eran adictos de los mismos clubes (Boca Juniors y River Plate), Ernesto quiso elegir uno distinto. Cuando descubrió la existencia de Rosario Central, un club de la ciudad donde él había nacido, se adhirió fervorosamente a su divisa. A partir de ese instante le encantó que le preguntaran "¿de qué cuadro sos?", porque le daba oportunidad para responder con cierta altivez: "De Rosario; de Rosario Central. Yo soy rosarino". No tenía la menor idea sobre esa ciudad ni había visto jamás a su equipo, pero él era rosarino y defendía su identidad...

"Nosotros tenemos la camiseta a rayas azules y amarillas, así, de arriba para abajo", le explicó una vez un turista rosarino que se hospedaba en el Sierras Hotel. Ernesto repetiría esa explicación, rasgándose el pecho en franjas verticales, cada vez que alguien le preguntaba por los colores de su club. Al principio sólo conocía, por foto, a la estrella más rutilante del equipo rosarino: *El Chueco* Enrique García, un asombroso gambeteador (a quien se llegó a apodar también *El poeta de la zurda*) que fuera transferido a Racing en 1936. Pero con el tiempo llegó a identificar a todos los jugadores, en la época en que Central se convirtió en un club más importante[16].

Llegan los Aguilar

La casa de los Guevara recibió en esos años la visita de una familia española que había huido de la Guerra Civil. Fue a mediados de 1937, cuando Franco extendía su rebelión hasta Málaga, Bilbao, Gijón y Santander, con la ayuda militar de Hitler y Mussolini. El médico español Juan González Aguilar, jefe de sanidad de una república que se defendía con uñas y dientes de los bombardeos, había enviado a toda su familia a la Argentina. Su mujer y sus cuatro hijos, una vez a salvo, optaron por radicarse en Alta Gracia. Allí llegaron un día, con lo justo, y fueron ayudados por el matrimonio Guevara. Los chicos se hicieron amigos enseguida, pues las casas estaban muy cerca una de la otra y las edades eran parejas. Carmen, la mayor, era de la edad de Ernesto y se convirtió en su mejor amiga. Juan y Francisco (*Paco*) coincidían con Roberto y Celia Guevara, mientras que los más chicos hacían su mundo aparte: eran Ana María Guevara y José (*Pepe*) González Aguilar.

Este último, *Pepe*, radicado luego en La Habana, donde ejercería su profesión de médico, recordó importantes detalles [17] de la vida cordobesa junto a los Guevara [18]:

> Alta Gracia es una ciudad de veraneo, no muy grande y apagada en invierno, con sierras bajas, arbustos de metro y medio y espinillos. La familia Guevara vivía en Villa Nidia, una casa situada en el barrio alto, que es la zona residencial. Son todas casas parecidas, construidas por los ingleses de los ferrocarriles, cuando éstos eran de propiedad británica. Ernesto iba a una escuela de Alta Gracia que se llama San Martín, pero quizá por motivos de disciplina fue a parar a la escuela donde yo estudiaba, la Manuel Belgrano. En esa época yo tenía seis años y Ernesto doce. No fuimos compinches por esa diferencia de edad; era sólo amistad de familia. Yo me hice más amigo de él en Buenos Aires, cuando ya éramos más grandes. Es decir, hubo una comunicación entre nosotros cuando fuimos mayores. Ahora, vernos, sí, todos los días. Vivíamos juntos, prácticamente. Todos ellos eran muy audaces en los juegos, en los deportes, en todas esas cosas; nos tenían un poco atemorizados, a nosotros. A Ernesto le gustaban mucho los juegos de riesgos y recuerdo también la imagen de su hermano Roberto, en nuestra casa, saltando de un tercer piso a la casa de al lado, sobre el vacío. Lo hacía por gusto, riéndose de nosotros porque no lo seguíamos.
> De Ernesto decían que era muy travieso en la escuela, pero también re-

cuerdo que le oí decir a mi madre que una vez los Guevara debieron viajar a Buenos Aires y le pidieron a ella que cuidara a los chicos. Entonces nos trasladamos todos a la casa de ellos y, según decía mi madre, Ernesto era el que mejor se portaba, el más obediente, el que más la ayudaba. Ella recordaba siempre que Ernesto le había tenido una especial consideración en ese momento y que, quizá por compasión, trató de ayudarla.

Yo era religioso en aquella época –añade Pepe Aguilar–; iba a misa, llevado por mi madre, y no recuerdo haber visto a los Guevara. Las dos chicas sí: hicieron la primera comunión; pero los hombres no. Los padres tampoco. Eran de familia católica, tenían los chicos bautizados, tenían los ritos, hábitos católicos, pero no los practicaban. En aquella época leíamos mucho, pero la lectura de aquellos años tenía como favoritos nuestros a Julio Verne, Alejandro Dumas y Emilio Salgari. Recuerdo, sí, que mi padre, que era médico, se asombró al observar un día que Ernesto estaba leyendo a Freud antes de tiempo. Tenía catorce o quince años en ese momento.

Los Guevara tenían un automóvil muy viejo que llamaban *La catramina*. Era un auto muy maltratado, creo que un Chrysler del año '30, en el que íbamos todos a la escuela de Alta Gracia. Nos recogían e íbamos amontonados en la parte de atrás, porque tenía un solo asiento. Manejaba la mamá de Ernesto.

El año '39

Por esos años los chicos oían hablar constantemente de guerra. Barcelona primero; Madrid y Valencia después, cayeron en poder de Franco, quien se autotitulaba "Caudillo de España por la gracia de Dios" y borraba a punta de bayoneta los últimos vestigios populares de su país. En 1939 la República Española sucumbió. Hitler y Mussolini, quienes habían probado con eficacia sus nuevas armas, se preparaban para una aventura más excitante: la conquista de Europa. Checoslovaquia y Polonia cayeron finalmente en manos alemanas; Albania fue asaltada por los italianos; Francia y Gran Bretaña, movilizadas, declaraban la guerra al Tercer Reich.

Una nueva hoguera se encendía, esta vez con llamaradas más altas, y algunas chispas alcanzaron a llover sobre el Río de la Plata cuando el *Graf Spee*, un majestuoso acorazado alemán, debió refugiarse en Montevideo, perseguido por tres cruceros británicos. Su capitán, Hans Langsdorf, ordenó dinamitarlo; el barco estalló (los 1.039 tripulantes estaban a salvo, en la costa) mientras él se disparaba un tiro en la sien. Idéntica decisión había adoptado, también vencido, Lisandro de la Torre. Acorralado en su soledad política, antes de apuntar con un revólver hacia su corazón, colocó toda la dinamita en la carta de despedida.

Todo ocurría en 1939, año en que los argentinos empezaron a ser conquistados por el ajedrez, con motivo del certamen internacional por equipos que esta vez se jugaba en Buenos Aires. El teatro Politeama fue el gran escenario donde "los mejores del mundo" se disputaban la copa Hamilton Russell.

En Alta Gracia, Ernesto también se volcaba sobre un tablero y ensayaba las aperturas clásicas y las defensas más ingenuas, atraído por el juego que acababan de enseñarle en casa de los Aguilar. Oyó decir que el campeón argentino, Roberto Grau, poco podría hacer frente a los ases extranjeros, pero lo mismo esperaba su triunfo. O el del gran maestro cubano José Raúl Capablanca (ya sin la corona mundial), convertido en la *vedette* latinoamericana del torneo frente a los difíciles nombres del polaco Miguel Najdorf, del alemán Erich Eliskase y del francés Alexander Alekhine. Ese certamen se jugó a principios de septiembre (justamente en los días en que se declaraba la guerra) y la atención que había suscitado fue desviada por el ruido de los cañones. Alemania, la nación agresora, concentraba los odios antifascistas. Pero Alemania estaba en su hora de triunfo y se alzaba con la copa mundial de ajedrez, la que ganó por medio punto (36 a 35 y medio) a Polonia, veinte días después de invadir su territorio.[19]

El Colegio Nacional

En 1940 Ernesto ingresó en el Colegio Nacional Deán Funes, de la capital cordobesa, lo que lo obligaba a viajar diariamente en ómnibus desde Alta Gracia. En esos viajes hizo nuevos amigos y con ellos discutía sobre fútbol y hablaba de ajedrez. Ya no necesitaba la ayuda materna, pues había alcanzado una completa independencia y estudiaba sin que se lo exigieran. No era un alumno brillante, ni siquiera de los buenos, pero obtenía las notas necesarias para aprobar. Celia, su madre, que no podía desligarse de esa obligación subconsciente de darle una protección preferencial, empezó a enseñarle francés. Ella lo hablaba muy bien (había sido "el idioma de las clases cultas", como se decía en Buenos Aires a principios de siglo) y él lo aprendía con gusto. Madre e hijo dialogaban en francés largo rato, para perfeccionar la pronunciación.

Las respuestas que Ernesto daba a veces en francés a sus amigos, para sorprenderlos o burlarse de ellos, contrastaban, sin embargo, con su aspecto. No estaban muy de acuerdo las pronunciaciones ahuecadas de un idioma tan exquisito con su ropa desaliñada y vieja. Era difícil que Ernesto vistiera un traje, salvo en ocasiones muy excepcionales. Le encantaba andar en pantalón y camisa durante el verano y con un buzo de lana o una campera gastada en invierno. Durante su niñez, cuando la nieve decidía alfombrar los cerros cordobeses, lo abrigaban con un poncho y le metían los pantaloncitos en las botas, para que no tomara frío. Su cabeza no necesitaba ayuda, porque estaba resguardada por un colchón de pelo, arremolinado atrás, que le caía sobre la frente con forma de flequillo.

El atuendo era parte de su personalidad. Ese buzo de lana azul (el *rompevientos*, como decían en el colegio) le daba un aspecto deportivo. Le venía de perillas para revolcarse en el suelo, sobre todo cuando jugaba de arquero (su puesto preferido, y el más descansado) en los *picados* del baldío.

Estaba así vestido la tarde en que vio entrar a un hombre pequeño, muy flaco, con aspecto enfermizo y apoyándose en un bastón, en la casa de los Aguilar. Tendría unos sesenta y cinco años muy mal llevados.

–¿Quién es este viejito? –preguntó extrañado a su amiga Carmen–. ¿Tu abuelito?

–No, es un amigo de mi papá que tocaba el piano en España...

Ese "amigo de mi papá que tocaba el piano en España" era Manuel de Falla, radicado en Alta Gracia para reponerse de una tuberculosis.[20]

Barral, otro amigo republicano

También en casa de los Aguilar, Ernesto conoció a otro español, pero en este caso de su misma edad. Era Fernandito Barral, un chico de doce años, tímido y retraído, que también huyera con su madre del infierno franquista. Su padre había muerto en la Guerra Civil, y en marzo de 1939 él y su madre se embarcaron hacia Argelia; allí los alojaron en un campo de concentración, hasta que los reclamó un tío residente en la Argentina que los hizo radicar en Córdoba. El chico no tardó en hacerse amigo de *Paco* González Aguilar (tan español y alto como él) al ingresar en la escuela. Y éste lo llevó de visita a su casa, donde Fernandito se encontró con Ernesto. Barral recuerda aquellos años[21] de esta manera:

> Yo me sentía muy distinto a todos los muchachos por haber sufrido la guerra, por haber estado en la cárcel, en el campo de concentración, por haber muerto mi padre allí, por haber estado en las actividades políticas infantiles espontáneas, que se hicieron durante la Guerra Civil: dibujar la hoz y el martillo o un gorro de miliciano, y una serie de cosas por el estilo. Me sentía portador de todo ese sentimiento de la guerra, un niño politizado ya; pero por otro lado, como estaba en un medio extraño, con dificultades de comunicación debido al matiz idiomático y a la diferencia de edad con mis compañeros (todos eran más chicos que yo, pues debí cursar tercer grado a los doce años porque me había retrasado por la guerra), me sentía muy retraído y poco comunicativo. Todo eso era un contraste muy grande que me afectaba y, en cierto modo, debo confesar que le tenía una secreta envidia a Ernesto por la decisión, audacia y seguridad en sí mismo. Y sobre todo por la temeridad, que yo recuerdo como una de las expresiones más genuinas de su carácter, tanto por lo que yo veía como por lo que contaban los Aguilar.

En 1944 Barral se fue a Buenos Aires para acelerar su bachillerato con exámenes libres y poder ganar el tiempo perdido. Retornaba a Córdoba todos los veranos, para las vacaciones, y allí volvía a encontrarse con Ernesto en casa de los Aguilar. "Aunque entre Ernesto y yo", dice, "no había una estrecha amistad, nos considerábamos amigos. El giraba en una órbita distinta, y aquí también se ve una diferencia importante de carácter entre él y todos nosotros, considerados *niños buenos*, más o menos domesticados. El no entraba en esa categoría. Tal vez por eso se me grabó tanto la impresión de mayor viveza y decisión en las acciones que tenía Ernesto, y sobre todo su independencia".

Los Guevara, buscadores de oro

Ese espíritu de aventura que apasionaba a Ernesto Guevara desde su niñez era un rasgo familiar que le llegaba por la vía paterna. Sus bisabuelos habían sido buscadores de oro, a mediados del siglo anterior; hombres de una audacia increíble, dispuestos a jugarse la vida en cualquier oportunidad. De una de esas aventuras nació el apellido Guevara Lynch, cuya historia conservan intacta los ascendientes de Ernesto.[22]

Fue en 1848, año en que Estados Unidos se adueñaba de tres territorios mexicanos (Texas, Nuevo México y California) y en que Carlos Marx y Federico Engels publicaban en Londres el *Manifiesto Comunista*, cuando una noticia empezó a convocar a expedicionarios de todo el mundo. "Se ha descubierto una cuenca aurífera en las arenas del río Sacramento, en California", anunciaban los diarios. En Valparaíso, refugio chileno de los argentinos que habían escapado de la dictadura de Juan Manuel de Rosas, estaba Domingo Faustino Sarmiento. A su alrededor se agrupaban los exiliados y, entre ellos, los hermanos Juan Antonio y José Gabriel Guevara, dos mendocinos a quienes Rosas había confiscado sus bienes.

Entusiasmados por la idea de buscar oro, los Guevara se asociaron a una expedición organizada por José Carreras y se embarcaron el año siguiente rumbo a California. Tardaron lo que se puede tardar desde Valparaíso hasta San Francisco, bordeando la costa del Pacífico en un barco a vela... Pero allá las cosas no resultaron tan sencillas como se suponía. Carreras disolvió su empresa y los hermanos Guevara acamparon lo mismo, por su cuenta y riesgo, en la ribera del Sacramento. Debieron afrontar toda clase de riesgos, desde enfermedades mortales y fiebres incurables hasta los asaltos del bandidaje. Era una lucha frontal entre bandidos y aventureros en la que terciaban también los colonizadores. Estos últimos, que acababan de ser autorizados por la ley de los *squatters* a tomar posesión de las tierras californianas y a desalojar a todos los pobladores hispanoamericanos, con la ayuda de los bandidos liquidaron a los aventureros.

Fracasados en su tentativa, los dos Guevara abandonaron el paraje Los Placeres (donde habían acampado) y aceptaron la generosa hospitalidad de don Guillermo Castro, un mexicano hijo de españoles, que albergaba argentinos en su estancia de San Lorenzo. Uno de los Guevara, Juan Antonio, no sólo se hospedó en la casa de Castro, sino que también se casó con una de sus hijas, Concepción, de cuyo matrimonio nació Roberto Guevara. Al producirse el derrocamiento de Rosas, en 1852, los Guevara retornaron a la Argentina. Juan Antonio recuperó sus bienes en Mendoza y obtuvo la nacionalidad para su hijo Roberto, merced a un decreto del general Justo José de Urquiza por el que se reconocía como argentinos a todos los hijos de refugiados nacidos fuera del país.

Los Lynch, terratenientes

Otro de aquellos aventureros devorados por la fiebre del oro fue Francisco Lynch, hijo del coronel Francisco Lynch y Arandia (asesinado por la Mazorca en 1840) y de Rita de Pueyrredón Caamaño.[23] Aunque también fracasó en su intento, supo "llenarse de oro" explotando otra clase de negocios en California. En 1852 se negó a volver a la Argentina y cuando lo hizo, veinticinco años después, llegó casado y con una hija de nueve años definitivamente californiana: Ana Lynch.

La amistad de ambas familias, cultivada durante aquella aventura, se reanudó en la Argentina y dio frutos a fines de siglo, cuando Roberto Guevara y Ana Lynch se unieron en matrimonio. La descendencia fue numerosa: doce hijos. Uno de ellos, el sexto, es Ernesto Guevara Lynch, padre del Che.

En el reportaje que Franco Pierini y Samuel Gelblung efectuaron a Ernesto Guevara Lynch, éste mencionó su parentesco con la familia Gainza Paz. Ese parentesco, aunque lejano, existe y proviene del matrimonio formado por el general Martín José de Gainza Larrazábal (ministro de Guerra, senador nacional y expedicionario al desierto) con Ana Lynch Zavaleta. De sus ocho hijos, el quinto fue Alberto de Gainza Lynch, padre de Alberto Gainza Paz, quien fuera director del diario *La Prensa* de Buenos Aires.

Pero Ernesto, a quien jamás preocuparon los vínculos de familias aristocráticas que se anudaban en las raíces del árbol genealógico de los Guevara Lynch, pertenecía a un hogar donde los apellidos de nada servían cuando el presupuesto se agotaba antes de tiempo. Esos apellidos, que hasta habían emparentado a sus padres un siglo antes[24], se mezclaban graciosamente dentro de *La catramina* con los de los amigos pobres de Ernestito, cuando Celia aceptaba llevarlos a "dar una vuelta si se portan bien".

Su familia no gozaba de una situación acorde con las mejores tradiciones heredadas por los Lynch y los De la Serna. Patricio Lynch, señor de Lydican, natural de Galway (Irlanda), que llegó a Buenos Aires en el siglo XVIII, se casó con una porteña aristocrática.[25] Su nieto Patricio Julián José Lynch (suegro del general Gainza Larrazábal) fue beneficiado por la Ley de Enfiteusis de 1826, y recibió tres mil hectáreas en el sur de la provincia de Buenos Aires que le permitieron ampliar su latifundio. Y un hijo de éste, Ventura Lynch, completó esos dominios gracias a la ley de arrendamientos de 1857 (que también benefició a don Antonio de la Serna).[26]

Ernesto ignoró durante muchos años que sus antepasados (todos terratenientes) habían sido miembros de las famosas "cien familias" dueñas del país y que dos Lynch ayudaron a edificar un organismo clave de esa política, la Sociedad Rural Argentina[27], donde sentó sus bases económicas el conservadorismo. De sus cuatro abuelos únicamente conoció a la más liberal y desprejuiciada: Ana Lynch, cuyo recuerdo le resultó imborrable.

Según narra *Pepe* González Aguilar, "Ernesto la adoraba y ella sentía una especial predilección por él". A su vez, Carmen de la Serna adjudica a esa abuela californiana una significativa gravitación: "En casa de los Guevara, allá en Córdoba, nunca se practicó religión alguna y los chicos gozaban de amplia libertad en este sentido. Eran todos librepensadores como la abuela paterna".

Esa formación ayudó a Ernesto a elaborar sus pensamientos sin inhibiciones ni temores. Algo que comenzó a manifestarse con mayor agudeza en el Colegio Nacional, cuando ya había incursionado en lecturas más profundas. Uno de sus compañeros, Carlos López Villagra, retrató al Ernesto de aquella época como un joven inquieto, brillante, irónico y popular:

> Aprendía sin dificultad; a veces llegaba al colegio y preguntaba el tema que se iba a tratar y se hacía dar una explicación somera. Si le tocaba dar lección, se lucía como un erudito. En otra oportunidad, Ernesto discutió con el profesor de Literatura, el doctor Díaz, sobre clásicos españoles. De pronto se cansó: *¿Sabe lo que pasa, doctor? Usted ha leído mucho y se le ha hecho un barullo en la cabeza.* El profesor rió de buena gana y le puso un diez. Otra vez, en que un compañero lo invitó a su casa, cuando estábamos en tercer año, en el desván encontraron varios colchones y apostaron a descubrir si contenían lana o plumas. Ernesto buscó un cuchillo y, sin más trámite, despanzurró uno de los colchones. La pieza se llenó de lana.[28]

Personalidad de medio-scrum

El certificado médico extendido por el doctor Galán, en Alta Gracia, para liberarlo de ejercicios físicos en el colegio, no impidió a Ernesto practicar nuevos deportes por su cuenta y riesgo. Primero fueron las caminatas, interminables, agotadoras, como único complemento de la natación y de ese fútbol pasivo que jugaba desde el arco, con un inhalador a mano. Después empezó con el rugby.

En la época en que Ernesto y Roberto practicaban rugby –que jugaban con mayor habilidad que el fútbol– este juego se había convertido ya en el deporte varonil de la clase media alta.

Aclimatado al aire seco de las sierras cordobesas, Ernesto dejó finalmente de padecer ataques. Muy rara vez sentía los efectos de un espasmo, lo que le permitió agitarse sin temor a una fatiga asmática. El club Estudiantes, de Córdoba, lo contó en las filas de su primera división como medio-scrum titular, un puesto que servía para definir su personalidad. El medio-scrum es un nexo entre atacantes y defensores, cuya función resulta importantísima pues de él dependen la mayoría de los avances. Es el hombre que inicia la jugada de ataque en combinación con el medio-apertura, y el más indicado para constituirse en líder dentro de la cancha, porque constantemente debe dar órdenes a los delanteros para que se desplacen de acuerdo con determinadas consignas estratégicas. La habilidad del medio-scrum está en sus manos, antes que en sus pies, porque su función no requiere velocidad sino buen manejo de la pelota. Ernesto lo hacía muy bien, pues tenía un magnífico entrenamiento como arquero. Se le exigía una función estática (donde no corría el riesgo de quedarse "sin aire") y una buena constitución física.

Por aquellos años el medio-scrum era un jugador permanentemente asediado por un par de delanteros contrarios, autorizados (en algunas jugadas) a saltar sobre él cuando tenía la pelota. Esto obligaba a elegir para ese puesto a hombres fuertes y ágiles, que soportaran estoicamente el embate y tuvieran cierta habilidad escurridiza para salir del apuro o evitarlo con un amago. Ernesto respondió con ambas virtudes: era robusto y ágil. Sus espaldas se habían ensanchado lo suficiente como para resistir la fuerza del atacante rival y contenerlo, y su estatura, no muy alta, le permitía hacer movimientos rápidos.

Mientras Ernesto cursaba el colegio secundario, su familia se mudó varias veces. Antes de radicarse en la capital cordobesa, el padre los instaló en otros lugares cercanos. Villa Allende, Pantanillo y Villa Carlos Paz fueron, alternativamente, domicilios provisionales de los Guevara. Una de esas mudanzas quedó grabada en la memoria de Carmen de la Serna, la tía que los acompañaba ocasionalmente. "Recuerdo que íbamos a una casa situada en Pantanillo", dice, "con todos los trastos y muebles en un camión. Había tantas subidas, bajadas y curvas en ese horrible camino que el camionero no quiso seguir adelante. 'No va más', dijo a escasos kilómetros del lugar, y nos bajó todo allí. Celia organizó a los chicos y cada uno cargó algo en sus brazos. En fila india llegamos hasta la casa, en una de las mudanzas más pintorescas que he conocido...".

El temor al nazismo

Los años de la guerra habían exaltado los ánimos en todo el país. Con excepción del nacionalismo (desperdigado, sin haber podido constituirse en partido político), el resto de los movimientos cívicos alentaba el triunfo de los aliados. A mediados de 1940 había nacido Acción Argentina, constituida por hombres y mujeres de todos los partidos tradicionales, cuyo objetivo era impedir que el nazismo ganara posiciones clave en el gobierno. El general Agustín P. Justo había cumplido su período sin mayores inconvenientes políticos y en 1938, otra vez mediante el fraude "patriótico", los conservadores colocaron en el poder a uno de sus hombres: Roberto M. Ortiz. (Aunque de extracción radical, Ortiz llegó al conservadorismo por el puente que le tendieron los antipersonalistas enemigos de Yrigoyen. Su candidatura había sido proclamada en el banquete anual de la Cámara de Comercio Británica.)

Desde la presidencia, Ortiz tuvo sin embargo la intención de terminar con el fraude y envió sendas intervenciones federales a los gobernadores de Catamarca y Buenos Aires, donde los comicios se celebraban en la más descarada ilegalidad. Pero ese intento de normalización constitucional duró poco: Ortiz debió renunciar por su delicada salud y entregó el poder a mediados de 1940 al vicepresidente Ramón S. Castillo, un conservador que quiso imponer como sucesor a Robustiano Patrón Costas y fue destituido por un golpe militar el 4 de junio de 1943. Patrón Costas, que también contaba con el visto bueno de la Cámara de Comercio Británica, pensaba romper relaciones con el Eje.

Los cabecillas del golpe militar eran, obviamente, adictos al nazismo. El ejército, imbuido por las teorías hitlerianas y con el inocultable apoyo de la jerarquía eclesiástica, confiaba en el triunfo de Alemania y se preparaba para ejercer la hegemonía argentina en América del Sur. Esos eran, por lo menos, los objetivos del GOU.[29] La derrota del Tercer Reich modificó luego los planes, pero a esa altura, 1945, una figura había crecido en el escenario político argentino y se aprestaba a arrebatar el electorado a los partidos políticos tradicionales: el coronel Juan Domingo Perón, hábil estratego que supo asumir el liderazgo de las masas populares, postergadas y descontentas.

El país se dividió en dos. Con Perón o contra él. Cautivados por su figura, los trabajadores industriales y rurales le dieron el voto y lo hicieron presidente en febrero de 1946. Cegados por el temor al nazismo, los partidos tradicionales se alinearon en la Unión Democrática [30] y fueron derrotados por un escaso margen de votos.

El año '45

La campaña política desatada en 1945 fue la más disputada de las que conoció Ernesto. Tenía en ese momento diecisiete años y no podía votar porque cumplía dieciocho recién cuatro meses después de las elecciones. Su casa era un hervidero en esos días. Volantes de la UD, boletas electorales y toda clase de propaganda alfombraban los pisos. La más activa era su madre, quien ya había integrado un comité franco-argentino de ayuda a los *maquis* y tenía una foto del general Charles de Gaulle colgada en la pared.

Ese entusiasmo había nacido durante la Guerra Civil Española, alimentado por las convicciones republicanas de los Aguilar. Creció en el curso de la guerra contra el Eje y se localizó en el enfrentamiento con Perón. Es que, para la mitad del país, Perón era el franquismo, el fascismo criollo apoyado por la Iglesia y el ejército.

Por primera vez coincidían todos los parientes en casa de los Guevara. Desde los conservadores hasta los comunistas, todos confiaban en el triunfo de la UD. En Buenos Aires, esa coincidencia comprometía públicamente a don Antonio Santamarina y a Rodolfo Ghioldi, jefes de los partidos conservador y comunista. En Córdoba, donde la antorcha antifascista había sido encendida por Deodoro Roca (redactor del *Manifiesto Liminar* de la Reforma Universitaria, en 1918; candidato a intendente por la Alianza Civil en 1931; ardiente defensor de la República Española en 1936 y de los aliados en 1939), el antiperonismo también tenía sus grupos de choque entre los estudiantes.

El famoso "sótano de Deodoro" había servido para cultivar tendencias progresistas, movimientos de izquierda y, principalmente, armar ideológicamente a los jóvenes contra el fascismo. Roca murió en junio de 1942 y sus escritos[31] fueron vibrantes alegatos en defensa de la República Española (1936) y de la causa aliada (1941). Uno de sus hijos, Gustavo, se había hecho amigo de los Aguilar y llegó a conocer a Ernesto.

Aunque la amistad entre ambos recién se consolidó veinticinco años después, en Cuba, el abogado Gustavo Roca recordaría luego que "por esos años Ernesto recibió educación política en su propia casa y se hizo antiperonista en la medida en que lo era todo joven estudiante de aquella época".[32] A su vez, Roberto Guevara de la Serna confirma con su testimonio esas presunciones, cuando dice: "Mi casa estuvo siempre muy politizada, desde que éramos chicos".[33]

No debe extrañar entonces que Celia, la madre, haya festejado en las calles de Córdoba (como se hizo en Buenos Aires) la liberación de París, el 25 de agosto de 1944, o que haya alzado su copa brindando por el virtual triunfo aliado, el 6 de agosto de 1945, mientras Hiroshima se derretía envuelta en el fuego atómico. Eran reacciones típicas de la época.

En ese tumultuoso 1945 los Guevara veranearon en Mar del Plata y allí tuvo oportunidad Ernesto de acoplarse a las manifestaciones "relámpago" organizadas por los piquetes estudiantiles de la UD. Por las mañanas, en la playa, los jóvenes bañistas se agrupaban al llamado de un grito familiar, "¡FUBA, aquí!"[34], y recorrían los balnearios al grito de "¡Libertad! ¡Libertad!". Ernesto los observaba de cerca y a veces los seguía un tramo, hasta que aparecían los agentes de la policía montada y los dispersaban. Para eludirlos, los manifestantes se metían en el mar y desde allí se desquitaban gritándoles: "¡Gestapo! ¡Gestapo!", mientras los caballos de la policía se espantaban por el ruido de las olas. La aventura tenía su encanto. Por las tardes, esas manifestaciones se repetían en la rambla, pero a veces Ernesto optaba por una variante no menos atractiva para él: el ajedrez, su hobby insustituible. Difícilmente cambiaba una partida por una manifestación relámpago, por arriesgada y excitante que ésta fuera.

Dos amores imposibles

Un protagonista de primera fila en aquellos acontecimientos del '45 fue Fernando Barral, cuyo relato[35] es breve pero concluyente:

En el '45 había mucha efervescencia estudiantil en Buenos Aires. Era también el final de la guerra. Participábamos en las manifestaciones, en las organizaciones juveniles.

En el '46 volví a Córdoba para rendir las asignaturas que me faltaban del bachillerato, en el Colegio Deán Funes. Ernesto ya había terminado, de modo que en esa ocasión no nos vimos allí, sino en casa de los Aguilar. El recuerdo más preciso que tengo es el de una excursión a la finca de una prima de Ernesto, Carmen Córdova Iturburu *(Negrita)*, hija de un escritor que había estado en la Guerra Civil Española. *Negrita* era muy fina e inteligente, una muchacha muy agradable y ahí estuve medio enamoriscado. Un amor epistolar, pues ella volvió a Buenos Aires y yo me quedé en Córdoba. Cuando vi a Ernesto, lo encontré distinto, más hombre, más formado. Nos impresionaba por jugar al rugby, y esto me ayuda a precisar otro rasgo característico que lo distinguía de todos nosotros: él era un muchacho más duro. Por esa época los Aguilar tenían una posición más estable; el padre estaba trabajando y se habían hecho de un círculo de relaciones con la clase media alta y algunas familias más o menos aristocráticas de Córdoba. Entre las muchachas con las que salían los Aguilar había algunas que eran ricas y Ernesto fue novio de una de ellas. En el trato con estas chicas él era totalmente desprejuiciado, sin respetar los convencionalismos, y en cierto modo era una fuente de escándalo para los padres de ellas. Después, ya aquí, en Cuba, comentó conmigo que también había estado medio enamorado de *Negrita* Córdova Iturburu, su prima.[36]

Los sofisticados estancieros

El enamoramiento de Ernesto hacia su prima, algo muy común en la adolescencia, fue fugaz. No así el otro romance que menciona Barral y que involucra a María del Carmen Ferreyra, hija de un acaudalado estanciero cordobés. La familia Ferreyra recibía en la estancia Malagueño a las amistades de sus hijos Horacio (*Cuco*) y María del Carmen (*Chichina*). Iban allí los Aguilar, los Roca y, a veces, Ernesto. Esas reuniones dieron origen al Grupo Malagueño, al que se sumaron también Fernando Barral, Tatiana Quiroga, Miriam Urrutia y las hermanas Dolores y Magdalena (*Magda*) Moyano.

Barral desertó en 1946, al ingresar en la Facultad de Medicina y dedicarse íntegramente a sus estudios, los que sólo interrumpía para militar en el centro estudiantil y en la juventud del Partido Comunista. En 1950, al cursar cuarto año, fue detenido y afectado por la ley

4.144 (de residencia), trasladado en un avión militar hasta Buenos Aires y embarcado hacia Hungría. (El Partido Comunista se había ocupado de gestionar el envío de sus afiliados a países de la órbita soviética, para evitar que algunos fueran devueltos a la España franquista.)

El noviazgo de Ernesto con *Chichina* no prosperó, un poco porque los Guevara veían a los Ferreyra en un plano inalcanzable y otro poco porque la personalidad de Ernesto era demasiado exótica para éstos. Sus verdaderos amigos habían sido aquellos de la infancia (Tomás, Ariel, *El Tiqui, El Gordo, Calica*), con quienes no había diferencias estúpidas. Con ellos el trato había sido sencillo, natural, sincero. Ahora, en cambio, la naturalidad había cedido paso a la sofisticación y el esnobismo. Pero como Ernesto estaba enamorado de *Chichina*, se aguantaba todo eso y mucho más.

De aquellas reuniones dieron testimonio Tatiana Quiroga de Roca y la propia *Chichina* Ferreyra.[37] "Habíamos visto a Ernesto Guevara con los Aguilar", dice Tatiana, "de quienes éramos muy amigos. Pero fue en el casamiento de Carmen González Aguilar cuando lo conocimos mejor y nos deslumbró con su personalidad". Ernesto, que se había radicado en Buenos Aires e ingresado en la Facultad de Medicina, viajó al casamiento de su amiga más íntima y se quedó tres días en Córdoba.

Chichina, a su vez, recuerda sus impresiones sobre Ernesto. "Me fascinó", dice, "su físico obstinado y su carácter antisolemne; su desparpajo en la vestimenta nos daba risa y, al mismo tiempo, un poco de vergüenza. No se sacaba de encima una camisa de nylon transparente que ya estaba tirando a gris, del uso. Se compraba los zapatos en los remates, de modo que sus pies nunca parecían iguales. Eramos tan sofisticados que Ernesto nos parecía un oprobio. El aceptaba nuestras bromas sin inmutarse".

Esta reacción, típicamente clasista, era compensada por el apellido. Es que aunque los negocios de su padre no fueron muy florecientes, él era hijo de un Guevara Lynch, y eso justificaba todo, hasta los inconformismos más insolentes. Uno de esos fue lanzado por Ernesto la vez que sorprendió en la estancia Malagueño a los dueños de casa al calificar a Winston Churchill de "político de pacotilla". (Churchill acababa de ganar la guerra y también de perder las elecciones, pues el Partido Laborista le quitó en 1945 el sillón de primer ministro y se lo dio a Clement Attlee.) La discusión fue agria, pero la seriedad de la argumentación de Ernesto contrastaba con su vestimenta: tenía un tajo en el pantalón zurcido con una *curita*. El Grupo Malagueño lo bautizó esa noche con un mote muy original: *Pitecantropus erectus*.

El tango y el rugby

En esa época, cuando las parejas solían bailar enroscadas al compás de un romántico bolero o sumergidas en la sensual dramaticidad de un tango, Ernesto no sabía dar un paso. ("Soy un tronco", se reprochaba.) Obsesionado por seguir la melodía, para no perderse llevaba mentalmente la cuenta de los pasos que daba. ("Dos, uno, dos, uno.") Seguía de esa forma, moviéndose como un autómata desprovisto de toda naturalidad, hasta que su compañera le iniciaba una conversación y se perdía.

Esa carencia de oído musical era compensada con su prodigiosa memoria, la que le permitía recordar los versos de numerosos tangos y algunos pasajes de libros. No sabía bailar *Delicado*, la canción que Waldir Azevedo impuso hasta el cansancio, pero repetía sin errores todo un capítulo del *Martín Fierro*. Cuando se entusiasmó por el tango y aprendió algunas de las letras que cantaba Gardel, tuvo que soportar las bromas de sus amigos, quienes lo calificaban de "antiguo". Entonces empezó a memorizar también los tangos nuevos. Se hizo hincha de Edmundo Rivero, quien al estrenar el último tango de Homero Manzi, *Sur*, consiguió un renovado éxito para la orquesta de Aníbal Troilo (*Pichuco*), autor de la música. La letra de *Sur*, que Manzi había escrito recordando su juventud en un barrio del Buenos Aires de 1930 –según explica Francisco García Jiménez [38]–, era para él algo nuevo y distinto. Tan distinto que un día sintió ganas de conocer la esquina de *San Juan y Boedo antiguo* y se fue hasta allí a conversar con los vecinos más viejos, a preguntarles cómo era eso del *paredón y después*... Entonces descubrió el Puente Alsina y las calles de Pompeya, lo suficiente para imaginarse una niñez distinta de la suya, en esos barrios donde los chicos no tienen cerros para trepar. Tomó varias fotografías (era su segundo hobby, después del ajedrez) y se llevó en la cámara la graciosa silueta de un carro repleto de chicos, que le recordaba a su madre cuando los cargaba a todos en *La catramina*.

La vida universitaria en Buenos Aires no le impedía practicar deportes. Por el contrario, la gran ciudad le ofrecía mayores posibilidades y nuevos amigos. Consiguió incorporarse al equipo de rugby del

San Isidro Club, aunque jugó allí pocos partidos, pues enseguida pasó con su hermano Roberto (éste había venido a estudiar abogacía) a la segunda división del Atalaya. Fue medio-scrum en este equipo durante un año. El clima húmedo de Buenos Aires le devolvió los ataques de asma y entonces tuvo que suspender todo eso. Por más estático que fuera su puesto, los esfuerzos y las corridas le provocaban espasmos y terminaban por vencerlo. No volvió a jugar, pero seguía viendo los partidos en el Atalaya. Por su nariz levantada y el aspecto macizo que presentaba en la cancha, en este equipo lo habían bautizado *El Chancho*, y él quiso aprovechar ese apodo para firmar los artículos sobre rugby que había comenzado a escribir en la revista *Tackle*. El director de la publicación le pidió que lo cambiara "porque es de mal gusto firmar así...". Entonces deformó el seudónimo, sin quitarle la pronunciación, y firmó *Chang-cho*, como si fuera un nombre chino.

El mate, el ciclismo y la aviación

Para mantenerse en estado atlético se había acostumbrado a comer lo necesario y cuando dejó de practicar rugby mantuvo un régimen más estricto todavía (papas hervidas y zanahorias con aceite), pues tenía tendencia a engordar. No tomaba mucho alcohol, aunque le gustaban el buen vino y la cerveza. Pero su bebida ideal, la que consumió fielmente durante toda su existencia, fue el mate. Había crecido el primer año de su vida literalmente rodeado de yerba mate, allá en Caraguataí, donde su padre tenía el yerbatal, y ese olor parecía habérsele impregnado.

Era capaz de festejar un triunfo deportivo en el bar del club con una ginebra "a lo gaucho", de un solo trago, o de pedir un whisky para compartir la mesa de las chicas, pero en el momento de las grandes tertulias se deleitaba mateando. Si se trataba de una partida de ajedrez, entonces el mate era una condición indispensable. "Es parte del juego", bromeaba, "hay que chupar un poco de esto para que se lubrique el cerebro y se pueda pensar mejor...". Y convidaba a su adversario con la clásica invitación criolla: "¿Un amarguito, hermano?". Si el mate lo cebaba otro, él era el primero en reclamar su turno ("Pasame el verde, viejito") y en protestar ("¡Che, esto es una *lavativa*!").

Entre las manías con que acostumbraba divertirse figuraban los disfraces. Sus amigos cordobeses recuerdan haberlo visto varias veces envuelto en una sábana, imitando al mahátmá Gandhi (de quien había comenzado a hacerse admirador) en las fiestas de Carnaval. También se fotografió disfrazado de ciclista, con un pañuelo anudado en la cabeza y un neumático cruzado sobre el pecho, en actitud displicente. Es que el ciclismo le parecía un deporte absurdo, casi ridículo, a pesar de que también lo practicaba. Indudablemente lo había entusiasmado mucho más el breve curso de aviación que siguiera en Córdoba, donde aprendió a pilotear una máquina en compañía del instructor. (Esos conocimientos los completaría quince años después, en Cuba, y recién allí fue autorizado a volar solo.)

El antiperonismo de sus padres

Las primeras prácticas de medicina le gustaron, pero más le agradaba hacer experimentos por su cuenta. Como la vida en Buenos Aires era mucho más difícil que en Córdoba y el puesto municipal que le habían conseguido sus familiares no alcanzaba para mucho, Ernesto pensó en "ganar plata más rápido" con un invento. Había ideado un insecticida (Gamexane con talco) con su amigo Carlos Figueroa y para explotar el invento registraron una marca: *Vendaval*. Envasaban ese polvo mágico en cajas de cartón, y algunas ferreterías se lo compraban, pero al poco tiempo hubo que desistir porque resultaba imposible competir con la gran industria. El DDT empezó a hacer estragos con los bichos y con ellos. Ernesto reflexionó: "Me parece que yo para los negocios soy como mi viejo...".

En 1947 lo citaron para la revisión previa al servicio militar y el asma lo salvó. El día en que le devolvieron la libreta de enrolamiento con una leyenda que decía D.A.F. (disminuido en aptitudes físicas) comentó a sus amigos: "¡Por fin estos pulmones de mierda me sirvieron para algo! Me salvé de la *colimba*". Tenía dos motivos para alegrarse. El primero, no interrumpir los estudios por culpa de "ese año perdido que es la conscripción"; el segundo, no servir en un ejército considerado indeseable por la oposición.

Los militares argentinos, causantes de la discontinuidad constitucional a partir de 1930, eran acusados de recibir dádivas del gobierno del general Perón para no interferir políticamente. Si bien la imagen nazifascista que se le adjudicó al peronismo en un primer momento se fue desdibujando en los hechos, la falta de libertad de expresión y la persecución constante a los opositores agudizaban el odio y la intolerancia de ambas partes. La base de operaciones del antiperonismo seguía siendo la universidad, donde los centros de estudiantes operaban como células activas de un organismo irreductible: la FUBA. Los universitarios no olvidaban aquel eslogan con que el peronismo había acicateado el enfrentamiento entre obreros y estudiantes: *Alpargatas sí, libros no*. Y como la mayoría de ellos no pudo votar en 1946 por carecer de la edad mínima indispensable (fue el caso de Ernesto), se volcaban ahora en la actividad política clandestina.

Ernesto no podía ser extraño a todo eso. Celia, su madre, había protagonizado una escena en las calles de Córdoba que casi le cuesta un encierro en la cárcel. Fue en la plaza San Martín, donde se habían dado cita millares de peronistas que iban a participar de un mitin. Ella los vio llegar, no pudo contener su arrebato y empezó a gritarles: "¡Viva la libertad! ¡Abajo Perón!". Los agentes uniformados la rodearon enseguida y se la llevaron hasta el Departamento de Policía, mientras ella les decía de todo. "¡Gestapo! ¡Suéltenme, Gestapo!", vociferaba. Entonces, el oficial que comandaba el grupo trató de calmarla: "Pero, señora, ¿no se da cuenta de que le hemos salvado la vida? Si la dejamos en la plaza, a esta hora la habrían linchado...".

Por esos años Celia integraba el Grupo Monteagudo (que nucleaba a los antiperonistas cordobeses) y participaba activamente en las reuniones clandestinas. Su marido, en los dos reportajes que le efectuaron en 1967, testimonió:

> Vivimos en Córdoba desde 1932 hasta 1949. Yo era un ferviente antiperonista, integraba el Grupo Monteagudo, de resistencia civil, y mi esposa también era activa contra el peronismo. En mi casa se fabricaban bombas y guardaban elementos contra el régimen. Un día Ernesto se enteró de lo que estaba haciendo y me dijo: *¿Me dejás mojar en esto?* Yo no sabía qué contestarle y él agregó: *Mirá, si vos no me dejás que lo haga a tu lado, lo haré por el mío...* Entonces preferí que lo que hiciera no escapara a mi conocimiento, por eso sé que el antiperonismo de Ernesto se lo inculqué yo...

No es muy convincente que el antiperonismo de Ernesto haya sido producto de esa ideología paterna; ni siquiera puede decirse que respondía a un adoctrinamiento. Era, como en la mayoría de los universitarios, el resultado de una presión psicológica del medio. Una respuesta emocional antes que una actitud razonada. Y si su actividad en este sentido no alcanzó mayores proporciones (no iba más allá de las reuniones clandestinas, a veces ingenuamente conspirativas) fue porque tenía poco tiempo para dedicarle. La facultad y su empleo le insumían las mejores horas. El resto lo dedicaba al rugby, el ajedrez y la fotografía.

El contacto con los estudiantes politizados le dio, sin embargo, oportunidad para descubrir a los poetas de izquierda (anarquistas, comunistas, socialistas) de moda entre los núcleos más jóvenes de la oposición. De todos ellos, Pablo Neruda iba a ser, obviamente, el preferido. Por esa época se zambullía en cuanto libro iba a parar a sus manos, sin conservar una línea coherente. Leía como se lee a esa edad: desordenadamente.

Doce provincias en bicicleta

Cuenta Celia, la madre [39], que una vez Ernesto aprovechó sus vacaciones para embarcarse en un vapor de la flota mercante del Estado, donde le dieron trabajo, y salió a conocer otros países. Pero retornó decepcionado. "Me pasé un mes viajando, quince días de ida y quince de vuelta, para estar cuatro horas en una isla inmunda descargando petróleo...", contó, fastidiado, a sus padres.

Era el espíritu andariego el que volvía a atraparlo y a mediados de 1949 se lanzó a una nueva aventura. Compró un motor Micrón, italiano, para adosar a su bicicleta de media carrera y se fue a recorrer el interior del país con una pequeña mochila. Anduvo por el Norte (Salta, Jujuy, Tucumán, Santiago del Estero, Chaco, Formosa), se internó en el Oeste cordillerano (Catamarca, La Rioja, San Juan, Mendoza) y retornó por el centro de la república (San Luis, Córdoba). Conoció los valles calchaquíes, las reliquias coloniales, la majestuosidad andina y la pobreza provinciana en su expresión máxima: el Norte argentino.

A su regreso sacó el motor que había aguantado la increíble recorrida y fue con su amigo Carlos Figueroa a llevarlo a la casa Amerimex (donde lo había comprado) para que le hicieran un reacondicionamiento. "Al principio", cuenta Figueroa [40], "el ingeniero que nos atendió no le quería creer. Decía que era imposible que ese motor pudiera haber aguantado una gira tan grande". Ernesto contó detalladamente todo su viaje y exhibió algunas de las fotografías que había tomado. Como en una de las fotos aparecía él montado en la bicicleta con antiparras oscuras, el gerente le propuso un convenio: "Si usted nos firma una carta explicando el recorrido que hizo y nos presta esta fotografía para publicarla en un aviso, nosotros le arreglamos el motor gratis. ¿Qué le parece?". No había que pensarlo mucho. La operación se concretó en pocos minutos y a la semana el anuncio comercial se publicó en la revista deportiva *El Gráfico*.

La carta firmada por Ernesto Guevara Serna (había adoptado ese apellido compuesto, simplificando el de su madre), decía así: "Les envío para su revisión el motor Micrón que ustedes representan y con el que realicé una gira de cuatro mil kilómetros, a través de doce provincias argentinas. El funcionamiento del mismo durante mi extensa gira ha sido perfecto y sólo he notado al final que había perdido compresión, motivo por el cual se lo remito para que lo dejen en condiciones". Arriba de la fecha (28 de febrero de 1950) y del nombre de Ernesto destacado en gruesa tipografía, estaba ampliada la pintoresca foto.

La experiencia del viaje en *motorino* (así se denominaba aquel injerto mecánico) lo fascinó. Y cuando su familia se vino a vivir con él a Buenos Aires (compraron una casa en la calle Aráoz 2180, casi esquina Mansilla, en Palermo Viejo), volvió a planear nuevas aventuras. Pero un hecho imprevisto lo perturbó. Era la enfermedad de su madre, a quien cuatro años antes, en 1946, habían operado en un seno para extirparle un tumor maligno. La volvieron a intervenir en 1950, para extraerle toda la zona afectada, y mientras duraba la convalecencia Ernesto quiso ayudarla con sus conocimientos médicos. En el laboratorio fotográfico que había montado en una de las habitaciones aprovechó para instalar tubos en ensayo, mecheros Bunsen y toda clase de probetas. Consiguió unos conejos para experimentar, a los que les inyectaba determinados virus, pero sus ensayos se detuvieron cuando observó, complacido, que Celia había mejorado notablemente después de la operación.

La amistad con Granado

El segundo viaje importante de Ernesto fue planeado a mediados de 1951, cuando había superado ya las tres cuartas partes de sus estudios de medicina. La idea era recorrer América latina en motocicleta, pero no fue suya sino de Alberto Granado (*Mial*), hermano mayor de

Tomás, uno de los amigos más íntimos de Ernesto durante su infancia en Alta Gracia.

Alberto Granado, cinco años mayor que Ernesto, había nacido en el sur de Córdoba y estudiaba farmacia y bioquímica. La amistad de su hermano con Ernesto terminó por incluirlo a él también en las charlas y en los paseos. Como era más grande, Alberto se encargaba de enseñarles algunos secretos en las escapadas hacia los cerros, como por ejemplo armar una carpa con pocos elementos. "Años más tarde", señala Granado, "en su vida de guerrillero, aquellas experiencias le fueron muy útiles a Ernesto. Todas esas cosas las aprendimos sin pensar nunca en las proyecciones futuras; era una forma de vida sana, al aire libre, escapando un poco de la rutina común al estudiante y al habitante de la ciudad".[41]

Para Granado, la elección de medicina por parte de Ernesto fue una sorpresa: "Todos pensábamos que, por sus conocimientos y facilidades para las matemáticas, se iba a dedicar a la ingeniería". Cuando Ernesto se radicó en Buenos Aires, la amistad con Tomás y Alberto no se interrumpió. Por el contrario, en cada uno de los viajes que hacía a Córdoba los visitaba; y cuando se lanzaba a una excursión siempre buscaba hacerse "una pasadita por la casa de los Granado". En 1945, cuando obtuvo su título universitario, Alberto fue nombrado bioquímico en el laboratorio de un hospital de leprosos ubicado a ciento ochenta kilómetros de la capital cordobesa, y allí fue Ernesto a visitarlo varias veces y a interesarse por las investigaciones médicas. Fueron los experimentos de aquel laboratorio los que influyeron en el ánimo de Ernesto cuando se decidió a ensayar con conejos durante la enfermedad de su madre.

La gran aventura en moto

Granado cuenta cómo se gestó el viaje:

> El viaje en motocicleta es uno de los capítulos más interesantes de mi vida. Recorrer Latinoamérica, conocer sus bellezas y las miserias en que viven sus habitantes, fue un sueño largamente acariciado por nosotros, y en aquellas noches que pasaba con Guevara y mis hermanos en las zonas montañosas, durante un fin de semana o una excursión, era tema obligado nuestro futuro viaje. Después de muchas dificultades fue opor-

tuno partir sin dejar lastre detrás. Al hacer partícipe a mi hermano Tomás del gran proyecto, le pregunté: *¿Con quién podré hacer este viaje?* Y Tomás, que estaba sentado en una motocicleta que teníamos allí, señaló el asiento de atrás y me dijo: *Montalo a Ernesto, que agarra viaje seguro...* Al día siguiente Ernesto vino a visitarnos, aprovechando sus vacaciones de septiembre. Le hablé de mi interés por el viaje y de aprovechar la moto como medio de transporte. Ernesto contestó: *Si me esperás hasta diciembre, a que apruebe unas materias que estoy preparando, te acompaño.* Y lo esperé. El 29 de diciembre de 1951 montamos en una moto llena de utensilios, donde no faltaba ni el jabón de afeitar ni una pistola automática. Pasamos por Buenos Aires a despedirnos de la familia de Ernesto.

Para evitar el cruce de la cordillera en sus lugares más vertiginosos y también para conocer lugares inexplorados por ellos, fueron hacia el Sur. Cruzaron luego hacia Chile y al llegar a Santiago la motocicleta no resistió más. Tuvieron que abandonarla y seguir a pie. Granado explica:

> Esto nos obligó a conocer el pueblo. Tuvimos varios trabajos y oficios para ganar dinero y seguir adelante. Fuimos transportadores de mercancías, hombreadores de bolsas, marineros, polizones, fregadores de platos y médicos. Dos polizones que eran al mismo tiempo capaces de pelar papas y de emprender tareas a nivel universitario. Esto último hacía que la justicia no fuera muy ciega con nosotros y resolviera nuestras dificultades. Caminando sin dinero llegamos a las puertas de la Braden Company, que explota en Chile la mina de Chuquicamata. ¡Qué lejos estaban de pensar Braden y sus secuaces que en su garita de guardia iba a dormir, con los pies apoyados sobre las botas de un militar, el enemigo del imperialismo yanqui! ¡El comandante Ernesto *Che* Guevara!

Descanso en Machu Picchu

El interés de Granado por conocer leprosarios los llevó a internarse en la selva peruana, donde hallaron uno a tres mil metros de altura, en Huambo, tras once horas de viaje en lomo de mula. Allí observaron estupefactos cómo se alimentaban los indígenas con algunas sustancias salvajes. El médico que estaba a cargo de ese leprosario les facilitó el traslado hasta la provincia de Loreto, para que conocieran otro internado similar, situado a orillas del río Amazonas. Pero antes de partir quisieron conocer las ruinas de Machu Picchu, donde Ernesto tomó infinidad de fotografías. Una de ellas la obtuvo Alberto, a quien su amigo le pidió que lo retratara de cuerpo entero junto a una de las puertas de acceso al Intiwatana (el observatorio solar de los incas). Se quedaron tres días en esas terrazas, maravillados por la perfección arquitectónica y haciendo todo tipo de comentarios.

—¡Esos incas no eran ningunos *otarios*!

—¿Viste las piletas? De dos tipos: horizontales y verticales. Aprovechaban el agua al máximo.

—¡Lástima que estén vacías, *Mial*! Porque con la mugre que tenemos encima...

Arremangándose los pantalones (porque eran tan anchos que le molestaban para trepar) y ajustando el grueso cinturón de su saco de cuero, la única prenda de abrigo que llevaba, Ernesto trepó por todos los escalones hasta el cansancio. No dejó ningún rincón por explorar. Ambos habían seguido fielmente las indicaciones de los libros consultados en Cuzco, poco antes de salir, en una biblioteca especializada en arte incaico, donde se interesaron por la historia del lugar.

Habían leído páginas del inca Garcilaso de la Vega (*Los comentarios reales*), de Pedro Cieza de León (*Del señorío de los incas*), de Pedro Gutiérrez de Santa Clara (*Historia de las guerras civiles del Perú*), de fray Martín de Murúa (*Origen y genealogía de los reyes incas*) y algunos recortes periodísticos que informaban sobre el descubrimiento de Machu Picchu, ocurrido el 24 de julio de 1911 como resultado de una expedición norteamericana capitaneada por Hiram Bingham.

Ernesto repasaba mentalmente lo que había leído. Se acordaba también del descuartizamiento de Túpac Amaru y de la historia que le contaran en la escuela primaria. Recién ahora entendía el significado de aquel rebelde ejecutado el 18 de mayo de 1781 y el sentido de su insurrección.

Estaban los dos tomando mate, acostados sobre la piedra del sacrificio, cuando Alberto comenzó a desarrollar una idea:

—Se podría crear un centro laboral en la cordillera y trabajar políticamente desde allí hasta ganar el gobierno. Como Perón les prometió todo y todavía no les dio nada, ese es un buen lugar para trabajar y hacer una revolución...

—¿Y vos querés hacer una revolución sin *bufosos*? ¡Estás loco!

El regalo de los leprosos

Cuando bajaron de Machu Picchu fueron hasta el puerto de Pucallpa y se embarcaron. Por el río Ucayali (uno de los dos afluentes del Amazonas) llegaron hasta Iquitos, donde Ernesto sufrió una aguda crisis asmática por su alergia al pescado. Este, único alimento en todo el viaje, con su fuerte olor lo dejó semiahogado. Estuvo una semana internado en un hospital, hasta que volvieron a embarcarse con destino a San Pablo, una localidad del Norte peruano donde funcionaba el leprosario del que les habían hablado.

"Hicimos psicoterapia para distraer a los leprosos", cuenta Granado, "jugando al fútbol con ellos, acompañándolos en excursiones por los alrededores, viendo a los indios, interviniendo en una cacería de monos. El hecho de que dos *doctores* fueran capaces de perder su tiempo junto a ellos y les demostraran su afecto y cariño los impregnó de una inmensa gratitud". Granado se empeñaba en demostrar que la lepra no es contagiosa, y convivía con los enfermos como si tal cosa. Ernesto lo imitaba. Cuando resolvieron irse, los leprosos quisieron demostrarles su agradecimiento construyendo una balsa y obsequiándosela en un emotivo acto. "Teníamos ya alguna experiencia en estas cosas, pero nos emocionamos con la despedida que nos hicieron en aquel pequeño leprosario", recuerda Granado. Como en esa época estaba muy de moda el mambo y los dos tripulantes eran argentinos, a uno de los enfermos se le ocurrió bautizar a la balsa con el nombre "Mambo-Tango".

Antes de partir, Ernesto envió dos líneas a sus padres: "Si dentro de un año no estoy con vida, busquen mi cabeza entre los cráneos reducidos que están en los museos. ¡Voy a pasar por entre los jíbaros!".[42]

En balsa por el Amazonas

Esa despedida quedó registrada en el diario de viaje de Granado, con fecha 20 de junio de 1952, y dice así:

> A eso de las siete nos llamaron al puente, que es donde se une la parte enferma del leprosario con la parte sana. Allí, a pesar de la llovizna, estaban los enfermos en un bote repleto. Al llegar nosotros, nos brindaron un *¡Hurra!* y acto seguido nos ofrecieron varias canciones. En el puerto

se había congregado todo el personal sano y la orquesta fija, saxofón al frente, que contestaba cada pieza musical de los enfermos con otra. Luego empezaron los discursos. Primero hablaron tres de ellos con palabras sencillas, mal hilvanadas pero llenas de cariño y admiración por nuestro viaje. Al finalizar el tercero, contesté yo, bastante emocionado, así que el discurso salió malo, pero al final lo arreglé bastante. Siguieron varias canciones y después habló otro enfermo. Una vez acallados los aplausos, entonaron una canción de despedida y se empezaron a alejar lenta y silenciosamente, perdiéndose en la llovizna, mientras seguía llegando el acorde de la canción entonada por el coro. Parecía algo soñado, pues todo estaba embellecido por el cariño y la sensación de hermandad que en esos momentos nos unía a todos.

Ernesto y Alberto navegaron por el Amazonas hasta el punto donde confluyen los límites de tres países: el Perú, el Brasil y Colombia. No les resultó muy difícil hacerlo, pues habían observado a chicos de diez años y a mujeres embarazadas, con criaturas de pecho en sus brazos, remar en ese río. Pero por falta de habilidad en el manejo de la balsa y cierta desorientación, se pasaron de Leticia, la localidad colombiana donde debían atracar. Fueron a encallar en una isla brasileña y allí consiguieron que les cambiaran la balsa por un bote más liviano, para poder volver hasta Leticia navegando contra la corriente. Por fin llegaron a esa ciudad y los acomodaron en un cuartel hasta que consiguieran trabajo.

Campeones de fútbol en Colombia

Al enterarse el presidente de un club deportivo de que estaban allí, fue enseguida a verlos. "¿Ustedes dos son los argentinos que llegaron ayer? Supongo que jugarán bien al fútbol..." Ernesto y Alberto se miraron sorprendidos y el primero no vaciló en contestar: "Por supuesto, señor, claro que sí". "Bien", concluyó el dirigente, "entonces jugarán en mi equipo. Ustedes están comprometidos a jugar en mi equipo. ¿De acuerdo? Nada de traicionarme, ¿eh, muchachos?".

En Colombia se había acrecentado el prestigio de los futbolistas argentinos después del éxodo masivo a ese país (iniciado pocos años antes), y la presencia de dos jugadores de esa nacionalidad en uno de los modestos equipos de Leticia era todo un acontecimiento. Se iba a disputar un torneo cuadrangular y los dos argentinos fueron incluidos a último momento. Ernesto fue al arco y Alberto se ubicó en la zaga. Ambos se encomendaron a todos los santos antes del primer partido y planearon su estrategia defensiva:

–Vos quedate en los tres palos, que yo los paro antes de que lleguen al área. ¿Sabés cómo voy a repartir...? –advirtió Granado.

–No los dejés patear, *Mial*, que si me llenan de goles nos matan a los dos...

Tuvieron suerte. El equipo donde jugaban ellos resultó ser el menos malo y ganaron el torneo. Eso les valió un viaje gratuito en avión hasta Bogotá, donde el dictador Laureano Gómez gobernaba sostenido por un régimen policial muy severo. Granado evoca:

> Todos los extranjeros éramos mirados con desconfianza por las autoridades, y nuestro aspecto de expedicionarios no resultaba muy agradable. Sufrimos un arresto que pudo tener graves consecuencias, pues enardecidos por nuestro viaje hicimos alarde de valentía; tuvimos unas palabras violentas con un agente que, de acuerdo con impresiones de estudiantes que luego conocimos en Bogotá, era un sujeto peligroso. Por mucho menos que eso, mataba a la gente en plena capital. Pero tuvimos suerte. Los estudiantes nos dijeron que nos alejáramos pronto del país y con la ayuda económica de una colecta estudiantil y algunos dólares que teníamos, nos fuimos en ómnibus hasta el límite con Venezuela, a Cúcuta, donde tuvimos algunos tropiezos para salir. Atravesamos el puente internacional que une Cúcuta con la ciudad venezolana de San Cristóbal, el 14 de julio de 1952.
> Colombia –dice Granado– tiene fama de ser un país culto. Sin embargo, desde Laureano Gómez estaba decayendo, por lo menos en el interior. Se notaba una pobreza y una falta de cultura y de seguridad muy grandes. Una vez en Venezuela, decidimos llegar hasta Caracas. Allí encontré a un médico que conocía algunos de mis trabajos en leprología y que me ofreció un empleo en el laboratorio clínico de un hospital de leprosos. Esto, unido a la coincidencia de encontrarse en Caracas un amigo de la familia Guevara que tenía un avión para transportar caballos de carrera, hizo que surgiera un pacto entre Ernesto y yo; que él volviera a Buenos Aires para cumplir algo que había prometido a su madre: graduarse de médico. Debí insistir bastante para que Ernesto volviera a la capital argentina. Aquel avión hacía el siguiente recorrido: Buenos Aires-Caracas-Miami-Maracaibo-Buenos Aires. Llevaba caballos argentinos para vender en Miami y allí compraba caballos norteamericanos para vender en Maracaibo. Ernesto tenía que aprovecharlo, pese a lo complicado del trayecto, puesto que era un avión de transporte muy barato.

Alberto y Ernesto se separaron (esto ocurría en julio de 1952) con el compromiso, por parte de Ernesto, de retornar a Venezuela una vez graduado para trabajar juntos en el leprosario. "Voy a rendir las materias que me faltan", le prometió, "y vengo enseguida. Esperame, Mial, ¿eh?".

Al llegar a Miami, Ernesto se encontró con un amigo de Córdoba, el estudiante Jaime Roca (*Jimmy*), luego arquitecto, quien relató en un reportaje[43] que el avión se descompuso y demoró un mes en partir hacia Buenos Aires. Llegó a Ezeiza en septiembre de 1952, donde lo aguardaba ansiosamente toda la familia.

El *rush* de las doce materias

En Buenos Aires también esperaban a Ernesto doce exámenes para recibirse de médico. Eran las especialidades que se rinden en el final. "Si las *meto* todas en un año, me voy a Venezuela enseguida", se prometió a sí mismo. No era difícil creerle, porque a pesar de sus ausencias había conseguido dominar la técnica de los exámenes. "Ni tuvo notas brillantes ni fue un alumno aventajado, como dicen algunos; era más bien un alumno sorprendente", asegura su hermano Roberto, quien fue testigo del impresionante *rush* final de Ernesto.

Tal como lo había planeado, obtuvo el título de médico en un año, a mediados de 1953. Sus exámenes fueron modestos, pero rápidos; aprobados con lo justo, lo necesario para demostrar que tenía concepto. Además, debía apurarse antes de que entrara en vigencia el nuevo plan de estudios, que agregaba otra materia y que exigía conocimientos sobre justicialismo. Era la doctrina oficial, impuesta por el ministro de Educación Armando Méndez San Martín en todas las casas de estudio y en los tres sectores de la enseñanza: primaria, media y universitaria. Ernesto, que ya recitaba en francés a Baudelaire (se extasiaba con *Les fleurs du mal*), sentía repugnancia por el torneo de adulación iniciado dentro del peronismo y que amenazaba a todas las esferas. "A mí no me van a enganchar en ninguna de éstas. Yo me voy", confirmó a sus amigos.

Como no le alcanzaba el dinero para ir directamente a Venezuela, a reencontrarse con Alberto Granado, pensó que podía repetir la experiencia de viajar a pie, a dedo, o como sea, partiendo de algún país sudamericano. Eligió Bolivia, porque el costo del pasaje en el tren *carreta* que va de Buenos Aires a La Paz le resultaba económico. Buscó un acompañante, como antes Granado había hecho con él, y lo encontró enseguida. "Yo voy con vos", le dijo Carlos Ferrer (*Calica*) entusiasmado.

El nuevo rumbo

Les hicieron una gran despedida. La noche antes de partir, en Aráoz y Mansilla, la casa de los Guevara se convirtió en una bochinchera algarabía. Se festejaban dos acontecimientos: el título de Ernesto y su viaje. A las tres de la mañana, cuando se habían ido casi todos, Ernesto le propuso a *Pepe* González Aguilar: "¿Vamos a caminar un rato? No tengo sueño todavía". Y se fueron hacia el lado de Palermo, por Aráoz. "Estábamos al 3400 de Santa Fe y caminamos hasta la plaza San Martín, donde nace la avenida. Es decir", cuenta Aguilar, "que nos hicimos treinta y cuatro cuadras charlando, casi sin darnos cuenta. Hablábamos de todo, porque nuestra diferencia de edad ya se había achicado y podíamos cambiar ideas".

Ernesto habló mucho esa noche. Reveló su idea de trabajar un tiempo en el leprosario venezolano con Alberto Granado y luego ensayar en otro país, y en otro, y en otro, hasta recorrer todo el continente. Había empezado a interesarse por las enfermedades de la piel en el viaje anterior, por influencia de Granado; pero ahora tenía también las enseñanzas del especialista Salvador Pisani, un profesor de la Facultad de Medicina a quien Ernesto se acercó cuando estaba a punto de recibirse, con el propósito de completar sus conocimientos. Esas enfermedades epidérmicas, relacionadas íntimamente con la alergia, no eran del todo ajenas a su problema bronquial. El doctor Pisani le había dado suficientes explicaciones sobre algunas reacciones asmáticas y lo ayudó a evitarse los ataques producidos por factores alérgicos fácilmente detectables. Como aquel insoportable olor a pescado que lo tumbara en Iquitos.

Al otro día Ernesto partió con *Calica* Ferrer de la estación de Retiro. Su madre fue a despedirlo y cuando el tren comenzó a moverse, ella le apretó una mano mientras él sacaba medio cuerpo por la ventanilla y revoleaba una gorra de lana. El flamante doctor Ernesto Guevara de la Serna, de veinticinco años, especialista en piel, se marchaba a curar aborígenes a la selva, a convivir con los leprosos, en lugar de extender su diploma detrás de un cristal y colgarlo en la pared del consultorio, como hacían en ese mismo momento todos sus compañeros de camada. El no iba a conocer las reuniones académicas ni los esplendores de la medicina, cuando ésta se ejerce en el más ortodoxo sentido profesional. Pero iba, sin saberlo, a una experiencia formidable.

En La Paz, con los antiperonistas

En julio de 1953 Bolivia aún vivía convulsionada por la sublevación popular que un año antes instalara en la presidencia a Víctor Paz Estenssoro. El ejército profesional había sido derrotado con sus propias armas, empuñadas ahora por hambrientos y esperanzados mineros. Se escuchaba hablar a sus gobernantes de reforma agraria, de cambios de estructura, cuando un decreto vino a respaldar esas aspiraciones. "Quedan nacionalizadas", decía la parte resolutiva, "las minas de los señores Simón I. Patiño, Mauricio Hoschild y Carlos V. Aramayo". Esto significaba una revolución profunda en el país más rico del mundo en antimonio y estaño, donde el poder político y económico también era propiedad de esos magnates. Patiño, Hoschild y Aramayo ya no podían poner y sacar presidentes a su antojo ni manejar los negocios del Estado desde sus oficinas comerciales. La *Rosca*[44] acababa de ser barrida por el gobierno popular.

En La Paz el clima era entusiastamente revolucionario, aunque para el recién venido Ernesto Guevara lo más atractivo no era la política, sino las costumbres. El coya antes que el presidente. Le encantaba observarlos, verlos caminar, comer, rezar. Pero todo eso tenía un precio costoso: el asma. El altiplano, tremendo castigo para sus pulmones, lo abatió enseguida; cuando quiso trepar a los saltos una escalera, cayó vencido. Ese apunamiento fue el primer aviso. Después vendrían otros.

La estadía en La Paz, además de acercarlo a una experiencia nueva, le iba a brindar amistades importantes, como lo recuerda en una nota periodística el escritor Gregorio Selser, quien recogió algunos testimonios para reconstruir aquellos días.[45] Selser dice así:

> Hay una amplia casa donde convergen todos los argentinos, de paso por la ciudad u obligados a permanecer en ella por azares de la políti-

ca. Es la de Isaías Nougués, uno de los fundadores del partido Bandera Blanca, que por antiperonista furibundo ha debido radicarse en Bolivia. Sus habituales contertulios suelen ser aviadores argentinos que fracasaron en la asonada del general Benjamín Menéndez, a fines de 1951. Allí recala el joven abogado Ricardo Rojo, quien con salvoconducto expedido por el embajador de Guatemala en Buenos Aires, González Arévalo, ha pasado de Buenos Aires a Chile y desde este país, en viaje por tierra, a Bolivia.

Rojo es famoso por una treta que le ha permitido fugar de la comisaría donde estaba recluido por razones políticas. Perón, se sabe, ha ofrecido dos ascensos consecutivos al policía que logre recuperar al burlador. Años después, será este burlador quien hará de intermediario para el detonante pacto Perón-Frondizi, de cuyas resultas este último será electo presidente de la Nación. En casa de Nougués, durante un locro ofrecido a sus compatriotas, Rojo conoce a un recién recibido médico; esto ocurre en agosto de 1953, pero el joven galeno está en La Paz desde el mes anterior. Es un apasionado de la arqueología y no desaprovecha ocasión para visitar ruinas, conversar con expertos, viajar en el destartalado jeep de un fotógrafo alemán, Gustav Thörlichen, igualmente deslumbrado por tesoros tales como La Puerta del Sol (Tiahuanaco). El médico, Ernesto Guevara, informa a Rojo que se propone llegar hasta Venezuela, donde se ofrecerá para trabajar en un leprosario. Ya ha estado antes en aquel país, siendo todavía estudiante, y le ha gustado tanto que piensa radicarse allí temporariamente.

En los días que siguieron al locro de la finca de Calacoto, Guevara y Rojo intimaron. Se conocieron políticamente e intercambiaron ideas. Según Rojo, Guevara tenía "una visible vocación por el sarcasmo suave, del cual él mismo fue la primera víctima". Selser lo define como "un lector voraz pero disperso, que se interesa por la política pero no lo bastante como para que algún partido lo haya hecho afiliado suyo".

Guevara oía hablar mucho de Perón en La Paz. Primero en las tertulias de los argentinos exiliados, donde se despotricaba constantemente, y luego en algunos cenáculos intelectuales, de los que participaban universitarios latinoamericanos y en donde se discutía si Perón era un dictador típicamente sudamericano o –como él mismo se autodefinía– un "jefe revolucionario sostenido por la clase obrera". A Guevara le causaba gracia la segunda variante y solía rechazarla con estas palabras: "¡Pero qué va a ser un revolucionario este tipo! Ustedes creen eso porque lo ven de lejos, disfrazado de héroe nacional".

Según le contó Rojo a Selser, "Guevara no había participado muy activamente en las luchas estudiantiles de la insurgencia clandestina antiperonista de fines de la década del 40 y comienzos de la del 50; lo cual no indica, de ningún modo, su desapego o su desinterés". Más que decidirse a combatirlo, Guevara había preferido irse. No le gustaba la ola de complacencia oficialista que se movía en su país. El conformismo lo asfixiaba tanto como el asma y cuando advirtió que también en Bolivia la revolución se iba quedando, no titubeó en señalárselo a sus amigos. "Este no es más que un reformista", le dijo a Rojo, refiriéndose a Paz Estenssoro [46], "que va a fumigar con DDT a los coyas para quitarles los piojos, pero no a solucionar el problema esencial, que es la causa de los piojos... Una revolución que no llega hasta sus últimas consecuencias está perdida".

El tampoco era todavía un revolucionario y quizá sus apreciaciones fueran un tanto precipitadas en ese momento, cuando apenas había transcurrido un año de la instalación del nuevo gobierno. Sin embargo, a pesar de la juvenil petulancia intuía con acierto. "Para él", suele repetir ahora Rojo, "Perón y Paz Estenssoro fueron ejemplos de una burguesía que por falta de confianza en sí misma, no menos que por estrechez de miras y escasez de sentido histórico, se quedó a mitad de camino, entre su ser y su querer ser, y que pialada por estas negatividades esenciales está condenada a desbaratarse una y cien veces a despecho de todos los poderes que alcance". La frase, redondeada por su amigo, únicamente puede incluirse entre los conceptos políticos que Ernesto adoptaría después de leer –sistemáticamente– a los pensadores marxistas.

El asalto al Moncada

El 26 de julio de ese mismo año, mientras en la Argentina se sucedían actos de homenaje a Eva Perón con motivo del primer aniversario de su muerte, en Cuba se producía el asalto al cuartel Moncada, ubicado en la ciudad de Santiago, provincia de Oriente. Los hermanos Fidel y Raúl Castro Ruz planearon ese ataque por sorpresa contra el millar de soldados acuartelados en el Moncada, la segunda fortaleza del país, para quitarles todo el armamento y apoderarse luego de las estaciones de radio. Desde allí pensaban formular un vibrante llamado al pueblo cubano, pidiéndole su apoyo a la sublevación contra el dictador Fulgencio Batista, un sargento que se había apoderado del gobierno en 1934, lo usufructuó durante una década y se atrevió a dar un segundo golpe de Estado en marzo de 1952 (a ochenta días de las elecciones nacionales), cuando sus posibilidades de ascender a la presidencia constitucional eran muy endebles.

El plan de los hermanos Castro Ruz iba a terminar en el fracaso. En aquella mañana del domingo 26 de julio de 1953 el grupo revolucionario quiso aprovechar una tradicional fiesta carnavalesca que se festeja en Santiago, para atacar el cuartel. Durante cinco horas los balazos retumbaron en el patio central, silenciando el repiqueteo del bongó y los sones de las comparsas, con un saldo desolador: treinta y tres cadáveres de los insurgentes y quince de los leales quedaron tendidos en el piso.

Era el principio del fin, porque la matanza desatada por Batista en represalia por esa audaz insolencia iba a culminar con una cifra espantosa: veinte mil cubanos muertos, entre 1953 y 1958, tras la persecución por cada golpe subversivo, hasta que los revolucionarios lograron desalojar a Batista del poder. El Moncada había servido de experiencia; un bautismo de sangre y fuego para los jóvenes revolucionarios y una fecha simbólica para ese pueblo. Era el punto de partida necesario para librar la gran batalla.

Durante las batidas efectuadas en los días siguientes al asalto fue capturado Fidel Castro (como su hermano Raúl, había salido ileso de la matanza) y cuando se lo llevó ante un Tribunal de Urgencia para juzgarlo, pidió que lo dejaran ejercer su profesión de abogado y hacer su propia defensa jurídica. Lo autorizaron, y ese fue el error más grave de los jueces: dejarlo hablar. Enseguida se adueñó del juicio. Respondió a todas las preguntas con pequeñas arengas y desplegó su habilidad leguleya para interpelar a los testigos. Poco le costaba probar el asesinato a sangre fría de setenta prisioneros rebeldes y las torturas a que fueron sometidos algunos de ellos. Advertidos, los magistrados resolvieron "enfermarlo" y enviaron a dos médicos para que certificaran su "imposibilidad de concurrir al recinto judicial".

Pero no imaginaban que otro abogado iba a irrumpir en la sala en el preciso momento en que se hacía ese anuncio, al iniciarse la segunda sesión. "Señores jueces", dijo imperativamente la nueva voz, "¡Fidel Castro no está enfermo! Yo tengo aquí una carta suya, de puño y letra, dirigida a este honorable tribunal". Era la doctora Melba Hernández, una de las dos mujeres que habían participado del asalto al

Moncada. El papelito que extrajo de su rodete (donde lo escondió al salir de la celda) fue leído en voz alta por el presidente del tribunal. Resultó una nueva acusación del acusado:

"Se quiere impedir mi presencia en el juicio para que no revele los horrendos crímenes cometidos contra los prisioneros y por eso me hacen pasar por enfermo. No tengo nada. Estoy bien de salud, aunque presumo con certeza que se está tramando mi eliminación física bajo el pretexto de una fuga, envenenamiento o algo similar".

El reo había logrado atravesar la barrera judicial y otra vez los papeles se invertían. En lugar de un proceso contra Fidel Castro, responsable directo del asalto al Moncada, parecía un juicio al régimen de Batista. La represalia fue inmediata: registrar a todos los prisioneros antes de entrar en la sala; incomunicar a Melba Hernández y aislar a Castro en la Cárcel Provincial de Oriente. Era el 26 de septiembre.

Recién el 16 de octubre se permitió a Castro comparecer nuevamente ante los tres jueces. Pero ya no era en la sala del tribunal, sino en el salón de enfermeras del Hospital Civil y en secreto, con la sola presencia de dos fiscales, seis periodistas debidamente aleccionados y una guardia de cien soldados. Fidel Castro no iba a desaprovechar esta segunda oportunidad. Habló cinco horas consecutivas y su alegato fue tremendo. Había utilizado los veinte días de encierro solitario para construir una demoledora defensa jurídica. Ese documento, que Ernesto Guevara iba a descubrir tiempo después y que le serviría para entender los objetivos revolucionarios del líder cubano, terminaba así:

"En cuanto a mí, sé que la cárcel será dura como no lo ha sido nunca para nadie, preñada de amenazas, de ruin y cobarde ensañamiento, pero no la temo, como no temo la furia del tirano miserable que arrancó la vida a setenta hermanos míos. ¡Condenadme! No importa, la Historia me absolverá".[47] El que desafiaba era un jefe rebelde de veintisiete años, apenas dos más que Guevara. Los jueces dictaron una sentencia de quince años de prisión.

Perú, Ecuador, Colombia

A fines de 1953 Ernesto y *Calica* decidieron retomar el rumbo y salieron de Bolivia hacia Venezuela, en una lenta travesía, y se lanzaron a la aventura de atravesar todo Perú a pie (y en auto-stop) de Sur a Norte. Para ellos era la mejor manera de contemplar un paisaje inigualable.

Querían conocer de cerca la grandeza del continente, tocar con sus manos la herencia arquitectónica, mientras repasaban una historia que habían leído con avidez: la del imperio socialista de los incas.

Cuando alcanzaron la frontera con Ecuador sintieron deseos de conocer Guayaquil, la ciudad costera por donde se escapaban las riquezas y en la que se decidían los cuartelazos. Pero no había mucho tiempo. La meta era Venezuela y para llegar a ese país era necesario cruzar Colombia. El descanso en Guayaquil, sin embargo, se extendería más de la cuenta. Colombia era sacudida por uno de sus típicos enfrentamientos entre conservadores y liberales que había convertido en campo de batalla el departamento de Tolima. El general Gustavo Rojas Pinilla acababa de adueñarse del poder y los salvoconductos se suministraban con cuentagotas, lo que hacía imposible conseguir uno siendo extranjero y, además, sin recursos.

"Tenemos que quedarnos aquí, no hay salida por el momento", reflexionó *Calica*. Los otros dos miraron las paredes de la vieja pensión; el descolorido empapelado les daba risa. "Bueno", fue la respuesta, "antes de ir a la piscina voy a tomar un aperitivo en el grill. Alcanzame el mate...". En ese momento todos se acordaron de *Yira, yira*, de la "yerba de ayer secándose al sol" y de la filosofía de Discepolín. Pero no iban a estar solos, porque esa pensión cobijaba al día siguiente a otros tres argentinos: Andro Herrero, Gualo García y Oscar Valdovinos. Los seis aprendieron que "correr la liebre" no es una mera frase del lunfardo, sino una manera de vivir. La peor de todas, cuando se está lejos, sin perspectivas, con la ansiedad de no saber si se podrá seguir o volver.

Una vez que los dos tercetos intercambiaron objetivos y relataron sus andanzas, nació la idea de modificar el rumbo. Alguien sugirió: "Guatemala, ¡ese es el país! Allí está la revolución en marcha. Hay que ir allá, viejo...". Ernesto escuchó sin inmutarse. Se sentía un poco decepcionado de tantas revoluciones de papel. Sabía que el presidente Jacobo Arbenz estaba ensayando algunas importantes reformas socialistas, que había comenzado a expropiar latifundios a la United Fruit (la compañía norteamericana que manejaba la economía guatemalteca), pero no se dejaba seducir por todo eso. Seguía en pie, todavía, la idea del leprosario venezolano. Pero claro, todo era cuestión de encontrar una salida: abandonar Ecuador y seguir adelante de alguna manera. ¿Y cómo? Ninguno tenía fondos ni esperaba recibir dinero. Estaban varados en una pensión miserable.

En Ecuador El Che se reencontró con su amigo Ricardo Rojo, quien revolviendo entre sus papeles sacó de pronto un sobre cerrado. "¡Pero qué estúpido soy!", dijo. "Me había olvidado de esta carta." Todos lo miraron con expectativa. "Me la dio Salvador Allende, el socialista chileno, para que se la entregue a un correligionario suyo en Guayaquil. Voy a verlo enseguida y a manguearle algo, lo que sea, para poder salir de aquí." "Che gordo", le advirtió uno, "acordate que somos seis". Rojo hizo una mueca de asentimiento y se fue. Volvió por la noche con una buena noticia:

—Conseguí dos pasajes de favor, para ir en barco a Panamá. Podemos viajar los seis, pero en tandas de a dos.

—¿En qué barco nos vas a llevar, Gordo?

—En uno de carga, ¿por qué?, ¿tienen pretensiones?

—¡Al contrario! Viajaremos en una humilde embarcación proletaria con todo gusto, antes que en los lujosos e insolentes camarotes de una compañía imperialista —arengó Guevara.

—Che, ¿y de quién es el barco?

—De la United Fruit...

Panamá: otra vez de a pie

Efectivamente, se trataba de una unidad de la Flota Blanca, que la United Fruit utilizaba para transportar mercadería por la costa del Pacífico. El sorteo para elegir las tandas ubicó a Rojo y Valdovinos, los dos abogados del grupo, en primer término; después viajarían Ernesto y García, y finalmente *Calica* con Herrero. El azar había quebrado los dos tercetos iniciales.

Rojo y Valdovinos se embarcaron y esperaron un mes y medio en Panamá, pero como la segunda pareja no llegaba, resolvieron seguir por tierra hasta Costa Rica. Allí volvieron a embarcarse, esta vez rumbo a Guatemala. (Valdovinos, que había aprovechado esos cuarenta y cinco días panameños para conquistar a una muchacha, no pudo zafarse y abandonó a Rojo en Guatemala para volver a Panamá y casarse.) Rojo se quedó solo por poco tiempo, pues otros dos argentinos se le cruzarían en el camino. Eran Walter y Domingo Beveraggi Allende, quienes habían llegado a Guatemala a bordo de un flamante automóvil con el que pensaban atravesar todo el continente hasta llegar a Chile. En la Argentina no podían entrar porque Walter, dirigente laborista, había sido torturado por la policía y debió fugar cuando el peronismo lo incluyó en un supuesto complot subversivo, fraguado por los organismos de seguridad.[48]

A pesar de su espíritu aventurero, Rojo intentó hacer desistir a los hermanos Beveraggi Allende de "esa locura de seguir en auto hacia el Sur". Pero no lo consiguió y entonces, como no tenía nada que hacer, se sumó a ellos. Partieron de Guatemala y cruzaron El Salvador, Honduras y Nicaragua. Antes de abandonar este país, cerca de la ciudad de Rivas, una tormenta tropical los obligó a aminorar la marcha. El viento revoleaba toda clase de maderas, chapas y plantas, mientras una densa cortina de agua impedía la visibilidad de los automovilistas. "¡No sean locos! Refúgiense en alguna parte que esto es bravo", les había advertido el dueño de un bar al que preguntaron detalles del camino.

Pero resulta que estos "locos" eran demasiado mesurados, en comparación con los dos inconscientes que aparecían ante sus ojos.

Como si se tratara de un brillante día de sol, un par de hombres avanzaba por la ruta despreocupadamente, tapados con unas lonetas empapadas. Rojo los vio de cerca y dio un brinco dentro del auto: "¡Pará! ¡Pará! Son amigos míos". Ernesto Guevara y Gualo García, de ellos se trataba, subieron al coche. Contaron que venían a pie desde Panamá y que pensaban llegar así hasta Guatemala. Ahora, en cambio, los dos viajaban con destino a Costa Rica, a reponer fuerzas, en sentido contrario al que llevaban.

Cuando llegaron a San José, la capital costarricense, el grupo se separó. Los hermanos Beveraggi Allende pensaban seguir viaje hacia el Sur; Guevara –que ya había desistido de ir al leprosario– se quedó con Rojo.

Sorpresas en Costa Rica

Eran los últimos días de 1953 y en un bar céntrico, donde algunos parroquianos celebraban la Nochebuena, una rueda de cubanos se desgañitaba relatando los detalles de un hecho sangriento. "Ellos eran como mil", decía con los ojos encendidos el más exaltado, amontonando todas las palabras, "y nosotros un puñadito. Había que ver cómo caían los muertos, uno detrás de otro. Estuvimos toda la tarde baleándonos. Yo me había escondido detrás de una ventana y tiraba a matar al que se me acercaba. Le di a tres soldados en la cabeza y uno se me escapó herido en un pie. Después se puso feo, porque nos rodearon y tiraban de todos lados. Entonces me escapé. Pude salir por atrás, zafándome de un guardia al que le pegué en la cara con una botella rota que encontré en el piso. Tuve que correr en zigzag para eludir los tiros. Al otro día me enteré de que habían muerto como cuarenta hombres de los nuestros, y que estaban torturando a los heridos".

Guevara y Rojo, que se habían sentado a la mesa de al lado, lo escuchaban atentamente, sin decir palabra. Cada tanto cruzaban una sobradora mirada de suspicacia. Una vez que los cubanos terminaron su larga historia, Guevara no pudo soportar más la fanfarronería y dijo en voz alta: "Bueno, muchachos, ¿ahora por qué no se cuentan una de *cowboys*...?".

Se hacía difícil creer en toda esa novela, llena de muertos y chorros de sangre. Más bien olía a cuento policial. Sin embargo, a pesar de las exageraciones, se trataba de una crónica más o menos verídica. Algo que había ocurrido realmente y que los diarios cubanos registraron en sus columnas, con sensacionales fotografías de los cadáveres deshechos. Las primeras planas titularon esa noticia con tres palabras y dos signos de admiración: "¡Asalto al Moncada!". Costó convencer a Ernesto de la verosimilitud del relato. "Che, viejo, éstos se la cuentan. Nos vieron cara de giles", protestaba.

Es que él no conocía a los cubanos y tenía sólo una vaga idea de lo que era Fulgencio Batista. Recién empezó a aceptar parte de aquella historia cuando alguien comparó a Cuba con España y a Batista con Franco.

"Cuando los cubanos salen a pelear son tan bravos como los españoles. Matas a uno y vienen cinco. Por eso Franco tardó tres años en ganar la Guerra Civil, a pesar de que tenía el ejército en su favor. Batista es lo mismo; le corta la cabeza a todo el que se subleva", oyó decir. Eso le hizo recordar algunos de los relatos que había oído en casa de los González Aguilar sobre "la heroica defensa de Madrid", en los días de la República. "Si estos tipos son cojudos como los gallegos", pensó, "puede que sea cierto todo lo que dicen. Pero no sé, es demasiado grande esta milanesa para comérsela...".

Mas si los cubanos no lograron convencerlo fue porque no le interesaba mayormente el asunto. En cambio, escuchó con atención las advertencias que le hicieron dos venezolanos que encontró en un mesón:

"¿Y tú querías ir a trabajar a Venezuela? No, chico, quédate aquí. Mi patria es un infierno. ¿No has oído hablar de Marcos Pérez Jiménez? Es un monstruo sanguinario que no perdona. Hace un año hizo acribillar a balazos a un dirigente de mi partido, Cástor Nieves Ríos, en los calabozos de Caracas, después de torturarlo brutalmente. Quince días después, su policía cazó a tiros al joven doctor Leonardo Ruiz Pineda".

Detrás de unos gruesos anteojos, con la boquilla de su pipa engarzada entre las muelas, en esos días Rómulo Betancourt le contaría también una historia. A su lado, Raúl Leoni agregaba detalles omitidos deliberadamente por el relator: "Este señor", le explicó a Ernesto, "es el líder de Acción Democrática, el partido más importante de Venezuela, al que se ha proscripto para no dejarlo gobernar. A él también lo quisieron asesinar, hace un tiempo".

Junto a ellos, un dominicano de cabello blanco y rostro ajado esbozaba una sonrisa: "Todo esto es minucia comparado con las virtudes del *Benefactor de la Patria* que gobierna a mi país desde hace treinta años. ¿Conoce usted, joven, a Rafael Leónidas Trujillo? ¡Ah! Ese sí que es un personaje fuera de serie". Era Juan Bosch el que hablaba.

A quedarse en Guatemala

Guevara y Rojo decidieron, por fin, irse de Costa Rica. Esa vida, aunque apacible (porque la presidencia de José *Pepe* Figueres era tolerante con todos, máxime con los desterrados), no lo conformaba. Ernesto no se consideraba en el exilio. Estaba allí porque las circunstancias lo habían llevado y dejó su país porque le dio la gana, perseguido únicamente por su irrefrenable deseo de conocer otros mundos, de poner a prueba sus conocimientos profesionales en un leprosario.

En enero de 1954 los dos llegaron a Guatemala y se alojaron en una pensión de la Quinta Avenida, abarrotada de apristas peruanos corridos por la dictadura de Manuel Odría. Entre ellos había una maciza muchacha de ojos almendrados, pero fea, muy fea, que se fijó enseguida en Ernesto. No le quitaba los ojos de encima. El no tardó en responder a ese llamado:

–¿A vos también te corrieron por aprista, como a los otros? –quiso saber.

–Por supuesto. Si soy la secretaria de prensa del APRA ¿cómo no me iban a perseguir? ¿Y a ti quién te corre? ¿Perón?

–No, mirá, a mí no me corre nadie. Yo me corro solo para el lado que disparo...

Rieron. Ernesto la tomó de un brazo y la comprometió: "Esta noche vamos a dar un paseo juntos. ¿Qué te parece? Entonces me contás todo lo que te pasó. ¡Ah..., che! ¿cómo te llamás?". Ella contestó satisfecha: "Hilda, Hilda Gadea. Ya sé, vos sos Ernesto Guevara. Me dijo tu nombre el otro que vino contigo".

La cita se confirmó, pero él necesitaba resolver otro problema más urgente: ganarse la vida, juntar unos pesos. Al otro día fue a buscar trabajo y lo único que consiguió fue una oferta para vender enciclopedias a comisión. "¿Será posible?", protestó. "¿Sobran médicos en este país o aquí no se enferma nadie?". Hilda lo alentó: "Yo te presto para pagar la pensión. Tengo algo guardado. Cuando puedas me lo devuelves, por ahora acepta esas enciclopedias. Algunas vas a vender...". Hilda tenía un empleo en el Instituto de Fomento a la Producción. Con la venta de algunas enciclopedias, Ernesto devolvió el dinero a Hilda y luego fue a ocupar su empleo. Había fracasado en su intento por conseguir el puesto de médico, y eso que lo pedía para ejercer en la selva, donde no sobraban universitarios. "Me piden un año de estudios para revalidar el título. ¡Están en pedo!", se quejaba.

Guatemala, que lo había recibido en plena reforma social, empezaba a soportar los embates del Departamento de Estado norteamericano. John Foster Dulles, con su índice erecto apuntando hacia el gobierno de Arbenz, había lanzado su acusación más tremenda en una conferencia de cancilleres: "¡Comunistas!".[49] Los guatemaltecos sabían lo que eso significaba en América latina, pero no suponían que Foster Dulles se atreviera a lanzar una invasión. El *big stick* (la famosa "política del garrote") parecía enterrado definitivamente; era un método demasiado viejo y odioso para seguir empleándolo en la segunda mitad del siglo XX. Nadie creía. Sin embargo, los rumores de una invasión armada seguían navegando cada vez más cerca del gobierno de Arbenz, en las muy azules aguas del Caribe.

Pero a Ernesto, a quien dejaban indiferente las amenazas de Foster Dulles, proyectó una excursión al Petén. Quería ver de cerca la selva norteña, llegar a la zona fronteriza con México, retornar a su espíritu andariego. "Aquí me estoy oxidando", le confesó a Rojo; "quiero aire puro. Vamos a conocer ruinas arqueológicas, *Gordo*, a los lugares salvajes". Consiguió arrastrarlo e Hilda los acompañó, "porque alguien tiene que seguir pegando los botones". Ella ya había aprendido a cuidarlo, a comprender sus ataques de asma. Al empacar sus cosas, apenas las necesarias y las únicas que tenía (medias, un suéter, el inhalador), incluyó un par de libros que había comenzado a hojear por sugerencia de sus nuevos amigos, los izquierdistas guatemaltecos. (Eran tomos de Marx y Lenin, los que venían a sustituir a Jack London y Walt Whitman.)

Se fueron. En aquel viaje Ernesto le contó a Hilda que durante su permanencia en Ecuador se había hecho amigo del escritor Jorge Icaza y que éste le había regalado un ejemplar de su libro *Huasipungo*, pero que apenas terminó de leerlo lo vendió, "porque no tenía un peso". También le dijo que había escrito artículos sobre el Machu Picchu para una revista panameña y que los recortes se habían extraviado. No era muy convincente en sus historias, pero ella creía todo a pie juntillas.

Al mes de partir (mayo de 1954), el cerco comenzó a cerrarse sobre Guatemala. Foster Dulles conseguía poner en práctica la famosa *Resolución 93*[50], y con la anuencia de la OEA se ponía en marcha un operativo cuidadosamente elaborado por funcionarios de la United Fruit, el Departamento de Estado y la Central Intelligence Agency (CIA). El pequeño país centroamericano, que en ciento cincuenta años de vida independiente sólo había podido elegir dos presidentes en elecciones correctas (Juan José Arévalo, en 1946; Jacobo Arbenz, en 1952), observaba con desesperación cómo se preparaban efectivos militares para invadirlo desde las fronteras sureñas. En Honduras, El Salvador y algo más abajo, en Nicaragua, había movimientos de tropas más que sospechosos.

El 20 de mayo el gobierno de Estados Unidos firmó un pacto militar con Honduras, donde estaba radicado el cuartel general de los efectivos invasores, y lo proveyó de todas las armas necesarias. Al día siguiente, el dictador nicaragüense Anastasio *Tacho* Somoza rompió relaciones con Guatemala para acelerar el proceso.

El gobierno de Arbenz, al que los norteamericanos y los ingleses negaron todo tipo de armamento[51], sólo había recibido un embarque de material suizo para pertrechar precariamente a tres mil soldados, sin aviación militar ni barcos de guerra. Pero eso bastó para que en el Senado de Estados Unidos se levantaran voces reclamando "una rápida acción para impedir que las escuadras de bombarderos guatemaltecos destruyan los pozos petrolíferos de Texas y todo el continente".[52]

La CIA preparó y publicó un informe decisivo, titulado *Penetración del movimiento comunista internacional en las instituciones políticas de Guatemala: amenaza a la paz y seguridad de América y a la soberanía e independencia política de Guatemala*. A partir de allí, los hechos se sucedieron con velocidad impresionante. Protestas van, advertencias vienen, en la noche del 17 de junio se lanzó la invasión. De nada valieron los reclamos de Guatemala ante el Consejo de Seguridad de las Naciones Unidas: el presidente de turno, Henry Cabot Lodge, era accionista de la United Fruit junto con toda su familia (entre ellos, John Moors Cabot, secretario ayudante para asuntos interamericanos, quien intervino en todo el juego diplomático).

Curiosamente, también el secretario de Estado, Foster Dulles, figuraba entre los abogados más importantes de la compañía frutera, y su hermano Allen Dulles era el jefe de la CIA.

Aunque los aviones militares que despegaron de Newark y Nueva Jersey el 24 de junio reforzaron considerablemente las posiciones del coronel guatemalteco Carlos Castillo Armas, aparente jefe de la invasión, ésta se iba desmoronando paulatinamente. Por eso se hizo inevitable la traición de un vasto sector de altos oficiales guatemaltecos para que el gobierno quedara indefenso.

La caída de Arbenz

Ernesto, Rojo e Hilda habían regresado de su excursión selvática al Petén. Acababan de extasiarse con los restos de la cultura maya-quiché, de bucear en los tesoros arqueológicos de la cultura precolombina, de recorrer las ferias indígenas y mezclarse con los rostros nativos de la montaña. "Esto es América pura", decía Ernesto satisfecho, "aquí no hay grupo".

Los tres se instalaron nuevamente en la pensión cargada de asilados peruanos y tomaron conocimiento de lo que estaba pasando en ese país. Pero esas noticias excitaban a todos menos a él. Escéptico, desinteresado, respondía siempre con una broma a las ingenuas arengas de sus amigos apristas, quienes hablaban de "salir a pelear si fuera necesario", de "defender a toda costa el régimen popular". La tímida reforma social de Arbenz, cuyo paso más audaz (y el único que no le perdonaron) había sido la expropiación de latifundios a la United Fruit, servía a Ernesto para dar respuestas sarcásticas: "No va a pasar nada, quédense tranquilos. Están haciendo aspavientos para asustarlo a Arbenz, para que se deje de joder con la United Fruit. ¿Qué invasión? Si a éste lo quieren echar, le mandan un colacionado desde Washington avisándole que está despedido y listo...".

La llegada de Arévalo a su país fue aprovechada por uno de sus ex ministros, Raúl Osegueda (el hombre de más confianza de aquel gabinete), para organizar una comida a orillas del maravilloso lago Amatitlán de la que participaría José Antonio Mayobre, un economista venezolano funcionario de la CEPAL. Osegueda, que había trabado amistad con Guevara y Rojo (sentía predilección por los argentinos, pues había sido profesor de la Universidad de La Plata) y que los había ayudado económicamente en varias oportunidades, los invitó a compartir la mesa. Toda la conversación giró en torno de las amenazas norteamericanas (faltaban escasas semanas para la invasión), y allí no hubo chistes. Guevara escuchó atentamente el diálogo entre Arévalo y Osegueda sobre las infructuosas negociaciones de la diplomacia, la escasez de armamentos y los preparativos fronterizos con la anuencia de los gobernantes vecinos.

Cuando estalló el golpe decisivo, Guevara estaba solo con Hilda. Una inesperada inyección de mil dólares enviados por su padre había llevado a Rojo a Estados Unidos. El panorama era ahora dramático. Llegaron los aviones P-47, sobrantes de la Segunda Guerra Mundial, y dejaron caer bombas en la propia capital. La confusión fue inevitable y tremenda. Arbenz confiaba ingenuamente en su ejército. Como militar, se negaba a entregar armas al sector del pueblo que las reclamaba. No suponía que sus órdenes, transmitidas desde el palacio presidencial, eran captadas simultáneamente en el frente de guerra y en la Embajada de Estados Unidos debido a un ingenioso juego del telegrafista, al cual el embajador norteamericano John Peurifoy había sobornado. Ernesto se dio cuenta de la seriedad del problema y se lanzó a contrarrestar la inercia oficial. Empezó a tramar un sistema defensivo. Hilda no salía de su asombro y le preguntó:

–¿Qué vas a hacer? Te has pasado todito el tiempo acusando a este gobierno de "electoralista", de "reformista pequeño burgués". ¿Ahora vas a jugarte la vida por ellos?

–¡Al carajo con todo eso! Yo sé lo que hay que hacer y éstos no hacen nada...

Con lápiz y papel trazó un esquema defensivo. "Hace falta un par de batallones de obreros y empleados", pensó, "para capturar los lugares clave de la ciudad, apoderarse de las comunicaciones y tender una emboscada a los que intenten entrar". ¿Estaba planeando la defensa de Madrid? Podía ser. Lo había escuchado tantas veces...

Faltaban tres días para la caída definitiva y Arbenz se resistía a dar armas a quienes se obstinaban en defenderlo. "¡No toquen a mi ejército, no es cierto que me sea infiel!", vociferaba frenéticamente, con los ojos encendidos, cuando alguien le insinuaba la traición de los altos mandos militares.

Ernesto seguía en la calle reuniendo grupos dispersos, exhortándolos a la acción inmediata y proponiéndoles su plan infalible, sin imaginar que su actividad ya había sido captada por los agentes norteamericanos. Pero una de esas infidencias tan usuales en el mundo diplomático llevó la versión a oídos del encargado de negocios de la Argentina, Nicasio Sánchez Toranzo, quien salió a buscarlo desesperadamente. Recorrió bares, sindicatos, refugios estudiantiles, hasta que lo ubicó. "¡Ah! ¿Usted busca al loco argentino? Allá está, es ése", le indicó el dueño de una cafetería. El diálogo fue breve y terminante:

–Usted es Ernesto Guevara, ¿no? Bueno, como argentino, antes que como diplomático, tengo la obligación de avisarle que lo van a eliminar.

–¿Y quién me va a matar? ¿Por qué me van a matar?

–Escúcheme, jovencito, no se ofusque. En la embajada norteamericana han localizado todos sus movimientos y lo han marcado. Esto llega a su fin y ahora sólo resta salvar el pellejo, por eso vine a buscarlo.

–La verdad es que no sabía que yo era tan importante... Pero no creo que esto esté terminando. Si mi plan da resultado...

–Vea, joven, lo que los guatemaltecos no tienen excesivos deseos de cuidar, o lo hacen muy mal, no tiene usted la obligación de salvarlo. O se viene conmigo ahora mismo o no doy un pito por su vida. Arbenz ya se ha refugiado, ha renunciado. ¿Qué quiere hacer usted? ¿Desrenunciarlo?

La noticia lo dejó deprimido. En su mirada se leyó claramente un calificativo grueso para Arbenz. ("¡Qué pelotudo!", dijo con las manos abiertas y la boca cerrada.) El Che se escondió y algunos días después fue a la embajada argentina. Allí le ofrecieron la repatriación y la desechó. Optó, en cambio, por un salvoconducto para poder viajar a México. "Allá quiero ir, a organizar una invasión a los Estados Unidos. A ver si recuperamos Texas para los aztecas...", exclamó sonriendo, repuesto ya del incidente.

Notas

1 Melo se tomó la revancha con el golpe militar del 6 de septiembre de 1930 encabezado por el general José Félix Uriburu (admirador del fascismo italiano), quien derrocó a Yrigoyen. El golpe desembocó en elecciones fraudulentas que llevaron a la presidencia del general Agustín P. Justo. Este designó ministro del Interior a Melo, quien se hizo protector del organismo policial encargado de torturar a los opositores: la Sección Especial, a cargo de Leopoldo Lugones (h).
2 Revista *L'Europeo*, números 1.146, 1.147 y 1.148; Milán, 26 de octubre y 2 y 9 de noviembre de 1967. (El reportaje a Ernesto Guevara Lynch se editó en las dos últimas notas, tituladas: "Mio figlio Guevara" e "Il mistero Guevara".)
3 Franco Pierini lo entrevistó junto con Samuel Gelblung, redactor de la revista argentina *Gente y la Actualidad*.
4 *Gente y la Actualidad*, Nº 118, Buenos Aires, 26 de octubre de 1967.
5 El doctor Roberto Guevara de la Serna, impedido de formular declaraciones tras el compromiso familiar contraído mediante un documento público (donde el padre y los hermanos del Che admitieron su muerte), accedió gentilmente a revisar algunos datos obtenidos por el autor y a corregirlos.
6 *Gente y la Actualidad*, del 26 de octubre de 1967.
7 *Che*, Nº 19, Buenos Aires, 27 de julio de 1961.
8 *Time*, Nueva York, 8 de agosto de 1960.
9 *Breve tratado de medicina psicosomática*, Buenos Aires, Paidós, 1967.
10 *Psicología y asma bronquial*, Buenos Aires, Horné, 1966.
11 Esa fotografía y los detalles del asesinato de José Guevara fueron reproducidos por Aramís Funes en la revista *Todo es Historia*, Nº 10, Buenos Aires, febrero de 1968.
12 La Legión Cívica fue creada por el presidente Uriburu a imagen y semejanza de las milicias fascistas italianas. Sus antecedentes fueron rastreados por Oscar A. Troncoso en *Los nacionalistas argentinos*, Buenos Aires, S.A.G.A., 1957.
13 A su regreso, Córdova Iturburu escribió *España bajo el comando del pueblo*, un panorama de los frentes republicanos durante la Guerra Civil.
14 Entrevistada por el autor en febrero de 1968.
15 *Primera Plana*, Nº 251, Buenos Aires, 17 de octubre de 1967.
16 Rosario Central, que jugaba en los torneos locales, fue ascendido a primera división en 1939. Perdió la categoría en 1941 y logró recuperarla al año siguiente, ganando el campeonato de ascenso con un nuevo equipo donde brillaban Waldino Aguirre (*El Torito*), Rubén Bravo y Héctor Ricardo. Tres ídolos de Ernesto en los años en que River, con *La Máquina*, deslumbraba a todos menos a él. Tampoco se dejó impresionar por los clubes tradicionales del campeonato cordobés (Belgrano y Talleres) y se hizo hincha de Sportivo, de Alta Gracia, donde jugaba un valioso centro delantero: Gustavo Albella.
17 José González Aguilar grabó en la Oficina de Asuntos Históricos de Cuba un relato que luego se publicó en el diario *Granma* del 29 de octubre de 1967.

18 *Pepe* Aguilar falleció en Madrid en 1995.
19 La Argentina obtuvo el quinto lugar en ese torneo, con 32 puntos y medio, y a partir de ese momento comenzó una nueva etapa en su ajedrez, a la que no sería ajeno Ernesto Guevara. Varios ajedrecistas europeos resolvieron no retornar a sus países, acosados por la guerra, y se radicaron en Buenos Aires. El más relevante, Miguel Najdorf, se convirtió luego en el tablero número uno del país y en un nuevo ídolo para los aficionados. Ernesto, quien por la presencia de Capablanca se enteró de que Cuba existía, se deleitaría luego reproduciendo sus mejores partidas y aprendiendo sus sistemas de juego.
20 Manuel de Falla llegó a la Argentina en 1939 y murió en 1946, a los setenta años, en su chalet Los Espinillos. Allí intimó con Juan González Aguilar y estimuló la formación de un cuarteto de laúdes (Cuarteto Aguilar) dirigido por el médico español.
21 Fernando Barral grabó su relato en La Habana, luego publicado en *Granma*, el 29 de octubre de 1967.
22 El abuelo de Ernesto, Roberto Guevara (fallecido en 1919), antes de morir compiló esos antecedentes y reconstruyó la historia de los buscadores de oro. Uno de sus hijos, Marcelo Guevara Lynch (tío de Ernesto), facilitó esos datos al autor, en una entrevista efectuada en marzo de 1968.
23 Francisco Lynch y Arandia, que participó en la guerra de la independencia, fue capitán general del puerto de Buenos Aires y jefe de la fortaleza, según detalla Iván Carlos Moreno en *Linaje troncal de los Ruiz Arellano. Rama Lynch Arandia*; ed. del autor, Buenos Aires, 1937.
24 Paula de Loaces y Arandia (prima de los Lynch Arandia) se casó con Juan Manuel de la Serna y ambos dieron origen al apellido De la Serna Loaces.
25 *Genio y figura de Benito Lynch*, por Ulyses Petit de Murat, Eudeba, Buenos Aires, 1968.
26 *La burguesía terrateniente argentina*, por Jacinto Oddone, Epa, Buenos Aires, 1956.
27 Gaspar Lynch fue uno de los fundadores, en 1826, junto con el cónsul inglés Parish. Enrique Lynch Arribálzaga formó parte del triunvirato directivo que sostuvo a la Sociedad durante la crisis de 1890. (*Historia de la Sociedad Rural Argentina*, por Jorge Newton, Goncourt, Buenos Aires, 1966.)
28 *Primera Plana*, Nº 251, del 17 de octubre de 1967.
29 GOU significaba Grupo Obra de Unificación. Esta logia militar quiso impedir la candidatura de Patrón Costas y se apoderó del gobierno el mismo día en que iba a ser proclamada. Nombró presidente al general Arturo Rawson, quien a las pocas horas fue sustituido por el general Pedro Pablo Ramírez. Este renunció en 1944 y dejó el poder al general Edelmiro J. Farrell.
30 La UD fue una coincidencia electoral de los partidos Radical, Socialista, Comunista y Demócrata Progresista, con la ayuda financiera de la Sociedad Rural, la Unión Industrial y la Bolsa de Comercio (entidades manejadas por los conservadores). Su lema era "Por la libertad, contra el nazismo". Sus candidatos, José P. Tamborini y Enrique M. Mosca, militaban en el radicalismo.
31 Los escritos de Deodoro Roca fueron recopilados por Gregorio Bermann en un libro titulado *El difícil tiempo nuevo*, Buenos Aires, Lautaro, 1956.
32 El doctor Gustavo Roca fue entrevistado en Córdoba por el periodista Jorge (*Nilo*) Neder, especialmente para este libro, en 1968.
33 Entrevistado por el autor en febrero de 1968.
34 FUBA es la sigla de la Federación Universitaria de Buenos Aires.
35 *Granma*, del 29 de octubre de 1967.

36 Carmen Córdova Iturburu es la actual decana de la Facultad de Arquitectura, Urbanismo y Diseño de la Universidad de Buenos Aires.
37 *Primera Plana*, Nº 251, del 17 de octubre de 1967.
38 *Así nacieron los tangos*, Buenos Aires, Losada, 1965.
39 *Che*, Nº 19, del 27 de julio de 1961.
40 *Gente y la Actualidad*, del 12 de octubre de 1967.
41 Alberto Granado, radicado en La Habana, grabó su relato allí y fue publicado en *Granma* el 22 de octubre de 1967. También se publicó en el libro de Ernesto Che Guevara, *Mi primer gran viaje*.
42 *L'Europeo*, del 2 de noviembre de 1967.
43 *Primera Plana*, Nº 251, del 17 de octubre de 1967.
44 *Rosca* es un neologismo boliviano con el que se denominó, a partir de 1930, al grupo de nativos y extranjeros que ayudaban al superestado minero (a cambio de negocios) en detrimento del país y su economía. Así lo define Augusto Céspedes en *El dictador suicida; 40 años de historia de Bolivia*, Ed. Universitaria, Santiago de Chile, 1956.
45 "Recuerdo del Guerrero", *Política Internacional*, Nº 93, Buenos Aires, 1967.
46 *Siete Días*, Nº 23, Buenos Aires, 17 de octubre de 1967.
47 "La Historia me absolverá", alegato de Fidel Castro incluido en *La Revolución Cubana*, Palestra, Buenos Aires, 1960.
48 Ese complot, fabricado para encarcelar a Cipriano Reyes (el primer rebelde del peronismo), engendró un proceso que costó siete años de prisión a los supuestos cabecillas.
49 El 28 de marzo de 1954 la OEA aprobó, en Caracas, una declaración que condenaba indirectamente a Guatemala, a pedido de Foster Dulles. Se la llamó *Resolución 93*.
50 La *Resolución 93* se denominó "Declaración de solidaridad para la preservación de la integridad política de los Estados americanos contra la intervención del comunismo internacional". En su primer inciso estimulaba a "tomar medidas necesarias para protegerse contra la intervención del comunismo" y su "amenaza a la paz de América". El texto íntegro de esta resolución y todos los detalles del mecanismo urdido en la OEA figuran en el libro de Guillermo Toriello (entonces embajador guatemalteco en Washington), titulado *La batalla de Guatemala*, Ediciones Pueblos de América, Buenos Aires, 1956.
51 Sir Anthony Eden (entonces canciller inglés) cuenta en sus *Memorias* cómo tuvo que ayudar a Foster Dulles en esa emergencia.
52 La iniciativa fue del senador Lyndon B. Johnson (demócrata de Texas), según lo recuerda Samuel Shapiro en *The Dominican Dilemma*, Nueva York, 1965.

III
El guerrillero

México era el refugio obligado de todos los que emigraban de Guatemala. Y de allí no sólo huían los funcionarios del gobierno derrocado, corridos por Castillo Armas, sino también peruanos apristas, nicaragüenses antisomocistas, dominicanos antitrujillistas y todos los grupos de latinoamericanos cobijados por Arbenz. Esa brecha había sido abierta quince años antes por los republicanos españoles, cuando México les brindó su cálida hospitalidad.

Vivían casi todos en las mismas pensiones, junto con puertorriqueños, colombianos, paraguayos, venezolanos, panameños, haitianos, argentinos y algunos norteamericanos barridos por el macartismo. Se reunían en los mismos bares, frecuentaban idénticos centros culturales y discutían temas similares; formaban una población ruidosa, ahora aumentada por la tanda más fresca: los guatemaltecos.

Cuando Ernesto llegó allí, su amiga Hilda Gadea (había escapado antes, con sus camaradas apristas) lo incorporó enseguida a las tertulias de los exiliados. Todos sabían lo que había intentado hacer en Guatemala y se le acercaban, en especial los del grupo cubano.

Hilda y Ernesto *tenían* que casarse, una vez que la nueva profesión de él comenzara a rendir algunos dividendos. Sin mucha confianza tendieron las redes para obtener algo mejor, ubicarse en algún hospital u oficina sanitaria donde le reconocieran provisionalmente su título. Mientras tanto, sin mayores pretensiones, Ernesto debió acostumbrarse a recorrer México de punta a punta, a captar turistas norteamericanos en las mismas poses de siempre: de espaldas al edificio de la Universidad de México y luciendo un ancho sombrero de copa puntiaguda. Claro que, a veces, el objetivo apuntaba hacia los restos arqueológicos aztecas y la placa quedaba en su poder, porque la pareja solía escapar con frecuencia a visitar ruinas históricas. Pasaron un año así, en esa laxitud. El seguía aguijoneado por la experiencia guatemalteca; quiso volver a Lenin y repasar a Marx y Engels.[1] Las noticias lo exasperaban: Castillo Armas suprimía los sindicatos y las conquistas sociales en Guatemala; revocaba las expropiaciones de latifundios. La United Fruit recuperaba sus tierras.

En junio de 1955, mientras en Buenos Aires Perón comenzaba a tambalearse desde una altura demasiado peligrosa, llegó a México otra tanda de cubanos. Eran los cabecillas del asalto al Moncada, liberados el 15 de mayo por una ley de amnistía que Batista firmó presionado por sus nuevos colaboradores. (Había ganado las elecciones del 1º de diciembre de 1954, después que su oponente Ramón Grau San Martín retirara la candidatura y ordenara a sus electores boicotear los comicios "para evitar que se perpetúe en el poder la misma dictadura que actualmente controla el país", según su mensaje final.)

Batista inauguró el período de cuatro años de "régimen constitucional" el 24 de febrero de 1955 y sus lugartenientes lo instaron a dictar esa amnistía "porque", según ellos, "era un golpe de efecto popular". Algunos candidatos habían escuchado desde sus tribunas un reclamo insistente: "¡Suelten a Fidel Castro!". Y Fidel fue liberado, junto con su hermano Raúl, a pesar de que pesaban sobre ellos condenas de quince años.

Decenas de fotógrafos y reporteros hormigueaban junto al departamento de Juanita Castro, en La Habana, esperando el arribo de su hermano Fidel. Un grupo de universitarios lo alzó en andas al verlo bajar del tren que lo traía de Isla de Pinos, donde había estado preso veinte meses (los primeros siete, incomunicado y el resto, dictando clases de historia a sus compañeros y estudiando inglés). Era la sensación del momento y fue invitado a un programa de radio, pero el ministro de Comunicaciones no lo dejó hablar. Entonces decidió irse, juntarse en México con Raúl (quien ya había partido a unirse con el resto de los exiliados) para preparar un ambicioso plan ideado durante el cautiverio.

La amistad con Raúl Castro

Raúl Castro esperaba a su hermano con impaciencia. Sabía cuál era el plan y se había permitido divulgarlo entre sus compatriotas. En una de las tantas reuniones de exiliados apareció Hilda y conoció a Raúl. A los pocos días, ella se lo presentó a Ernesto, y cuando éste se enteró de los proyectos subversivos, de la invasión a Cuba proyectada por Fidel, soltó una carcajada. "¡Estos tipos no tienen cura!", dijo. Pero las relaciones de Ernesto y Raúl se fueron haciendo cada vez más estrechas. "Me parece que éste es distinto. Por lo menos habla mucho mejor que los otros y no aturde; además, piensa", le confesó a Hilda.

Se veían seguido, casi a diario. Raúl hablaba tanto de su hermano que crecía el interés por conocerlo. Como un anticipo, Ernesto recibió una tarde el texto completo del alegato pronunciado por Fidel ante el Tribunal de Urgencia. Lo leyó con avidez y algunos párrafos le llamaron la atención. Este, por ejemplo:

> El 85 por ciento de los pequeños agricultores cubanos están pagando renta y viven bajo la perenne amenaza del desalojo de sus parcelas. Más de la mitad de las mejores tierras de producción cultivadas está en manos extranjeras. En Oriente, que es la provincia más ancha, las tierras de la United Fruit y la West Indian unen la costa norte con la costa sur. Hay doscientas mil familias campesinas que no tienen una vara de tierra donde sembrar una vianda para sus hambrientos hijos y, en cambio, permanecen sin cultivar, en manos de poderosos intereses, cerca de trescientas mil caballerías[2] de tierras productivas.

Otra vez aparecía el nombre de la United Fruit. Pero ¿y qué tenía que ver toda esa explicación socioeconómica con la defensa de un preso? Guevara siguió leyendo:

> Salvo unas cuantas industrias alimentarias, madereras y textiles, Cuba sigue siendo una factoría productora de materia prima. Se exporta azúcar para importar caramelos, se exportan cueros para importar zapatos, se exporta hierro para importar arados... Todo el mundo está de acuerdo en que la necesidad de industrializar el país es urgente, que hacen falta industrias metalúrgicas, industrias de papel, industrias químicas, que hay que mejorar las crías, los cultivos, la técnica y elaboración de nuestras industrias alimentarias para que puedan resistir la competencia ruinosa que hacen las industrias europeas de queso, leche condensada, licores y aceites, y las de conservas norteamericanas; que necesitamos barcos mercantes, que el turismo podría ser una enorme fuente de riquezas. Pero los poseedores del capital exigen que los obreros pasen bajo las horcas caudinas; el Estado se cruza de brazos y la industrialización espera por las calendas griegas. Hay en Cuba doscientos mil *bohíos*[3] y chozas;

cuatrocientas mil familias del campo y de la ciudad viven hacinadas en barracones, cuarterías y solares sin las más elementales condiciones de higiene y salud; más de dos millones de personas de nuestra población urbana pagan alquileres que absorben entre un quinto y un tercio de sus ingresos; y casi tres millones de nuestra población rural y suburbana carecen de luz eléctrica.[4]

Eran cifras tremendas, acusadoras, propias de un fiscal más que de un defensor. Era el proceso al revés, el juicio que Fidel le seguía a Batista, haciéndolo responsable de que el noventa por ciento de los niños cubanos fueran devorados por los parásitos que se les metían entre las uñas de sus pies descalzos.

El alegato insistía: "Los que sobreviven, crecen raquíticos y a los treinta años no tendrán una muela sana, habrán oído diez millones de discursos y morirán, al fin, de miseria y decepción. El acceso a los hospitales del Estado, siempre repletos, sólo es posible mediante la recomendación de un magnate político que le exigirá al desdichado su voto y el de toda su familia para que Cuba siga siempre igual o peor".

Guevara ya tenía suficiente. No le costaría mucho entender a ese hombre que había estampado al final de su defensa esta frase arrogante:

"No terminaré como lo hacen todos los letrados, pidiendo la libertad del defendido; no puedo pedirla cuando mis compañeros están sufriendo ya en Isla de Pinos ignominiosa prisión. Enviadme junto a ellos a compartir su suerte; es concebible que los hombres honrados estén muertos o presos en una República donde está de Presidente un criminal y un ladrón".

Ahora comprendía mejor el significado siniestro de algunos nombres como Batista, Trujillo, Pérez Jiménez, Odría, Rojas Pinilla, Duvalier, Stroessner, Somoza y Castillo Armas. Había advertido que la United Fruit estaba en todas partes, aunque a veces adoptara otro ropaje y se la conociera como Standard Oil o como West Indian. "Es siempre lo mismo", pensó, "una empresa de capitales norteamericanos que impone su monopolio y su dictador, y que maneja la economía y la política de esos países a su antojo". Tal como venía ocurriendo desde el siglo anterior, según comprobaba en las lecturas que le habían acercado algunos exiliados latinoamericanos. La figura casi mitológica de Augusto César Sandino, peleando por la liberación de Nicaragua, se le quedó grabada. Ya había comenzado a creer algo del asalto al Moncada, de ese espeluznante relato de aquellos fanfarrones e insoportables cubanos.

El plan de Fidel

Fidel Castro llegó a México el 9 de julio de 1955 y Guevara lo conoció enseguida, por intermedio de Raúl. Se encontraron en la casa de María Antonia, un pequeño departamento en la calle Emparán 49, del Distrito Federal, donde los refugiados podían dormir y comer sin gastar un solo peso.

Castro recuerda así el instante en que lo trató por primera vez: "Era una de esas personas a quien todos le tomaban afecto inmediatamente por su sencillez, por su carácter, por su naturalidad, por su compañerismo, por su personalidad, por su originalidad, aun cuando todavía no se le conocían las demás singulares virtudes que lo caracterizaron".[5] Hilda Gadea, en cambio, iba a referirse a ese encuentro en otros términos: "Esos dos no hablaban más que de revolución. Perdí a mi marido por culpa de la Revolución Cubana".[6] Es que las charlas se hacían interminables.

Fidel reveló su plan: "Desembarcar en Cuba con un contingente bien pertrechado y hacer un llamado a los guajiros para que se unan a la revolución". Y explicó su programa de gobierno:

> Con el respaldo popular y el respeto de la nación, después de limpiar las instituciones de funcionarios venales y corrompidos, procederemos a industrializar el país movilizando todo el capital inactivo, que actualmente pasa de mil quinientos millones, a través del Banco Nacional y el Banco de Fomento Agrícola e Industrial, y sometiendo la magna tarea a estudio, dirección, planificación y realización, por técnicos y hombres de absoluta competencia, ajenos por completo a los manejos de la política. Después de asentar sobre sus parcelas, con carácter de dueños, a los cien mil pequeños agricultores que hoy pagan rentas, concluiremos con el problema de la tierra. Haremos como dice la Constitución: establecer un máximo de extensión para cada tipo de empresa agrícola y adquiriendo el exceso por vía de expropiación, reivindicando las tierras usurpadas al Estado en las que se harán plantaciones; repartiremos el resto entre las familias campesinas, dando preferencia a las más numerosas, y fomentaremos la creación de cooperativas de agricultores para la utilización común de equipos de mucho costo.

Ernesto se acordó de Perón, quien había amenazado con la reforma agraria y la expropiación de latifundios, y después terminó negociando con la Sociedad Rural. (Hacía algunas semanas, una lluvia de bombas había caído sobre la Casa Rosada para terminar con él, pero escapó a la tormenta refugiándose a tiempo en el último sótano del Ministerio de Ejército.) También vino a su memoria la figura de Paz Estenssoro; y la de Arbenz. Fidel lo sacudió:

–¡Oye, chico! ¿Es que no te interesa todo esto?

–Me interesa, sí, sí... Pero, no sé, che. Yo primero formaría un buen ejército y después de ganar la guerra, te cuento...

–De acuerdo, pero conviene que todo el mundo sepa qué clase de gobierno vamos a hacer. Así nadie se sorprende. Que quede bien claro que no vamos a farfullar sandeces sobre la libertad de empresa, las garantías al capital de inversión o la ley de la oferta y la demanda, como hacen todos los ministros mientras el pueblo se muere de hambre.

–Si vos querés hacer todo eso, contá conmigo. Vas a necesitar un médico...

Ernesto hizo un cálculo rápido: "Si hubiera encontrado a otro loco como éste y a cincuenta tipos decididos, echamos a los invasores de Guatemala". Sin embargo, ahora se trataba de algo más emocionante. Su profesión era un buen pretexto para incorporarse al proyectado ejército. Allí no iban a declararlo inepto por el asma, porque nadie tenía tiempo para fijarse en esas cosas. Si quería ir, que fuera. Allá él.

Fondos para el 26 de Julio

Para mantener latente el recuerdo del asalto al Moncada, Fidel bautizó a su grupo invasor con una fecha: Movimiento 26 de Julio. Pero había que reunir fondos para comprar armas y entonces el jefe revolucionario salió a proclamar su causa en todos aquellos lugares donde había colonias de cubanos escapados de la policía de Batista. Viajó a Estados Unidos y estuvo en Tampa, Miami, Union City, Bridgeport y Nueva York. Se entrevistó a solas con cubanos ricos y en reuniones masivas con los más pobres. A unos y otros les prometió la revolución. Prefirió no mentirles y por eso, en el Palm Gardens de Nueva York, habló claro: "El pueblo cubano quiere algo más que simples cambios de mando. Cuba desea ardientemente un cambio radical en todos los campos de la vida pública y social. Al pueblo debe dársele algo más que libertad y democracia en términos abstractos. Debe proporcionársele una vida decente a cada cubano; el Estado no puede ignorar la suerte de ninguno de los ciudadanos que nacieron y crecieron en el país. No hay mayor tragedia que la del hombre capacitado y con deseos de trabajar que pasa hambre junto con su familia por falta de trabajo. El Estado tiene la obligación ineludible de proporcionárselo o darle el sustento hasta que lo encuentre. Ninguna de las fórmulas vacías que se discuten actualmente incluye la consideración de este asunto, como si el grave problema de Cuba consistiera sólo en satisfacer las ambiciones de unos pocos políticos que han sido echados del poder o ansían llegar a conseguirlo".[7] La gira reportó cincuenta mil dólares en efectivo y algunos compromisos de ayuda financiera. Lo necesario para armar al ejército invasor, que ya contaba con ochenta voluntarios. Ese dinero, por supuesto, lo pusieron los cubanos ricos, quienes creían más en la caída de Batista que en el programa social del jefe rebelde.

Al retornar a México, Fidel descubrió al hombre ideal para adiestrar a sus reclutas, en la administración de una mueblería. Era el coronel Alberto Bayo, un cubano de sesenta y tres años, criado en Madrid y graduado en la Academia de Infantería primero y en la Escuela Militar de Aviación después, y que había adquirido experiencia en guerrillas cuando fuera capitán de la Legión Extranjera en la lucha española contra los moros africanos. Durante la Guerra Civil había formado en las milicias republicanas y, tras un fugaz paso por Cuba, prefirió quedarse en México, donde lo aceptaron como instructor de la Academia Militar de Guadalajara.

Fidel Castro lo convenció fácilmente, porque la idea lo fascinaba. Sólo hubo que encontrar el lugar exacto para los adiestramientos de campaña. Eligieron una finca[8] prestada, en el distrito de Chalco, sobre las montañas, con una extensión de nueve kilómetros de largo por quince de ancho, cubierta de espesa vegetación. Allí fueron a instalarse los ochenta expedicionarios (con todo el armamento que acababan de comprar) a recibir clases teóricas y prácticas de un experto que en tres meses les enseñó los secretos de la guerrilla: tirar con pistola, rifle y ametralladora; fabricar bombas para volar barricadas y destruir tanques; captar y derribar aviones; camuflarse y esconderse; transportar y atender heridos; atravesar la selva sin ser descubierto. Cuando terminó el curso, Bayo calificó a sus alumnos y el más aventajado resultó ser Ernesto Guevara.

El viejo guerrero lo había visto soportar estoicamente las marchas forzadas por selvas y montañas, arrastrarse con pesadas mochilas, correr, atacar, retirarse, todo con ejemplar dedicación y sin quejarse, a pesar de sus pulmones fatigados, vencidos por el asma. También había sido el primero en comprender la teoría de la guerrilla: atacar y retirarse, volver a atacar y retirarse de nuevo; una treta que termina por atosigar al enemigo, desorientarlo, quemar sus fuerzas.

Nace El Che

Ese contingente aprendió allí lo que significa la disciplina militar y la importancia de obedecer órdenes como parte de esa disciplina. Un suplicio compensado únicamente con la camaradería. En esta última práctica, por sus costumbres y su lenguaje, Ernesto se iba a ganar el apodo que lo haría famoso. Cuando bajó de esas montañas, con las manos entrenadas en apretar gatillos y arrojar bombas Molotov, seguro de sus propias fuerzas y confiado en su astucia guerrera, ya no fue más Ernesto sino El Che. El Che Guevara. Lo aceptó complacido porque le daba patente argentina. Sabía que también llamaban así a los argentinos en Chile, el Brasil y el Perú, y eso le parecía un distintivo tan particular como tomar mate o tararear tangos. Cuando le explicó ese significado a Fidel Castro, éste lo miró con displicencia y, tratando de imitar un gesto porteño, dijo sin poder disimular su entonación cubana:

–¿Así, che?

–Sí, chico... –retrucó Ernesto con pésima pronunciación.

El testimonio de Darío López, otro cubano del que se hizo amigo en Guatemala, que ayudaría a rescatar algunos detalles de su vida en México, ha confirmado que Ernesto siguió siendo tan desaliñado como siempre:

> La primera vez que yo vi al Che en Guatemala, iba con los zapatos rotos; casi siempre usaba la misma camisa, una parte por fuera y otra por dentro. Creo que ese día iba para el hospital donde trabajaba. Era cuando tenía una sola muda de ropa y solía preguntar a un compañero: *¿Vos tenés una camisa o un pantalón que me prestés?* A veces, el pantalón le quedaba ancho, pero lo mismo se lo ponía para salir a la calle. Esas cosas de forma eran de valor secundario para él. En México tenía un solo traje, color

café; claro, tenía cosas para cambiarse, pero un solo traje de salir y estaba tan gastado que decidió comprar otro... ¡del mismo color!⁹

Con esa apariencia nada formal (el mechoncito sobre la frente, la raya mal hecha y un remolino de pelo en la cabeza), Ernesto daba la impresión de ser un chico escapado del reformatorio antes que un universitario argentino. Pero iba a cumplir veintisiete años. No era exactamente un chico.

A derrocar a Batista

Mientras él se entrenaba en México para invadir Cuba, en su país se producían acontecimientos decisivos. El año 1955 había marcado la terminación del peronismo y su jefe abandonaba el poder en manos del ejército para refugiarse en una cañonera paraguaya. Su resistencia había sido tan blanda que bastó un soplido para desmoronarla: con un puñado de decretos, el gobierno provisional restauró el viejo país, ese que parecía haber muerto en 1945. Los dirigentes políticos salieron de su ostracismo y, cuando descorrieron el velo peronista, la Argentina quedó otra vez al descubierto, tal como era, con su raquitismo provincial y su enorme cabeza de Goliat. Con su economía agroexportadora y su antigua miopía política. Con su aristocracia viajando a Europa y su clase media soñando con Estados Unidos. Pero la ilusión del peronismo había producido una nueva mentalidad entre los trabajadores, ahora respaldados por lo único que les quedaba con vida del peronismo abatido: la organización sindical. Lo demás había sido un espejismo, porque el esplendor encendido por la euforia económica inicial se fue apagando en los últimos años, cuando la supuesta "revolución justicialista" se evaporó y los campesinos se dieron cuenta de que ellos no eran dueños de sus tierras ni los obreros de las fábricas; que los campos seguían en manos de los estancieros, las máquinas en las de los industriales y los fusiles en poder del ejército.

Ricardo Rojo viajó de Estados Unidos a México en noviembre de ese año, justamente cuando el jefe del gobierno provisional argentino, general Eduardo Lonardi, era reemplazado por otro militar: el general Pedro Eugenio Aramburu (con la colaboración del vicepresidente Isaac F. Rojas, un almirante erigido en el hombre fuerte del nuevo régimen). Rojo y Ernesto se volvieron a encontrar y comentaron la situación argentina, tejieron conjeturas sobre la base de las confusas noticias que llegaban por medio de las agencias noticiosas. Buenos Aires se abría como un abanico de distintos colores. Todos tenían oportunidad de hacer política, con excepción de los peronistas, a quienes los dirigentes tradicionales se habían propuesto "redimir" aunque no quisieran. Y, claro, no querían. Esa invitación a la lucha ideológica cautivó a Rojo, pero no alcanzó a conmover a Ernesto, atrapado ya por una idea más fascinante.

La lucha armada y el plan político de Castro eran una meta más atractiva, más cercana; además, ya estaba metido en eso y no había razón alguna para cambiar de idea. ¿Volver a la Argentina? ¿A qué? ¿A subirse a una tribuna? ¿Cuál de ellas? En todo caso, ¿qué iba a hacer arriba de una tribuna, si él no era un orador, ni siquiera un político? "Andá vos", le dijo a Rojo. "Yo me quedo acá. Allá todavía siguen gobernando los militares y con esos tipos no se puede hacer nada..."

Rojo se fue y, al reincorporarse al radicalismo, eligió la lucha ideológica que intentaba liquidar al tradicional comité del caudillo de barrio. Se enroló en una causa que consideró como la mejor fórmula para trazar un programa de futuro: la corriente "nacional y popular" (así definía su política la Unión Cívica Radical Intransigente, una de las dos mitades en que se estaba dividiendo el antiguo partido de Hipólito Yrigoyen). Esa corriente era encabezada por el abogado Arturo Frondizi, el político que interpretaba con mayor claridad ese instante y cuyo talento superaba holgadamente el de sus adversarios.

Ernesto siguió cumpliendo su servicio militar voluntario en Chalco y su único contacto con la Argentina seguía siendo una correspondencia, algo irregular, con su madre. En una de esas cartas le dijo a Celia: "Vieja, te comunico que ya sos abuela. Tengo una hija y se llama Hildita, como mi mujer". (El nacimiento se había producido el día 15 de febrero.) Y le contó un hecho que pudo modificar el curso de los acontecimientos. "Me quisieron deportar y logré escaparme en el aeródromo", relató muy escuetamente.

Pero lo ocurrido había sido más complicado. Fidel Castro, que viajaba frecuentemente desde la capital mexicana hasta Chalco, fue detenido una noche de junio de 1956 por la policía. No lo buscaban a él, sino a una banda de delincuentes, pero la gran cantidad de armas que aparecieron escondidas en el baúl de su automóvil hizo que lo detuvieran y determinó una investigación. La finca de Chalco fue allanada, todas las armas y municiones quedaron confiscadas y veintitrés de los guerrilleros fueron con su jefe a la cárcel. Las denuncias de Batista, que señalaban a los cubanos desterrados como organizadores de un complot subversivo contra su gobierno, quedaron comprobadas. De todos los detenidos, el único extranjero era Guevara; por eso se decidió la deportación. Pero se escapó. Por algo había sido el alumno más calificado del coronel Bayo.

Cinco meses después, el 15 de noviembre, Fidel Castro lanzó su segundo reto a Batista: "Voy a Cuba con mi Ejército de Liberación; vamos a desembarcar un día de estos y a iniciar la guerra contra ese monstruo sanguinario", sentenció ufano, públicamente, con una soberbia inexplicable. Bayo se tomó la cabeza con las manos:

–¡Pero déjese usted de bravadas, coño! Que esto no es cachondeo, que apenas asome la cabeza por allí se la van a cortar... Ya le he explicado mil veces que los planes de guerra se guardan en secreto. ¿Cómo se le ocurre a usted anunciarle al enemigo lo que va a hacer? ¿Se ha vuelto loco?

–Usted me enseñó eso, coronel, pero en este caso quiero que todos sepan en Cuba que yo voy para allá. Deseo que tengan fe en el Movimiento 26 de Julio. Es una peculiaridad nuestra, aunque militarmente pueda considerarse peligrosa. No se olvide, coronel, que esto es también una guerra psicológica...

Una odisea en el *Granma*

A los diez días el grupo expedicionario se puso en marcha. Sus soldados estaban bien adiestrados en la guerrilla; pertrechados con rifles, ametralladoras, municiones, medicinas y víveres. Insuflados de una mística avasalladora que era, sin duda, su mejor arma. Sumaban ochenta y dos hombres, pero como el jefe sólo pudo conseguir un navío con capacidad para veinte, debieron apelotonarse como podían. Era un yate de paseo, el *Granma*, al que no hubo tiempo de reparar sus desperfectos mecánicos. El motor andaba mal, patinaba el embrague.

Zarparon de Puerto Tuxpán, en el golfo de México, el 25 de noviembre, con una flamante bandera rojinegra, que identificaba al Movimiento, izada en la popa. El rumbo señaló Niquero, al oeste de Santiago de Cuba. Debían llegar allá el 30 de noviembre y unirse a Crescencio Pérez, un campesino que los esperaba con cien hombres y algunos camiones para marchar encolumnados hasta Manzanillo. Se iban a unir a otro contingente rebelde y juntos atacarían por primera vez al ejército regular cubano. Simultáneamente, los sublevados escondidos en otras zonas harían estallar bombas en Holguín, Matanzas y Santiago, para despistar a los soldados de Batista. Una vez concluida la operación y requisados los pertrechos del destacamento de Manzanillo, Pérez guiaría a los rebeldes hasta un escondite en la Sierra Maestra, la cadena montañosa que crece en dirección paralela a la costa cubana, en la provincia de Oriente. La huelga general que los grupos opositores desatarían en La Habana y extenderían a toda la isla iba a conducir, creía Castro, a la caída inevitable de Batista.

Este fue el plan que el jefe reveló en alta mar a sus soldados. Pero a poco de andar, apenas el Caribe empezó a cachetear el barco como correspondía y el oleaje a barrer la cubierta e inundar todos los recovecos, la cosa no pareció tan sencilla. Se la pasaron sacando agua a baldazos, porque la bomba no funcionaba, durante seis días insoportables y desmoralizadores; sobre todo el quinto, que era el anunciado para la invasión. "Hoy es 30 de noviembre, ya teníamos que haber llegado. ¿Me quieren decir qué mierda hacemos acá?", preguntó deprimido uno de los agotados tripulantes. Nadie contestó, aunque todos pensaban lo mismo. La radio del barco transmitió un informativo y entonces se enteraron de que el ataque en tierra, tal como había sido planeado, se llevó a cabo en Santiago y en Holguín. Era la parte del plan que no había fracasado. Ellos sí. Una crónica de aquel viaje señala:

> A horas tempranas de la mañana del 2 de diciembre el hombre que llevaba el timón se cayó al mar. Las aguas picadas y la oscuridad hicieron imposible localizarlo, así que se encendió una luz, fue encontrado y subido a bordo y se perdió otra hora. Siguieron navegando y en Belic, una pequeña villa pesquera no muy lejos de Niquero, el yate encalló y no pudo ser movido. Estaban cerca de la costa, pero las olas eran bastante altas y el fondo fangoso, así que Fidel ordenó que cada hombre se olvidara de los pertrechos de reserva y se salvara. El equipo pesado, explosivos, provisiones de municiones, víveres y medicinas tuvieron que ser abandonados.

Esta versión del desembarco fue reconstruida por Leo Huberman y Paul M. Sweezy.[10]

Pero sin duda el mejor relato de aquella pesadilla figura en el cuento con que Julio Cortázar[11] noveló esas escenas:

Nada podía andar peor, pero al menos ya no estábamos en la maldita lancha, entre vómitos y golpes de mar y pedazos de galleta mojada, entre ametralladoras y babas, hechos un asco, consolándonos cuando podíamos con el poco tabaco que se conservaba seco porque Luis (que no se llama Luis, pero habíamos jurado no acordarnos de nuestros nombres hasta que llegara el día) había tenido la buena idea de meterlo en una caja de lata que abríamos con más cuidado que si estuviera llena de escorpiones. Pero qué tabaco ni tragos de ron en esa condenada lancha, bamboleándose cinco días como una tortuga borracha, haciéndole frente a un norte que la cacheteaba sin lástima, y ola va ola viene, los baldes despellejándonos las manos, yo con un asma del demonio y medio mundo enfermo, doblándose para vomitar como si fueran a partirse por la mitad. Hasta Luis, la segunda noche, una bilis verde que le sacó las ganas de reírse, entre eso y el norte que no nos dejaba ver el faro de Cabo Cruz, un desastre que nadie se había imaginado; y llamarle a eso una expedición de desembarco era como para seguir vomitando, pero de pura tristeza. En fin, cualquier cosa con tal de dejar atrás la lancha, cualquier cosa aunque fuera lo que nos esperaba en tierra –pero sabíamos que nos estaba esperando y por eso no importaba tanto–, el tiempo que se compone justamente en el peor momento y zas la avioneta de reconocimiento, nada que hacerle, a vadear la ciénaga o lo que fuera con el agua hasta las costillas buscando el abrigo de los sucios pastizales, de los mangles, y yo como un idiota con mi pulverizador de adrenalina para poder seguir adelante, con Roberto que me llevaba el Springfield para ayudarme a vadear mejor la ciénaga (si era una ciénaga, porque a muchos ya se nos había ocurrido que a lo mejor habíamos errado el rumbo y que en vez de tierra firme habíamos hecho la estupidez de largarnos en algún cayo fangoso dentro del mar, a veinte millas de la isla...); y todo así, mal pensado y peor dicho, en una continua confusión de actos y nociones, una mezcla de alegría inexplicable y de rabia contra la maldita vida que nos estaban dando los aviones y lo que nos esperaba del lado de la carretera si llegábamos alguna vez, si estábamos en una ciénaga de la costa y no dando vueltas como alelados en un circo de barro y de total fracaso para diversión del babuino en su Palacio.

Desembarco y tiros

Finalmente, los ochenta y dos hombres ganaron la costa tras cuatro horas interminables de chapotear en el barro. No sabían dónde estaban y era fácil deducir que con la salida del sol, al ser avistado el *Granma*, no iban a tardar en ser localizados por los aviones de reconocimiento. Había que salir de allí cuanto antes. Entonces Fidel los arengó: "Iremos a las montañas. Hemos llegado a Cuba y triunfaremos". Nadie creía semejante cosa. Acababan de perder todo el equipo en ese lugar que, luego supieron, se llamaba Playa de las Coloradas. Estaban caminando con botas nuevas que les provocaban llagas; sin víveres y con un cansancio feroz. ¿A qué montaña iban a trepar si no tenían fuerzas ni para seguir andando en el llano?

El agotamiento determinó un alto en Alegría de Pío, cerca de Cabo Cruz, en el municipio de Niquero. Era el 5 de diciembre y llevaban tres días de caminatas ininterrumpidas, con descansos muy cortos. Acamparon a orillas de un cañaveral, en un bosque ralo y pequeño donde todos se acostaron enseguida a dormir. Algunos prefirieron antes bañarse y comer la ración uniforme e indiscutible: medio chorizo y una galleta. Ernesto se recostó sobre un árbol, hizo unos ejercicios respiratorios para ensanchar los pulmones fatigados y se durmió profundamente. Cuando se despertó le asignaron una tarea específica. "A ver si les arreglás los pies a todos, que hay que seguir andando", le ordenó Fidel. Con lo que había podido salvar de su botiquín, hizo lo posible por curar decenas de llagas.

Apenas terminó su tarea, volvió a recostarse contra un tronco. Estaba charlando con su camarada José Montané, cambiaban anécdotas y gracias de sus respectivos hijos, en el momento en que escucharon un disparo. Hubo escasos segundos de silencio y una lluvia de balas se descargó sobre el campamento. El fusil de Guevara no era muy bueno. ¿Y ahora? Bueno, ahora había que usarlo, porque era lo único que tenía para defenderse.

El capitán Juan Almeida se acercó, arrastrándose bajo las balas. Quería saber qué clase de instrucciones se habían dado. La respuesta fue tajante: "¡Qué sé yo! A mí nadie me dijo que hoy iba a pasar esto". Almeida volvió refunfuñando junto a su grupo. En medio de la confusión, Fidel Castro trataba de agrupar a todos en el cañaveral adyacente, al que se podía llegar cruzando una guardarraya. Todos iban y venían. Alguien aprovechó para dejar en el suelo una caja de balas y Guevara lo increpó duramente, pero en vano. "Oye, chico, no es hora para andar lidiando con esto tan pesado", le contestó el soldado con voz temblorosa. Fue un instante decisivo para Ernesto, quien, al recordar aquellas anécdotas[12], escribió:

Quizás esa fue la primera vez que tuve planteado prácticamente ante mí el dilema de mi dedicación a la medicina o a mi deber de soldado revolucionario. Tenía delante una mochila llena de medicamentos y una caja de balas, las dos eran mucho peso para transportarlas juntas; tomé la caja de balas, dejando la mochila para cruzar el claro que me separaba de las cañas. Recuerdo perfectamente a Faustino Pérez, de rodillas en la guardarraya, disparando su pistola ametralladora. Cerca de mí un compañero llamado Arbentosa caminaba hacia el cañaveral. Una ráfaga que no se distinguió de las demás nos alcanzó a los dos. Sentí un fuerte golpe en el pecho y una herida en el cuello; me di a mí mismo por muerto. Arbentosa, vomitando sangre por la nariz, la boca y la enorme herida de la bala 45, gritó algo así como *¡Me mataron!* y empezó a disparar alocadamente, pues no se veía a nadie en aquel momento. Le dije a Faustino, desde el suelo, *¡Me jodieron!*, Faustino me echó una mirada en medio de su tarea y me dijo que no era nada, pero en sus ojos se leía la condena que significaba mi herida. Quedé tendido; disparé un tiro hacia el monte siguiendo el mismo oscuro impulso del herido. Inmediatamente me puse a pensar en la mejor manera de morir en ese minuto en que parecía todo perdido. Recordé un viejo cuento de Jack London, donde el protagonista, apoyado en un tronco de árbol, se dispone a acabar con dignidad su vida, al saberse condenado a muerte por congelación, en las zonas heladas de Alaska. Es la única imagen que recuerdo. Alguien, de rodillas, gritaba que había que rendirse y se oyó atrás una voz, que después supe pertenecía a Camilo Cienfuegos, gritando: *¡Aquí no se rinde nadie, carajo!* Ponce se acercó gritando, con la respiración anhelante, mostrando un balazo que aparentemente le atravesaba el pulmón. Me dijo que estaba herido y le manifesté, con toda indiferencia, que yo también. Siguió Ponce arrastrándose hacia el cañaveral, así como otros compañeros ilesos. Por un momento quedé solo, tendido allí esperando la muerte. Almeida llegó hasta mí y me dio ánimos para seguir; a pesar de los dolores, lo hice y entramos en el cañaveral. Allí vi al gran compañero Raúl Suárez, con su dedo pulgar destrozado por una bala, y a Faustino Pérez vendándoselo junto a un tronco; después todo se confundía en medio de las avionetas que pasaban bajo, tirando algunos disparos de ametralladora, sembrando más confusión en medio de escenas a veces dantescas y a veces grotescas, como la de un corpulento combatiente que quería esconderse tras de una caña, y otro que pedía silencio en medio de la batahola tremenda de los tiros, sin saberse bien para qué.

Poco antes que el cañaveral comenzara a arder, ese grupo alcanzó a salir de allí capitaneado por Almeida y ganó un monte donde pudieron esconderse. Detrás quedaban columnas de humo y llamaradas: los restos del campamento. Caminaron hasta que la noche los alojó en su segura oscuridad, en la que no podían ser descubiertos, y resolvieron dormir amontonados, doloridos, sin poder saciar la sed y el hambre, y atacados por un enemigo implacable que lanzaba todas sus escuadrillas en picada: los mosquitos.

Por su parte, Fidel y Raúl Castro también habían logrado escapar con vida y, aunque en grupos distintos, deambulaban por los montes escondiéndose. Con el de Almeida eran tres los grupos dispersos, es decir, todo lo que quedaba del Ejército de Liberación. La mayoría había caído bajo el huracán de balas que arrasó el campamento en Alegría de Pío. Esos sobrevivientes estuvieron ocho días alimentándose con jugo de caña y sin poder reagruparse, por lo menos para saber cuántos eran y qué hacían. El primer encuentro fue el de los hermanos Castro. Fidel se mostró eufórico, mientras abrazaba a Raúl como si nada hubiese pasado, y gritaba a voz en cuello: "¡Los días de la dictadura están contados!". René Rodríguez, que acababa de llegar extenuado, lo miró estupefacto.

–¡Usted está loco! Aquí los que tenemos los días contados somos nosotros.

–Oye, chico, si no te gusta, te quedas. Yo voy a seguir p'alante... Mira, mira... que aquí vienen los otros... Almeida... El Che... Camilo... mira, Raúl, aquí vienen...

El encuentro fue efusivo, pero el único que seguía con ganas de hacer la revolución era Fidel Castro. El Che no podía creerlo. Lo veía haciendo planes otra vez como si tal cosa. "Es incansable", pensó; "éste va a joder tanto con la revolución que al final la va a hacer...". Y lo siguió, junto con Raúl, Camilo y Almeida. También resolvieron seguir Calixto García, Faustino Pérez, Universo Sánchez, Calixto Morales, Efigenio Almeijeiras, Ciro Redondo y René Rodríguez. Eran los únicos doce soldados. El resto de los sobrevivientes, una decena de hombres, estaba preso en Isla de Pinos, "el lugar de donde nunca debieron salir", como les recordó Batista a quienes habían insistido en liberar a los atacantes de Moncada.

Fidel Castro ordenó escalar la Sierra, ganar el Pico Turquino (de dos mil metros, el más alto de Cuba), guiados por un par de hombres que le enviara Crescencio Pérez al enterarse de que aún seguía con vida y dispuesto a librar batalla. Estaba loco, como le había dicho Rodríguez. Aunque su locura contagiaba a los once restantes. Todos tenían ya en el rostro la primera huella de la revolución; un símbolo del que no se iban a despegar jamás: la barba. El Che exhibía la más ridícula, porque los pelos se negaban a crecer en sus mejillas. Esa barba rala, apenas insinuada en el mentón, estaba muy lejos de las patillas. No era una barba con todas las de la ley. Le faltaban tantos pelos como en el pecho, lampiño.

Pero esa escasa urdimbre servía, en cambio, para descubrir otras huellas también simbólicas. Dos heridas de bala muy visibles, una en el cuello y otra en el tórax. "Mirá, negro", le dijo a Almeida. "Yo no tengo pelos. Tengo agujeros. ¿Te gustan? ¿No es de macho tener cicatrices?" Y aprovechó para escribir unas líneas a su madre, en la esperanza de que alguien pudiera despachársela (Celia recibió esa carta el 31 de diciembre de 1956), donde le informaba: "Vieja, gasté cuatro y me quedan tres...". (En el código militar, a Ernesto se le asignaban siete vidas, como a los gatos.)

Un código de moral

El Che sabía en lo que se había metido y estaba dispuesto a soportarlo. Era uno más de esos doce inconscientes escondidos en la cima de una montaña, con un rifle y diez cartuchos cada uno. Abajo, defendiendo a Batista, había treinta mil hombres armados hasta los dientes, con cañones, tanques, aviones y un abastecimiento constante de víveres y combustibles. Claro que la idea de Fidel no era librar una batalla frontal. En ningún momento iba a cometer tamaña estupidez, porque no le convenía medir fuerzas. Su táctica consistía en ganar la voluntad del campesinado, convertir en rebeldes activos a todos los antibatistianos. Con ese efecto psicológico le bastaría para destruir poco a poco al ejército regular, cuya tropa carecía de la mística necesaria para ganar una guerra.

La Navidad de 1956 sirvió a los rebeldes para trazar una nueva estrategia. El Che, que participaba en todas las deliberaciones del grupo, se sentía ahora más integrado. Había tenido por fin su bautismo de fuego y debían aceptarlo como soldado más que como médico. Quedaba, sin embargo, un complejo que lo acompañaría durante toda la guerrilla: su condición de extranjero, algo que lo frenaba en la mayoría de las controversias. "La revolución es de ellos, de los cubanos", pensaba a menudo, "y yo no tengo derecho a discutírsela. Que la hagan como quieran".

Sin embargo, confiaba en que todo ese esfuerzo, de resultar exitoso, podría servir para ensayar la instalación de un régimen popular y para poner en práctica algunas de las ideas que había descubierto en sus lecturas marxistas. Por lo menos había un hecho alentador, coincidente con sus propósitos, que se manifestaba en el código de moral impuesto por Fidel Castro. "Hay que enseñarles a los que se unan a nosotros", decía el jefe, "que los soldados del 26 son distintos a los de Batista".

Cuando Crescencio Pérez, ese infatigable campesino de estampa mambisa, alto, fuerte, llevó hasta el cuartel general a un centenar de jóvenes reclutados para el Ejército Rebelde, Fidel Castro los arengó: "Por ahora no tenemos tantas armas para aceptarlos a todos. Necesitamos sólo a quince de ustedes. Al resto lo iremos llamando de a poco. Pero quiero que sepan cuál debe ser la conducta de un guerrillero del 26. Todo aquel que sea sorprendido saqueando a los campesinos o violando a sus mujeres será fusilado enseguida. Esa es nuestra ley en la Sierra y la haremos cumplir".

El Che se reía al escucharlo desde lejos; el vozarrón de Fidel no llegaba muy nítidamente, pero por sus gesticulaciones exageradas no hacía falta más para entenderlo. Le envidiaba esa facilidad para comunicarse, ese don de transmitir sensibilidad a pesar del físico imponente, agresivo. Pero no podía contener la risa que le causaban esos voluntarios imberbes, algunos todavía en la adolescencia más ingenua, escuchando asustados el tremendo castigo para quienes intentaran violar a las mujeres.

El nuevo contingente necesitaba ser entrenado. Por eso se decidió hacer ejercicios de tiro a orillas del río Magdalena, y como la mayoría de los reclutas no habían apretado jamás un gatillo, se sintieron emocionados. Los barbudos, en cambio, aprovecharon ese alto para bañarse. Al reanudar la marcha, guiados por Eutimio Guerra, un campesino que se unió a ellos "para luchar contra los terratenientes de la región", descubrieron la presencia de un pequeño cuartel enemigo en la desembocadura del río La Plata y decidieron planear un ataque por sorpresa. Para ello había que obtener buenas informaciones sobre movimientos de tropas y detalles de la zona, y la mejor manera consistía en capturar a un campesino, obligarlo a suministrar esos datos y liberarlo. Este procedimiento permitiría identificar al mayoral más importante de la región, *Chicho* Osorio, encargado de cuidar el latifundio de la familia Laviti mediante el terror. Hubo que esperarlo. Cuando se lo vio venir, medio borracho y montado en una mula, Fidel Castro le salió al paso:

–¡Alto! Soy un coronel del ejército –fingió– y quiero saber por qué razón no se ha liquidado aún a los rebeldes. ¿Usted qué está haciendo aquí?

–¿Yo? Nadita, mi coronel...

–Aquí no se puede estar sin hacer nada. Mire cómo estoy yo, todo barbudo por andar metido en la Sierra. Lo que pasa es que los soldados están mal acostumbrados. ¡Ese cuartel es una basura!

–Sí, mi coronel. Tiene usted razón. Los guardias se la pasan allí comiendo todito el día, sin hacer nada. Hacen recorridas muy pequeñitas y nunca encuentran nada.

Escondidos detrás de unos arbustos, El Che, Raúl y Camilo apenas podían contener las carcajadas que les producía esa insólita escena. El diálogo era cómico, pero también servía para obtener una valiosa información: los nombres de los campesinos de la zona que simpatizaban con el 26 y que *Chicho* Osorio repitió de memoria creyendo que suministraba la lista de enemigos. Fidel apuntó esos nombres y siguió con el juego:

–¡Ajá! ¿Todos estos son los bandidos?

–Sí, mi coronel. Yo los conozco bien a toditos. Cuando se ponen malcriados hay que darles fuerte en el lomo y se quedan quietitos...

–¿Ah sí? ¿Y usted qué le haría a Fidel Castro si lo agarrara?

–A ese monigote hay que partirle los huevos, lo mismo que a Crescencio Pérez, el que lo ayuda. Mire, ¿ve estos zapatones que llevo en la mula? Son de uno de esos hijos de puta que matamos...

El primer triunfo

Chicho Osorio acababa de firmar inconscientemente su propia sentencia de muerte, pero antes de cumplirla, Fidel prefirió utilizarlo para que los acercara hasta el cuartel y les suministrara más detalles. La crónica de ese segundo combate fue narrada así por El Che:

> Teníamos preparado el ataque con veintidós armas disponibles. Era un momento importante pues quedaban muy pocas balas; había que tomar el cuartel de todas maneras, el no tomarlo significaba gastar todo el parque, quedar prácticamente indefensos. El compañero teniente Julito

Díaz (caído gloriosamente en El Uvero) con Camilo Cienfuegos, Benítez y Calixto Morales, con fusiles semiautomáticos, cercarían la casa de guano por la extrema derecha. Fidel Castro, Universo Sánchez, Luis Crespo, Calixto García, Manuel Fajardo y yo atacaríamos por el centro. Raúl con su escuadra y Almeida, con la suya, tomarían el cuartel, por la izquierda. Así fuimos acercándonos a las posiciones enemigas hasta llegar a unos cuarenta metros. Había buena luna. Fidel inició el tiroteo con dos ráfagas de ametralladora y fue seguido por todos los fusiles disponibles. Inmediatamente, se invitó a rendirse a los soldados, pero sin resultado alguno. En el momento de iniciarse el tiroteo fue ajusticiado el *chivato* [13] y asesino Chicho Osorio. El ataque se había iniciado a las 2.40 de la madrugada y los guardias hicieron más resistencia de la esperada, había un sargento que tenía un M-1, y respondía con una descarga cada vez que le intimábamos la rendición; se dieron órdenes de disparar nuestras viejas granadas de tipo brasileño; Luis Crespo tiró la suya, yo la que me pertenecía. Sin embargo, no estallaron. Raúl Castro tiró dinamita sin niple y ésta no hizo ningún efecto. Había entonces que acercarse y quemar las casas, aun a riesgo de la propia vida. Universo Sánchez trató de hacerlo primero y fracasó, después Camilo Cienfuegos tampoco pudo lograrlo y, al final, Luis Crespo y yo nos acercamos a un rancho que él encendió.
A la luz del incendio pudimos ver que era simplemente un lugar donde guardaban los frutos del cocotal cercano, pero intimidamos a los soldados para que abandonaran la lucha. Uno, huyendo, fue casi a chocar contra el fusil de Luis Crespo, quien lo hirió en el pecho; le quitó el arma y seguimos disparando contra la casa. Camilo, parapetado detrás de un árbol, disparó contra el sargento que huía y agotó los pocos cartuchos de que disponía. Los soldados, casi sin defensa, eran inmisericordemente heridos por nuestras balas. Camilo entró primero, por nuestro lado, a la casa de donde llegaban gritos de rendición. Hicimos rápidamente el balance que había dejado el combate en armas: ocho Springfield, una ametralladora Thompson y unos mil tiros; nosotros habíamos gastado quinientos tiros aproximadamente. Además, teníamos cananas, combustible, cuchillos, ropas y alguna comida. El recuento de bajas: ellos tenían dos muertos, cinco heridos y tres prisioneros. Otros, junto con el chivato Honorio, habían huido. Por nuestra parte, ni un rasguño.[14]

Antes de retirarse del lugar, Fidel ordenó que se curara a esos heridos y se les dejara las medicinas necesarias "aunque sean soldados enemigos". El Che le obedeció a disgusto. "Vamos a ver con qué te voy a curar a vos cuando te den", protestó en voz baja, seguro de que no le oirían, mientras preparaba los vendajes. Los cinco heridos quedaron allí, a cargo de los tres prisioneros liberados, y el contingente rebelde se retiró. Eran las cuatro y media de la mañana. El Che, que acababa de robarse un cuaderno y dos lápices del cuartel asaltado, decidió estrenar su flamante diario de campaña colocando la fecha del primer triunfo rebelde: 17 de enero de 1957.

Deserciones, desbandes y paludismo

Marchaban bordeando el Arroyo del Infierno, hasta llegar al río Palma Mocha. Luego treparon por las laderas y acamparon, el día 19, junto a dos pequeños bohíos. Fidel ordenó inspeccionar las tropas y El Che, que traía un casco enemigo como recuerdo, se lo puso al hacerse cargo de esa tarea. Cuando se acercó a la tropa encabezando el grupo de inspección, Camilo, que estaba distraídamente recostado sobre una roca, se sobresaltó al ver el casco y le disparó un tiro. Erró. Iba a descerrajar el segundo, pero el fusil automático se trabó.

–¡Pará, pará! ¡Soy yo! –gritaba El Che desde el suelo, zambullido detrás de un tronco seco.

–Oye, chico, no hagas estos chistes porque casi te agujereo sin saberlo. ¡Quítate eso, por Dios!

–Pero me cagaste a tiros, che... Menos mal que tenés mala puntería...

Pronto iban a participar todos del tercer choque, conocido como Combate de Arroyo del Infierno. En la madrugada del día 22 fueron avistados algunos efectivos del ejército de Batista. Se los dejó acercar hasta uno de los bohíos y cuando estuvieron a tiro, Fidel bajó al primero de un balazo. Se generalizó el tiroteo y cayeron otros dos. El Che, al descubrir la presencia de un soldado escondido en el otro bohío, le disparó dos veces consecutivas y lo fulminó. Cubierto por Crespo, se acercó hasta el cadáver y comprobó que su disparo le había partido el corazón. Le quitó las balas y el fusil y volvió con sus compañeros. Al finalizar el tiroteo, se hizo el consabido balance: cinco muertos del enemigo, setenta balas y un fusil tomados, el que consiguió El Che. Pero lo más significativo era que esta vez se había obligado a la vanguardia de una columna en marcha (cuyo armamento superaba al de los rebeldes) a retirarse vencida. La victoria hizo impacto en el ánimo del Ejército Rebelde; sirvió para estimular a sus hombres en momentos en que debían volver a trepar la sierra, cargando pesadas mochilas y nuevos armamentos.

Los guerrilleros volvieron a cruzar por el río La Plata, donde habían obtenido su primer triunfo, y se enteraron de que en esa zona se había ordenado una cruenta represión contra los campesinos "por haber ayudado a los guerrilleros". Los bohíos estaban abandonados y sólo se veía algún animal suelto, que era sacrificado enseguida para saciar el hambre. No se animaron a acampar en esos ranchos; prefirieron hacerlo en una loma cercana, para estar más seguros. Allí fue donde Manuel Fajardo interrogó al Che con gesto preocupado:

–Dime la verdad, ¿tú crees que vamos a ganar la guerra?

–¿Y por qué no? ¿Acaso son invencibles estos chivatos? Lo que hay que convencerse es de que esta guerra se gana de a poquito. No de una sola vez. Hay que tener paciencia y saber esperar. ¿Vos no la tenés?

–Te pregunto esto porque *el gallego* Morán me dijo que no es posible, que estamos perdidos, y que era mejor escaparnos.

Cuando El Che informó todo esto a Fidel, se enteró de que Morán había estado haciendo un sondeo por su cuenta para probar el ánimo de la tropa. Hubo que explicarle que ese no era el método más indicado y Fidel resolvió entonces volver a sus arengas: "¡Quiero disciplina!", bramó, "porque sin disciplina no vamos a ninguna parte. El primero que sea sorprendido en estado de insubordinación, deserción o derrotismo, será fusilado inmediatamente. ¿Entendido?".

Sin embargo, hubo deserciones. Los que pensaban huir pedían misiones de cierto riesgo para cumplir en la ciudad, y aprovechaban para irse. Uno de éstos fue Eutimio Guerra, quien a poco de desertar fue apresado por el enemigo. El coronel Joaquín Casillas, que comandaba los efectivos de Batista en la zona montañosa, le ofreció una recompensa de diez mil pesos[15] y un grado en el ejército, si mataba a Fidel Castro. Guerra aceptó gustoso la oferta y lo primero que hizo fue delatar la posición geográfica de los rebeldes.

El 30 de enero por la mañana, cuando el campamento comenzaba a levantarse, una escuadrilla de aviones se lanzó en picada para ametrallarlo y dejar caer sus bombas. Pero el fuego se centralizó sobre el hilo de humo que salía desde la chimenea de la cocina de campaña y los despistó, porque los guerrilleros estaban a doscientos metros de allí y salieron ilesos. Sólo consiguieron destrozar la cocina y partir en dos el fogón. Mientras la tropa se dispersaba en busca de refugios seguros, el guerrillero Sergio Acuña aprovechó para desertar. El Che lo vio irse en el momento del bombardeo y luego anotó en su diario de campaña: "El cabrón de Acuña se llevó un sombrero de guajiro, una lata de leche condensada y tres chorizos".

Unas horas después de aquel ataque, cuando la tropa se reagrupó ordenadamente, apareció Crescencio Pérez con nuevos efectivos (reclutados en Manzanillo), que venían al mando de Roberto Pesant. En Valle del Ají se repartieron ropas y víveres traídos por los nuevos soldados. El Che recibió, sorprendido, un flamante equipo de cirugía que le fue entregado junto con el par de calzoncillos que le correspondía como a todos los demás. Se emocionó más al ver los flamantes calzoncillos, con un 26 bordado por las hijas de los campesinos de Manzanillo, que al revisar el instrumental médico. Era el 2 de febrero y se cumplían dos meses del desembarco del *Granma*.

La marcha se reanudó en dirección a Manzanillo, pero El Che debió ser ayudado porque sufrió un ataque de paludismo. Luis Crespo y Julio Zenón Acosta cargaban con él, alternativamente, sobre sus hombros. En el primer alto se decidió depurar la tropa, para dar de baja a algunos desmoralizados que creaban problemas. Uno de ellos, presa de un ataque de nervios, se puso a vociferar en medio del campo: "¡A mí me dijeron que este era un campamento con comida y defensa antiaérea! ¡Esto es una mierda! ¡Aquí no hay comida ni agua y los aviones nos bombardean! ¡Nos van a matar a todos!". Lo dejaron ir. Al fin de cuentas tenía razón. También se fueron otros, pero vinieron más reclutas. Los trajo Ciro Frías.

Con paternal dedicación, Julio Zenón Acosta cuidó al Che hasta que se repuso de la enfermedad. Entonces le pidió "un favor muy especial". Algo que no se había animado a decir hasta entonces: "Yo soy un *guajiro*[16] analfabeto, sabes. Tengo cuarenta y cinco años y no sé leer. ¿Quieres enseñarme tú a leer?". Acosta se convirtió así en el primer alumno del Che en la Sierra Maestra (después vendrían otros), pero sus estudios se troncharon a los pocos días, el 9 de febrero, cuando el campamento fue sorprendido por segunda vez y Acosta cayó abatido por una granada. Su maestro no alcanzó a presenciar esa muerte: estaba demasiado ocupado en ese momento en escapar del ataque. En su "retirada estratégica", como él la llamaba, El Che dejó olvidada su mochila llena de medicamentos, comida y mantas.

Este nuevo desbande resquebrajó seriamente la solidez de las fuerzas rebeldes y el reagrupamiento no fue tan feliz como la vez anterior. Hasta un veterano del *Granma*, Armando Rodríguez, optó por la deserción. Su huida fue tan veloz que popularizó una frase:

"Pon la tercera, como Rodríguez, y sal al escape...". El recuento de efectivos resultó desalentador. Sólo dieciocho personas formaban ahora, el 12 de febrero, el Ejército Revolucionario Reunificado, como lo llamó Fidel. El Che prefirió definirlo de otro modo: "Somos dieciocho boludos encaprichados en hacer una revolución. ¡Y la vamos a hacer, carajo!".

Con Frank País y Herbert Matthews

Había que salir de allí. Dejar un poco la sierra y bajar a la llanura para hacer nuevos contactos, establecer otras bases de subsistencia. En el poblado La Montería fueron alojados en una finca que los hijos del terrateniente Epifanio Díaz, plegados a la revolución, les cedieron para descansar. Allí se producirían las primeras conversaciones del grupo guerrillero con el sector civil del 26 de Julio. Tres mujeres se acercaron para establecer ese contacto: Vilma Espín (después se casaría con Raúl Castro), Haydée Santamaría y Celia Sánchez. La presencia más importante iba a ser, claro está, la de Frank País, el gran dirigente de Santiago, comprometido con la revolución desde el momento en que Fidel planeara el desembarco. Impactado por esa figura, El Che lo vio como a uno de esos hombres que se imponen en la primera entrevista. Le llamaron la atención esos ojos de una profundidad extraordinaria que lo revelaban como un ser superior, poseído por una causa. "Nos dio una callada lección de orden y disciplina", escribiría tiempo después en su diario de campaña, "limpiando nuestros fusiles sucios, contando las balas y ordenándolas para que no se perdieran. Desde ese día me hice el propósito de cuidar más mi arma (y lo cumplí, aunque no puedo decir que fuera un modelo de minuciosidad tampoco)".

Otra visita inesperada fue la de Faustino Pérez, que se reintegraba al grupo tras cumplir una misión muy especial mandada por Fidel. Poco antes de librarse la batalla de La Plata, el jefe revolucionario le había dicho: "Por la radio me siguen dando por muerto y yo necesito que se sepa que estoy vivo, que seguimos peleando, para que el pueblo no se desanime. Tú, Faustino, vas a cumplir una gran misión. Quiero que vayas a La Habana y me traigas a un periodista importante para que nos conozca y escriba sobre todo esto. ¡Andando!". La misión había sido cumplida. Detrás de Faustino Pérez llegaba hasta esa finca nada menos que el corresponsal del diario norteamericano *The New York Times*, Herbert L. Matthews.[17]

En una nota periodística posterior a la caída de Batista[18], Faustino Pérez relató así aquella misión:

> Llegué a La Habana cuando se decretaba la suspensión de garantías y se imponía la censura de prensa. Tenía poca confianza en lograr el reportaje. Supe que Matthews estaba en la capital y fui a verlo con la propuesta: entrevistar a Fidel Castro. Aceptó. Salimos el 15 de enero, Matthews, su señora, yo y dos compañeros más. El sagaz periodista brindó todos los pormenores del encuentro en su reportaje de entonces.

La entrevista se hizo en privado, debajo de un árbol, el 17 de enero. Duró toda la tarde. Por la noche, El Che le preguntó a Fidel Castro:

–¿Cómo te fue?

–Bien, chico. Se ha mostrado simpatizante nuestro, pero me preguntó si yo soy antiimperialista.

–¿Y qué le contestaste?

–Pues, que sí, que lo soy. Y como este tío es norteamericano, aproveché para decirle: *Ponga usted que las armas que su gobierno entrega a Batista no sirven para defender al hemisferio, como dicen, sino para usarlas contra el pueblo.* Después sacó una antigua maquinita de cajón de su maletín y me tomó unas placas.

Cuando la columna reanudó su marcha, en lugar de dieciocho hombres tenía veinte. Se había producido una baja, la del *gallego* Morán, de quien todos desconfiaban, y que optó por la deserción disimulada (se pegó un tiro en la pierna derecha para no seguir), mientras que tres tripulantes del *Granma* que habían estado escondidos en Manzanillo se reincorporaron. Antes de seguir adelante hubo una ceremonia: el juicio y fusilamiento del traidor Eutimio Guerra, a quien localizaron por esa zona e hicieron pagar todas sus delaciones.

Los peores días

Sin rumbo fijo, la columna deambulaba por los montes a la espera del 5 de marzo, fecha en que Frank País les iba a enviar un grupo de hombres armados. Era recién el 22 de febrero y había que hacer tiempo, esconderse, aunque no en lugares fijos. La marcha debía ser continua, lenta pero ininterrumpida. Todo un suplicio para El Che, quien había agotado sus reservas de adrenalina y sentía los primeros síntomas de una fuerte fatiga. Las lluvias que se descargaban en esos días terminaron por provocarle una crisis asmática brutal. No podía dar un paso y, sin embargo, debía caminar constantemente. Lo peor fue cuando descubrieron una tropa enemiga marchando en dirección contraria y decidieron trepar a los saltos hasta una loma, para despistarlos. El Che no se olvidaría jamás de aquellos momentos:

> Todos pudieron llegar fácilmente a la cumbre y sobrepasarla, pero para mí fue una tarea tremenda. Pude llegar, pero con un ataque tal de asma que, prácticamente, dar un paso para mí era difícil. En aquellos momentos, recuerdo los esfuerzos que hacía para ayudarme a caminar el guajiro Crespo; cuando yo no podía más y pedía que me dejaran, el guajiro, con el léxico especial de nuestras tropas, me decía: *¡Argentino de mierda! ¿Vas a caminar o te llevo a culatazos?* Además, cargaba con todo su peso, con el de mi propio cuerpo y el de mi mochila, para ir caminando en las difíciles condiciones de la loma, con un diluvio sobre nuestras espaldas.[19]

Se detuvieron en un pequeño bohío y, con la ayuda de un campesino que se ofreció para ir hasta el pueblo a comprar medicinas, El Che iba a recuperar el líquido necesario para su vaporizador. Claro que ya estaba extenuado, sin poder andar. Entonces se decidió que esperara cerca del bohío al guajiro que venía con los frascos, para que no se enterara la mujer de éste. Fidel le asignó de acompañante a un hombrón muy extraño, recientemente incorporado, y le dejó un fusil Johnson a repetición. Convinieron en reencontrarse el día 5.

Apenas El Che obtuvo sus medicamentos, se internó en el monte con su acompañante y comenzó a soportar, según sus propias palabras, "los diez días más tristes de la lucha en la Sierra". Debía caminar apoyándose de árbol en árbol, y a veces, en la culata del fusil. Su asustadizo ladero se ponía a temblar cada vez que oía disparos o cuando un acceso de tos, provocado por los espasmos bronquiales, amenazaba con delatarlos. La cita para el día 5 fracasó. El Che pudo arribar al lugar fijado, la finca de Epifanio Díaz, recién el 11, pero el resto de la columna, que se había separado en dos grupos, no llegaba. Además, aunque se sabía que la tropa revolucionaria preparada por Frank País estaba en marcha, su jefe había sido detenido en Santiago. Las radios oficiales informaban en esos días de un frustrado complot, en el que se pensaba asesinar a Batista, concluido en una matanza. Su principal víctima había sido el líder estudiantil José Antonio Echevarría, cuyo cuerpo bañado en sangre, sobre el asfalto, era morbosamente exhibido en las fotografías de los diarios más sensacionalistas. Los conjurados no alcanzaron a llegar hasta el tercer piso y quedaron encerrados en el Palacio Presidencial como en una ratonera, aquel 13 de marzo de 1957.

Un incidente

Los ansiados refuerzos llegaron a destino recién el día 16. Eran cincuenta hombres con treinta fusiles, dos ametralladoras de mano, un Madzen y un Johnson, que arribaron agotados, a bordo de los camiones de un arrocero de la zona que huyó enseguida a Costa Rica. Su nombre, Huber Matos, se conoció después, cuando retornó con un avión cargado de armamentos.

El jefe de aquel contingente de novicios desorientados, cuyos defectos eran similares a los del grupo inicial de guerrilleros (indisciplina, indecisión), era el capitán Jorge Sotús. El Che, al advertir su evidente falta de experiencia, le habló:

–Capitán, tengo orden de recibir a esta tropa. Puede usted descansar...

–Yo tengo orden de entregarla a Fidel Castro, no a usted.

La respuesta le sonó como una cachetada. "Claro", pensó, "yo soy extranjero. Ya te vas a joder solo, por boludo...". Encontraron a uno de los grupos y juntos marcharon en un solo contingente. La diferencia era notable: los veteranos iban barbudos, con sus mochilas y uniformes hechos jirones, pero con paso firme; los otros, bien afeitados, colmados de alimentos y ropas nuevas, caminaban inseguros, se cansaban enseguida. Preferían descargar peso abandonando una lata de leche condensada, por ejemplo, en lugar de deshacerse de una toalla. Algo que los guerrilleros consideraban un crimen injustificable. El Che se entretenía en recoger, desde la retaguardia, todo lo que ellos dejaban en el camino, para reabastecer su deteriorado equipo. "Estos pajarones tiran todo", mascullaba.

Fidel llegó el 24 por la noche y convocó a un consejo para decidir los nuevos planes. Alguien le relató el incidente entre El Che y Sotús, que llegó enseguida a sus oídos y lo puso furioso. "Usted es un inconsciente", le recriminó a Sotús, "porque si le dieron orden de entregar la tropa, debió haberla entregado. Si yo no estaba en persona, estaba representado por otro, que es lo mismo. Acá no queremos indisciplinados, ¿entendido?". El Che se mantuvo impertérrito, conteniendo su risa con un esfuerzo que casi le cuesta un ahogo. "Viste, pajarón", le insinuó a Sotús con la mirada, levantando ingenuamente las cejas. Pero Fidel se dio vuelta enseguida y le apuntó con el dedo índice. "Y a ti, cuando te doy orden de asumir la autoridad, la asumes. ¿Para qué carajo te la he dado?"

El consejo se levantó con una nueva disposición de pelotones: tres grupos a cargo de los capitanes Raúl Castro, Juan Almeida y Jorge Sotús; la vanguardia al mando de Camilo Cienfuegos; la retaguardia conducida por Efijenio Almeijeiras y el Estado Mayor, donde El Che quedaba incorporado como médico, bajo las órdenes del jefe de la escuadra, Universo Sánchez.

Médico en la selva

Se necesitaron dos meses, marzo y abril, para entrenar a los nuevos soldados, para que aprendieran a caminar en la Sierra, dormir a la intemperie, comer una sola vez al día y probar la carne de caballo asada. A fines de abril el Ejército Rebelde, compuesto ahora por ochenta hombres armados, recibió la visita del periodista norteamericano Bob Taber y de un camarógrafo. Fueron traídos por Celia Sánchez y Haydée Santamaría para que filmaran a los guerrilleros en plena selva.

En esos días se incorporó a la tropa un joven sumamente audaz, de estatura pequeña, a quien los únicos zapatos que le calzaron bien fueron unos viejos mocasines de Celia Sánchez. Lo apodaron *El Vaquerito* por su gran sombrero de guajiro. Carecía por completo de ideas políticas y no le interesó en absoluto el catecismo revolucionario que pretendió inculcarle El Che (a quien Fidel solía encomendar la misión de enseñar el credo del Movimiento), porque veía todo eso como una fascinante aventura. Era un gran mentiroso y un arriesgado guerrillero, quizás el de más arrojo, según sus compañeros de lucha.

En la marcha hacia la cima del Turquino, El Che sufrió otro espasmo y debió quedarse en la retaguardia. Para aliviar su peso entregó la ametralladora Thompson, pero se quedó muy atrás y se perdió. Tardó tres días en reintegrarse a la columna y debió pasarlos confiado en su mochila. "Menos mal que tenía de todo", contaría después a Raúl.

"Nunca creí que la sal y el aceite fueran tan importantes. Algunas comidas en lata y la leche condensada me alimentaron. Los encontré gracias a esta maravillosa brújula." El recibimiento fue caluroso, reconfortante, después de aquella incertidumbre.

Pero le esperaba una misión agotadora: revisar a todos los enfermos de un poblado donde los campesinos se mostraban entusiasmados con la revolución. Una tarea monótona, pues sus medicamentos no eran variados y los casos clínicos no muy distintos. Mujeres prematuramente avejentadas, sin dientes; niños de vientres enormes; parasitismo, raquitismo, avitaminosis en general, eran los signos de la Sierra Maestra que impensadamente encontró el doctor Ernesto Guevara, a quien el destino había convertido en médico de campaña. Después recordaría aquella tarea [20] con estas palabras:

> Es que las gentes en la Sierra brotan silvestres y sin cuidado y se desgastan rápidamente, en un trajín sin recompensa. Allí, en aquellos trabajos empezaba a hacerse carne en nosotros la conciencia de la necesidad de un cambio definitivo en la vida del pueblo. La idea de la reforma agraria se hizo nítida y la comunión con el pueblo dejó de ser teoría para convertirse en parte definitiva de nuestro ser. La guerrilla y el campesinado se iban fundiendo en una sola masa, sin que nadie pueda decir en qué momento del largo camino se produjo, en qué momento se hizo íntimamente verídico lo proclamado y fuimos parte del campesinado. Sólo sé, en lo que a mí respecta, que aquellas consultas a los guajiros de la Sierra convirtieron la decisión espontánea y algo lírica en una fuerza de distinto valor y más serena. Nunca han sospechado aquellos sufridos y leales pobladores de la Sierra Maestra el papel que desempeñaron como forjadores de nuestra ideología revolucionaria.

La confesión fue elocuente: de una "decisión espontánea y algo lírica" (plegarse a la expedición en un arrebato de entusiasmo) a "una fuerza de distinto valor y más serena" (creer en la revolución). El cambio lo habían producido los campesinos enfermos y hambrientos, mucho más que los densos textos marxistas.

Armas y publicidad

El 18 de mayo los rebeldes recibieron dos noticias halagüeñas: la difusión de la película filmada por Bob Taber en Sierra Maestra, a través de los canales de televisión norteamericanos, y el inminente arribo de un cargamento de armas. Estas llegaron por la noche y produjeron una excitación indescriptible en la tropa, cansada ya de tantos entrenamientos y deseosa de entrar en acción. El envío constaba de tres ametralladoras de trípode, tres de mano (Madzen), nueve carabinas M-1, diez fusiles automáticos Johnson y seis mil tiros. El Che recibió un Madzen viejo y deteriorado, de mala calidad, pero con un gran significado: era la primera vez que le confiaban un arma tan importante. Se convertía de una vez por todas en un combatiente. Hasta ese momento sólo actuaba como guerrillero de ataque en forma ocasional, pues su verdadero puesto era el de médico. La alegría se le dibujó en el rostro.

Cinco días después, el 23 de mayo, Fidel Castro resolvió licenciar a una escuadra completa. Acababa de recibir un mensaje cifrado de su instructor, el coronel Bayo, quien desde Nueva York le seguía enviando valiosas informaciones y consejos sobre estrategia militar. Uno de ellos le recomendaba no formar contingentes muy numerosos. El mensaje decía concretamente así:

> No use nunca más de una docena de hombres en un ataque. Den golpes vigorosos y retírense; nunca ofrezcan batalla. Nunca dirija personalmente un ataque: usted ya ha hecho bastante. Transmita todas las órdenes por mimeógrafo. Si su causa triunfa, no cometa la equivocación de entrar al frente de sus fuerzas en el desfile de la victoria en La Habana; acuérdese de Sandino.

El texto fue publicado en Buenos Aires en el diario *La Prensa* del 7 de junio de 1957, junto con otras informaciones cablegráficas sobre la marcha de la guerrilla, y reproducido luego en un libro de Abel Alexis Latendorf[21], en donde se explica cómo la policía de Batista logró interceptarlo. El dictador cubano se enfureció al enterarse de que Bayo le aconsejaba muy suspicazmente "sacrificar de cuatro a cinco mil hombres suyos para poder exterminar al 26 de Julio". Observaba también que sus aliados norteamericanos, los mismos que le vendían armas para destruir a los rebeldes, comenzaban a encariñarse con la figura del jefe barbudo. "Fidel Castro parecía contar", escribió Latendorf, "con la benevolencia de los Estados Unidos. El número de *Visión* del 5 de julio traía en su tapa la fotografía del líder rebelde. Al mismo tiempo, *The New York Times* afirmaba que el desenlace cubano se acercaba a su fin".

Discusiones con Fidel

Movilizar a una tropa de ciento veintisiete hombres armados no era tarea fácil. Los guerrilleros veían con envidia a los soldados de Batista trasladarse en camiones por todo el territorio y no ocultaban sus deseos de obtener alguna de esas unidades motorizadas. El más entusiasmado con esta idea era El Che, quien sugirió un plan a Fidel Castro:

–Por esta carretera de abajo pasan muchos camiones. Como algunos van solos, estuve estudiando cuál es la mejor hora para asaltar uno. Con pocos hombres se puede dar el golpe y...

–Oye, chico. Me parece que estás errado. Lo que tenemos que cazar no es un camión, sino varios. ¿Qué te parece si esperamos un poco y damos un golpe más fuerte, asaltando un destacamento?

–Sí, claro, pero, ¿para qué vamos a desperdiciar esta oportunidad? Es fácil, yo ya lo tengo calculado. Mirá, con cinco hombres...

–Cálmate un poco. Si nosotros asaltamos un camión no pasa nada. Conseguiremos muy poquito y ellos no reconocerán su pérdida; dirán que fue un accidente. No van a reconocer públicamente que fuimos nosotros. Y yo quiero un impacto psicológico: quiero muchos camiones atrapados y mucha publicidad. ¿Entiendes, chico? Quiero que tengan que reconocer que les dimos duro, que los atacamos, para que todo el país se entere que seguimos aquí, en la Sierra, librando batalla. ¿Entiendes ahora, chico?

–Pero lo que yo propongo también se puede hacer y no excluye tu plan. Podemos capturar un camión fácilmente ahora.

–¡Pero no seas duro, carajo! Te digo que hay que esperar un poco. Y vas a tener que esperar, porque no nos conviene dar ningún golpe aislado todavía.

–Está bien...

El Che se alejó. "Este tipo es un cabeza dura", refunfuñó; "que haga lo que quiera. Es al pedo discutir con él".

Sin embargo, Fidel Castro tenía razón. El Che lo iba a tener que reconocer mucho tiempo después: "Es que, en aquel momento", admitió, "las ansias de combatir de todos nosotros nos llevaban siempre a adoptar las actitudes más drásticas sin tener paciencia y, quizá, sin tener visión para ver objetivos más lejanos".[22]

El Uvero

La negativa de Fidel Castro a aceptar aquella sugerencia obedecía a un plan muy concreto: asaltar el cuartel de El Uvero. Por eso no había que llamar la atención con intentos aislados, en los que se podía perder hombres inútilmente, ni provocar un combate en vísperas de un asalto importante. ¿Conseguir un camión para qué? Muchos, era lo ideal. En el atardecer del 27 de mayo Fidel reunió a su Estado Mayor y le anunció que a las cuarenta y ocho horas se libraría un combate, que debían permanecer con tropas y enseres listos para marchar dieciséis kilómetros en bajada, hasta las cercanías del cuartel enemigo situado a orillas del mar. "Enfrente hay una loma, desde donde se lo domina perfectamente. Allí se instalará este Estado Mayor. Pero hay que tener mucho cuidado en no tirar contra la población civil, pues hay mujeres y chicos viviendo allí", instruyó Fidel.

Sobre el terreno de las operaciones, la disposición sería ésta: una posta enemiga sobre el camino de acceso debía ser atacada por los pelotones de Jorge Sotús y Guillermo García; la otra posta quedaba a cargo de Juan Almeida; Fidel atacaría desde la loma; Raúl por el frente, con su pelotón, seguido por Camilo Cienfuegos y Efijenio Almeijeiras. El Che se instalaría con su fusil ametralladora y un par de ayudantes, en una zona intermedia. El plan se cumplió a medias, porque una vez instalado cada uno en su posición, se descubrió que no se dominaba tan fácilmente el lugar de ataque. Pero como no había tiempo para pensar en modificaciones, a la hora convenida Fidel abrió el fuego.

El Che quería avanzar un poco, porque estaba demasiado lejos. Cuando observó que Almeida se acercaba cada vez más, en medio del tiroteo, entonces se animó y avanzó despacio. Vio a su izquierda la gorra de Camilo, con un pañuelo en la nuca, y se acordó de la Legión Extranjera, de Gary Cooper en *Beau Geste*. De pronto vio huir a dos soldados a cincuenta metros de su posición y les disparó, pero éstos alcanzaron a refugiarse en un edificio atestado de civiles, al que no se podía atacar.

La descripción de aquel momento de tensión iba a quedar estampada en otra de sus narraciones:

> Seguimos avanzando aunque ya no quedaba más que un pequeño terreno, sin la más mínima yerba para ocultarse, y las balas silbaban peligro-

samente cerca nuestro. En ese momento escuché cerca de mí un gemido y unos gritos en medio del combate; pensé que sería algún soldado enemigo herido y avancé arrastrándome, mientras le intimaba rendición; en realidad, era el compañero Leal, herido en la cabeza. Hice una corta inspección de la herida, con entrada y salida en la región parietal; Leal estaba desmayándose mientras empezaba la parálisis de los miembros de un costado del cuerpo, no recuerdo exactamente cuál. El único vendaje que tenía a mano era un pedazo de papel que coloqué sobre las heridas. Joel Iglesias fue a acompañarlo, poco después, mientras continuábamos nuestro ataque. Acto seguido, Acuña caía también herido; nosotros, ya sin avanzar, disparábamos teniendo enfrente una bien acondicionada trinchera desde donde se nos respondía el fuego. Estábamos recuperando valor y haciendo acopio de decisión, para tomar por asalto el refugio, pues era la única forma de acabar con la resistencia, pero no hizo falta porque el cuartel se rindió.[23]

Una actitud heroica

Cuando fueron tomados los prisioneros, apareció un hombre canoso y reposado que había estado escondido con los civiles. Era el médico del destacamento. El Che, que recibía heridos por todas partes y ahora veía la posibilidad de liberarse de su tarea profesional, conversó con aquel hombre en un aparte:
—Bueno, doctor, en mi calidad de médico le ruego que el trato sea exactamente igual para todos, sin distinción de bandos.
—¿Usted cuántos años tiene, doctor? —le respondió aquel hombre.
—Voy a cumplir veintinueve.
—¿Y cuánto hace que se recibió?
—Unos cuatro años.
—Mira, chico, entonces hazte cargo tú de todo esto, porque yo me acabo de recibir y tengo muy poca experiencia...
El balance de aquel ataque, con sus tres horas de intenso tiroteo, dejó un déficit de diecinueve heridos, catorce muertos y catorce prisioneros para el enemigo. Seis soldados habían logrado escapar de la lluvia de balas. Los rebeldes perdieron media docena de hombres y quedaron con nueve heridos, pero ganaron la batalla, se apoderaron de un jugoso botín de guerra (armamentos, víveres, ropas y medicinas a granel) y acrecentaron su espíritu de lucha. Ya estaban en posesión del secreto de la victoria y, al advertirlo, el gobierno decidió des-

mantelar todos los destacamentos situados lejos de los grandes cuarteles. Con eso, sin embargo, no hacía más que ayudar a los planes de Fidel, quien conseguía dos propósitos: infundir temor en la tropa enemiga y encontrar el camino más limpio para avanzar.

Los dos heridos más graves del Ejército de Liberación, Leal y Cilleros, debieron ser dejados en poder del médico del enemigo cuando los rebeldes se retiraron otra vez hacia las montañas. Un pacto de caballeros iba a garantizar el cuidado de esos dos hombres. Leal terminaría por sanarse y pasó su convalecencia en la cárcel de Isla de Pinos. Cilleros murió antes de ser trasladado a Santiago de Cuba. El Che lo sabía en el momento de despedirse, pero contuvo su emoción y fingió una sonrisa para no amargarlo. Le asaltaron ganas de darle un beso en la frente, de llorar un rato con él, pero logró disimular y marchó con la tropa, junto al resto de los heridos.

Esa noche se suspendió la acostumbrada sesión de lectura para que cada uno narrara como mejor le parecía los incidentes del combate. El Che se entretenía en computar los muertos del enemigo, según esos relatos, y al hacer la suma descubrió que las cifras superaban holgadamente la cantidad de hombres. "Che, no se la cuenten", interrumpió, "que en las novelas de Salgari hay menos muertos...".

Al día siguiente, mientras la tropa vencedora partía alborozada, El Che se quedaba en un monte a cuidar a los heridos. Una actitud que Fidel observó muy atentamente y registró en su memoria, como toda la actuación del Che en ese combate. En su evocación del 18 de octubre de 1967, Castro dijo:[24]

> La situación era difícil; las informaciones eran en muchos sentidos erróneas. Ibamos a atacar en pleno día, al amanecer, una posición fuertemente defendida, a orillas del mar, bien armada y con tropas enemigas en nuestra retaguardia, a no mucha distancia, y en medio de aquella situación de confusión en que fue necesario pedirles a los hombres un esfuerzo supremo, una vez que el compañero Juan Almeida asumió una de las misiones más difíciles, sin embargo quedaba uno de los flancos completamente desprovisto de fuerzas, sin una fuerza atacante, que podía poner en peligro la operación. Y en aquel instante, El Che, que todavía era médico, pidió tres o cuatro hombres, entre ellos un hombre con un fusil ametralladora, y en cuestión de segundos emprendió rápidamente la marcha para asumir la misión de ataque desde aquella dirección. En aquel momento, no sólo fue combatiente distinguido, sino que además fue también médico distinguido, prestando asistencia a los compañeros heridos,

asistiendo a la vez a los soldados enemigos heridos. Y cuando fue necesario abandonar aquella posición, una vez ocupadas todas las armas, y emprender una larga marcha, acosados por distintas fuerzas enemigas, fue necesario que alguien permaneciese junto a los heridos, y junto a los heridos permaneció El Che. Ayudado por un grupo pequeño de nuestros soldados, los atendió, les salvó la vida y se incorporó con ellos ulteriormente a la columna. Ya a partir de aquel instante descollaba como un jefe capaz y valiente, de ese tipo de hombre que cuando hay que cumplir una misión difícil no espera que se le pida. Así hizo cuando el combate del Uvero, pero así había hecho también en una ocasión no mencionada, cuando en los primeros tiempos, merced a una traición, nuestra pequeña tropa fue sorpresivamente atacada por numerosos aviones y cuando nos retirábamos bajo el bombardeo y habíamos caminado ya un trecho, nos recordamos de algunos fusiles de algunos soldados campesinos que habían estado con nosotros en las primeras acciones y habían pedido después permiso para visitar a sus familiares cuando todavía no había en nuestro incipiente ejército mucha disciplina. Y en aquel momento se consideró la posibilidad de que aquellos fusiles se perdieran. Recordamos que así quedó planteado el problema, y bajo el bombardeo, El Che se ofreció, y ofreciéndose salió rápidamente a recuperar aquellos fusiles.

Ahora también la odontología

La responsabilidad de cuidar a los heridos y reanudar la marcha despaciosamente, para reincorporarse a la columna, fue una nueva experiencia para El Che. Era la primera vez que quedaba a cargo de tanta gente, porque el capitán Juan Almeida, el de más alta graduación del grupo que lo rodeaba, sufría heridas en el brazo y en la pierna izquierdos, que le impedían caminar.

El Che asumió, de hecho, esa capitanía y dispuso que algunos hombres fueran a los bohíos a pedir ayuda y comida a los campesinos. Consiguieron una cantidad suficiente de pollos para matar el hambre, pero no lograron impedir las picaduras de *macagüera*, un tábano que se cría en las macaguas, árboles que crecen en la Sierra, y que produce abscesos e infecciones en las piernas y en el cuello.

Curar a los heridos insumió todo el mes de junio, incluyendo un fuerte ataque de asma que postró al Che por unos días. Se había agotado otra vez su stock de adrenalina y sólo pudo mitigar, en parte, los espasmos con una medicina salvaje, fumando hojas secas. Finalmente, en uno de los viajes al pueblo que hacían los campesinos amigos, le consiguieron el líquido salvador. Se repuso y enseguida fue llamado para debutar en una nueva especialidad: la odontología. Su primera víctima, Israel Pardo, sufrió poco debido a la dosis de anestesia. Pero a medida que se acumulaban pacientes y se agotaban esas reservas, el improvisado dentista apeló a lo que él llamaba "la anestesia psicológica", es decir, responder a los quejidos con advertencias como esta:

–¡Abra la boca y cállese, carajo! ¡Si no me deja meter la pinza, le voy a sacar la muela a patadas! ¡Abra, le dije!

–Sí, doctor...

El método dio resultado con todos, menos con Joel Iglesias, a quien fue imposible extraerle un colmillo. "Mirá, viejo, seguí así", le dijo El Che, "a ver si se te pudre del todo y se cae solo. Yo no tengo más fuerzas. Está tan duro que tendría que ponerte un cartucho de dinamita...".

El precario contingente, constituido por cinco heridos en franca recuperación, cinco acompañantes y dieciséis nuevos reclutas, reanudó su marcha a fines de junio, tras una pequeña arenga de su flamante jefe: "Se avecinan momentos de mucho peligro", les dijo, "pues hay un ejército cerca y probablemente pasaremos unos días sin comer, caminando sin parar. El que no esté dispuesto a soportar esto, que lo diga sin temor". Inmediatamente se apersonaron cinco reclutas y con cierta timidez confesaron que preferirían irse a sus casas, "a cumplir otro tipo de misión, en la ciudad". El Che aceptó sin pestañear y los dejó ir. Después le preguntó a Almeida:

–¿No se me habrá ido la mano, che? ¿No los habré asustado antes de tiempo?

–Déjalos. Son muy mocosos. Ya volverán cuando pierdan el miedo, chico. Fíjate en esos otros, que juraron acompañarnos hasta la muerte. Esos sí que están maduros...

Almeida se refería a un grupito capitaneado por un recluta llamado *Chicho*, que había prometido enfáticamente su lealtad y que se vanagloriaba de seguir allí, formando en las filas rebeldes. Pero esa misma tarde, durante la marcha, los amigos de *Chicho* habían meditado algo más el problema, pues a la noche comunicaron los deseos de abandonar la guerrilla. Almeida y El Che los dejaron en libertad y rieron a carcajadas. El hilo de agua que pasaba junto a ellos, en el lugar donde habían acampado, fue bautizado Arroyo de la Muerte. Hasta allí había llegado la heroica determinación de *Chicho*.

La estrella de comandante

El reencuentro de la columna rebelde con el desplumado contingente del Che fue saludado con alborozo. Fidel, Raúl y Camilo abrazaron efusivamente a Almeida, al verlo llegar sano, rengueando apenas de su pierna izquierda. "A mí no", dijo el capitán, "a éste. Felicítenlo a éste". Y señalaba al Che. Fidel lo estrechó en sus brazos. A los pocos días, durante una reunión del Estado Mayor, el jefe rebelde dispuso algunos ascensos: Ramiro Valdés, Ciro Redondo y El Che serían capitanes. Este último tendría a su cargo la comandancia de una nueva formación, en la que ingresaban los otros dos con sus respectivos pelotones. Estaba compuesta por setenta y cinco hombres vestidos y armados como podían, totalmente desaliñados. Su aspecto ridículo, poco castrense, encantaba al Che, quien bautizó a su columna "El desalojo campesino". Pero su corazón iba a estallar realmente algunos días después, durante la ceremoniosa firma de una carta de felicitación que el ejército le enviaba a Frank País. En el instante de colocar los rangos de cada oficial, el soldado escribiente preguntó:

–¿Y al Che? ¿Qué grado le pongo?

–Ponle comandante –ordenó Fidel.

Fue un momento inolvidable para él. Rato después le confirieron la pequeña estrella que lo identificaba como comandante (y que Celia Sánchez prendió en su boina) y le regalaron uno de los relojes pulsera destinados a los oficiales.

Pero el triunfo de El Uvero no sólo iba a producir galardones. También hubo quienes especularon con la victoria rebelde para lanzarse en busca de dividendos políticos. En los primeros días de julio treparon a la Sierra Raúl Chibás y Felipe Pazos[25] para conversar con Fidel. Ambos fueron a proponerle la redacción de un manifiesto político, llamando a la formación de un gran frente cívico-revolucionario que incluyera a todos los partidos opositores, entidades civiles progresistas y fuerzas revolucionarias, Fidel aceptó la idea y discutió con ellos la redacción del documento. Por supuesto que los visitantes ya traían el borrador con los lineamientos generales, donde no figuraban las definiciones políticas que el jefe guerrillero había elaborado antes de zarpar en el *Granma*. Tuvieron que conversar largo rato para ponerse de acuerdo y recién entonces se aceptó "sentar las bases de una reforma agraria", como quería Fidel Castro.

El resultado, sin embargo, no iba a satisfacer a la mayoría de los lugartenientes de Fidel. Y al que menos satisfizo fue al Che. Es que Chibás y Pazos habían limitado tanto las reformas económicas que terminaron por debilitar el concepto de reforma agraria. "Que tienda a la distribución de las tierras baldías", decía el documento, "y a convertir en propietarios a todos los colonos, aparceros, arrendatarios y precaristas que posean pequeñas parcelas de tierra, bien sean de propiedad del Estado o de particulares, previa indemnización a los anteriores propietarios". Del latifundio, como quería El Che, ni se hablaba.

En pocas palabras, todo era un simple juego político en el que Pazos soñaba ingenuamente con la presidencia del futuro Gobierno Provisional Revolucionario y Chibás, con el timón electoral que le permitiera postularse para la sucesión presidencial. Una ilusión efímera que se evaporó a los cuatro meses, cuando ambos intentaron explotar la firma de ese manifiesto y Fidel los desautorizó.

Los festejos del 26

Ajeno a esos incidentes y preocupado por organizar su flamante columna, el Che ordenó a la tropa marchar sobre la región de El Hombrito. Iba a comenzar allí una vida independiente. Era su primera gran responsabilidad como comandante. Apenas se internaron en los montes, una vez que el contingente abandonó el cuartel general del Movimiento, surgió la indisciplina, pues ya no estaba la imponente presencia de Fidel cerca de ellos. El Che lo advirtió a tiempo y esta vez logró desembarazarse de aquel complejo de extranjero que lo inhibía. "¡Aquí se va a hacer lo que yo digo!", ensayó con un grito. Pero debía constituir inmediatamente un pequeño Estado Mayor, nombrar a los segundos para fortalecer esa disciplina.

Los soldados William Rodríguez y Raúl Castro Mercader fueron ascendidos a tenientes; Israel Pardo, por su gran conocimiento del terreno y envidiable resistencia física, pasó a ser brazo derecho del Che. Este, que acariciaba la idea de festejar el aniversario del asalto al Moncada con una acción espectacular, concibió un plan. "Tenemos que demostrar que seguimos estando aquí, en la Sierra", escribió en una hoja, repitiendo palabras del jefe rebelde, "¿y qué mejor que dar un fuerte golpe el 26 de julio? Podríamos atacar primero en Estrada Palma, al filo de la noche, y enseguida dirigirnos a los pueblos adyacentes, Yara y Veguitas, para tomar las pequeñas guarniciones y retornar por ese mismo camino hacia la montaña". Un mensajero llevó el plan a Fidel y regresó sin respuesta.

–¿Pero usted le dijo que yo esperaba la contestación por escrito? –le preguntó con impaciencia.

–Sí, comandante. Pero no me dio nada. Leyó su papel, se lo guardó en el bolsillo y me despachó.

–Habrá pensado que es una locura, como todo lo que le propongo yo...

Pasó el 26. Y al día siguiente, un boletín radial despabilaba al Che de su letargo. "Doscientos bandidos al mando del guerrillero Raúl Castro", decía el locutor, "atacaron ayer el antiguo cuartel de Estrada Palma". El plan había sido llevado a cabo con todo éxito. Su explicación era muy sencilla: Fidel quiso ponerlo en ejecución con otros hombres, en el mayor de los secretos, y envió al capitán Guillermo García con un pequeño contingente. Pero no hubo siquiera combate, porque las fuerzas de Batista, temerosas de un ataque sorpresivo para el día 26, habían evacuado el cuartel. Los guerrilleros llegaron a Estrada Palma en una pacífica expedición y lo único que pudieron hacer fue incendiarlo. La revista *Bohemia*, que logró lanzar una edición sin censura previa, magnificó los hechos, reprodujo grandes fotografías de los daños producidos y adjudicó a Fidel, Raúl y Celia Sánchez la conducción de las fuerzas victoriosas "de esa cruenta batalla". Un magnífico impacto psicológico.

En esa misma fecha, coincidiendo con el aniversario del asalto al Moncada, en Guatemala era asesinado Castillo Armas. Un joven miembro de su guardia personal, Rigoberto López Pérez, lo mató de un balazo; y todos los gobernantes de América latina, cumpliendo con los rituales de la diplomacia, ordenaron arriar las banderas de sus países a media asta. Pero hubo un embajador, el que ocupaba la representación argentina en Montevideo, que se negó a cumplir esa orden. Era el viejo líder socialista Alfredo L. Palacios, quien consideraba a Castillo Armas como "un esbirro impuesto por el imperialismo, que no merece el homenaje de los pueblos libres". Con su bandera al tope de la embajada, Palacios desobedeció el decreto de honores.

Salvada milagrosa

Impaciente por combatir, deseoso de probar la efectividad de su columna, El Che proyectó atacar a las tropas de Casillas en el destacamento militar de Bueycito. Cuando le consiguieron los dos camiones que reclamaba, bajó con sus hombres de la Sierra y rodeó el lugar, aprovechando que Casillas había ido a visitar a su amante como todos los fines de semana. Pero después de disponer estratégicamente a sus efectivos, se dio cuenta de que el plan era tan complicado y ambicioso que no se podía llevar a cabo. Tuvo que modificarlo sobre la marcha, más que por la falta de sincronización en los movimientos, porque los perros del destacamento empezaron a delatar a algunos de sus hombres. Los instantes que se vivieron aquella noche también quedarían dramáticamente registrados en su diario de campaña:

> Mientras transitaba por la calle principal del pueblo, me salió un hombre; le di el ¡alto, quién vive!, y creyendo que yo era un compañero, se identificó así: ¡La Guardia Rural! Cuando lo fui a encañonar saltó hacia una casa, cerró rápidamente la puerta y se oyó un ruido de mesas, sillas y cristales rotos, mientras alguien saltaba por atrás en silencio; fue casi un contrato tácito entre el guardia y yo, pues no me convenía disparar, ya que lo importante era tomar el cuartel, y él no dio ningún grito de aviso a sus compañeros.
> Seguimos avanzando, buscando las posiciones para los últimos hombres, cuando el centinela del cuartel avanzó, extrañado por la cantidad de perros y probablemente al escuchar los ruidos del encuentro con el soldado; nos topamos cara a cara, apenas a unos metros de distancia; yo tenía la Thompson montada y él un Garant; mi acompañante era Israel Pardo. Le di el alto y el hombre, que llevaba el Garant listo, hizo un movimiento; para mí fue suficiente: apreté el disparador con la intención de descargarle todas las balas en el cuerpo; sin embargo falló la primera y quedé indefenso. Israel tiró, pero su pequeño fusil 22, defectuoso, tampoco disparó.
> No sé bien cómo Israel salió con vida; mis recuerdos alcanzan sólo para mí que, en medio del aguacero de tiros del Garant del soldado, corrí con velocidad que nunca he vuelto a alcanzar y pasé, ya en el aire, doblando la esquina para caer en la calle transversal y arreglar ahí la ametralladora. Sin embargo, el soldado impensadamente había dado la señal de ataque, pues éste era el primer disparo. Al oír tiros por todos lados, el soldado, acoquinado, quedó escondido en una columna y allí lo

encontramos al finalizar el combate, que apenas duró unos minutos. Mientras Israel iba a hacer contacto, cesaba el tiroteo y llegaba ya la noticia de la rendición. La gente de Ramirito, con los primeros disparos cruzó la cerca y atacó por detrás del cuartel, disparando rasante por una puerta de madera.[26]

La victoria desató una euforia incontenible en aquella columna. El Che ordenó sacar del cuartel lo que pudiera servirles y quemar el edificio; luego retornaron a los camiones llevando a dos sargentos prisioneros (el resto fue liberado) y marcharon a través del pueblo. Los campesinos se largaron a las calles a festejar el triunfo rebelde y convidaron a los guerrilleros con cervezas y refrescos de todo tipo. Finalmente, antes de volver a internarse en la Sierra, El Che liberó también a los dos sargentos a pedido de un grupo de guajiros. Una vez en la montaña, el Estado Mayor distribuyó las armas incautadas de acuerdo con la actuación de cada uno, con una sola excepción: la de su comandante. "Yo sé que mi participación no fue muy heroica", dijo, "y que los pocos tiros que me dispararon los enfrenté con el culo, pero lo mismo me voy a adjudicar esta maravillosa ametralladora Browning. La próxima vez no me van a joder. El que se quiere suicidar que agarre la Thompson mía... ¡Siempre se traba en el momento oportuno". Todos rieron, menos un avergonzado grupo que aguardaba en silencio. Eran los "mojados", los que huyeron asustados al escuchar los primeros tiros y se cayeron atropelladamente al río. Se los dio de baja.

Corrían los primeros días de agosto de 1957 y Batista, harto ya de hacer papelones, había decidido lanzar una ola terrorista de represión. Su primera víctima fue el líder opositor Frank País, a quien el coronel Salas Cañizares asesinó en las calles de Santiago. Esto produjo más excitación en el pueblo, que respondió con una huelga espontánea. Todo el comercio de Santiago cerró sus puertas voluntariamente. El funeral de País arrastró a una impresionante muchedumbre y la policía empleó sus métodos más rigurosos para disolverla. El embajador norteamericano Earl T. Smith también censuró en público la represión ordenada por su amigo Batista.

Notas

1 Como no tenía dinero, se conectó con un argentino que dirigía la editorial más importante de México, para que le prestara algunos libros. Era Arnaldo Orfila Reynal, director del Fondo de Cultura Económica, quien le facilitó los tres tomos de *El Capital*.
2 Una caballería equivale a 13,5 hectáreas.
3 Se llama *bohío* a los ranchos más precarios, de paja y adobe.
4 "La Historia me absolverá."
5 "Homenaje al Che." Discurso pronunciado por Fidel Castro en La Habana, el 18 de octubre de 1967. Reproducido en *Cristianismo y Revolución*, Buenos Aires, noviembre de 1967.
6 *Time*, del 8 de agosto de 1960.
7 Reproducido en *Cuba, anatomía de una revolución*, por Leo Huberman y Paul M. Sweezy, La Habana, Vanguardia Obrera, 1960.
8 La finca se llamaba Santa Rosa.
9 Darío López fue reporteado por la Oficina de Asuntos Históricos de La Habana, y sus declaraciones reproducidas en *Granma* del 29 de octubre de 1967.
10 *Cuba, anatomía de una revolución*.
11 "Reunión." Cuento incluido en *Todos los fuegos el fuego*, Buenos Aires, Sudamericana, 1966.
12 Ernesto Guevara trazó un esquema histórico de la guerra contra Batista, sobre la base de anécdotas y recuerdos, en una serie de artículos para la revista *Verde Olivo*. Se publicaron en 1961, en Cuba, y luego fueron recopilados en el libro *Pasajes de la guerra revolucionaria*, La Habana, Ediciones Unión, 1963.
13 *Chivato* se le llama en Cuba al delator al servicio de la policía.
14 "Combate de La Plata." Relato incluido en *Pasajes de la guerra revolucionaria*.
15 El peso cubano equivalía al dólar.
16 *Guajiro* se denomina en Cuba al campesino.
17 Matthews, Herbert Lionel (1900-1977), periodista norteamericano, corresponsal extranjero y editorialista del *New York Times* entre 1922 y 1967. Fue corresponsal en Francia, Italia, India e Inglaterra. Cubrió la Guerra Civil Española y fue criticado por sus simpatías con la causa republicana. Fue el primero en denunciar el apoyo de Italia y Alemania a Franco. Especialista en temas latinoamericanos, realiza una famosa entrevista a Fidel Castro en la Sierra Maestra que desmentía los rumores de su muerte. El subcomité de seguridad interna del Senado de los Estados Unidos declaró que Matthews hizo de Castro un "Robin Hood". Cuando la Revolución Cubana asume una dimensión comunista, Matthews fue muy cuestionado y hasta amenazado de muerte por exiliados cubanos. En 1959 fue condecorado por el gobierno revolucionario boliviano.
18 "Yo vine en el *Granma*", *Bohemia*, La Habana, 11 de enero de 1959.
19 "Días amargos." Relato incluido en *Pasajes de la guerra revolucionaria*.
20 "Jornadas de marcha." Relato incluido en *Pasajes de la guerra revolucionaria*.
21 *Nuestra América difícil*, Buenos Aires, SAGA, 1957.
22 "Llegan las armas." Relato incluido en *Pasajes de la guerra revolucionaria*.
23 "El combate del Uvero." Relato incluido en *Pasajes de la guerra revolucionaria*.
24 "Homenaje al Che."
25 Raúl Chibás, hermano de Eduardo *Eddy* Chibás (líder del Partido del Pueblo, ortodoxo, que cautivó a las masas a partir de 1947 y se suicidó en 1951), usufructuaba la herencia po-

lítica de su apellido. Felipe Pazos, único funcionario del gobierno de Carlos Prío Socarrás (1948-1952, derrocado por Batista) que no se aprovechó del erario, era reconocido como uno de los economistas más prestigiosos.
26 "El ataque a Bueycito." Relato incluido en *Pasajes de la guerra revolucionaria*.

IV
El comandante

La guerra entró en una segunda y decisiva etapa a fines de 1957. Ya no era una improvisada columna de guerrilleros la que se había apoderado de Sierra Maestra, sino un verdadero ejército de combatientes experimentados que ahora dominaba a voluntad toda esa región montañosa. La Sierra se convirtió en un bastión impenetrable donde Fidel Castro volvió a alzar la bandera rojinegra del 26 de Julio, esta vez con la convicción de una victoria segura. Sabía que el proceso era lento, que había que esperar el desgaste definitivo del régimen de Batista, especular con sus errores. Cuanto más castigaba a los campesinos por ayudar a las fuerzas rebeldes, más se extendía la popularidad de los barbudos guerrilleros. Poco a poco, todos los sectores civiles se fueron identificando con ellos.

Algunos se convirtieron en parte integral del movimiento porque creían en el programa revolucionario; otros hicieron causa común con él porque se había convertido en la fuerza más efectiva en la lucha para derrocar a Batista. Con mucho, la clase más importante que se unió a los rebeldes fue el campesinado. Al principio, los campesinos meramente escondían a los rebeldes. Pero antes de que pasaran pocos meses, los campesinos, como clase, estaban apoyando a los rebeldes. De espectadores pasivos se convirtieron en participantes activos. Este es el análisis que hicieron Huberman y Sweezy.[1]

Para el comandante Ernesto *Che* Guevara esta nueva etapa significaba más responsabilidad. Se había proyectado edificar un hospital de campaña, utilizando todos los materiales cedidos por las gentes de aquellos poblados, y había que dirigir la obra. Cuando estuvo terminado, se recibió una importante donación del doctor Julio Martínez Páez, un cotizado especialista en huesos, de La Habana, quien hizo llegar aparatos de rayos X, esterilizadoras, instrumentos de cirugía, drogas y medicinas de todo tipo. El Che, sin abandonar sus funciones guerrilleras, contribuyó a que la atención de ese hospital se extendiera a los campesinos, sus mujeres y sus hijos, quienes jamás habían contado con un tratamiento médico adecuado para combatir las enfermedades que los agobiaban, en especial las producidas por la desnutrición. Pero no se detuvo allí. Quería reanudar aquella experiencia de alfabetización empezada con Julio Zenón Acosta, su primer alumno, y anunció la apertura de las clases.

Fidel Castro recordaba siempre a esos hombres el caso del mayoral que castigaba a los campesinos rebeldes quitándoles parte de sus tierras. "Lo juzgamos delante de todos", les dijo, "y lo ejecutamos". Ese fue uno de los secretos más importantes de la guerra, que le permitió obtener toda clase de ayuda en alimentos, ropas, escondites, medicinas y datos valiosos. Siempre era un guajiro voluntario el que guiaba a los guerrilleros por los montes para ayudarlos a despistar a las tropas de Batista.

Un pacto desautorizado

En la tarde del 20 de noviembre de 1957, después de librar tres combates en menos de seis horas, los rebeldes fueron sorprendidos por una noticia poco grata. Se había dado a conocer un documento redactado por los políticos cubanos refugiados en Miami, que firmaban Carlos Prío Socarrás, Carlos Hevia, Manuel Antonio de Varona, Roberto Agramonte y "tres representantes del Movimiento 26 de Julio". Se anunciaba la constitución de una Junta de Liberación Cubana encargada de "unificar las fuerzas cívicas y materiales del pueblo y de organizar la transición entre la dictadura y un gobierno democrático".

Ese *Pacto de Unidad de la Oposición Cubana Frente a la Dictadura de Batista* –como se lo denominó pomposamente– fue rechazado en forma terminante por Fidel Castro, quien también desautorizó a los pretendidos "representantes del Movimiento" y acusó a la Junta de estar compuesta por "civiles de la peor ralea, cómplices incluso del 10 de marzo (golpe batistiano de 1952) y hoy divorciados de él, tal vez por ser todavía más ambiciosos".

Era una maniobra cuidadosamente planeada por Prío Socarrás con la ineficaz colaboración de Raúl Chibás y Felipe Pazos, los dos visitantes de la Sierra que cuatro meses antes habían ido a convencer a Fidel de la "urgente necesidad de lanzar un manifiesto". El jefe rebelde les respondió con una agria y extensa carta fechada el 14 de diciembre de 1957, donde lo menos que les decía era que "esos papeles llegaron en el momento en que lo que más necesitábamos eran armas, no declaraciones".

La respuesta había sido confeccionada después de consultar al Estado Mayor de su ejército, "los líderes de nuestra organización" (como él llamaba a Raúl, Camilo, Almeida y El Che). Todos coincidieron en la conveniencia de dar la carta a publicidad y aprovechar para resumir en cuatro puntos las razones por las que el Movimiento 26 de Julio reclamaba para sí la función directriz de "reorganizar los institutos armados de la República".

Esos argumentos eran estos:

> 1) Porque es la única organización que posee milicias organizadas disciplinadamente en todo el país, y un ejército en campaña con veinte victorias sobre el enemigo; 2) porque nuestros combatientes han demostrado un espíritu de caballerosidad ausente de todo odio contra los militares, respetando invariablemente la vida de los prisioneros, curando a sus heridos en combate, no torturando jamás a un adversario, ni aun sabiéndole en posesión de informes importantes, y han mantenido esta conducta de guerra con una ecuanimidad que no tiene precedentes; 3) porque a los institutos armados hay que impregnarlos de ese espíritu de justicia e hidalguía que el Movimiento ha sembrado en sus propios soldados; 4) porque la serenidad con que hemos actuado en esta lucha es la mejor garantía de que los militares honorables nada tienen que temer de la Revolución, ni habrá de pagar las culpas de los que con sus hechos y crímenes han cubierto de oprobio el uniforme militar.

Fue ese también el mejor momento para dar a conocer el nombre elegido para la presidencia de la República, adelantándose así a las pretensiones de aquel grupo de políticos refugiados. "Esa figura debe ser el digno magistrado de la Audiencia de Oriente, doctor Manuel Urrutia Lleo", señaló Fidel Castro de manera terminante. Urrutia, miembro del Tribunal de Urgencia de Santiago, había sido el único juez en disidencia en el proceso a los sobrevivientes del *Granma*. (Esa vez se arriesgó a calificar de "legítima" a la expedición invasora, considerándola encuadrada dentro de la Constitución de 1940, "porque su propósito era derribar un gobierno que violó esa Constitución".)

También un periódico

La respuesta escrita de los guerrilleros iba a terminar con una encendida frase: "Y sólo sabremos vencer o morir. Que nunca será la lucha más dura que cuando éramos solamente doce hombres, cuando no teníamos un pueblo organizado y aguerrido en toda la Sierra, cuando no teníamos como hoy una organización poderosa y disciplinada en todo el país, cuando no contábamos con el formidable respaldo de masas evidenciado con la muerte de nuestro inolvidable Frank País. Que para caer con dignidad no hace falta compañía". Había ya una confianza absoluta en el poderío del Ejército Rebelde, avalado por el desgaste permanente de las fuerzas leales a Batista.

–Cuando los viejos políticos intentan prenderse de alguien –le comentó Fidel Castro al Che–, es porque lo ven victorioso. Ahora que caminamos más aliviados, estos tíos se nos quieren subir a las espaldas. ¿Te das cuenta?

–Me doy.

–Lo que nos interesa ahora es el apoyo de los sindicatos obreros, no el de esos vivillos. Vamos a proclamar una huelga general. Ya hay gente nuestra trabajando en la organización de comités de huelga; preparando el sabotaje en las ciudades. Tú debes darme una mano en este asunto. Necesito que me hagas un periódico rebelde...

–¿Y con qué?

–Oye, chico, si te has montao una escuela; si has sido capaz de organizar un hospital en la Sierra, ¿cómo me preguntas eso?

La misión resultó menos difícil de lo que se suponía. En cuanto El Che hizo saber a los campesinos que venían a clase y a los que enviaban a sus mujeres y sus hijos al hospital de campaña que necesitaba elementos para editar un periódico, sobraron resmas de papel y litros de tinta para imprimirlo. En un bohío se improvisó la redacción de *El Cubano Libre*, donde El Che contaba con una vieja máquina de escribir y un mimeógrafo para lanzar aquellas ediciones clandestinas del único medio de información sin censura previa que aparecía en la isla. Esas hojas impresas no daban abasto, pues al llegar a La Habana eran devoradas por la población. Las distribuían los miembros del flamante Movimiento de Resistencia Cívica, junto con los *Bonos de la Libertad* (con los que se recaudaban fondos para comprar más armas). Así se aceleró la formación del Frente Obrero y se precipitaron los actos de sabotaje, cuyo máximo triunfo fue la voladura de la principal planta energética de La Habana. (Durante cincuenta y cuatro horas quedaron interrumpidos los servicios de gas, luz y teléfono.)

Balance de recuerdos

Terminaba 1957. Quedaban atrás muchas horas de incertidumbre y miedo; largos ratos de discusión, de tiroteos, de asma. ¿Cuántas veces se había emporcado el hijo mayor de los Guevara Lynch en una ciénaga? Ni él lo sabía. ¿Cuánto tiempo había dedicado este brillante egresado de medicina a vivir como un linyera, escondido en los montes, tapado de mugre y acosado por los mosquitos y las macagüeras? No valía la pena hacer la cuenta. Bastaba con el resultado: "Graduarse de comandante guerrillero", pensó, "es más difícil". Pero, ¿qué había ocurrido en todo ese tiempo en su país? ¿Qué habían hecho los militares y los políticos tras la caída de Perón? Las preguntas lo asaltaron la noche del 31 de diciembre, cuando oyó a otros recordar escenas familiares, festejar la terminación de un año trajinado y fascinante.

Lo único que supo, cuando le acercaron algunos diarios, era que sus compatriotas se alineaban en ese momento detrás de dos candidatos a la presidencia: Ricardo Balbín y Arturo Frondizi. "Son los mismos", se acordó, "que seis años antes integraron juntos la fórmula de la Unión Cívica Radical opuesta a Perón". Seguramente, su amigo Ricardo Rojo estaría trepado a las tribunas barriales para arengar al electorado en favor de Frondizi.

Varias veces, al tomar coraje para lanzarse a un ataque, había recordado los partidos de rugby jugados en San Isidro. Le parecía escuchar detrás de él una voz que lo empujaba al triunfo: "¡Vamos Chancho! !Vamos, que los tenemos!". Y pensaba en esa mula caprichosa que utilizaba en los cerros cubanos, a la que bautizó "Martín Fierro", y que le recordaba también a su país.

Entre los inevitables recuerdos de Hildita, que empezaba a crecer lejos de él, sin conocerlo, sin entender muy bien si tenía un padre o no, y algunos párrafos de la última carta de su madre, El Che hacía lugar para acordarse mucho de la Argentina. Varias veces en esos sueños profundos en que solía caer después de una azarosa tarde de combate volvía a encontrarse con Alta Gracia, con el colegio nacional, con las calles de Buenos Aires. Si estaba despierto, la imagen de ese Buenos Aires era siempre la misma: el Obelisco con su extraña figura de pene puntiagudo, sin huevos, al lado del Mercado del Plata, siempre en construcción. Sin embargo, algún atractivo tenía todo eso. Quizá porque lo asociaba con la manera de ser porteña: "Pura parada, pura pinta".

El se había propuesto ser todo lo contrario. Jamás se le habría ocurrido embutirse en uno de esos angostos trajes de moda (con tres botones y el pantalón ajustadito) que uniformaban a los jóvenes porteños de su edad, ni había sentido antes afecto por la moda Divito (de pantalones altos y abombachados, y grandes solapas). Más que parecerse a ese argentino de ciudad, sea porteño, rosarino o cordobés, era una réplica del español republicano de la Guerra Civil, comprometido durante meses con la misma ropa. En El Che todo era rebeldía, hasta con su propia generación.

Pero de su país conservaba el fino sentido del humor porteño. Entre arrogante y soberbio, sabía tocar a su adversario con respuestas mordaces. Como todos los argentinos, cuando se sentía perdido, colocaba un chiste. Y ganaba. De alguna manera, siempre ganaba.

Radio Rebelde empieza a transmitir

La incorporación de nuevos reclutas obligaba a extremar los entrenamientos militares. Aquellas clases dictadas por el coronel Bayo, en Chalco, fueron reproducidas en cursos acelerados que El Che supervisaba diariamente. La escuela de campaña que de mañana enseñaba a leer y escribir transformaba a sus maestros en instructores de tiro por la tarde. Claro que las mejores clases prácticas fueron los ataques a los depósitos de armas del ejército de Batista, en los que se incluía siempre a un alumno para que pusiera a prueba sus condiciones guerrilleras. Esta era la especialidad del "batallón suicida" comandado por El Che.

La dominación absoluta de la Sierra y sus ciudades obligó a Fidel a establecer una especie de gobierno paralelo, algo así como una nueva capital desde donde se dirigía el levantamiento popular de toda la isla. Esa idea cobró forma el 24 de febrero de 1958, cuando Radio Rebelde inauguró sus transmisiones "desde el territorio libre de Cuba, en la Sierra Maestra". El Che soltó una carcajada cuando le contaron que instalaría una emisora. "Es lo único que le faltaba a éste", dijo, refiriéndose a Fidel, "que le den un micrófono. Ahora los va a enloquecer...".

Y mientras él asumía una nueva tarea, la de establecer precarias industrias en los pueblos para proveer a la tropa de pan, carne, zapatos, uniformes, mochilas y armas, Fidel Castro se deleitaba en responderle a Batista por radio. Un hecho importantísimo los había puesto eufóricos: la llegada de un avión C-46, cargado con armas automáticas, obuses para morteros, dos ametralladoras calibre 50 y unos ochenta mil tiros, que Pedro Miret, amigo de la infancia de Fidel y miembro del grupo que asaltara el Moncada, había hecho aterrizar en una improvisada pista de la Sierra. Miret venía de cumplir un año de prisión en México "por almacenar armas clandestinamente" y su encuentro con los hermanos Castro fue una de las escenas más conmovedoras que presenció El Che en aquellos días. "Ven, Pedro, escucha lo que le voy a decir al monstruo desde mi radio", invitó Fidel a su amigo. Y con los auriculares puestos, acomodándose los gruesos anteojos, comenzó: "Desde la Sierra Maestra, territorio libre de Cuba, les habla Fidel Castro. Hoy, 12 de marzo de 1958, voy a dar lectura al Manifiesto del Movimiento 26 de Julio".

Aquel documento era un audaz desafío que los rebeldes lanzaban con inocultable efecto psicológico. Se habían acordado resoluciones increíbles. Entre ellas, prohibir el pago de impuestos al Estado, provincias o municipios a partir del 1º de abril; impedir el tránsito de vehículos por carretera o ferrocarril en toda la provincia de Oriente y considerar acto de traición a la patria la permanencia en cualquier cargo de confianza del Poder Ejecutivo. Nuevamente los rebeldes insistían en la necesidad de plegarse a una huelga general, cuyas instrucciones serían difundidas por los órganos clandestinos del Movimiento, que ya eran cinco: *Revolución, Vanguardia Obrera, Sierra Maestra, El Cubano Libre* y *Resistencia*.

Para apoyar esa acción gremial, el Manifiesto anunciaba públicamente que "fuerzas rebeldes de la columna Nº 6, al mando del comandante Raúl Castro Ruz, partiendo de la Sierra Maestra, han invadido el norte de la provincia de Oriente; y fuerzas rebeldes de la columna Nº 3, al mando del comandante Juan Almeida, han invadido el este de dicha provincia". Finalmente, se ponía un plazo, el 5 de abril, para "iniciar la campaña de exterminio contra todo el que sirva con las armas a la tiranía".

Huelga general

El día señalado para la huelga fue el 9 de abril, pero Faustino Pérez, el jefe de la operación, mantuvo tan en secreto la fecha que la coordinación fue un fracaso. Mientras paralizaban sus tareas los obreros y campesinos de Matanzas, Santa Clara, Camagüey, Holguín y Santiago, en La Habana sólo se conocieron movimientos aislados, sin mayor fuerza, lo que permitió a las tropas del Campamento de Columbia trasladarse cómodamente a los lugares afectados y doblegar a los huelguistas. El Che extraería sus conclusiones de aquella derrota:

> La huelga fracasó por errores de organización, principalmente por falta de contactos entre las masas obreras y la dirección. Pero la experiencia fue aprovechada y surgió una lucha ideológica en el seno del Movimiento, que provocó un cambio radical en el enfoque de la realidad del país y en sus sectores de acción. El Movimiento 26 de Julio salió fortalecido de la fracasada huelga y la experiencia enseñó a sus dirigentes una verdad preciosa, cual era, y que es, que la Revolución no pertenecía a tal o cual grupo sino que debía ser la obra del pueblo cubano entero; y a esa finalidad se canalizaron todas las energías de los militantes de nuestro Movimiento, tanto en el llano como en la Sierra.
> En esta época precisamente empezaron en el Ejército Rebelde los primeros pasos para darle una teoría y una doctrina a la Revolución, dándose demostraciones palpables de que el movimiento insurreccional había crecido y, por tanto, había llegado a su madurez política. Habíamos pasado de la etapa experimental a la constructiva, de los ensayos a los hechos definitivos. Inmediatamente se iniciaron las obras de las pequeñas industrias en la Sierra Maestra. Sucedió un cambio que nuestros antepasados habían visto hace muchos años: pasamos de la vida nómade a la vida sedentaria; creamos centros de producción de acuerdo con nuestras necesidades más perentorias. Así fundamos nuestra fábrica de zapatos, nuestra fábrica de armas, nuestro taller en el que reconstruíamos las bombas que la tiranía nos arrojaba, para devolvérselas a los propios soldados de Batista en forma de minas terrestres.[2]

Las primeras consecuencias de aquella huelga frustrada fueron la represión que ordenó Batista y el desmoronamiento de la mística revolucionaria. Sólo la incansable voluntad de los jefes rebeldes podía recuperar el terreno perdido y el mejor elemento era el aparato transmisor montado en el cuartel general. Todas las noches Fidel leía las noticias ausentes de la prensa censurada y relataba las atrocidades producidas por la represión. Exageraba las pocas acciones rebeldes para devolver la confianza perdida e inventaba batallas para contrarrestar las informaciones oficiales. Entonces sobrevino lo esperado: la gran campaña militar con que se pretendía la eliminación definitiva de los guerrilleros. Fue anunciada el 5 de mayo; se lanzó veinte días después. Una victoria segura, según se calculó, porque se descontaba que trescientos guerrilleros jamás podían ofrecer resistencia a un ejército de doce mil hombres bien pertrechados.

La mejor reconstrucción de aquella batalla la hizo el sociólogo norteamericano C. Wright Mills, al encarnar la voz de los revolucionarios cubanos en un libro[3] cuyas dos primeras ediciones (en inglés) se agotaron rápidamente en Estados Unidos en 1960. Dice así:

> Trece batallones, de novecientos hombres cada uno, marcharon hacia la Sierra. Doce mil hombres pagados por Batista (el mayor movimiento de tropas, según se dice, en toda la historia de Cuba), en camiones, jeeps y trenes se dirigieron a las montañas. Desde el cuartel Moncada y la base de Bayamo, tanques Sherman suministrados por ti, yanqui, rechinaron en su paso hacia la Sierra. Y nosotros los esperamos, en nuestros refugios de troncos y tierras, hechos por nosotros, yanqui. Cavamos trampas para los tanques; volamos puentes en carreteras y vías de ferrocarril; nos escondimos en los árboles, listos para disparar; estábamos en nuestra Sierra Maestra, en la selva, en las rocas, en las cañadas.
> Primero vinieron los aviones, con bombas de napalm, suministradas por ti, yanqui. Entonces penetraron las tropas en nuestra selva, y si algo sabemos hacer es disparar con puntería. Ellos no sabían. Se cansaban pronto; eran perezosos y no sabían disparar. Los oficiales que los mandaban eran unos estúpidos. Tenían caras de hierro, pero cabezas de madera. Quizá no deberíamos decir esto, teniendo en cuenta que tus misiones militares ayudaron a entrenarlos, pero es la verdad. Los batistianos traían también algunos de tus bazookas. ¿Pero contra qué equipo nuestro podían dispararlos, si no lo teníamos? Así que capturamos los bazookas y los disparábamos contra sus tanques. También nos apoderábamos de sus tanques, cuando los abandonaban en las trampas que volaban con gasolina, a lo largo del camino. Y después capturamos una de sus estaciones de radio portátiles, ¡con su libro clave! Y entonces, mi amigo, sí que los confundimos. Sabíamos cuáles eran sus órdenes, de modo que cortamos su línea de suministro. A través de su propia estación de radio ordenábamos a sus bombarderos que atacaran y bombardearan sus pro-

pias posiciones. Hacíamos que sus aviones nos lanzaran suministros por paracaídas a nosotros. Comíamos entonces carne en lata, queso y dulce de guayaba. Dios mío, qué bien sabía el dulce de guayaba, después de estar comiendo durante meses y meses sólo pedazos de carne y ñame y tampoco muy abundantes.

Se afianza el ejército

Durante los dos meses que duró esa ofensiva, El Che se mantuvo al frente de su columna, dirigiendo operaciones de resistencia y organizando "retiradas estratégicas". Estuvo cerca de la muerte en una trinchera, cuando lo salvó la rápida acción de uno de sus hombres, que sacó de al lado suyo una granada a punto de estallar. "Gracias, hermano", fue todo lo que pudo decirle en ese momento, apabullado por una lluvia de balas. Después se lo agradecería con palabras más ceremoniosas. "No es nada, chico, tú habrías hecho lo mismo", fue la respuesta del soldado.

Para ese entonces, los hombres de Batista comenzaban a cansarse de una lucha estéril, en la que el enemigo nunca aparecía y siempre tiroteaba por sorpresa. Las montañas no eran para ellos, y menos aún las lluvias, el barro y las noches húmedas y frías, con todos sus bichos y sus emboscadas.

El 20 de julio se dio fin a la ofensiva y los atacantes entraron en retirada; los guerrilleros pasaron a asumir el control de la guerra, abandonando su posición defensiva, y alcanzaron a capturar más de seiscientas armas nuevas –el doble de los fusiles con que habían iniciado la resistencia– con las que producirían un millar de bajas al enemigo, entre muertos, heridos, desertores y prisioneros. Las conclusiones del Che[4] fueron éstas:

> El Ejército Rebelde salió de esta campaña preparado para iniciar una ofensiva sobre el llano, ofensiva de carácter táctico y psicológico, porque nuestro armamento no podía competir en calidad y menos aún en cantidad con el de la dictadura. Esta fue una guerra en la que contamos siempre con ese aliado imponderable de tan extraordinario valor que es el pueblo. Nuestras columnas podían burlar continuamente al enemigo y situarse en las mejores posiciones, no sólo gracias a las ventajas tácticas y a la moral de nuestros milicianos, sino, en un grado muy importante, a la gran ayuda de los campesinos.

El campesino era el colaborador invisible que hacía todo lo que el rebelde no podía hacer; nos suministraba las informaciones, vigilaba al enemigo, descubría sus puntos débiles, traía rápidamente los mensajes urgentes, espiaba en las mismas filas del ejército enemigo. Y esto no se debía a ningún milagro, sino a que ya habíamos iniciado con energía nuestra política de reivindicaciones agropecuarias. Ante la amargura del ataque y del cerco de hambre con que rodearon la Sierra Maestra, de todos los terratenientes de las zonas limítrofes, diez mil reses subieron a las montañas, y no sólo fueron para abastecer al Ejército Rebelde, sino que se distribuyeron entre los campesinos y, por primera vez, los guajiros de la Sierra, en esa región que está particularmente depauperizada, tuvieron su bienestar; por primera vez los niños campesinos tomaron leche y comieron carne de res. Y por primera vez, también, recibieron los beneficios de la educación, porque la Revolución trajo en sus manos la escuela. Así todos los campesinos llegaron a una conclusión beneficiosa para nuestro régimen.

Un documento conjunto

La experiencia de aquella huelga frustrada y el peligro de que Batista lanzara otro ataque, con mejores armas y más aviones, indujeron al Estado Mayor de los guerrilleros a ensayar una operación política. Finalmente había que pactar con los refugiados de Miami, aquellos dirigentes de los viejos partidos que habían querido enancarse en el mejor momento. Y Fidel se decidió.

–Van a decir que pedimos la escupidera –le reprochó El Che.

–Me importa un rábano lo que digan. Mira, chico, estos tíos nos van a servir para algo. Nos van a servir para que los yanquis se dejen de mandarle armas a Batista...

El 20 de julio de 1958, valiéndose de las comunicaciones de una radio secreta que los rebeldes tenían instalada en Venezuela, se suscribió un documento mediante el cual quedaban unificadas todas las fuerzas de la oposición. La firma de Fidel Castro encabezaba aquella lista en la que otra vez aparecían los nombres de Carlos Prío Socarrás y Manuel Antonio de Varona. Pero con una diferencia: la redacción era suya. Esta vez no iba a quedar en el tintero la alusión a la soberanía nacional que le habían escamoteado la vez anterior. La estampó precisamente en el párrafo dirigido a los norteamericanos: "Al pedirle al gobierno de los Estados Unidos", escribió, "que cese toda ayuda bélica y de cualquier orden al dictador, reafirmamos nuestra postura en defensa de nuestra soberanía nacional y la tradición civilista y republicana".[5]

Avalaban ese documento los siguientes sectores: Movimiento 26 de Julio, Organización Auténtica, Directorio Revolucionario, Unidad Obrera, Partido Cubano Revolucionario, Partido Demócrata, Federación de Estudiantes de la Universidad, Ex oficiales del Ejército, Grupo Montecristi y Movimiento de Resistencia Cívica. Sólo se exceptuaba al Partido Socialista Popular formado por los comunistas, a quienes no se invitó a firmar porque en lugar de sumar, restaban. (Fidel Castro sabía que en ese momento era mejor tenerlos lejos, para que no desbarataran con su presencia los planes revolucionarios ni ahuyentaran a sus aliados circunstanciales.) ¿Cómo iba a pedir a Estados Unidos que dejara de enviar armas a sus enemigos si él se aliaba con los comunistas? Además, había razones suficientes para hacerlos esperar.

"Cuando Fidel comenzó su lucha contra Batista", recuerdan Huberman y Sweezy[6], "el Partido Comunista lo había considerado como *un bien intencionado aventurero, cuyas tácticas no podrían tener éxito*. El Partido Comunista mantenía la opinión de que el derrocamiento de Batista no se lograría con la fuerza de las armas, como preconizaba Castro, sino con la acción de las masas (huelgas, demostraciones) de obreros y campesinos. Cuando los comunistas vieron que, a pesar del fracaso de la huelga general, el pueblo todavía apoyaba a Fidel Castro, decidieron cambiar sus tácticas y se unieron al Movimiento".

La campaña de Las Villas

Durante las dos noches del 20 y 21 de julio, el jefe rebelde leyó por radio dos partes de guerra. Informaba en ellos que habían sido devueltos 443 prisioneros y heridos a la Cruz Roja Internacional, sin ninguna clase de condiciones, y anunciaba que la columna invasora número dos acababa de atravesar victoriosa la provincia de Camagüey y penetraba en el territorio de Las Villas. Esta última noticia era el comienzo del plan estratégico más importante de aquella guerra. Algo que Fidel acariciaba desde hacía tiempo: llevar la insurrección a otras provincias.

Un mes después, Radio Rebelde propaló una encendida arenga del líder. "Las victorias en la guerra", dijo Castro, "dependen en un mínimo de las armas y en un máximo de la moral de las tropas. La guerra no es una simple cuestión de rifles, balas, cañones y aviones. Quizás esa creencia es una de las razones por la que las fuerzas de la tiranía han fracasado". Después recordó a José Martí: *"Lo que importa,* enseñó el maestro, *no es la cantidad de armas en mano, sino el número de estrellas en la frente.* Esta es ahora una profunda verdad para nosotros".

Pocas horas después, en la tarde del 21 de agosto, Fidel Castro convocaba a dos de sus mejores lugartenientes, Camilo Cienfuegos y El Che Guevara, para asignarles lo que sería la misión más importante de esa guerra.

–Ahora hay que llevar la revolución al llano –les dijo–; hay que ganar otras provincias. Quiero que ustedes marchen con dos columnas, por distintos caminos, hasta Santa Clara. Que se encuentren allí.

–¿Y por qué allí? –quiso saber El Che.

–Porque allí está el punto clave. Dominando esa región, Cuba quedará dividida en dos. Habremos cortado al ejército de Batista por la mitad.

Fidel tomó una hoja de papel y escribió: "Se asigna a los comandantes Ernesto Guevara y Camilo Cienfuegos la misión de conducir desde la Sierra Maestra hasta la provincia de Las Villas dos columnas rebeldes y operar en dicho territorio de acuerdo con el plan estratégico del Ejército Rebelde". Después estableció los itinerarios: "Tú, Camilo, irás por el Norte, atravesarás Camagüey. Y tú, Che, bordeando la costa, pero internándote en los montes. ¿Te das cuenta?".

El Che seguía con atención el dedo de Fidel, que dibujaba imaginariamente la ruta sobre un ancho mapa extendido. "Sí, sí, me doy cuenta", respondió. Y se guardó para sí el resto de su pensamiento: "Me doy cuenta de que me ha tocado la parte más jodida...".

Esa delicada tarea tenía, empero, una compensación que El Che conocería rato después, cuando le hicieron llegar otro papel firmado por el jefe rebelde. Decía así:

> Se nombra al comandante Ernesto Guevara jefe de todas las unidades rebeldes del Movimiento 26 de Julio que operen en la provincia de Las Villas, tanto en las zonas rurales como urbanas, y se le otorgan facultades para recaudar y disponer en gastos de guerra, las contribuciones que establecen nuestras disposiciones militares, aplicar el código penal y las leyes agrarias del Ejército Rebelde, en el territorio donde operen sus

fuerzas; coordinar operaciones, planes, disposiciones administrativas y de organización militar con otras fuerzas revolucionarias que operen en la provincia, las que deberán ser invitadas a integrar un solo Cuerpo de Ejército, para vertebrar y unificar el esfuerzo militar de la Revolución; organizar unidades locales de combate y designar oficiales del Ejército Rebelde hasta el grado de comandante de columna.

No quedaba duda. El jefe de la misión era él. Castro se lo recalcó al despedirlo y El Che empezó a darse cuenta de que su ubicación en las filas rebeldes iba más allá de lo que suponía.

Llegan las armas

El objetivo asignado al Che (su columna llevaría el número ocho y el nombre de Ciro Redondo, en homenaje al heroico capitán muerto) consistía, concretamente, en interceptar los movimientos de tropas enemigas entre La Habana y la provincia de Oriente. Por eso convenía hacerse fuerte en Santa Clara, capital de Las Villas, situada a mitad de camino entre los cuarteles centrales de Batista y la base de operaciones de Fidel, en la Sierra Maestra.

El 27 de agosto, tres días antes de que Radio Rebelde diera a conocer el texto de la ley Nº 1, sobre regulación fiscal de la producción cafetalera [7], El Che partió al mando de una columna de jeeps formada por ciento setenta hombres escogidos entre los mejores combatientes. Llevaban equipos y uniformes nuevos, desde las gorras hasta los zapatos. Cuando hicieron el primer alto, acampando en los alrededores del Jíbaro, en el Plurial de Jibacoa, cerca de Manzanillo, esperaron la llegada de un avión amigo que traería un valioso cargamento de municiones. Pasaron la noche revisando los motores de los vehículos y vigilando la zona, hasta que en las primeras horas de la mañana la radio portátil tomó contacto con el avión esperado. La pista secreta fue despejada del camuflaje y el aparato, un D-C, aterrizó hundiendo peligrosamente sus ruedas en el barro y golpeando con una de las alas en el tronco de un árbol. Se abrió la cabina y dos hombres saltaron a tierra. Uno era el piloto. El otro, Raúl Chibás, a quien él había conocido durante la entrevista con Fidel y Felipe Pazos. El encuentro fue breve:

–¿Cómo está usted, comandante?

–Esperándolo. ¿Llegaron las municiones?
–Por supuesto. ¡El cargamento completo!
–Entonces, a bajarlas enseguida. No hay tiempo que perder. Ya deben haber visto el avión y deben estar por bombardearnos de un momento a otro. ¡A ver! –gritó a sus soldados–. ¡Saquen las cajas!

Chibás fue conducido a uno de los jeeps. Encendió su pipa y desde allí observó atentamente la operación dirigida por El Che. En contados minutos el cargamento fue dispersado en diferentes vehículos y éstos emprendieron la marcha en distintas direcciones, para no ofrecer un blanco fácil al enemigo. No hubo que esperar mucho. Las bombas empezaron a llover poco después y sólo pudieron refugiarse en el suelo, con las manos en la nuca. Cuando pasó la tormenta, Chibás y su piloto fueron sacados del lugar en un jeep, mientras el avión, ya inutilizado, era reducido a cenizas. La columna partió a la madrugada del día siguiente rumbo al Escambray, a seiscientos kilómetros de allí.

Noticias captadas por el enemigo facilitaron la captura de un par de camiones repletos de víveres a los rebeldes. Luego fue una tormenta, que la radio venía anunciando desde hacía varios días, la que empantanó al resto de la columna. Hubo que seguir a pie, bajo las torrenciales lluvias de un clásico huracán tropical, hasta la orilla del río Cauto. Resultó imposible cruzarlo a caballo. El caudal, hinchado por las lluvias, arrastraba toda clase de ramas y troncos. Había que esperar. Cuando alcanzaron la otra orilla, un grupo de campesinos les proporcionó nuevos animales y algunos víveres. Traían también una valiosa información: "La columna Nº 2 Antonio Maceo, al mando de Camilo Cienfuegos, se encuentra ya en la ribera opuesta del Salado".

Sin zapatos, sin comida y con sueño

Llevaban una semana de travesía y los flamantes uniformes estaban hechos jirones. Sólo las armas lucían brillantes y limpias. El 7 de septiembre atravesaron la arrocera Leonero, lo que aprovechó El Che para dejar sentadas las bases de un sindicato obrero, esa institución novedosa para los guajiros, quienes jamás la habían visto funcionar. Siguieron por los montes de Camagüey, siempre bajo una copiosa lluvia y con los pies hinchados, envueltos en trapos. Alguien se acordó del hombrecillo aquel de *La quimera del oro*, el personaje de Chaplin que caminaba graciosamente con un pie vendado porque se había comido un zapato. Pero el chiste no causó gracia. Era preferible pensar en la forma de conseguir un mejor calzado.

Habían conseguido varios camiones, lo que les permitiera seguir la marcha más descansados, cuando los sorprendió una emboscada en Santa Cruz del Sur. La metralla salpicó de balas al primer vehículo y todos saltaron al piso. El Che se zambulló con otros dos hombres en una cuneta y desde allí lanzó su primera orden: "¡Pongan un bazooka detrás de ese algarrobo!". Ramiro Valdés atravesó corriendo la distancia entre el fuego y su jefe, para informarle que "es poca cosa, pues están parapetados en una casa y ya fueron tres pelotones a rodearlos por atrás". Efectivamente, en contados minutos la ametralladora dejó de disparar y los rebeldes se apoderaron de esa posición. Perdieron un guerrillero valioso en la operación: Marcos Borrero, a quien El Che consideraba "uno de los mejores hombres de nuestras filas, valiente hasta la temeridad". Después hubo que eludir el ataque de la aviación.

Durante un par de días las columnas de Camilo y El Che marcharon juntas por terrenos fangosos, asediadas por una densa nube de mosquitos. Cuando se separaron, Camilo se llevó los camiones y El Che los caballos. Iban a soportar, otra vez por caminos separados, el incesante bombardeo de los B-26 y los P-47 que los acosaron cinco días seguidos, entre el 10 y el 15 de septiembre. Uno de esos ataques en picada obligó a fraccionar la columna Nº 8, y en esa maniobra se extraviaron varios pelotones que perdieron todo contacto con la comandancia.

El Che quiso dejar un testimonio en su diario de campaña y comenzó a describir patéticamente aquellos momentos:

Septiembre 16: Pasamos por la finca Hevia. Un práctico campesino de la zona se nos une, generosa clase, sin cuya fidelidad e hidalguía no hubiéramos podido subsistir. La tropa no puede más. Estragada, famélica, los pies sangrantes que de tan hinchados no les caben en los restos de los zapatos. Están ahí, derrumbados, porque ya de la noble carne sólo queda vida en los ojos que me miran como una pequeña lucecita desde las profundidades de las cavernas. Camino por entre ellos sintiendo un deseo ferviente de abrirme las venas para llevar a sus labios algo caliente que no han probado en tres días de no comer, de no dormir. Cuando el nudo que atenacea mi garganta cede, les hablo. Y el espíritu que alienta en esta brava generación de cubanos vivifica con generosidad esplendorosa y los cuerpos se van levantando, tambaleantes bajo el peso agobiador de las mochilas, de las armas y los pertrechos. Un prisionero se nos ha escapado. Salimos como podemos rumbo a Remedios, en manos de este buen campesino que nos guía y alienta. Allí nos abastecemos en la tienda. Seguimos y acampamos en un marabusal. Hemos burlado al ejército, pero sabemos que nos sigue el rastro muy de cerca.[8]

"Estamos todos muertos"

Al día siguiente, nuevas noticias reconfortaban a los rebeldes. La columna de Camilo, venciendo idénticas dificultades, seguía su marcha hacia Occidente. Algunos de los pelotones extraviados durante el bombardeo lograban reincorporarse y otros, sin contacto, operaban en guerrillas aisladas para hostilizar al enemigo. El día 20 acamparon en la finca San Nicolás, comieron y escucharon la radio.

El boletín informativo que interrumpió la rítmica y alegre música cubana sería inolvidable para todos ellos:

> Un parte oficial del ejército informa que el teniente general Francisco Tabernilla Dolz, jefe del Estado Conjunto, declaró en entrevista de prensa celebrada en Ciudad Militar que fuerzas del Regimiento Nº 2 *Agramonte* han sorprendido a una partida de forajidos en Laguna de Guano, provincia de Camagüey, ocasionándoles más de cien muertos; dispersándose el resto y dejando abandonadas en su huida armas, equipos e importantes documentos y propaganda comunista. Otros grupos se están presentando a las autoridades. Estos facinerosos y cuatreros venían en fuga desde la Sierra Maestra, tratando de escapar a su inminente destrucción y estaban mandados por el conocido agente comunista internacional Che Guevara.

Todos rieron estruendosamente y alguien, imitando la voz impostada del locutor, coronó la información: "Señores guerrilleros, ya lo saben, ustedes están todos muertos...". Un mulato de aspecto imponente, que se desquitaba de su sed insaciable, con una sonrisa blanca y profunda se acercó al comandante y le dijo: "¡Che, mi jarro acaba de soltar el fondo...!".

Festejando las ocurrencias, la columna siguió más animada y alcanzó el río San Pedro, en el municipio de Camagüey. Al pasar por Güines fueron sorprendidos por el cañoneo de un barco de la marina, que lograron eludir a tiempo. Cuando se agotaron los víveres debieron pasarse dos días comiendo palmitos y pequeñas raciones de gofio con leche. Recién pudieron reabastecerse en la arrocera Aguilera.

Sin embargo, los días siguientes fueron más duros aún. Bajo la constante amenaza de una avioneta enemiga que comenzó a acosarlos en Cayo Toro, se vieron obligados a internarse en una ciénaga. Estaban sin guías, perdidos en terrenos pantanosos y pestilentes, con el agua a la cintura y tiritando de frío, cuando descubrieron el terraplén de un ferrocarril. El capitán Manuel Hernández fue a inspeccionar y comprobó que había dos postas enemigas a cincuenta metros de allí. Volvió a informar al Che, a proponerle un plan. Dialogaron en voz baja:

–Yo voy primero y llevo una ametralladora, para proteger desde allí el paso de la columna. Ustedes cruzan en fila india y yo les cubro la retaguardia.

–De acuerdo. Pero hay que pasar sin hacer ruido. Cincuenta metros es poca distancia y pueden descubrirnos.

Hernández trepó al terraplén, emplazó su ametralladora y los guerrilleros comenzaron a pasar sigilosamente. Pero el chapoteo los delató. "¡Quién vive!", gritó un soldado enemigo. Se hizo un silencio sepulcral. Todos contenían la respiración, menos El Che, preso de un espasmo bronquial producido por el frío del agua. "¡Esta asma de mierda!", mascullaba con la respiración entrecortada. Todos tenían los músculos entumecidos y debieron permanecer así largo rato, hasta que el guardia que les había dado el grito prefirió no investigar, hacer oídos sordos a ese sospechoso chapoteo. Es que si descubría realmente a los rebeldes, éstos le iban a disparar a quemarropa. Prefirió, pues, ignorarlos; no oír nada. Hernández se dio cuenta de la situación y apuró a la columna: "¡Vamos, vamos! ¡Antes de que este cagón se arrepienta y empiece a los tiros!". Pasaron todos.

Descanso reconfortante

Como el temporal estaba en todo su apogeo y la mazamorra les había infectado los pies, aprovecharon la tregua para dormir. Todos apoyaron sus piernas sobre troncos y pedazos de madera, para descongestionar las hinchazones. El Che retomó entonces su antigua función y revisó uno por uno a esos hombres, haciendo ligeras curas. "No es nada, muchachos", repetía irónicamente, "en La Habana nos van a recibir con alfombras peludas...".

El 6 de octubre reanudaron la marcha. Simultáneamente, por otro camino, la columna de Camilo también avanzaba en idéntica dirección. Era el mismo itinerario que sesenta y tres años antes, en octubre de 1895, habían recorrido Antonio Maceo y Máximo Gómez en busca de la independencia cubana, bajo la jefatura civil de José Martí.

Un recibimiento jubiloso esperaba a los fatigados rebeldes en la mañana del día 7, en el límite provincial que separa a Camagüey de Las Villas. Tres oficiales del 26 de Julio, cuyas fuerzas estaban acantonadas en el Escambray, esperaban al Che. Eran el capitán Ottén Mesana y dos tenientes, quienes condujeron la columna a través del río Jatibonico. En la otra orilla, pisando ya territorio amigo, el capitán Mesana revoleó como un *cowboy* su exagerado sombrero de piel y con voz engolada, entonó: "¡Compañeros, estáis en Las Villas!". Al Che le pareció demasiado estúpido todo eso, pero se cuidó de demostrarlo. Fingió una sonrisa fácil, de esas que acostumbraba a repartir con naturalidad, y se fue a descansar. "¡Estáis en Las Villas!", ridiculizó recostado sobre un tronco. "Mejor hubierais dicho: ¡Estáis cagados de frío, muertos de hambre y con los pies deshechos! ¿Este creerá que vinimos en un avión de la Panagra?"

La muy sabrosa carne de yegua

Dos días después, metido ya en esa región, Camilo se sentaba a redactar su primer informe al jefe del Ejército Rebelde, sin conocer aún el paradero del Che. Comenzaba así:

> Llanos de Santa Clara, 9 de octubre de 1958. Comandante-Jefe de las Fuerzas Revolucionarias. Fidel: reciban todos un fuerte abrazo después de un involuntario silencio motivado por los mil contratiempos del camino; hoy, después de haber penetrado cincuenta kilómetros en la provincia de Las Villas y haber encontrado en esta zona norte un campamento rebelde bien organizado y de elementos valerosos aunque deficientes en armas, se presenta la oportunidad de rendir el informe que hace tiempo debió llegar a sus manos. Para empezar le diré que desde que salimos de la zona de Cauto, hemos caminado sin descansar una sola noche, cuarenta jornadas, muchas de ellas sin prácticos, con la costa sur por orientación y una brújula por guía; el viaje por esta zona fue desastroso; durante quince días marchamos con el agua y el lodo hasta las rodillas, cada noche evadiendo emboscadas y tropas situadas en los

cruces que debíamos hacer. En treinta y un días que demoró el viaje por la provincia de Camagüey, solamente comimos once veces, siendo esta la primera zona ganadera de Cuba; después de cuatro días sin probar alimentos, tuvimos que comernos una yegua, la mejor de nuestra ya pobre caballería. La casi totalidad de los alimentos había quedado en los pantanos y tembladeras de la costa sur. Del Che hace veintidós días que no tenemos noticias; las últimas fueron el día 16 de septiembre, cuando se unieron a nosotros ocho compañeros, y después otro hombre de su tropa, luego de un combate en el lugar conocido por Cuatro Compañeros. Ayer llegamos a este campamento rebelde, donde nos han recibido a las mil maravillas, el comandante del mismo, señor Félix Torres, nos ha dispensado numerosas distinciones. Ellos, en espera del Che, habían colocado prácticos desde el límite de la provincia. Hoy me dicen que El Che salió de la zona de Baraguá, aunque marcha muy lentamente, debido al estado físico de sus hombres, noticia ésta todavía sin confirmar.[9]

Con una prolija letra de imprenta, de esa que utilizan los arquitectos, Camilo seguía dibujando frases. Contaba todo, desde la captura de dos jóvenes escopeteros que se dedicaban a asaltar y robar en nombre del 26 de Julio (a quienes juzgaron y ejecutaron en un monte), hasta la llegada a una escuela en la que cuarenta chicos lloraban por la ausencia de la maestra y el miedo a los guerrilleros. "El capitán Alfonso Sánchez Pinares", escribió Camilo, "se encargó de dar clase, repartir refrescos, dulces, libretas y algún dinero entre los niños. Todos cantaron el Himno Nacional y nos prometieron que iban a pedirle a su maestra que les hablara de Martí, que les contara por qué luchó y por qué murió".

Quizás el dato más valioso para Fidel era la referencia que Camilo hacía de un hecho aislado:

Al caerse de un caballo a un compañero se le escapó un tiro de una San Cristóbal. Días más tarde, al detener a un soldado nos enteramos de que en aquel lugar por donde cruzamos, un grupo de soldados allí apostados nos había visto. Pero resulta que oyeron el tiro, vieron nuestras señas y no hicieron nada por detenernos. Esta es la demostración más palpable de que el ejército de Batista no quiere pelear y su claudicante y escasa moral es cada día más baja.

Lo mismo le había ocurrido a la columna del Che en el momento de cruzar el peligroso terraplén.

Reunificar fuerzas

El arribo del Ejército Rebelde a Las Villas sirvió para reunificar a las fuerzas opositoras. En esa provincia peleaban ya contra Batista, en diversos terrenos, el Directorio Revolucionario, grupos del Segundo Frente del Escambray, sectores aislados del Partido Socialista Popular (los comunistas) y pequeñas agrupaciones de la Organización Auténtica. Pero estaban todos peleados y cada uno actuaba por su cuenta y riesgo.

Con la autoridad conferida por Fidel, El Che asumió la misión unificadora y en nombre del 26 de Julio convocó a todos a postergar sus sectarismos. No le iba a resultar nada fácil, sobre todo por la presencia de los comunistas. Claro que no perdió demasiado tiempo en eso y prefirió tomar contacto con las organizaciones gremiales que actuaban en el llano, ganarse a los sindicatos obreros de la provincia. Por eso decidió lanzarse de lleno a una política de captación que él mismo recordaría después tratando de disimular su verdadero objetivo:

Y al evocar aquellos episodios en un discurso [10], dijo El Che:

> Acabábamos de llegar a Las Villas y nuestro primer acto de gobierno, antes de establecer la primera escuela, fue dictar un bando revolucionario estableciendo la Reforma Agraria, en el que se disponía, entre otras cosas, que los dueños de pequeñas parcelas de tierra dejaran de pagar su renta hasta que la Revolución decidiera en cada caso. De hecho, avanzábamos con la Reforma Agraria como punta de lanza del Ejército Rebelde. Y no era una maniobra demagógica, sino simplemente que, en el transcurso de un año y ocho meses de la Revolución, la compenetración entre los dirigentes y las masas campesinas había sido tan grande que muchas veces ésta incitaba a la Revolución a hacer lo que en su momento no se pensaba. No fue un invento nuestro, fue conminación de los campesinos.

La evocación es un tanto distorsionada. Surge de los hechos y de una frase delatora: "Y no era una maniobra demagógica...". Sí que lo fue. Y había poderosas razones para hacer demagogia en esos momentos. Era parte de una estrategia de guerra y, más aún, de la astucia del Che para enfrentar la situación. ¿De qué otra manera iba a conseguir el apoyo masivo en esa segunda etapa, más dura, más encarnizada, si no era ofreciendo algo a cambio?

La Reforma Agraria era obra de los rebeldes, sin duda alguna, y no de los campesinos. Estos, "a quienes convencimos de que con las armas en la mano, con una organización, y perdiendo el miedo al enemigo, la victoria era segura", como diría después [11], se plegaron efusivamente a la idea, la hicieron suya. Le adjudicaron el respaldo popular imprescindible.

Cuba y Estados Unidos

Mientras El Che hacía sus primeras experiencias políticas, en la Sierra se redactaba un comunicado que inauguraría las difíciles relaciones entre los revolucionarios y el gobierno de Washington. Es que Batista, al advertir el fracaso de su ofensiva militar de doce mil hombres, había recurrido, muy hábilmente, a una maniobra estratégica: provocar el enfrentamiento del Ejército Rebelde con los norteamericanos, para que éstos se decidieran a intervenir en Cuba, como ya lo habían hecho otras veces.

Tres meses antes, en julio de 1958, Batista había ordenado el retiro de sus tropas apostadas en el acueducto de Yateritas, que abastece de agua a la base naval de Guantánamo [12], y pedido a las autoridades norteamericanas que enviaran soldados suyos para proteger el lugar. El embajador de Estados Unidos, Earl T. Smith, amigo de Batista, aprobó la idea y autorizó el desplazamiento de efectivos de su país. El propósito era evidente: provocar un enfrentamiento militar con los rebeldes. Pero Fidel Castro se dio cuenta del ardid y no cayó en la trampa.

Ahora, en cambio, se trataba de una maniobra más hábil: responsabilizar a los rebeldes de haber secuestrado a dos norteamericanos. La acusación la hizo Lincoln White, vocero oficial del Departamento de Estado, quien se pronunció acusando a los revolucionarios de acuerdo con los informes confidenciales que le elevara el embajador Smith. Había ocurrido, según se supo después, que esos dos norteamericanos, junto con otros siete cubanos, todos empleados de la compañía petrolera Texaco, fueron sorprendidos por una emboscada que los rebeldes habían tendido a sus enemigos. Por razones de seguridad (para evitar que delataran la trampa preparada), fueron retenidos y enviados a un lugar seguro hasta que su liberación no resultara peligrosa para nadie, ni siquiera para ellos mismos. Así se hizo, sin que ninguno tuviera quejas del trato preferencial que se les dispensó. Entonces Fidel Castro, que reconstruyó los hechos en unas pocas carillas manuscritas, hizo referencia a las palabras de White en una alocución radial, a fines de octubre. Y dijo:

> Si Lincoln White califica de atentado a las normas civilizadas la detención de dos compatriotas suyos, que fueron tratados con toda decencia y puestos en libertad tan pronto pasó el peligro para ellos y para nuestros soldados, ¿cómo calificar la muerte de tantos civiles cubanos indefensos, asesinados por las bombas y aviones que el gobierno norteamericano vendió al dictador Batista? Los ciudadanos cubanos, señor White, son seres humanos iguales que los ciudadanos norteamericanos; sin embargo, jamás ha muerto un norteamericano por bombas y aviones cubanos. Usted no puede acusar a los patriotas cubanos de esos actos; en cambio, nosotros sí podemos acusar a usted y a su gobierno.[13]

Pero Batista encontraría un nuevo argumento para insistir ante Estados Unidos, reclamando indirectamente la intervención militar del Pentágono: "Los sublevados que responden a Fidel Castro son comunistas, ¡todos comunistas!". Esta acusación tenía el claro propósito de rescatar la imagen de la Guatemala de Arbenz. Los informes del embajador Smith al Departamento de Estado hablaban de eso. Si Fidel Castro se apodera del gobierno, les advertía, después habrá que pensar en una operación similar a la que fue necesaria para desalojar a Jacobo Arbenz. ¿A qué esperar? ¿Por qué no detenerlo ahora, cuando todavía estamos a tiempo?

Los norteamericanos, empero, estaban en otra cosa. La carrera espacial era lo que realmente los preocupaba, no Fidel Castro y sus pintorescos barbudos, quienes, al fin y al cabo, resultaban simpáticos. Por otra parte, Fulgencio Batista era el menos indicado para estimular esas acusaciones, pues durante su anterior gobierno había contado con el apoyo de los comunistas y ahora, aunque los mantenía fuera de la ley (desde principios de 1955), nadie le creía. Su figura era demasiado siniestra a los ojos de América latina, que esperaba ansiosamente su caída de la misma manera en que acababan de ser desalojados del poder Gustavo Rojas Pinilla, en Colombia (mayo de 1957), y Marcos Pérez Jiménez, en Venezuela (enero de 1958). Estados Unidos se disponía a ajustar su política exterior –por lo menos esa impresión producía el Departamento de Estado– y abandonar a los dictadores a su suerte, por considerar que su ciclo había concluido. Le interesaba ahora apoyar a determinados líderes políticos, con posibilidades de triunfo, y rescatar las formas democráticas de gobierno, en lugar de seguir prestando ayuda a personajes tan impopulares. De ese modo se aseguraba la fidelidad política continental, anticipándose a los hechos.

La ofensiva final

Durante todo el mes de noviembre y la primera quincena de diciembre se planeó la gran ofensiva final de los rebeldes. Esta se pudo proyectar recién cuando El Che consiguió la unidad buscada, una vez que los diferentes sectores se convencieron de que debían someterse a la disciplina impuesta por quienes tenían en sus manos el control de la guerra. El aporte más valioso lo otorgó, sin duda, el Directorio Revolucionario. Con su máximo representante en Las Villas, el comandante Cubela Secades, El Che firmó un documento que comprometía la acción conjunta. Decía así:

> Haciendo patente la plena identificación que existe en la lucha contra la tiranía, el M-26 y el DR se dirigen al pueblo de Las Villas desde las Sierras del Escambray con el propósito de mantener una perfecta coordinación en sus acciones militares, llegando a combinar operaciones donde sus fuerzas participen al mismo tiempo, así como a utilizar conjuntamente las vías de comunicación y abastecimiento que estén bajo control de una u otra organización.

Había también referencias a las divisiones jurisdiccionales y a la política administrativa y agraria de los territorios liberados, y se recordaba que Fidel Castro acababa de dictar en la Sierra Maestra (el 3 de noviembre, coincidiendo con el simulacro electoral organizado por Batista para entregar el poder a su sucesor Andrés Rivero Agüero, al que hizo elegir presidente) la ley Nº 3 de Reforma Agraria.[14]

La declaración terminaba con estas palabras:

> El M-26 y el DR representan los más puros ideales de la juventud, llevando gran parte del peso de la insurrección cubana; derramando su sangre, sin la cual no hubiera habido ni Sierra Maestra ni Sierra del Escambray, ni se hubiera dado un 26 de julio en el Moncada ni un 13 de marzo en el Palacio Presidencial. Estamos conscientes de nuestro deber con la Patria y en nombre de los postulados revolucionarios de

Frank País y José Antonio Echevarría, llamamos a la unión de todos los factores revolucionarios e invitamos a las organizaciones que posean fuerzas insurreccionales en el territorio, para que se adhieran públicamente a este llamamiento, coordinando su actuación en beneficio de la nación cubana.

La gran ofensiva quedó fijada para el 20 de diciembre y ese día las columnas del Che y Camilo Cienfuegos (engrosadas con centenares de jóvenes voluntarios) partieron hacia la guerra frontal. Ya no se trataba de la escurridiza guerrilla de las montañas, sino de combates en el llano, donde las ventajas y desventajas corrían parejas por ambos bandos. El rumbo parecía sencillo. Bastaba con seguir el rastro de los efectivos en retirada que el coronel Del Río Chaviano (bautizado "El carnicero del Moncada", por haber comandado la represión al ataque del 26 de julio de 1953) había ordenado replegarse hacia Santa Clara, evacuando cuarteles y avanzadas.

Los rebeldes le pisaban los talones y hostilizaban sus retaguardias, apoderándose de los destacamentos abandonados: Cabaiguán, Placetas, Remedios, Caibarién, Cruces, Báez y Sancti Spíritus. También lograron apropiarse de una buena cantidad de plantas de radio de onda corta, con lo que se multiplicaba la propaganda subversiva. A las conocidas voces de Fidel Castro, de los locutores Ricardo Martínez, Orestes Varela y Violeta Casals, que diariamente transmitían desde Sierra Maestra, se sumaban otras nuevas. Radio Rebelde empezaba a contar con la valiosa ayuda de estaciones amigas en el centro de la isla, las que cubrían con su información el resto del país.

¡A Santa Clara!

Cada posición que ganaban se hacía definitiva, pues llegaban para quedarse y los alcaldes y funcionarios de las poblaciones tomadas huían despavoridos a refugiarse en La Habana. En una de esas ciudades, Sancti Spíritus, El Che asumió funciones comunales y emitió un bando: "Se prohíbe provisionalmente la venta de billetes de lotería y el expendio de bebidas alcohólicas". Tuvo que modificarlo al día siguiente, porque resultaba imposible evitar que el pueblo festejara las sucesivas victorias rebeldes con "un buen trago". Además, los vendedores de billetes de lotería se le fueron literalmente a las barbas. No entendían qué tenía que ver la jugada de Navidad, tan importante para todos, con el triunfo de la revolución. Es que El Che suponía que la obra moralizadora debía empezar por allí, como aquellas famosas campañas contra el juego y el alcohol que habían emprendido en su país los socialistas de principios de siglo.[15]

Mientras Camilo se lanzaba de lleno a atacar la guarnición militar de Yaguajay, en Cruces, el 22 de diciembre, Batista disponía el bombardeo de todas las avanzadas rebeldes. Era su último recurso defensivo y lo aprovecharía al máximo. Pero no imaginaron los pilotos leales que serían resistidos por una improvisada aunque efectiva artillería. El propio Camilo, tirado en el piso, boca arriba, con las piernas dobladas y su ametralladora apoyada en las rodillas, roció de balas al primer aparato que incursionó sobre sus trincheras. El resto de sus efectivos lo imitó y poco a poco los aviones se alejaron de esa inesperada línea de fuego antiaéreo.

Alejado el peligro, Camilo ganó el edificio de la guarnición cuando consiguió convencer al capitán Abón Li (un hijo de chinos, que resistía obstinadamente con doscientos cincuenta soldados), por medio de un ultimátum. "¡Ríndete, chino!", le gritó por un megáfono. "Los tenemos rodeados y no queremos exterminarlos. Eviten más muertos y más luto. ¡Todos somos cubanos!" Le hicieron caso y todos fueron tomados prisioneros. "¡Ahora", ordenó eufórico Camilo, " a Santa Clara! ¡A ganar la guerra!".

Por la ruta que llevaba a la capital de Las Villas viajaba ya la columna del Che, en una caravana de camiones que avanzaba sin descanso. Al frente, a bordo de un jeep, el comandante analizaba, en un mapa extendido sobre sus rodillas, la mejor forma de distribuir a sus hombres. Lo ayudaba un experto al que acababa de nombrar jefe del servicio topográfico del Ejército Rebelde, el profesor de geografía de la Universidad de Las Villas, Antonio Núñez Jiménez. Pero los hombres de Batista encargados de asumir la defensa de Santa Clara, que eran el famoso coronel Joaquín R. Casillas y el mayor general José Eleuterio Pedraza (ex jefe de policía), habían dispuesto rodear con trincheras la Loma de Capiro, un punto dominante de la ciudad, a tiro de fusil. Un tren de diecisiete vagones completaba las defensas naturales y protegía a dos ametralladoras y un cañón antiaéreo, emplazado junto a una tropa apostada de trescientos cincuenta soldados. Una compañía de infantería custodiaba la carretera central y un escuadrón vigilaba el acceso sur, con la ayuda de un campamento de dos mil soldados ofrecidos por el Regimiento Nº 3. Dentro de la ciudad se habían colocado artilleros en los ventanales y azoteas del Palacio Provincial, la iglesia del Buen Viaje, la cárcel, la iglesia de Nuestra Señora, las estaciones de policía, en los once pisos del Gran Hotel y en el edificio de Obras Públicas.

La batalla decisiva

A las cinco de la mañana del 29 de diciembre la columna del Che entró en la ciudad por uno de los flancos descubiertos y se estableció en la Universidad. Desde allí partieron dos fuertes contingentes a tomar la Loma del Capiro y Obras Públicas. Lo consiguieron tras un ardoroso combate, pero cuando se iban a lanzar nuevos ataques contra las otras posiciones, llegó un tren blindado con cuatrocientos soldados de refuerzo para el ejército de Batista. Lo enviaba el coronel Rosell, jefe del Cuerpo de Ingenieros, a quien le habían encomendado la tarea de blindaje y artillería sin imaginar que luego se encargaría de conducirlo.

Desinteresándose de esa peligrosa misión, Rosell desertó en el instante de la partida y escapó en su yate particular. El tren llegó entonces sin autoridad de mando, ante la incrédula expectativa de sus ocupantes. Al detenerse fue acribillado a balazos por los rebeldes, los cuales le arrojaban decenas de bombas Molotov sin poder vencer las duras chapas de acero. Desde adentro atinaban a defenderse con las ametralladoras que asomaban por las mirillas y cuando el maquinista intentó retroceder, lo único que consiguió fue descarrilar el convoy, pues El Che había enviado a una patrulla a levantar las vías para tenerlos acorralados. Un cañonazo consiguió volcar uno de los vagones y desde allí asomó tímidamente una bandera blanca, atada al caño de un fusil. Era la rendición, obtenida en horas del mediodía. Recién entonces los guerrilleros se dieron cuenta de que el tiempo había cambiado, de que una persistente llovizna había empapado sus ropas y lavado sus caras.

Los cuatrocientos prisioneros fueron llevados hasta el edificio de Obras Públicas y del tren se extrajeron ocho bazookas, quince ametralladoras y unos ochenta mil tiros. Lo necesario para tomar la ciudad por completo. Sin embargo, todo ese arsenal no iba a ser necesario, pues la población civil de Santa Clara se lanzó a las calles y con automóviles particulares y vehículos de transporte colectivo obstruyó el paso de los tanques enemigos. Una vez bloqueados, desde las azoteas les arrojaban bombas Molotov y luego los rociaban con nafta y les prendían fuego. Los soldados rebeldes aprovechaban ese estallido popular para desalojar de los edificios a los restantes focos enemigos.

Cuando la situación estuvo prácticamente dominada por los efectivos del Che y su famoso "batallón suicida" (así se lo llamaba en Cuba), aparecieron los aviones B-26 para descargar una lluvia de bombas sobre la ciudad. La mayor parte de los edificios, incluyendo un par de hospitales, quedó totalmente destruida. Eran las bombas "revientamanzanas" que estrenaba Batista. El Che, con una fisura en el brazo izquierdo (producida al saltar de un techo a otro) y su mano colgando de un pañuelo atado al cuello, abandonó la enfermería con otros dos hombres en dirección al Palacio Provincial. Tenía una abundante melena chorreando sobre la nuca, que escapaba por debajo de la boina. En su única mano libre llevaba una pistola; de su boca colgaba la pipa encendida.

Cruzaban el centro de la ciudad en medio del bombardeo, con paso presuroso, cuando alguien les gritó: "¡Cuidao! ¡Agachen, agachen...!". Se zambulleron debajo de un auto y una ráfaga de ametralladora les pasó por encima. Era un tanque, que los había enfocado desde atrás. Salieron por el otro costado del automóvil y corrieron hasta el Palacio. El Che miró a sus dos acompañantes y les dijo con una sonrisa de alivio, acariciando su brazo lastimado: "¡La puta! Casi no llegamos, ¿eh?". Esperaron allí, refugiados en una oficina, hasta el amanecer del día 31, en que los B-26 volvieron a descargar sus "revientamanzanas".

Huye Batista

En horas de la tarde, cuando las calles de Santa Clara eran una alfombra de escombros y cadáveres, El Che pidió a la Cruz Roja instalada allí que hiciera saber a Casillas que debían conceder una tregua "para enterrar a los muertos y curar a los heridos de ambos bandos". La respuesta fue negativa. "¡Nada de treguas! ¡Que se rindan cuanto antes!", contestó Casillas. (Ignoraba, claro, que a esa misma hora Batista y Pedraza hacían sus maletas para escapar del país.) El Che aceptó el reto y lanzó nuevos ataques en las primeras horas del día siguiente, 1º de enero de 1959, a los dos focos todavía impenetrables: el Gran Hotel y la jefatura de policía. Entonces la mediación vino del otro lado. Una comisión de médicos militares se dirigió al comandante rebelde a través, también, de la Cruz Roja y le ofreció la rendición de su regimiento más importante y de la aviación. Lo hacían "a espaldas de Casillas", según sus propias palabras, y por eso El Che prefirió que lo condujeran hasta el cuartel general del enemigo. Casillas lo recibió secamente:

—¿Y usted qué viene a hacer aquí? ¿A rendirse?

—No, no... A ver si nos ponemos de acuerdo. El que se tiene que rendir es usted, coronel.

—Mire, comandante, con las armas que yo tengo usted no me puede vencer.

—De acuerdo. Pero me parece que le falta gente para manejarlas...

La entrevista concluyó en ese instante. Casillas no estaba para soportar chistes.

—Mejor demos por terminada esta conversación. Usted puede venir cuando quiera a negociar o a rendirse. Será bien recibido.

—Gracias, coronel. Pero yo no vuelvo. Usted va a tener que ir allá. Lo espero...

Con su pipa engarzada entre dos muelas, El Che saludó con el brazo sano y trepó al jeep de la Cruz Roja que lo había traído. Detrás de él quedaba una duda: ¿seguiría resistiendo el obstinado Casillas? La incógnita se reveló muy pronto, casi simultáneamente con su partida. Fue cuando Casillas se acercó a uno de sus lugartenientes y preguntó:

—¿Qué informes hay de La Habana?

—Muy malos, mi coronel. El presidente abandonó el país.

—¿Cómo que abandonó el país? ¿Quién recibió ese mensaje?

—Todos, mi coronel; lo pasaron por la radio, en el informativo de las nueve. Dijeron que el presidente salió de Cuba a las dos y diez; que había renunciado; que nombraba en su reemplazo al doctor Carlos Piedra, presidente del Tribunal Supremo de Justicia, para que se hiciera cargo de la presidencia y... ¡Coronel! ¿se va usted?

—Me marcho, hijo. Si Batista nos abandona, si ese cabrón se va sin decir nada y nos deja solos, ¿qué crees tú que debo hacer? ¿Esperar a que estos otros se desquiten conmigo porque se les escapó el pez gordo? No. Quédate tú y entrega el regimiento. Buena suerte.

Casillas cambió de ropa. Vestido de civil, a bordo de un automóvil particular, ganó la carretera sin rumbo fijo. Lo atraparon no muy lejos de allí, cuando una patrulla al mando del comandante Víctor Bordón Machado descubrió su identidad y lo detuvo. Sería uno de los primeros clientes de los futuros tribunales revolucionarios, pero se salvó del paredón porque, al intentar huir de la cárcel de Santa Clara, lo mataron de un balazo.

Uno por uno los soldados fueron abandonando sus posiciones de combate y formaron en pelotones para entregarse a la columna Ciro Redondo, comandada por El Che. Este, eufórico, con una incontenible sonrisa, los saludaba a medida que iban llegando. Levantaba ambos brazos, sin pensar que uno estaba vendado por la fisura, porque en ese momento no le dolía nada.

Mientras, la columna Antonio Marceo, comandada por Camilo Cienfuegos, venía desde Yaguajay rumbo a Santa Clara. Debieron detenerse al encontrar un puente roto, con sus enormes trozos de hormigón separados en tres secciones. "Esto es obra del Che", dijo Camilo al conductor del jeep que encabezaba la columna. Recién a las nueve de la noche de ese 2 de enero entraron en Santa Clara. Camilo saltó de su asiento para ir al encuentro del comandante Guevara, en el edificio de Obras Públicas.

–¡Carajo, creí que no te vería más! En La Habana te daban por muerto y hasta pasaron la noticia por radio.

–No, hermano, sólo me fisuré un brazo al saltar de un techo a otro. Eso es todo. ¿Y vos? Lo asustaste a Batista, nomás...

–Todo bien. Les dimos en Yaguajay y nos vinimos para acá. Acabo de hablar con Fidel y quiere que sigamos hasta La Habana. Yo debo tomar el cuartel de Columbia y tú, La Cabaña. Pero oye, chico, antes danos algo de comer, que mis hombres no prueban bocado desde hace tres días. Estamos hartos de comer carne de yegua y tomar leche condensada. ¡Y cuenta, cuenta cómo fue esto! Un infierno, ¿no es cierto?

Sí, había sido un infierno. Pero El Che lo relataba con una sonrisa. Con la misma tranquilidad con que ordenaba una partida de seiscientos sandwiches y "todos los refrescos que haya en la ciudad", para los soldados de Camilo. Después descansaron y a las seis de la mañana del día 2 partieron rumbo a La Habana. Entraron en la capital a las cinco de la tarde, en medio de una euforia colectiva.

Hay que asegurar la victoria

Lejos de allí, Fidel daba los últimos toques a la victoria para impedir que las últimas maniobras de Batista tuvieran éxito. La noticia que propalaban las radios, sobre la huida del presidente y su delegación del mando en otra persona significaba, de hecho, la constitución de una junta militar. Y era lo que temía, que le arrebataran el triunfo. Por eso ordenó a su hermano Raúl, quien acababa de capturar la ciudad de Guantánamo, quedarse allí; a Camilo y al Che seguir su camino hasta La Habana para apoderarse de los cuarteles principales, mientras él marchaba con sus tropas a Santiago para capturar el Moncada, aquella fortaleza donde había fracasado seis años antes.

Se apresuró también a redactar las *Instrucciones de la Comandancia General a todos los comandantes del Ejército Rebelde y al pueblo*. Decía en ellas:

> Cualesquiera que sean las noticias procedentes de la capital, nuestras tropas no deben hacer alto al fuego en ningún momento; deben proseguir sus operaciones contra el enemigo en todos los frentes de batalla. Acéptese sólo conceder parlamento a las guarniciones que desean rendirse. Al parecer se ha producido un golpe de Estado en la capital. Las condiciones en que ese golpe se produjo son ignoradas por el Ejército Rebelde. El pueblo debe estar muy alerta y atender sólo las instrucciones de la Comandancia General. La dictadura se ha derrumbado como consecuencia de las aplastantes derrotas sufridas en las últimas semanas, pero eso no quiere decir que sea ya el triunfo de la Revolución. Las operaciones militares proseguirán inalterablemente mientras no se reciba una orden expresa de esta Comandancia, la que sólo será emitida cuando los elementos militares que se han alzado en la capital se pongan incondicionalmente a las órdenes de la Jefatura Revolucionaria. ¡Revolución sí; golpe militar NO! El pueblo y muy especialmente los trabajadores de toda la república deben estar atentos a *Radio Rebelde* y prepararse urgentemente en todos los centros de trabajo para la huelga general e iniciarla apenas se reciba la orden, si fuese necesario para contrarrestar cualquier intento de golpe contrarrevolucionario. ¡Más unidos y más firmes que nunca deben estar el pueblo y el Ejército Rebelde, para no dejarse arrebatar una victoria que ha costado tanta sangre![16]

Fidel Castro grabó ese mensaje con voz exaltada, quizá más nervioso que nunca, y cuando su alocución fue emitida por Radio Rebelde todos los cubanos comprendieron de qué se trataba. Ellos no conocían los entretelones, pero confiaban en el líder revolucionario y desconfiaban de los militares. La historia del país les daba suficientes argumentos para pensar así.

Finalmente, las cosas se hicieron de acuerdo con las instrucciones del comando rebelde y el poder fue entregado, incondicionalmente, a los jefes del 26 de Julio. En La Habana se comenzó a vivir la fiesta de todas las revoluciones, aunque con una diferencia: esta vez los revolucionarios se podían tocar con la mano. Estaban ahí, barbudos, somnolientos, flacos, con la ropa gastada y los pies cansados. Venían en una caravana de jeeps y camiones; entraban en la ciudad y recorrían las anchas avenidas mezclándose con el pueblo habanero. Camilo y El Che, los primeros en llegar, no tardaron en apoderarse de los lugares indicados: Columbia y La Cabaña. Fidel Castro ya estaba en Santiago, donde uno de sus hombres de más confianza, Huber Matos, acababa de obtener la rendición del Moncada. Raúl seguía en Guantánamo.

Instalado en la casa asignada al comandante del ejército, dentro de la fortaleza de La Cabaña, El Che aprovechó para descansar. Afuera coreaban su nombre y el de Camilo. Era algo que nunca había imaginado, una sensación extraña que le recorría el cuerpo como si tuviera miedo. "¿Y no será miedo lo que tengo?", se preguntó. Le daba risa pensar eso. Se acordaba de las primeras semanas en la Sierra, cuando las cosas salían mal y ellos eran cada vez menos. De la terquedad de Fidel en seguir adelante; ese empecinamiento absurdo pero contagioso. Fue más atrás. Se acordó de Guatemala, de Arbenz, de los chicos desnutridos y llenos de parásitos que poblaban todos los países que había recorrido. "Y mirá dónde viniste a parar...", le dijo al espejo del baño, mientras dudaba en mantener esa barba rala o en afeitársela de una buena vez.

La imagen del Che en Buenos Aires

Ese rostro de rasgos finos y apellido aristocrático no interesaba a los obreros argentinos, ocupados en reprocharle a Frondizi (a quien habían llevado a la presidencia diez meses antes, por orden de Perón), el incumplimiento de sus promesas preelectorales. Ernesto Guevara sólo llegaba hasta la clase media e impresionaba a los intelectuales tanto de izquierda como de derecha. El Barrio Norte en cambio se fascinaba con la idea de que un universitario argentino convertido en guerrillero otorgara popularidad internacional a un modismo tan porteño como "che".

Era una nueva manera de trascender y de que no se conociera a los argentinos solamente por Perón, Evita, Fangio o Pascualito Pérez. Era también una forma de restaurar el machismo nacional, tan deteriorado por la tremenda derrota futbolística de Suecia, donde el seleccionado había caído por 6 a 1 frente a los checos, y también una manera de sobreponerse a la insólita aparición de un cantante popular, Billy Cafaro, que excitaba a los chicos de quince a dieciocho años con su físico endeble, desgarbado, y quien, con una barbita y una tonta canción ("Pity, Pity"), eclipsaba al tango en su momento más declinante.

Todo eso era El Che en Buenos Aires. Pero él estaba en Cuba y no lo sabía. Si lo hubiese imaginado, seguramente le habría dado fastidio encarnar a un personaje tan atractivo para la aristocracia, mientras él soñaba con una revolución social. Los únicos que comenzaban a advertir esa faceta ideológica del personaje fueron los estudiantes de izquierda, aquellos que habían dado su apoyo estruendoso a Frondizi, para conciliar a la universidad con la clase obrera en el pronunciamiento del 23 de febrero de 1958, tras el duro enfrentamiento de 1945. Esos mismos izquierdistas que, desilusionados de Frondizi, se acercaban ahora a una de las dos fracciones en que acababa de dividirse el viejo Partido Socialista, la que mantenía en sus filas a Alfredo L. Palacios [17], veían en la Revolución Cubana una promesa antiimperialista. Para ellos El Che era algo más que un "romántico aventurero que luchó en tierra ajena por la Libertad", como se leía en las almibaradas crónicas periodísticas.

Los que sospechaban algo más lo llamaron por teléfono a La Habana. Fue una conversación periodística que los diarios iban a recordar nueve años después [18], al producirse su muerte:

–¿Qué hay de cierto sobre las tendencias comunistas o extremistas que se le atribuyen?
–Entiendo la pregunta, pero antes de contestarles quiero que se me aclare si se refiere al Movimiento o a mí personalmente.
–Con respecto al Movimiento, pero puede incluirse usted si lo desea.
–Le responderé a las dos preguntas. El Movimiento profesa una doctrina revolucionaria que ya ha expuesto y está a la vista de todo el mundo.

No puede un movimiento, como un individuo, esconderse u ocultar sus intenciones. Estas están escritas y ampliamente difundidas. Sólo hay, pues, que verlas, estudiarlas y hacer el análisis que, entiendo, no nos corresponde a nosotros mismos. Con respecto a mi persona, le diré que creo ser víctima de la campaña internacional que siempre se desata contra quienes defienden la libertad de América.

Aleida, la guerrillera

Ese mismo día, el 4 de enero de 1959, también lo reportearon los periodistas cubanos. Con ellos, sentado cómodamente en un despacho de La Cabaña, pudo explayarse algo más. "El campesino es hombre de buena fe", le respondió a un cronista [19], "de alta moral y de un amor inquebrantable por la libertad. Hombres y mujeres de la Sierra Maestra y de todos los campos de Cuba fueron los principales combatientes en esta lucha. Ya terminada la contienda, una de las medidas fundamentales será la de darle al campesino cubano el trato que justamente merece".

Un corresponsal venezolano de Radio Continente quiso saber sobre la unidad revolucionaria. "La unidad", le contestó, "es un factor esencial. Ahora vamos a la conquista de todo el aporte de las fuerzas armadas y también de todos los demás sectores y de la clase obrera, porque esta última es fundamental. En Cuba se termina la mentira de que no se podía hacer una revolución contra el ejército. Es la más clara lección de que se puede combatir a fuerzas regulares con las tropas formadas por campesinos, obreros e intelectuales. Esta es una experiencia vital en la lucha contra otras dictaduras".

Esa tarde de la improvisada conferencia de prensa sirvió también para descubrir la identidad de una joven, de rasgos finos y sonrisa atractiva, que no se le separaba un instante y que solía alcanzarle todo lo que necesitaba. Algunos habían logrado saber que esa muchacha lo acompañaba desde hacía por lo menos un par de meses. El reportero de *Bohemia* la sorprendió en un aparte:

−¿Cómo es su nombre?
−Aleida March, ¿por qué?
−Porque usted es la secretaria del Che, ¿no es cierto?
−Yo no puedo decir que soy la secretaria del Che, más bien soy una combatiente. Junto a él hice la campaña de Las Villas y tomé par-

te en todos los combates que tuvieron efecto allí. Por eso soy su ayudante, nada más.

–¿Nada más? –sonrió maliciosamente el cronista.

–Le contaré. Cuando se me hizo prácticamente imposible continuar viviendo en Santa Clara, por mis actividades revolucionarias, decidí unirme a los que combatían a la dictadura empuñando las armas. Llegué al campamento del Che Guevara y se me admitió. Pronto aprendí el manejo de las armas y decidí ser una más entre los heroicos soldados, en tanto que otras mujeres atendían a los heridos, como enfermeras. Confieso que al principio me resultaba muy difícil la vida allí, pero después me acostumbré, sobre todo cuando pasamos los primeros encuentros con el enemigo. Ahora estoy aquí, eso es todo...

Pero "eso", naturalmente, no era todo.

Notas

1 *Cuba, anatomía de una revolución.*
2 "Proyecciones sociales del Ejército Rebelde." Charla pronunciada por Ernesto Guevara en la Sociedad Nuestro Tiempo, de Cuba, el 27 de enero de 1959. El texto completo se publicó en *Humanismo*, números 53-54, editada en La Habana.
3 C. Wright Mills, *Listen, yanqui! (The Revolution in Cuba)*, McGraw-Hill Book Company Inc., y por Ballantine Books Inc., Nueva York, FCE, 1960.
4 "Proyecciones sociales del Ejército Rebelde."
5 *La Revolución Cubana.*
6 *Cuba, anatomía de una revolución.*
7 En su primer artículo, esta ley decía: "Mientras no se restablezca en Cuba el orden jurídico constitucional, queda suprimido el impuesto municipal del seis por ciento sobre el cuarenta por ciento de la producción declarada de café y, por tanto, exento y libre el contribuyente de la obligación de pagarlo, cancelándose todos aquellos adeudos, multas y recargos por ese concepto que en la fecha de promulgación de esta ley tengan pendientes con la Administración de la Dictadura". Establecía también que "dicho impuesto quedará sustituido por la contribución que se abonará a la Administración Fiscal del Ejército Rebelde". Firmaron esta ley Fidel Castro Ruz, comandante-jefe; y Humberto Sorí Marín, auditor general, el 30 de agosto de 1958. (*Leyes del Gobierno Provisional de la Revolución.* Folleto de divulgación legislativa. La Habana, 1959.)
8 *Diario de campaña del comandante Ernesto Che Guevara*, publicado en *Bohemia*, La Habana, 11 de enero de 1959.
9 *Parte de guerra del comandante Camilo Cienfuegos*, Buenos Aires, Conducta, 1959.

10 "Proyecciones sociales del Ejército Rebelde."
11 Idem.
12 Base que Estados Unidos arrendó en 1904 "por tiempo indeterminado", bajo el gobierno de Tomás Estrada Palma.
13 "Acusación a los Estados Unidos." Declaración leída por Radio Rebelde el 26 de octubre de 1958, incluida en *La Revolución Cubana*.
14 Esta ley repartía gratuitamente entre los colonos las tierras fiscales y mal habidas, pero no afectaba todavía a los latifundios.
15 Donde el juego era verdaderamente una industria peligrosa, era en La Habana.
16 *Bohemia*, del 11 de enero de 1959.
17 Esa fracción constituyó luego el Partido Socialista Argentino.
18 El reportaje sería reproducido en *La Nación*, del 11 de octubre de 1967.
19 *Bohemia*, 11 de enero de 1959.

De Cuba
a Punta del Este

> *La última vez que lo vi, Guevara me dijo: "Cuba es sólo un pequeño incidente. Ustedes perderán en todas partes del mundo".*
> Herbert L. Matthews

V
El político

La entrada de Fidel Castro en La Habana resultó una de las más espectaculares muestras de adhesión popular. Llegó recién el 6 de enero de 1959 (cinco días después del triunfo definitivo conquistado por El Che), tras un despacioso viaje desde Santiago de Cuba. Había recorrido la isla de punta a punta, para encender con su presencia la pasión revolucionaria y dar un último golpe psicológico. Mientras Batista descansaba confortablemente en un hotel de Ciudad Trujillo, en La Habana crecía la expectativa por ver al legendario jefe. Nadie trabajaba, nadie dormía. Aún estaba en pie la huelga general y las calles, a punto de estallar, brincaban al compás del furioso cha-cha-chá que sacudía las tremendas caderas de las cubanas. El Che mantuvo la orden de "patrullaje constante" hasta la llegada de Fidel, pero ese día nadie pudo contener las avalanchas.

Cambios en Estados Unidos

En Washington, donde la caída de Batista era saludada con alborozo, Milton Eisenhower (hermano del presidente) exhortaba a "adoptar una actitud fríamente protocolar hacia los dictadores latinoamericanos".[1] Se refería a los que aún quedaban en pie: Stroessner, Trujillo y *Tachito* Somoza. Los diarios más influyentes aprovechaban para exhumar una frase que el vicepresidente pronunciara en 1958, tras su accidentada gira por América latina. "Estados Unidos", había dicho Richard Nixon, "deberá dar un simple apretón de manos a los dictadores y reservarse los abrazos para los gobernantes democráticos". Esta recomendación, señalaba un editorial[2], "debe tenerse muy en cuenta para recuperar el prestigio perdido por nuestro país en el continente".

Esa política fue, en definitiva, la que liquidó a Batista, porque los norteamericanos lo dejaron sin refuerzos bélicos (a pesar de los insistentes reclamos del embajador Smith) en el peor momento. Fidel Castro había acertado en su estrategia: "La guerra es, en un cincuenta por ciento, psicológica". Tan psicológica como fue en esos días la partida del *Lunik I*, que el 2 de enero colocó otra vez en la primera plana de los diarios a la Unión Soviética. (Era el segundo gran impacto en poco más de un año, cuando los norteamericanos aún no se habían repuesto del primer *Sputnik* y en su afán por acortar distancias aceleraban, sin mayor éxito, todos sus lanzamientos.)

¿A pelear contra Trujillo?

El Che, ocupado en vigilar la disciplina de las tropas guerrilleras, viajaba constantemente desde la fortaleza La Cabaña hasta el cuartel de Columbia. Diariamente veía entrar en esos dos lugares a los hombres de confianza de Batista, apresados por los rebeldes y puestos a disposición de los flamantes tribunales revolucionarios. "¿Más *chivatos*?", solía preguntar a los guardias. "¡Más *chivatos*, mi comandante! Los vamos a encontrar a todos." Una de esas respuestas se la dio, entre otros, un chico de quince años vestido con el uniforme verde oliva de los guerrilleros, con un brazalete del 26 de Julio y una metralleta en la mano.

En esos viajes en jeep por las calles habaneras, El Che sobrellevaba satisfecho los efectos de su creciente popularidad. Repartía sonrisas a granel y a veces estallaba en carcajadas, como cuando le leyeron el verso que le dedicó el joven cubano Jorge Luis García: *Quítate de la senda, / mira que te tumbo; / que aquí viene El Che Guevara, / acabando con el mundo.*

Aprovechando esa espontaneidad, el reportero de una agencia noticiosa lo abordó en la calle para preguntarle por sus aspiraciones políticas. "No es exacto que tenga aspiraciones políticas", le contestó; "permaneceré a las órdenes del gobierno provisional hasta que el doctor Urrutia haya quedado sólidamente establecido en el cargo. Piense usted que este hombre recién acaba de asumir y todavía necesita de nuestra ayuda. Pero... mejor dejemos eso. Mejor diga usted que estoy muy contento por haberme podido comunicar con mis padres telefónicamente, después de haber estado seis años sin poder hablar con ellos".³

Mientras hacía estas declaraciones, decenas de cubanos rodeaban el jeep. Uno le preguntó:

—¿Es cierto que te vuelves a la Argentina, chico?

—No, chico —le respondió sutilmente—; no me vuelvo. Por ahora no pienso volver a mi país.

—Entonces, ¿es cierto que vas a encabezar una expedición para liberar a Santo Domingo, y que vas a acabar con Trujillo?

—No, hombre, no. ¿De dónde has sacado eso? —se rió.

—Todos lo dicen. ¿Acaso no eres un libertador?

—Pero es que dicen cualquier cosa. Y no soy un libertador. Además, los libertadores no existen. Son los pueblos los que se liberan por sí mismos...

Reanudó la marcha satisfecho con la respuesta que acababa de dar, aunque estaba convencido de que lo último que había dicho no era exacto. El pensaba que había que ayudar a los pueblos a liberarse, porque si no... De todos modos, la idea de que lo consideraran un *libertador* le pareció demasiado exagerada. Le dio vergüenza recordar eso. Más simpático le parecía el proyecto de sacudirle el polvo a Trujillo. "¿Y qué te parece si vamos a darle en el culo al generalísimo, al Benefactor de la Patria...?", le preguntó al soldado que lo acompañaba en el jeep. "¡Fantástico!", respondió el muchacho. Y esa palabra le iba a martillar durante todo el día. "¡Fantástico!" Pero sabía que era absurdo. "A ver si ahora me voy a creer un genio militar y político", pensó, "cuando todavía no hemos terminado de hacer esta revolución".

La imagen de Cuba

¿Qué significaba hacer la revolución? Para muchos era simplemente sacar a Batista, establecer un régimen provisional y convocar a elecciones libres. Repetir, con escasas variantes, la fórmula alentada por Estados Unidos en todos los países latinoamericanos que se iban despojando de sus dictaduras. ¿No era eso, acaso, lo que había prometido Fidel desde la Sierra? Pero había quienes no pensaban lo mismo. ¿Volver otra vez a la cháchara infernal de los viejos políticos que hablan de todo y no resuelven nada? ¿Libras una batalla tan cruenta para después entregar el país a los Prío Socarrás? La disyuntiva marchaba por las filas revolucionarias.

Fuera de Cuba, el mundo entero asistía extrañado a la increíble epopeya; todos los ojos se posaban (muchos de ellos por primera vez) en el mapa de ese pequeño país, cuya existencia les había pasado inadvertida hasta ayer. Así pudieron enterarse millones de personas, de acuerdo con las noticias que esparcían las agencias cablegráficas, de que "Cuba es una isla alargada de 115 kilómetros cuadrados, con casi ocho millones de habitantes que hablan español, situada en el mar Caribe, como si fuera un pez a punto de entrar en el golfo de México y ser mordido por las penínsulas de Yucatán y de Florida". Hasta ese momento sólo la conocían aquellos norteamericanos que iban a pasar allí sus vacaciones y a disfrutar del maravilloso clima del trópico, donde la máxima variación anual es de cinco grados de temperatura. Los únicos datos que suministraban las agencias de turismo eran, precisamente, esos. "Conozca La Habana", decían los folletos, "y podrá gozar de un bello paisaje tropical con veinticinco grados a orillas del mar, bajo un sol resplandeciente. Por la noche lo atraparán los más famosos espectáculos, con sus maravillosas *boîtes* y todos los entretenimientos y juegos de azar que usted prefiera. Se podrá hospedar en lujosos hoteles como el Havanna Hilton, que lo hará vivir en la plenitud del confort".

Adams, Jefferson y Canning

La victoria rebelde, que se había apoyado en los campesinos del interior, no aceptaba de buen grado esa imagen turística que concentraba todo el esplendor del país en su capital. El Che, a quien Fidel le contó un día en la Sierra que "Estados Unidos siempre tuvo interés en Cuba, primero por razones estratégicas, luego comerciales y finalmente turísticas", aprovechó para refrescar algunos conocimientos históricos. Se enteró entonces de que John Quincy Adams, cuando era secretario de Estado del presidente norteamericano James Monroe, en 1823, había escrito lo siguiente: "Cuba, casi a la vista de nuestras playas, por una multitud de consideraciones se ha convertido en un objeto de trascendental importancia para los intereses políticos y comerciales de nuestra unión".[4]

Supo también que ya en 1812 el gran país del Norte había intentado comprarle la isla a los españoles; que en 1820 un periódico de Nueva Orleans[5] insistía en que "la anexión de Cuba a Estados Unidos es necesaria a fin de mantener la unión de los Estados occidentales y del Atlántico, proteger el comercio del valle del Mississippi y dominar el de México". Fue más atrás y verificó que los norteamericanos y los ingleses merodeaban, a principios del siglo XIX, en aguas del Caribe, con el abierto propósito de invadir el país.

Esos mismos textos le revelaron que hasta Thomas Jefferson había insistido, en 1820, en "la necesidad de tomar Cuba en la primera oportunidad que se presente, aun al precio de una guerra con Inglaterra".[6] Siguió hurgando entusiasmado y halló también la clave de las intenciones británicas. Estaban contenidas en una correspondencia que el canciller inglés George Canning enviara al premier lord Liverpool, el 6 de octubre de 1826. "Dios prohíbe la guerra", decía Canning, "pero si España la quisiera, ¿no deberíamos pensar en La Habana? ¿En qué otro lugar podríamos asestar un golpe y qué otro golpe sería tan efectivo?".[7]

Martí, el *Maine* y Platt

Esos datos fascinaban al Che, quien se sentía obligado a conocer la historia política del país al que había ayudado a liberarse. Sabía de José Martí, pero no tanto como para comprender los entretelones de su lucha. Por eso recurrió a los libros de las bibliotecas oficiales y a otros que le facilitaron sus amigos cubanos. Esto le permitió informarse del frustrado intento norteamericano de 1845, cuando España se negó a venderles la isla en cien millones de dólares, y la decisión de Estados Unidos de incrementar su comercio en el Caribe.[8]

España, leyó El Che, invirtió quinientos millones de dólares y ochenta mil vidas en su intento por frenar a los cubanos independentistas. Y no le sirvió de nada, pues al cabo de diez años de guerra el fervor rebelde seguía tan latente como antes.[9] Cuba alcanzó la ansiada autonomía el 25 de noviembre de 1897, a los dos años de la segunda sublevación, pero Estados Unidos, que deseaba un motivo para declarar la guerra a España, lo encontró (hay quienes opinan que lo inventó) y logró entrar en el conflicto cubano. Ese pretexto fue el hundimiento del *Maine*, un acorazado norteamericano que estalló inexplicablemente en el puerto de La Habana (el 15 de febrero de 1898) ante el estupor de españoles y cubanos, quienes juraban y perjuraban que ninguno de ellos lo había dinamitado.

Considerándose agredidos, los norteamericanos intervinieron militarmente en la isla "para asegurar", dijeron, "la paz y la independencia de Cuba". Ganaron la guerra y el 10 de diciembre de 1898, por el Tratado de París, obtuvieron de España la cesión de Puerto Rico y Filipinas (por esta última pagaron veinte millones de dólares) y la independencia de Cuba. Una independencia abstracta, puesto que los únicos que abandonaron Cuba realmente fueron los españoles, porque las fuerzas norteamericanas de ocupación siguieron allí hasta que el presidente William McKinley resolvió introducir en la Constitución (que acababan de darse los cubanos) ocho cláusulas para definir las futuras relaciones entre ambos países. Las cláusulas propuestas por el senador Orville Platt, de Connecticut, establecieron, entre otras cosas, que "el gobierno de Cuba consiente que los Estados Unidos puedan ejercer el derecho de intervenir para la preservación de la independencia y el sostenimiento de un *gobierno adecuado* a la protección de la vida, la propiedad y la libertad individual".[10] Esas modificaciones pasaron a la historia con el nombre de Enmienda Platt y facultaron a los norteamericanos para intervenir en Cuba cuantas veces quisieran, bajo el pretexto de que tal o cual presidente "no es adecuado".

–¿Sabes cuántas veces el Tío Sam usó la Enmienda Platt para enviarnos sus tropas? –le había preguntado Fidel Castro al Che, una noche de tertulia en la Sierra.

–¿Cuántas?

–Tres veces. Vinieron tres veces a "poner orden" en Cuba. En 1906, en 1912 y 1917. Cuando se cansaron de hacerlo, pensaron que les resultaba más práctico enviarnos consejeros políticos y hombres de negocios en vez de tropas, para controlar mejor el país. Lee esto, chico, que también te ayudará a entender por qué lo echaron a Arbenz de Guatemala.

Confesiones de Butler

El Che sabía muy bien por qué lo habían echado a Arbenz, pero leyó lo mismo. Se trataba de un texto que Fidel conservaba entre sus papeles y que refería al testimonio de un oficial norteamericano, el mayor general Smedley D. Butler. Decía así:

He dedicado treinta y tres años y cuatro meses al servicio activo de nuestra fuerza militar más ágil, la infantería de marina. He ascendido desde segundo teniente hasta mayor general. Durante todo este período he dedicado la mayor parte de mi tiempo a servir a los intereses de los grandes negocios, a Wall Street y a los banqueros. En resumen, fui un pistolero a las órdenes del capitalismo... Contribuí a convertir a México y especialmente a Tampico en lugar seguro para los intereses petroleros norteamericanos, en 1914. Ayudé a que Haití y Cuba fueran lugares seguros para que los muchachos del National City Bank pudieran efectuar sus cobros. Ayudé también a que Nicaragua cumpliera sus compromisos con la casa de banca internacional Brown Brothers en 1912-1922. Aclaré la situación en 1916 a los intereses azucareros norteamericanos en la República Dominicana. Contribuí a que Honduras siguiera una política *apropiada* para las compañías bananeras norteamericanas en 1903. En 1927 serví en China para que la Standard Oil siguiera su camino sin ser molestada. Durante todos estos años disfruté, como dijeran los muchachos de la trastienda, de magníficas prebendas. Fui premiado con honores, medallas y ascensos. Mirando hacia atrás, pienso que hasta le hubiera podido dar algunas indicaciones a Al Capone. Lo más que pudo hacer él fue operar sus sucios negocios en tres distritos de la ciudad de Chicago. Los *marines*, en cambio, operábamos en tres continentes.[11]

Aquella lectura volvió a la mente del Che apenas empezó a revisar libros de historia. No se había olvidado de las verborrágicas e ilustrativas explicaciones de Fidel, que solían multiplicarse cuando las alternativas de la lucha eran adversas. De aquellas tertulias recordaba también sus charlas con Raúl Castro, iniciadas en México y mantenidas en los campamentos guerrilleros. Con él había cambiado ideas sobre marxismo y discutido a Lenin. (Ambos llegaron a la conclusión de que para establecer un régimen socialista o comunista en cualquier país, lo primero era prescindir, precisamente, de los socialistas y de los comunistas de ese país...)

La idea de coronar la revolución con un régimen socialista le zumbaba en los oídos. Pero ¿cómo? Pensó en volver a hablar del tema con Raúl, pero Raúl estaba demasiado ocupado en ayudar a su hermano a dar los últimos toques a la instalación del gobierno provisional. ¿Y Fidel? ¿Qué pensaría hacer? ¿Aceptaría la idea? Estaba sumergido en esa meditación cuando fue sorprendido por la llegada de su familia, que voló a Cuba en el avión especial de los repatriados. Con ellos recorrió entonces gran parte de la isla, les enseñó los lugares más pintorescos y les explicó todo lo que acababa de aprender en los libros de historia. Celia le trajo algunos recortes de los diarios de Buenos Aires y se sorprendió al ver a su padre fotografiado con dos familiares de Fidel, Gonzalo y Ana Castro Argiz, un tío y una prima que exhibían orgullosos el parentesco.

Pero más cómico le resultó un pomposo título de tres líneas que decía: "Ernesto Guevara, el médico argentino, héroe romántico de la libertad de Cuba, junto al legendario Fidel Castro, como una figura de otros siglos, se ilumina en el corazón y el júbilo de los pueblos libres".[12]

"Cubano de nacimiento"

En esos días, mediados de enero, se levantaron las primeras voces de protesta contra la flamante revolución. Fue en el Congreso de Estados Unidos, donde algunos legisladores planteaban la necesidad de "presionar a Fidel Castro para que sus decisiones no afecten a los intereses norteamericanos en Cuba". Fidel, que en su primer discurso pronunciado por televisión el día 8, en el cuartel de Columbia, había sido ingenuamente formal en sus apreciaciones, se irritó. "¡Ya empezamos otra vez con el Tío Sam!", protestó fastidiado. "Voy a contestarle." Lo hizo el día 21, en un imponente acto que reunió frente al Palacio Presidencial a una muchedumbre desusada. Fue la primera vez que se enfrentó a un auditorio como ese.

"Se ha iniciado", dijo, "una campaña contra Cuba, porque no sólo queremos ser libres políticamente, sino económicamente; porque saben que vamos a pedir la anulación de las concesiones onerosas que se han hecho a los monopolios extranjeros. Porque saben que aquí las tarifas telefónicas se van a rebajar, porque saben que todas las concesiones onerosas que hizo la dictadura van a ser revisadas y anuladas".[13] El párrafo se refería concretamente a la Compañía de Teléfonos de Cuba, subsidiaria de la ITT (International Telephone and Telegraph) empresa norteamericana que prácticamente monopolizaba entonces ese servicio en todo el continente.

Al día siguiente, Fidel Castro convocó a cuatrocientos periodistas venidos de distintas partes del mundo a la famosa Operación Verdad: su primera conferencia de prensa. Respondió allí a casi un centenar de preguntas y explicó, excitado, que se disponía a "asegurar al pueblo un régimen de justicia social, basado en la democracia popular y en la soberanía política y económica". Aseguró que se iban a dar elecciones libres "una vez que las Fuerzas Armadas hubiesen sido depuradas, los culpables castigados y el Ejército Rebelde reorganizado para custodiar la democracia y evitar los golpes de Estado". Recordó los negocios de Batista con las empresas norteamericanas, las veces que Estados Unidos intervino militarmente en la isla y las "consecuencias nefastas para la economía cubana del monocultivo azucarero impuesto por los intereses yanquis". Fidel Castro había retornado al lenguaje de la Sierra. El de los primeros tiempos, cuando apabullaba al Che con su plan de gobierno y sus proyectos de industrialización.

Ahora sí se podía pensar otra vez en la idea del régimen socialista. El Che habló con Raúl. Y Raúl con Fidel. Se reunieron los tres, y El Che insistió:

—No podemos asegurar la revolución sin antes depurar a las Fuerzas Armadas. Hay que sacarse de encima a todos los que sean un peligro. Pero esto hay que hacerlo rápido, ahora mismo.

—Lo haremos, chico, lo haremos. Tú y Raúl se encargarán de eso. Raúl queda nombrado desde hoy segundo jefe del 26 de Julio y a ti te daremos los derechos ciudadanos para que trabajes tranquilo. ¡A ver, tú, soldado! Comunícame con la presidencia enseguida...

Fidel ordenó al presidente Urrutia, más que sugerirle, que preparara un decreto para "declarar al comandante Ernesto Guevara, cubano de nacimiento, con todos los derechos y obligaciones". (Igual que en 1903, cuando se confirió idéntica ciudadanía al general dominicano Máximo Gómez "por la ayuda prestada en la guerra de independencia contra España, durante el comando de los ejércitos cubanos".) El decreto recién se conoció el 9 de febrero.

Proyecciones sociales del Ejército

Dos semanas antes, el 27 de enero, El Che fue invitado a dar una charla sobre las proyecciones sociales del Ejército Rebelde en la sociedad Nuestro Tiempo, de La Habana, donde aprovechó para afirmar lo que consideraba como objetivos impostergables de la Revolución:

> Cuando planeamos la Reforma Agraria y acatamos las demandas de las nuevas leyes revolucionarias que las complementan y que la harán via-

ble e inmediata, estamos pensando en la justicia social que significa la redistribución de las tierras y también en la creación de un mercado interno extenso y en la diversificación de los cultivos, dos objetivos cardinales inseparables del gobierno revolucionario que no pueden ser pospuestos porque el interés popular está implícito en ellos. Todas las actividades económicas son conexas. Tenemos que incrementar la industrialización del país, sin ignorar los muchos problemas que su proceso lleva apareados. Pero una política de fomento industrial exige ciertas medidas arancelarias que protejan la industria naciente y un mercado interno capaz de absorber las nuevas mercaderías. Ese mercado no lo podemos aumentar más que dando acceso a él a las grandes masas campesinas, a los guajiros que no tienen poder adquisitivo pero sí necesidades que cubrir y que no pueden comprar hoy.
No se nos escapa –añadió– que estamos empeñados en la persecución de fines que demandan una enorme responsabilidad por nuestra parte, y que no son los únicos. Debemos esperar la reacción contra ellos por parte de quien domina en más del setenta y cinco por ciento nuestro intercambio comercial y nuestro mercado. Frente a ese peligro tenemos que preparanos con la aplicación de contramedidas, entre las que se destaca el arancel y la multiplicación de los mercados exteriores. Necesitamos crear una flota mercante cubana para transportar el azúcar, el tabaco y otras mercaderías, porque la tenencia de ella influirá muy favorablemente en el tipo de los fletes, de cuya operación depende en alto grado el progreso de los países subdesarrollados como Cuba. Si vamos al desenvolvimiento de un programa de industrialización, ¿qué es lo más importante para lograrlo? Pues las materias primas que la Constitución sabiamente defendía y que están entregadas a consorcios extranjeros por la acción de la dictadura de Batista. Tenemos que ir al rescate de nuestro subsuelo, de nuestros minerales. Otro elemento de la industrialización es la electricidad. Hay que contar con ella. Vamos a asegurar que la energía eléctrica esté en manos cubanas. Debemos también nacionalizar la Compañía de Teléfonos, por el mal servicio que presta y lo caro que lo cobra.
¿Con qué resortes contamos para que un programa como el expuesto se lleve a cabo? –se preguntó finalmente–. Tenemos el Ejército Rebelde y éste debe ser nuestro primer instrumento de lucha, el arma más positiva y más vigorosa, y destruir todo lo que queda del Ejército del Batistato. Y entiéndase bien que esta liquidación no se hace por venganza ni sólo por espíritu de justicia, sino por la necesidad de asegurar que todas esas conquistas del pueblo puedan lograrse en un plazo mínimo.[14]

Un informe del Banco Mundial

El tono del Che era menos espectacular que el de Fidel, carecía de impacto emocional, de frases cortantes. No sacudía a su auditorio con golpes psicológicos o con grandes ademanes; más que un orador era un improvisado conferencista, acostumbrado a decir todo en pocas palabras. No repetía sus frases hasta el cansancio, como Fidel en sus largas horas frente al micrófono, pero era incuestionablemente más atrevido en sus anuncios. Decía lo que pensaba hacer, sin ocultar demasiado sus objetivos, de acuerdo con el estilo impuesto en la Sierra.[15]

El Che había esperado la venia de Fidel para lanzar la idea industrialista, pero cuando lo hizo no calculó los alcances políticos de sus palabras. Se deleitó en anunciar la nacionalización de la compañía telefónica norteamericana y el rescate de los intereses cubanos de manos extranjeras. Es que antes de dar la conferencia había revisado algunos datos. Sobre el escritorio le dejaron una copia del informe elaborado por el Banco Mundial, con los resultados obtenidos por una misión de ese organismo que investigó la economía cubana en 1950.

En sus conclusiones, aquel informe decía así:

> La Misión del Banco Mundial cree que Cuba puede lograr un mayor y más duradero progreso si su desarrollo se dirige hacia los siguientes objetivos: 1) Hacer a Cuba menos dependiente del azúcar, promoviendo actividades adicionales, no restringiendo la producción azucarera; 2) desarrollar las industrias existentes y crear nuevas industrias que produzcan derivados del azúcar o que utilicen el azúcar como materia prima. Este objetivo merece una especial prioridad porque el progreso en estas direcciones hará más estable al sector azucarero; 3) impulsar vigorosamente las exportaciones no azucareras para reducir la concentración de las exportaciones en un solo producto del país. Esto ayudará a aumentar el total de ingresos y de empleos y estabilizará a ambos. Entre las posibilidades más prometedoras para el logro de esta meta se encuentra el estímulo a la exportación de minerales y la exportación de una variedad de productos alimenticios, en bruto o elaborados; 4) desarrollar la fabricación cubana de productos para el consumo doméstico, una gran variedad de los cuales –productos alimenticios, materias primas y bienes de consumo– actualmente se importan.

Este documento, redactado en una época en que los precios del azúcar estaban altos, señalaba una magnífica oportunidad para Cuba que el Banco Mundial no desestimaba: "En vez de depender de un solo cultivo", dijo el gran organismo capitalista, "pueden aprovechar su oportunidad actual para empezar a sustituir su economía estática por otra creciente, diversificada y dinámica".

Otro informe que también llegó a las manos del Che –el que había elaborado el Departamento de Comercio de los Estados Unidos, en 1955– señalaba que "en los cinco años transcurridos desde aquellas recomendaciones hechas por el Banco Mundial, los únicos desarrollos de importancia logrados han sido la mecanización de la industria de tabaco para exportación de cera de caña de azúcar a los Estados Unidos".[16]

En concreto: nada. Se había pasado la época de bonanza del azúcar y Cuba no la había aprovechado, a pesar de las sugerencias hechas por los funcionarios de la banca mundial que veían el problema con claridad. Por su parte, el Departamento de Comercio norteamericano insinuaba que la diversificación y el desarrollo de Cuba debían hacerse con capitales de Estados Unidos. Esto, desde luego, significaba una posibilidad, un negocio para ambos países. Y si no se hizo fue porque la clase dirigente cubana vivía muy cómoda con el monocultivo, en sociedad con poderosas empresas extranjeras y custodiada por una casta militar muy comprometida. ¿Qué interés iban a tener esos señores en cambiar las cosas? Esta era la pregunta que Fidel había hecho a sus guerrilleros en la Sierra; fue la que los indujo a encontrarle un sentido revolucionario a la guerra contra Batista.

Datos económicos y humanos

Si el propio jefe proponía la industrialización, había que ayudarlo a encontrar el camino. El Che siguió buscando datos, releyendo informes y amontonando papeles sobre su mesa de trabajo. Leía, leía, leía. Metió la nariz hasta en el censo nacional. El último, efectuado en 1953, le reveló que el once por ciento de la población económicamente activa estaba compuesto por agricultores y ganaderos (220.000 personas) y el veintinueve por ciento (580.000) por peones de campo. Es decir, que el cuarenta por ciento de los trabajadores cubanos estaba en la agricultura y, de ésta, los obreros rurales excedían a los dueños y arrendatarios en una relación de tres a uno. Se acordó de los campesinos que había conocido durante la guerra, esos hombres mal alimentados, viviendo en pequeñas chozas de madera y paja, trabajando cuatro o cinco meses al año en la zafra del azúcar, y después deambulando en busca de cualquier ocupación. Entre los papeles apareció un recorte. Era la traducción de un artículo publicado en Chicago por el periodista norteamericano Ray Brenan, que le trajo a la memoria la imagen de los chicos enfermos y desnutridos de toda América latina. Decía así:

> Los parásitos crecen y se multiplican en los cuerpos de los niños pequeños; algunas de estas lombrices, del tamaño de un lápiz corriente, se unen en grupos o bolas, tupiendo el sistema intestinal, impidiendo defecar, y causando muertes angustiosas. Tales parásitos a menudo penetran en el cuerpo a través de las plantas de los pies de los niños que caminan descalzos en tierra infestada. Después que un niño muere los parásitos suelen deslizarse fuera por la boca y fosas nasales, buscando un organismo vivo del cual alimentarse. ¿Qué se ha hecho para corregir esto a través de los años? Nada.

El lo había visto con sus propios ojos. Eso lo decidió, precisamente, a cambiar la medicina por la lucha social, "porque no se puede soportar", decía, "ese espantoso cuadro, y quedarse cruzado de brazos". Lo mismo le ocurrió sesenta años antes a otro colega suyo, también argentino. Fue el médico Juan Bautista Justo, fundador del Partido Socialista en 1896, quien escribió:

> Cierto día, al retirarme fatigado del hospital, empecé a preguntarme si aquella lucha contra la enfermedad y la muerte que absorbía todas mis fuerzas era lo mejor, lo más inteligentemente humano que podía yo hacer. Desbordaba siempre el hospital de carne doliente, sucedíanse los pacientes en las filas de los lechos y en cada lecho, y no salían de allí, sanos o mejorados, sino para caer inmediatamente otra vez entre los engranajes de una organización social que con la ignorancia y el vicio de las masas justifica el privilegio y la opresión. ¿No era más humano ocuparse de evitar tanto sufrimiento y tanta degradación? Pronto encontré en el movimiento obrero el ambiente propicio a mis nuevas y fervientes aspiraciones.[17]

El hambre de los campesinos

Uno de los párrafos más salientes de Josué de Castro, titulado *El collar de esmeralda de las Antillas*, también cayó en manos del Che. Pertenece a uno de los capítulos del libro que lo hizo famoso[18] y dice así:

Tomemos el ejemplo de Cuba como el más característico. Ninguna otra isla posee cualidades más propicias para el autoabastecimiento alimentario de su población. Con las tres cuartas partes de su territorio formadas por planicies cultivables, recubiertas en gran extensión por suelos colorados y arcillosos de considerable profundidad y probada fertilidad, este país permitiría el desenvolvimiento de una agricultura diferenciada de las más compensadoras. Agricultura que daría de sobra para alimentar en forma a los cien habitantes que ocupan cada milla cuadrada de superficie del país. Pero la agricultura de exportación, de productos como el azúcar y el tabaco, iniciada en los tiempos coloniales y después ampliada financieramente, apoyada y llevada al extremo del monopolio por los intereses de los capitales norteamericanos allí invertidos (el cincuenta por ciento de los capitales de la industria azucarera de Cuba son norteamericanos), llevaron a la población rural cubana al terrible estado de deficiencia alimentaria denunciada por los informes de nutrición allí realizados.

Josué de Castro cita en ese libro un informe confeccionado por el doctor Fernando Milanez [19] donde se señala que "la carne, la leche, los huevos, las verduras y las hortalizas constituyen una rareza en la mesa del campesino". El Che sabía de memoria cuál era la comida de los guajiros (habichuelas, arroz, plátanos y frijoles) porque había compartido su mesa muchas veces. Sabía también que sólo en los meses de zafra, cuando obtenían algún dinero, los campesinos podían darse el lujo de comer un pedazo de carne seca y algunas frutas.

Estas lecturas, como las estadísticas que señalaban que sólo un treinta y cinco por ciento de los chicos en edad escolar iban a clase y, de ellos, apenas el 2,5 por ciento terminaban la escuela primaria [20], lo enfurecieron. "¡Tiene razón Lenin!", se dijo. "¡Tiene razón Lenin! ¿Cómo vamos a estar esperando que las contradicciones del capitalismo produzcan su catástrofe? Aquí no hay nada que esperar; hay que hacer la revolución de una buena vez, antes de que se mueran todos de hambre..." Había recordado una frase famosa de Lenin: "Sin teoría revolucionaria no hay acción revolucionaria". Y con ella lanzó su primera embestida:

–¡Hay que hacer la revolución, Raúl! ¡Hay que hacer la revolución, porque sola no va a venir! ¡Hay que apurarse antes de que sea tarde! ¡Hay que cambiar las estructuras económicas!

–Lo vamos a hacer. ¡Cálmate, chico! Fidel les ha pedido a Pazos y a Boti que aceleren el proceso económico.

Diez años es demasiado

Efectivamente, Felipe Pazos, a quien el gobierno provisional revolucionario colocó en la presidencia del Banco Nacional, y Regino Boti, el flamante ministro de Economía, recibieron una recomendación de Fidel Castro (convertido ya en primer ministro, por renuncia de José Miró Cardona, el primer disidente) en el sentido de dar prioridad al programa del Movimiento. Ese programa había sido redactado por ellos mismos, cuando Castro les encargó un estudio económico que sirviera de documento básico para convertir al 26 de Julio en una fuerza revolucionaria de carácter político, ante la inminencia de la victoria rebelde.

Pero El Che no creía mucho en ese programa. Le parecía endeble, reformista, poco revolucionario. Se decían allí cosas parecidas a las que él acababa de encontrar en informes y documentos, se repetían las mismas estadísticas, los mismos cuadros del subdesarrollo y la miseria, pero no se señalaba claramente el camino a seguir. "Ni siquiera han trazado el orden de prioridades", se quejó, "y ahora no van a saber por dónde empezar".

El programa, en efecto, decía en su último capítulo: "El gobierno democrático del Movimiento deberá ir de inmediato a la preparación de un programa de desarrollo económico que podría tener como plazo inmediato el término de diez años. Previamente habrá que invertir un año o dos en hacer los estudios y preparativos preliminares".[21]

–¿Diez años? No llegamos. Se mueren, Fidel. Creeme que se mueren todos. Mirá, yo soy médico y entiendo de esto.

–¡Pero cómo se van a morir todos!

–Te hablo de los chicos desnutridos que vimos en la Sierra. De esos no va a quedar ni uno si no nos apuramos. ¿Cómo vamos a perder dos años en estudiar lo que hay que hacer? Mirá, me parece que estos tipos estudian demasiado...

El Che empezó a desconfiar de ese programa. "No se puede", decía, "convocar a todos para una misma revolución. Aquí se hace un llamado a obreros, campesinos, profesionales, agricultores, ganaderos, comerciantes, industriales y capitalistas. Falta que convoquemos también a las empresas azucareras norteamericanas... Esto parece una fiesta, no una Revolución con mayúscula". Además, le parecía tonta esa insistencia del presidente Urrutia de comprometer a la revolución con un calendario electoral "que ya daremos a conocer". "¿Qué calendario electoral?", pensaba. "¿Otra vez con el fantasma de los viejos políticos? Calendario electoral, si antes conseguimos armar un buen partido político con el 26 de Julio." No dudaba de que esa era la idea de Fidel Castro, a quien se le habían otorgado (simultáneamente con el decreto del 9 de febrero de 1959 que ciudadanizó al Che) posibilidades presidenciales, al rebajarse la edad exigida por la Constitución de treinta y nueve años a treinta. (Fidel Castro tenía treinta y dos.)

También había advertido El Che que sus sugerencias no eran en vano; que los diálogos que mantenía frecuentemente con Raúl y Fidel iban acelerando el proceso. La renuncia de Miró Cardona fue una prueba de ello, pues se hacía muy ostensible en los círculos revolucionarios que el gabinete de Urrutia marchaba a un paso muy lento.

Aparentemente había dos cabezas: una que cuidaba las formas institucionales y democráticas (Urrutia) y otra que lucubraba el cambio revolucionario (Castro). Cada vez era más notorio que Fidel Castro lo hacía todo y que Urrutia no podía contenerlo, porque siempre llegaba tarde. Miró Cardona se cansó y se fue. Dejó vacante el cargo de primer ministro y él mismo sugirió a Fidel para ocuparlo. "Esto le corresponde a usted", le dijo muy respetuosamente. (A sus amigos les contó la verdad: "No me gusta estar haciendo el tonto. Este hombre se mete en todo. Pues entonces que se siente él en ese lugar".)

Fidel Castro había comenzado a escuchar más detenidamente al Che, quien le pedía radicalizar de una vez por todas la Revolución. Pero trataba de serenarlo:

–Oye, chico, no puedo ir más aprisa de lo que voy. Tengo que lidiar con todos. Tenemos mucho lastre todavía...

–Es que yo creo que perdemos demasiado tiempo.

–¡Pero si aún no cumplimos dos meses en el gobierno!

–Lenin decía...

–... Mira, ¡guárdate a Lenin por ahora!, que las agencias noticiosas ya me tienen loco. Todos los días viene un reportero yanqui a preguntarme si soy medio comunista, comunista del todo o si solamente son comunistas mis colaboradores, mis amigos, mis parientes, mi gato y mi perro...

Celia quiere saber todo

Para la madre del Che, entusiasmada con la euforia cubana, había otros problemas más difíciles de entender. Como ser el matrimonio de su hijo. No se animaba a preguntar demasiado, pero sabía que el casamiento con Hilda Gadea no dio resultado. No le costaba mucho darse cuenta de que Ernesto vivía con otra mujer; con esa joven de rasgos delicados y muy risueña que oficiaba de ayudante y de secretaria, que había sido guerrillera junto con él en Las Villas y que no se le separaba un minuto: Aleida March.

Celia prefería preguntarle detalles de la guerra, que le contara algunas de sus hazañas para relatarlas en Buenos Aires. En cambio, él le hablaba de lo que pensaba hacer, no de lo que había hecho. "Este país hay que hacerlo de nuevo, vieja. Está mal hecho", le dijo. (Automáticamente pensó en la Argentina: "¿Y por casa cómo andamos? ¿Está bien hecha la Argentina? Tampoco, claro, pero Cuba es más chiquitita; se puede hacer de nuevo. En vez, la Argentina... Quizás algún día, cuando terminemos esto... no sé, mejor dejar esa idea para más adelante. Ahora no tengo tiempo para pensar en eso".)

Estaba abstraído en esa meditación cuando le trajeron una carta. Miró el remitente enseguida: José Martí Leyva ("¡Vaya nombre!", pensó); calle Mártires 180; Holguín, provincia de Oriente. Rompió el sobre y leyó rápidamente en voz baja. No pudo contener la carcajada: "Mirá, che, ya tengo un recluta para ir a Santo Domingo", dijo en voz alta; "y me ha hecho una caricatura. ¡Qué entusiasmo!". Mostró la carta y el dibujo y después los guardó en el bolsillo de su camisa guerrera, junto a los habanos.

Al día siguiente contestó la carta en estos términos:

> Estimado amigo, con verdadero gusto he leído sus generosas líneas ofreciéndose para luchar por la libertad del vecino pueblo de Santo Domingo. Aquilatando en todo su valor esa desinteresada y noble oferta, le incito a que conserve vivo su entusiasmo para el futuro, cuando la oportunidad llegue, y mientras tanto aproveche sus años escolares haciéndose un hombre de provecho, que los necesitamos mucho en Cuba, y sé que usted será uno de ellos. Dedíquese al dibujo. Promete. Mi cordial saludo. Dr. Ernesto *Che* Guevara. Cmdte. en Jefe. Dpto. Militar La Cabaña.[22]

Exceso de trabajo y asma

La familia del Che retornó a Buenos Aires el 14 de febrero, a bordo del vapor *Reina del Mar*. Cuatro días después, un ataque de asma lo postraba en cama. Era el resultado de pasar largas horas atendiendo gente y llamados telefónicos, revisando papeles y discutiendo problemas. Ese continuo estado de excitación nerviosa, más difícil de sobrellevar que la misma guerra, lo había vencido.

"No duerme; durante la noche, en lugar de descansar, se pone a leer", le contó Aleida a los médicos. Estos fueron terminantes: "No se trata de un simple espasmo; lo que tiene esta vez es una fuerte crisis asmática. Y no se le va a pasar hasta que no descanse bien. Si se queda aquí, le va a dar de nuevo. Tiene que irse a un lugar apartado, lejos de todo esto, donde nadie lo vea".

Le eligieron una playa, Tarará, y le prestaron una casa. Lo suficiente como para que se tejieran toda clase de versiones cuando la noticia apareció en la sección de chismes políticos de un semanario. No lo pudo tolerar y le envió una carta al director del periódico *Revolución*, Carlos Franqui, que decía así:

> Vi en la revista *Carteles* —escribió—, en la sección *Tras la Noticia*, que escribe Antonio Llano Montes, una nota que me ha interesado, por insinuar algo sobre mi postura revolucionaria, tras la siguiente frase, aparentemente inofensiva. "El comandante Guevara fijó su residencia en Tarará". No analizaré aquí quién es el señor periodista ni daré noticias sobre lo que él tiene en los archivos a mi custodia encomendados; no es mi intención hacer acusaciones o contraacusaciones; me debo a la opinión pública y a quienes han confiado en mí como revolucionario. Le aclaro a los lectores de *Revolución* que estoy enfermo, que mi enfermedad no la contraje en garitos ni trasnochando en cabarets, sino trabajando, más de lo que mi organismo podía resistir, para la Revolución. Los médicos me recomendaron una casa en un lugar apartado de las diarias visitas, y Recuperación de Bienes me prestó ésta que habitaré en la referida playa hasta que los colegas que me atienden me den de alta. Debí ocupar una casa de personeros del antiguo régimen porque mi sueldo es de 125 pesos como oficial del Ejército Rebelde y no me permite alquilar una con suficiente amplitud para albergar a la gente que me acompaña. El hecho de ser la casa de un antiguo batistiano hace que sea lujosa; elegí la más sencilla, pero de todas maneras es un insulto a la sensibilidad popular. Prometo al señor Llano Montes y sobre todo al pueblo de Cuba, que la

abandonaré cuando esté repuesto. Te agradeceré la publicación de estas líneas para mejor ilustración de nuestro pueblo, sobre la actuación de quienes hemos contraído una responsabilidad con él. Che.[23]

La carta fue fechada el 10 de marzo de 1959. Al día siguiente, El Che recibió noticias más reconfortantes. Eran las líneas que le enviaba Alberto Granado desde Venezuela, quien se había enterado en Buenos Aires del triunfo de los guerrilleros cubanos, mientras cenaba en casa de los Guevara, con Celia y unos amigos de la familia. Entre ellos estaba el periodista Jorge Ricardo Masetti, quien les informó de la huida de Batista. (Masetti había hecho un audaz reportaje radial a Castro, en plena guerrilla, que luego amplió en un libro.)[24] Ese primero de enero, según Granado, fue un estallido en el corazón de Celia.

En una hoja con escudo del Ministerio de Defensa Nacional, El Che contestó a su amigo:

> *Mial:* No por esperada tu carta me resultó menos agradable. No te escribí invitándote a ésta mi nueva patria, porque pensaba ir con Fidel a Venezuela. Acontecimientos posteriores me impidieron hacerlo; pensaba ir un poco después y una enfermedad me retiene en cama. Espero poder ir dentro de un mes, aproximadamente. Tan presentes estaban ustedes en mi pensamiento que exigí, cuando me invitaron a visitar Venezuela, un par de días libres para pasarlos con ustedes. Espero que pronto sean estos deseos realidades; no te contesto tu filosofía barata de la carta porque para eso hacen falta un par de mates, una empanadita y algún rincón a la sombra de un árbol: allí charlamos. Recibe el más fuerte abrazo que la dignidad de machito te permita recibir de un ídem. Che.

Pero El Che no iba a volver a Venezuela. Los virajes políticos le impedirían viajar a ese país. En esos días de marzo de 1959 siguió reponiendo energías en Tarará, leyendo libros de historia, informes económicos sobre Cuba y repasando algunos textos marxistas. Lo hacía "a la sombra de un árbol", según su invariable costumbre, con el mate en la mano.

El paredón y el cerebro

En abril de 1959 la Revolución todavía navegaba en aguas turbulentas. Los tribunales revolucionarios llevaban tres meses ajusticiando a los batistianos responsables de la muerte de veinte mil civiles. Eran todos cabecillas policiales y militares (que habían ordenado y capitaneado las violentas represiones contra estudiantes y obreros en los últimos meses del régimen de Batista) los que iban al paredón. En cada proceso se amontonaban acusaciones de todo tipo y la mayoría de los testigos de cargo eran las madres de las víctimas. Estos juicios eran de trámite sumarísimo, y chocaban a los corresponsales extranjeros (en particular a los norteamericanos). Los fusilamientos no alcanzaban a los delatores. "Hemos sido generosos", dijo Fidel[25], "al no fusilar *chivatos*. No hay que fusilarlos, hay que mandarlos a trabajar, hay que condenarlos a trabajos forzados. Ya que querían ganarse la vida con la delación y la traición, pues que trabajen para el pueblo. A los esbirros, en cambio, sí hay que fusilarlos, porque hasta la Biblia dice que *el que a hierro mata a hierro muere*".

Pero lo que más preocupaba a los líderes revolucionarios no era tanto el calificativo de "revanchistas insaciables" que comenzaron a transmitir las agencias noticiosas, como esa velada acusación de "comunistas" que se multiplicaba en cada despacho cablegráfico redactado para el exterior. Fidel se había cuidado de mantener aislado al Partido Socialista Popular (comunista), a pesar del consecuente apoyo que éste comenzó a brindarle durante el último año de lucha en la Sierra (cuando los comunistas dejaron por fin de considerarlo "un aventurero sin ideas claras"), y evitaba en todo momento caer envuelto en la red tendida por los sagaces reporteros de United Press y The Associated Press (las dos agencias informativas norteamericanas). Se defendía exhibiendo su foja de servicios, donde no aparecían conexiones de índole alguna con los comunistas. Pero, claro, las acusaciones atravesaban esa transparencia y apuntaban a sus hombres de más confianza. Y de todos ellos, el que recibía los impactos era El Che. "Allí está el cerebro comunista", decían algunos, adjudicándole una actuación en Guatemala mucho más importante que lo que en realidad había sido. El Che se reía. Pensaba que lo único que conseguían con eso era destacar más su presencia. "Se habrán enterado que tengo un par de libros marxistas", le comentó a Aleida, "que me cansé de Jack London y lo cambié por Lenin. ¿Y qué suponen? ¿Que uno no debe pasar de Salgari?".

A Fidel le preocupaban esas acusaciones y, aprovechando un programa periodístico de televisión, les pidió a sus conductores que le preguntaran sobre ese tema. Entonces pudo enfatizar:

Ese miedo que parece tienen las minorías a que en Cuba se desarrolle el comunismo no responde a nada real –enfatizó ante las cámaras–; ese miedo yo, sinceramente, no lo entiendo, porque los Estados Unidos y Rusia existen y no se ha muerto de miedo ni una potencia ni la otra y, por otra parte, es un hecho evidente que el comunismo coexiste con otros partidos políticos en muchos países, como Francia, Italia, etcétera.[26]

Hablaba así porque aún confiaba en el apoyo norteamericano, a pesar de la campaña iniciada por los sectores más reaccionarios de la Unión. Estaba convencido de que la Revolución, aunque rozara los intereses de muchos empresarios de ese país, iba a contar, en definitiva, con la ayuda de Estados Unidos. Estaba convencido porque necesitaba de esa amistad; porque la economía cubana, aunque debía ser transformada, no podía desprenderse tan fácilmente de esos lazos. No era negocio cortar con los norteamericanos sólo por razones espirituales o históricas. La política necesita fundamentos económicos (él lo sabía) para adoptar decisiones drásticas y entonces, para evitarse problemas, para ganar terreno, fue a Estados Unidos. El Che, que no podía olvidarse de Guatemala y que desconfiaba de esa política, no participaba de la idea del viaje, aunque se cuidó de decirlo.

¿Convivir con Estados Unidos?

De regreso en La Habana, Fidel Castro mantuvo una larga conversación con El Che. Le contó sus impresiones y le confió sus esperanzas de que los norteamericanos advirtieran la conveniencia de ayudarlo.

–No estoy muy seguro de que lo hagan, pero por lo menos mantendremos un trato cordial. Algunos senadores norteamericanos ya se han mostrado en buena disposición hacia nosotros. Eso es muy importante.

–Vamos a ver si siguen opinando así cuando conozcan la Ley de Reforma Agraria... –respondió El Che.

Quince días después, el 17 de mayo, la famosa ley fue dada a conocer por Fidel Castro desde La Plata (la localidad de Sierra Maestra donde funcionara su comandancia). Era una ley nueva, que modificaba sustancialmente el proyecto redactado por Humberto Sorí Marín durante la guerra. ("Lo que preparó Sorí Marín es apenas un reglamento agrario", había sentenciado El Che, "y aquí lo que hace falta es una ley bien amplia, que comprenda todo el problema. No vamos a hacer como en otros países, donde sancionan la reforma agraria y dejan los latifundios intactos...".)

La flamante ley constaba ahora de nueve artículos. El primero de ellos decía en su artículo inicial:

> Se proscribe el latifundio. El máximo de extensión de tierra que podrá poseer una persona natural o jurídica será de treinta caballerías —unas cuatrocientas hectáreas— y las tierras que excedan ese límite serán expropiadas para su distribución entre los campesinos y los obreros agrícolas sin tierras.[27]

La ley contempló los casos en que el rendimiento fuera muy alto, aunque la extensión alcanzara a cien caballerías[28], y dispuso que toda la tierra expropiada, más la fiscal, fuera entregada a cooperativas y distribuida gratuitamente en parcelas. Los campesinos recibirían el título de propiedad de los campos que trabajaban (siempre que no sobrepasaran el máximo indicado) y los propietarios podrían seguir siendo dueños de una parte de sus tierras si es que la trabajaban ellos mismos. El encargado de administrar el funcionamiento de la ley era un nuevo organismo previsto por ella misma: el Instituto Nacional de Reforma Agraria (INRA), cuya presidencia se confió inicialmente al comandante Antonio Núñez Jiménez, el mismo que había acompañado al Che en su marcha hacia Santa Clara, a bordo de un jeep.

Esta ley fue el detonante que hizo estallar la tensión acumulada durante cinco meses en los sectores reaccionarios de Estados Unidos.[29] Para ellos no había dudas, se trataba del comunismo. El Che había tenido razón: la ley evaporó todas las esperanzas que Fidel depositó en Estados Unidos. Sin embargo, no hubo arrepentimientos. Muy por el contrario. Cuando algunos miembros del gabinete de Urrutia hicieron notar que la reforma agraria interrumpía las negociaciones políticas y económicas con Washington, Fidel Castro les respondió: "¡Me importa un rábano! No vamos a postergar ninguna de nuestras realizaciones porque a ellos les caiga mal. Si quieren entendernos y ayudarnos, que lo hagan; y si no, que se vayan al cuerno...".

Era el triunfo del Che: primero la Revolución y después las amistades.

Humberto Sorí Marín, quien ocupaba el Ministerio de Agricultura (y alternaba esas funciones con la presidencia de uno de los tribunales revolucionarios), se sintió desautorizado al observar que su proyecto de reforma agraria había cambiado radicalmente y que la aplicación de la nueva ley era confiada a un organismo paralelo a su Ministerio: el INRA. "Yo ya no tengo nada que hacer aquí", dijo fastidiado, y presentó su renuncia. Se la aceptaron. Había sido vencido por la tenacidad del Che, cuya influencia sobre las decisiones de Fidel Castro se hacía cada vez más notoria.

Precisamente en esos días, El Che recordaba cómo había nacido su amistad con el jefe guerrillero, al redactar unos artículos sobre el origen de la Revolución, en donde revelaría algunos detalles de esa sólida relación:

> Fidel tuvo algunos gestos que comprometían su actitud revolucionaria en pro de la amistad. Recuerdo que le expuse mi caso: un extranjero, ilegal en México, con toda una serie de cargos encima. Le dije que no debía de manera alguna pararse por mí la Revolución, y que podía dejarme; que yo comprendía la situación y que trataría de ir a pelear desde donde me lo mandaran y que el único esfuerzo debía hacerse para que me enviaran a un país cercano y no a la Argentina. También recuerdo la respuesta tajante de Fidel: *Yo no te abandono*. Y así fue, porque hubo que distraer tiempo y dinero preciosos para sacarnos de la cárcel mexicana.[30]

Cuando El Che terminó de escribir sus artículos, decidió cumplir el compromiso contraído con Aleida. Hilda Gadea, su mujer, ya estaba en La Habana (con Hildita) y arreglaba su situación económica, lo que lo liberó de un problema. En la mañana del 2 de junio, Aleida March y Ernesto Guevara se casaron ante la presencia de los testigos: Raúl Castro y su mujer, Vilma Espín. Rato después, en torno de una mesa alfombrada de flores, platos y copas, una docena de barbudos festejaban con sus mujeres el acontecimiento. La fotografía se publicó al día siguiente en todos los periódicos de Cuba; en ella se dibujaba la figura del novio con su clásica camisa guerrera, un grueso cinturón elástico y la boina negra con su estrella de comandante. Estaba gordo. El descanso en Tarará, además de oxigenarle los pulmones, le había adjudicado unos kilos. Aleida, vestida de blanco, lucía también los suyos. Ella estaba seria. El no. Siempre se había reído de las fiestas, de los convencionalismos sociales. ¿Por qué hacer una excepción en su segundo casamiento?

A vender la imagen de la Revolución

La reacción norteamericana ante la Ley de Reforma Agraria fue terminante. Esto afirmaba cada vez más la idea de asegurarse futuros mercados, ante la eventualidad de que Cuba consiguiera la ansiada industrialización a corto plazo, como proponía El Che. No podía pensarse en el mercado latinoamericano porque se descontaba que Estados Unidos iba a boicotear los productos cubanos y a utilizar toda su influencia política y económica en el continente. Inevitablemente había que salir a vender la imagen de la Revolución en otra parte. Quedaban tres caminos: Europa occidental, la Unión Soviética (con su zona de influencia) y el continente afroasiático.

El primero debía descartarse por su cerrada política económica y su auge industrialista (¿qué podía fabricar Cuba que los europeos no tuvieran?); el segundo, aunque con características similares, ofrecía en cambio una variante: explotar el interés político de los rusos por Cuba. Pero no dejaba de ser un riesgo negociar con la Unión Soviética (¿el intercambio iba a ser comercial o político?). El tercer camino ofrecía menos peligros y se adaptaba más a la situación. El Che lo había venido sugiriendo desde los primeros momentos, aunque más por razones de afinidad política que por conveniencia económica. Su idea del socialismo, si bien se servía de Lenin para sostener la Revolución, era semejante a la que practicaban las naciones del Tercer Mundo.

Estos países habían establecido sus primeros contactos significativos en la Conferencia de Bandung (isla de Java, Indonesia), donde pactaron "rechazar todo arreglo de defensa colectiva destinado a servir a los intereses particulares de las grandes potencias, cualesquiera que fueren" y convinieron en una acción conjunta para "estabilizar los precios internacionales y la demanda de las mercancías esenciales". El Pacto de Bandung recomendaba a los países de Africa y Asia "que varíen sus exportaciones, manufacturando sus materias primas y alentando las ferias interregionales y los intercambios de delegaciones comerciales".[31] Independientemente de la ideología que cada uno de estos países aplicaba en su intimidad (la mayoría ensayaba experiencias colectivistas de mayor o menor grado), todos pugnaban por salir del subdesarrollo, como Cuba. El afán industrialista, y un irrefrenable deseo de alcanzar la independencia política y económica de las grandes potencias, los unía. ¿Por qué no acercarse a ellos?

Viaje al Tercer Mundo

El Che insistió en esa idea y Fidel resolvió enviarlo en "misión comercial de buena voluntad" a visitar algunos de esos países. Debía lograr tres objetivos: ganar amigos entre los líderes terceristas (le interesaban Nasser, Tito y Nehru, principalmente); abrir una perspectiva de intercambio comercial y observar el funcionamiento de sus sistemas económicos para extraer ideas.

Estuvo tres meses recorriendo Asia y Africa (desde mediados de junio hasta principios de septiembre), y a su regreso se sentó a elaborar un informe con todo lo que había visto. Redactó seis capítulos "para hacer llegar", dijo, "esas enseñanzas políticas, sociales y económicas recogidas, a los compañeros del Ejército Rebelde".

Pero Fidel Castro, quien en su ausencia había soportado una aguda crisis interna que culminó con el reemplazo de Urrutia por otro presidente, Osvaldo Dorticós Torrado, quiso que las notas del Che se conocieran fuera de Cuba. Los seis capítulos se convirtieron entonces en una serie de artículos periodísticos y fueron distribuidos por Prensa Latina[32], la agencia informativa que Fidel Castro acababa de crear con fondos fiscales con el propósito de contrarrestar, en parte, el efecto psicológico de las agencias norteamericanas United Press y The Associated Press.

Euforia en Cuba y expectativa en Estados Unidos

Durante la ausencia del Che, en Cuba se habían puesto en marcha medidas espectaculares como la conversión de cuarteles en escuelas primarias y la construcción de nuevos establecimientos educacionales. El plan comprendía la inauguración de diez mil escuelas en todo el país y, para cubrir la falta de maestros y de presupuesto, se abrieron listas de voluntarios dispuestos a dictar clases por sueldos ínfimos. Estas medidas se complementaban con fuertes impuestos a las bebidas alcohólicas, que permitían derivar entradas para costear el plan educativo.

La euforia revolucionaria había atrapado a los cubanos; su espíritu apasionado, hispano y tropical, los empujaba a enrolarse en la nueva causa. Por primera vez tenían un gobierno joven, donde el promedio de edad de los ministros era de treinta y tres años, y ahora nadie quería quedarse atrás. Fidel Castro despertaba con su epopeya una mística que mantenía encendida con espectaculares discursos. Hablaba horas y horas sin fatigarse, y los cubanos lo escuchaban embelesados.

De todo eso, para Estados Unidos lo único que contaba era el temor al comunismo. Entonces los cubanos respondían: "Si el comunismo consiste en transformar los cuarteles en escuelas, ¡bienvenido sea!".

Hasta ese momento, sin embargo, el único que pensaba realmente en hacer de Cuba un Estado socialista era El Che. Fidel Castro, que no se guiaba por los cánones ortodoxos del marxismo sino por su intuición política y por su acendrada vocación revolucionaria, sabía que la palabra "comunismo" era contraproducente, que ese rótulo era demasiado peligroso para un país situado a ciento cincuenta kilómetros de Estados Unidos.

Tampoco debía esperarse que el pueblo norteamericano comprendiera a sus vecinos en esa delirante transformación social, pues Cuba había sido hasta ese momento un lugar de recreo para ellos. Un país que, además de hermosas playas, clubes nocturnos y garitos, también tenía azúcar para venderles. Ni siquiera lo iba a entender la clase obrera norteamericana, acostumbrada a rechazar de plano toda idea marxista.[33]

Y como entendía que el comunismo los aterraba, Fidel Castro prefería escapar de algunas definiciones para no irritar inútilmente a sus vecinos. Ya bastante escozor había provocado la expropiación de latifundios a las empresas norteamericanas como para amenazarlos, también, con un rótulo semejante. Además, convenía ir detrás de algunos acontecimientos. A mediados de septiembre de ese año, 1959, el premier soviético, Nikita Kruschev, había ido a los Estados Unidos a intentar ganarse las simpatías del coloso con sus maneras campechanas y sus salidas jocosas, casi occidentales, que destruían la antigua imagen del ruso severo instaurada por José Stalin. Kruschev se había entrevistado con Dwigth Eisenhower en Camp David y valía la pena esperar los resultados de ese ablandamiento.

En octubre los sabios rusos lograron fotografiar la cara oculta de la Luna con el cohete *Orbitnik* y la Unión Soviética volvió a lucir en los titulares. Eisenhower empezó a derrumbarse: los ojos del pueblo norteamericano miraban estupefactos el terreno ganado por la URSS. Simultáneamente, un grupo cubano se rebelaba al mando del comandante Huber Matos, el guerrillero a quien Fidel había encomendado la toma del Moncada en los últimos días de la guerra. Fueron apresados todos y un tribunal revolucionario los sentenció a muchos años de prisión.[34]

Desaparece Camilo Cienfuegos

Por esos días, Cuba soportaba dos ataques físicos: el bombardeo a La Habana, desde una flotilla de barcos, y las repetidas incursiones de aviones piratas norteamericanos que lanzaban bombas incendiarias sobre los cañaverales. Lo suficiente como para enardecer aun más los ánimos revolucionarios.

Pero un nuevo hecho se iba agregar a la convulsionada isla. El 28 de octubre desapareció misteriosamente un avión que conducía a Camilo Cienfuegos por el interior de Cuba y las agencias noticiosas comenzaron a insinuar que se lo había hecho desaparecer "porque Cienfuegos compartía las disidencias planteadas por Huber Matos". Fidel Castro se enfureció, porque además de perder a uno de sus lugartenientes de más confianza debía soportar esa acusación. Ordenó una búsqueda a fondo por toda la isla y fue con El Che a sumarse a las patrullas. Estuvieron tres días prácticamente sin dormir, recorriendo bosques, montañas y cañaverales a bordo de un helicóptero, hasta que el día 31 regresaron a La Habana decepcionados. Esperaron un poco más a dar por terminada la búsqueda, esperanzados de que apareciera algún rastro, pero fue inútil. El 12 de noviembre Castro anunció por televisión que "definitivamente nuestro gran comandante Camilo Cienfuegos ha desaparecido". Su avión debía haber caído al mar sin dejar huellas.

La desaparición de Camilo y el retorno del Che, casi simultáneamente, iban a significar en esos instantes la suma de dos factores decisivos para el futuro de la Revolución. Camilo era hasta ese momento el más moderado de los lugartenientes de Fidel, el menos audaz de sus consejeros, el único de los tres (los otros eran Raúl y El Che) que no acercaba planteos radicales al jefe. Se limitaba a seguirlo fielmente, convencido de que la Revolución iba por buen camino. Lo único que le preocupaba era el mantenimiento de los sistemas defensivos, la custodia militar de la Revolución.

No carecía de ideas, pues se le atribuían sólidas convicciones socialcristianas en las que se podía incluir la Reforma Agraria, ley aplaudida en Cuba hasta por la Iglesia Católica y sus obispos. Pero no sumaba más izquierdismo. En cambio El Che, que regresaba con un buen bagaje de conocimientos, que había observado de cerca algunos sistemas colectivistas y comparado la situación de los países afroasiáticos con la de Cuba, estaba pletórico de realizaciones. Se sentía ansioso por ensayar esas ideas, copiar lo mejor de lo que había visto y planificar todo de acuerdo con los esquemas ortodoxos descubiertos en los libros marxistas. No le preocupaba mayormente si la Revolución adoptaba o no el nombre de comunista, socialista o marxista. Para él no era cuestión de rótulos, porque entendía que éstos perjudicaban políticamente el proceso, y además porque pensaba que las siglas no sirven de mucho. "En Cuba", dijo una vez, "la Revolución la hizo el 26 de Julio: Fidel con su puñado de locos como yo, no los ideólogos del comunismo. Y en la Argentina, las masas obreras saborearon por primera vez algo del poder gracias al loco de Perón y en contra de los comunistas".

El tercerismo: un buen negocio

El viaje por el Tercer Mundo también le había enseñado que se podría practicar cualquier forma de socialismo, la que mejor se adaptara, sin necesidad de atarse a ningún sistema rígido ni comprometerse demasiado. Esa fue la idea que sugirió a Fidel Castro: alinear a Cuba en el Tercer Mundo, del lado de los neutralistas, y edificar un socialismo independiente, a la manera cubana. De esa forma, la Revolución no se detendría.

El Che había observado cómo se movían las dos potencias alrededor del bloque neutralista, entonces de moda, e intentaban cada una atraerse a esos países con ayuda financiera, mientras los jefes del Tercer Mundo obtenían préstamos de los dos lados y jugaban hábilmente al neutralismo en beneficio de sus países. Esa era la única explicación que podía darse al hecho de que el comunista Tito recibiera anualmente ayuda económica de Estados Unidos y el anticomunista Nasser pudiera financiar sus obras más importantes (la represa de Asuán) con dinero soviético. Además, estaba vigente la Doctrina Eisenhower[35], engendrada por el cambio norteamericano tras la crisis de Suez, en 1957, cuando se evidenció la fragilidad occidental en esas regiones y se advirtió el éxito de las misiones oficiales de la Unión Soviética a los países afroasiáticos. Bulganin y Kruschev habían recorrido en 1955, antes que los norteamericanos, el sudeste asiático y la India, ofreciendo acero y equipamiento industrial; Mikoyan hizo lo propio en Karachi, Nueva Delhi y Rangoon, y Shépilov los continuó en Egipto, Líbano y Siria.[36]

Fidel Castro aceptó la idea sin oponer resistencia, porque veía que ese era el momento psicológico más propicio para hacer notar a los norteamericanos que Cuba tenía dónde apoyarse. Enfáticamente anunció su solidaridad con el bloque neutralista. El Che, que definía jocosamente esa política con versos del *Martín Fierro* ("Siempre es güeno tener palenque ande ir a rascarse..."), no había calculado, sin embargo, que la actitud de Estados Unidos hacia América latina era muy distinta de la que ese país tenía con el resto del mundo. "Aunque en Europa apoye a regímenes socialistas como Polonia o Yugoslavia", decía Erich Fromm [37], "siempre que adopten una posición neutral o den muestras siquiera de una posición algo independiente, Estados Unidos no permite en ninguna parte de América latina la existencia de una revolución social que vaya más allá de las palabras generosas. Porque una revolución así amenaza los intereses financieros norteamericanos, no sólo en el país de que se trate sino, mediante su ejemplo, en toda la América latina".

De acuerdo con este lógico razonamiento, que los cubanos no se hicieron en ese instante, era fácil advertir que de ninguna manera Estados Unidos iba a aceptarles ser neutralistas. Su condición de país americano (los organismos regionales siempre excluyen el prefijo *latino*), obligaba a Cuba a conservar lo que en política exterior se denomina "solidaridad continental". Violar este precepto significaba la guerra. Que fueran neutralistas los afroasiáticos se aceptaba, porque para los norteamericanos era preferible tenerlos en el medio que en la vereda de enfrente. Pero Cuba no. Corría el riesgo de ser castigada económica y militarmente. Además, un factor gravísimo se sumaba en ese instante: el gobierno de Eisenhower, aguijoneado por los éxitos espaciales de la Unión Soviética, no podía tolerar un segundo desafío tan cerca de sus costas.

Dos nuevos cargos

Lejos de calcular todo eso y desestimando las amenazas ("¡Que griten! ¡Me importa un pito lo que opinen los yanquis!"), El Che desplegaba ante Fidel Castro carpetas con informes económicos, cuadros estadísticos, gráficos y fotografías de plantas industriales acumuladas durante su viaje. En la tarde del 7 de octubre le dijo:

–El sistema económico de los yugoslavos no nos conviene, aunque ellos lo manejen muy bien; pienso que podría servirnos en otra etapa, pero no sé, no me convence mucho. En cambio los que están en una situación económica parecida a la nuestra son los egipcios y los indonesios; estos últimos un poco peor que nosotros. Yo creo que la mejor manera de alcanzar la industrialización...

–Oye, chico, no me digas más. Hoy hay reunión en el INRA y te voy a inventar un cargo: jefe del Departamento de Industrias. ¿Estás de acuerdo?

La designación oficial fue inmediata. El Che retuvo sus funciones militares en el cuartel La Cabaña y comenzó a trazar sus planes industrialistas. Pero chocaba con un obstáculo: el presidente del Banco Nacional, Felipe Pazos. Este marchaba a una velocidad muy diferente de la que estaban acostumbrados los guerrilleros. Al advertirlo, Fidel Castro no dudaría en pedirle la renuncia.

–Con este tipo no se puede trabajar. No entiende lo que es una revolución... –protestaba El Che.

–Mira, le daremos unas vacaciones... ¡A otra parte con este tío, si es que no funciona!

–¿Y con quién piensas reemplazarlo?

–¡Contigo!

El economista

El 26 de noviembre de 1959 el Consejo de Ministros designó al comandante Ernesto *Che* Guevara en el cargo de presidente del Banco Nacional de Cuba, en sustitución de Felipe Pazos, a quien se le agradecieron "los importantes y patrióticos servicios prestados". El Che recibió así el manejo de las finanzas del país (esas eran, en la práctica, las atribuciones del Banco Nacional) y una recomendación del primer ministro: "Te he confiado la economía de Cuba porque eres más listo que tu antecesor y porque creo en ti. Pero, por favor, ¡comienza esa industrialización de una buena vez!".

La designación sorprendió a muchos, sobre todo en el exterior. Ya no se trataba de una oficina "de industrias" en el INRA, que sonaba como una especie de dependencia burocrática creada para incluir al Che en el presupuesto oficial y premiarlo con un sueldo. No. Esto era algo mucho más grave. Era la economía cubana en manos de un improvisado cuyas únicas virtudes conocidas eran la medicina y la guerra. Así lo veían desde afuera.

Pero quienes conocían los entretelones, como Herbert L. Matthews, comprendieron las razones muy claramente. Tiempo después, el corresponsal del *New York Times* al publicar su libro[38], escribió:

> Para hacer una revolución de este tipo se necesitan nuevos hombres cuya primera calificación debe ser lealtad a la Revolución y a su líder. Hubo asombro y sentido del ridículo cuando Fidel Castro nombró al Che Guevara presidente del Banco Nacional, como sucesor de uno de los economistas cubanos más competentes e internacionalmente respetados, Felipe Pazos. Sin embargo, en esa etapa, resultaba una maniobra lógica. El Che no sabía nada de bancos, pero Fidel necesitaba un revolucionario, y no había banqueros revolucionarios.

La guerra de guerrillas

A principios de 1960, El Che daba los últimos toques a un trabajo que había ido preparando pacientemente. Un manual de guerrillas donde había volcado todas sus experiencias y que empezó a escribir en el cuartel La Cabaña, durante los primeros días del gobierno revolucionario. Camilo Cienfuegos le había prometido leer los originales y corregir lo que fuera necesario, pero su desaparición comprometió al autor a dedicarle el libro. *La guerra de guerrillas*, así lo tituló, iba a tener la foto de Camilo en su cubierta y un prólogo dedicado a él. "No sé si Camilo", puso allí, "conocía la máxima de Dantón sobre los movimientos revolucionarios: *Audacia, audacia y más audacia*; de todas maneras la practicó con su acción".

También aprovechó para definir en pocas palabras la personalidad de su compañero de guerrillas, tomando una frase de Fidel Castro: "Camilo tenía la cultura del pueblo, que lo había elegido entre miles para ponerlo en un lugar privilegiado, adonde llegó con golpes de audacia, con tesón, con inteligencia y devoción sin par". Es que de todos ellos, Camilo era el único jefe rebelde que provenía de la clase trabajadora. Había sido sastre, no médico como El Che ni abogado como Fidel. Su familia carecía de la herencia aristocrática de los Guevara Lynch y del poder económico de los Castro.

Camilo era pueblo puro. Y como tal, sin una ideología coherente. Adaptado a un socialcristianismo muy elástico, muy vago en sus definiciones. El Che, que lo quería como amigo, como hombre, no como ideólogo porque no lo era, estampó en aquel prefacio: "No vamos a encasillarlo, para aprisionarlo en moldes, es decir, matarlo. Dejémoslo así, en líneas generales, sin ponerle ribetes precisos a su ideología socioeconómica que no estaba perfectamente definida; recalquemos sí, que no ha habido en esta guerra de liberación un soldado comparable a Camilo".

El libro comenzaba con un capítulo de enseñanza teórica, donde se delinearon los principios generales de la lucha guerrillera: estrategia, táctica, terrenos favorables. Lo que El Che denominaba "la esencia de la lucha guerrillera", se definía allí en tres puntos:

> Primero, las fuerzas populares pueden ganar una guerra contra el ejército; segundo, no siempre hay que esperar a que se den todas las condiciones para la revolución, pues el foco insurreccional puede crearlas; tercero, en la América subdesarrollada, el terreno de la lucha armada debe ser fundamentalmente el campo.

En el capítulo siguiente, sobre organización de una guerrilla, sus combates y el desarrollo integral de guerra, definía al guerrillero como un reformador social: "Al comenzar la lucha, lo hace ya con la intención de destruir un orden injusto y, por lo tanto, más o menos veladamente con la intención de colocar algo nuevo en lugar de lo viejo. Como los lugares que ofrecen condiciones ideales para la lucha son campestres, la base de reivindicaciones sociales que levantará el guerrillero será el cambio de la estructura de la propiedad agraria. La bandera de lucha durante todo este tiempo será la reforma agraria". No aceptaba que alguien pudiese convertirse en guerrillero sin alzar esa bandera. O que no cuidara su conducta moral. Para él un guerrillero era un sacerdote de la reforma social. "Debe ser un asceta", escribió.

En el tercer y último capítulo, El Che delineó la organización del frente guerrillero: abastecimientos, organización civil, función de las mujeres, sanidad, sabotaje, industria bélica, propaganda e información, entrenamiento, adoctrinamiento y organización estructural del ejército de un movimiento. Todo basado, obviamente, en sus propias experiencias, en el triunfo del Ejército Rebelde cubano.

Pero cuando el libro parecía terminado, en enero de 1960, le agregó un cuarto capítulo de "Apéndices": organización en la clandestinidad de la primera guerrilla y defensa del poder conquistado. Es que para ese entonces la Revolución había comenzado a recorrer su verdadero camino y soportaba los primeros embates. Creyó por eso necesario incorporar algunas enseñanzas más, para que sus destinatarios evidentes, los revolucionarios latinoamericanos, se decidieran de una vez por todas a lanzarse a esa maravillosa aventura de ayudar a Cuba. No le parecía correcto que Cuba enfrentara sola al gigante, y menos aún que otros países comenzaran a medrar a costa de la Revolución, chantajeando al gigante con la amistad castrista, si no les aflojaba los dólares que le pedían.

Información para el enemigo

La guerra de guerrillas se editó en ciento noventa páginas, bajo la responsabilidad del Departamento de Instrucción del Ejército Rebelde, y sus pasajes explicativos fueron ilustrados por el teniente Hernando López. Este manual se distribuyó gratuitamente entre los soldados cubanos, con una indicación en la última página, escrita por el autor: "Compañero, este libro pretende ser una síntesis de las experiencias de un pueblo; si crees que se deba agregar o cambiar algo, comunícalo al Departamento de Instrucción".

Esa primera edición debió entrar clandestinamente en la mayoría de los países de América latina, a través de las valijas diplomáticas cubanas, porque su venta fue prohibida. No pocos ejemplares fueron a poder de los altos jefes militares norteamericanos, quienes estudiaron detenidamente la estrategia guerrillera para estructurar una defensa efectiva. Jamás imaginaría El Che que su libro iba a ser tan valioso para el Pentágono. No supuso, en el momento de escribirlo, que estaba regalando demasiada información al enemigo.

En la Argentina, donde *La guerra de guerrillas* se leía a escondidas, algunos oficiales del Estado Mayor decidieron incluir en las maniobras militares una instrucción específicamente antiguerrillera. Pero debieron suspenderla muy pronto, porque alguien hizo notar que se estaba cultivando guerrilleros, pues todos los soldados instruidos eran conscriptos enrolados en el ejército por obligación; estaban de paso y saldrían de allí con una preparación demasiado peligrosa a los veinte años, edad en la cual las ideologías prenden con todo el vigor de su vitalidad. Era incurrir en el mismo error del Che: obsequiar información al enemigo. Y, lo que sería peor, crear guerrilleros en la Argentina, donde aún no los había.

Reencuentro con Granado

Una sorpresa sacó al Che de su escritorio en la tarde del 18 de julio de 1960. "Está un amigo suyo, de hace muchos años", le informaron por el intercomunicador. "Que pase", ordenó. Al abrirse la puerta del suntuoso despacho, apareció la figura regordeta de Alberto Granado:

–¿Así que ahora sos importante, che?

–¡*Mial!* ¿En qué viniste? ¿En balsa?

Se abrazaron, tomaron mate, intercambiaron noticias (hacía ocho años que no charlaban) y, al final, derivaron hacia los temas políticos.

–¿Qué pasa con los yanquis, che? ¿No te entiendes? –lo pinchó Granado.

–Mirá, viejo, vos sabés muy bien lo que yo anduve por América latina después que nos separamos. ¿Te acordás de los colombianos aquellos que se morían de hambre y no tenían dónde morirse? Bueno, así es en todos lados. Y resulta que cuando algún país empieza a levantar cabeza, como pasaba en Guatemala, entonces los yanquis te mandan sus aviones y a la mierda con todo... ¡Son unos reverendos hijos de puta! En cuanto tocás algo de ellos, ¡zas!, te dicen que sos comunista y empiezan a joder con la OEA y con la democracia occidental. Entonces, para joderlos a ellos, vos tenés que hacerte medio comunista y buscar que te ayuden los rusos, para demostrarles que tenés palenque en otro lado. Porque te imaginarás que las trescientas mil hectáreas que les expropiamos a los yanquis no se las vamos a devolver...

–Pero el otro día leí que no les van a comprar más azúcar. ¿Y a quién se la van a vender? ¿A los rusos?

—Claro. Los rusos nos compran todo y al mismo precio. Yo te voy a llevar por las provincias para que conozcas bien todo esto. Es un país chiquito, pero precioso.
—¿Y Fidel? ¿Qué tal es?
—Un ejemplar fuera de serie. Ya lo vas a conocer.

Tal como estaba previsto, en esos días fue cancelada la "cuota azucarera" por el gobierno de Eisenhower. Un formidable argumento para los cubanos: acusar al gigante de pegarle al más débil. El Che, que había previsto la medida, instruyó a Raúl Castro (que estaba en Moscú) para que concretara oficialmente la venta de azúcar a la Unión Soviética.

La medida en sí no era tan perjudicial, porque la participación cubana en la cuota azucarera de Estados Unidos operaba, en su mayor parte, en ventaja de las grandes empresas norteamericanas.[39] Lo más grave podían ser los próximos pasos: el bloqueo económico o la invasión armada. Ambos fueron previstos a partir de ese momento, y Raúl se lo explicó a los rusos.

Notas para la ideología

El 29 de agosto de 1960, en San José de Costa Rica, los representantes de todos los países del hemisferio (convocados por la OEA) desempolvaron la Doctrina Monroe y aprobaron una declaración. En ella se calificaba de "intervención extracontinental" la advertencia de Kruschev de defender a Cuba con cohetes soviéticos en caso de invasión armada por parte de Estados Unidos. Cuba, obviamente, negó su voto y preparó la respuesta. Cuatro días después, el 2 de septiembre de 1960, una gigantesca asamblea popular reunida en La Habana escuchó la lectura de un documento redactado por Fidel, Raúl y El Che, donde se repudiaba "en todos sus términos la denominada Declaración de San José, por ser un documento dictado por el imperialismo norteamericano". Millares de manos levantadas (en lo que él denominó Asamblea General Nacional del Pueblo de Cuba) aprobaron informalmente ese texto. Se lo dio a publicidad con el nombre de Declaración de La Habana.

A los quince días, en un acto de apoyo a esa Declaración, El Che exclamaba: "Por eso nos temen, por eso quieren aislarnos y quieren destruirnos; porque tienen miedo de que este ejemplo cunda y de que por toda América florezcan las cooperativas, y por toda América se extinga el latifundio y, antes que todo eso, por toda América empiecen a crecer las barbas guerrilleras y toda la Cordillera de los Andes se convierta en otra Sierra Maestra".[40]

Estados Unidos contestó un mes después, en octubre, con el embargo a casi todo el comercio con Cuba, la segunda represalia de orden económico. El Che, lejos de inmutarse, declaró a los periodistas que el país no sufriría serios perjuicios porque estaban preparados para esa eventualidad y aunque no negó la probabilidad de algunas dificultades económicas, pidió al pueblo "confianza en la solidaridad de las naciones que han prometido apoyar a Cuba".

En ese momento se pusieron en juego las ideas marxistas. La Revolución, políticamente, comenzaba en ese instante, apoyada por los países socialistas y fundada en una ideología bien definida. Por eso El Che se sentó a escribir. Quiso lanzar una especie de manifiesto doctrinario que sirviera de guía, sin ocultar los verdaderos propósitos. Y con abierta sinceridad política se puso a redactar ese documento para clarificar ideas. Lo tituló *Notas para el estudio de la ideología de la Revolución Cubana* y fue publicado en el órgano del Ejército Rebelde.[41] Sus párrafos más salientes fueron estos:

> Esta es una revolución singular en la que algunos han creído ver que no se ajusta a una de las premisas de lo más ortodoxo del movimiento revolucionario, expresada por Lenin: *Sin teoría revolucionaria no hay movimiento revolucionario*. Convendría decir que la teoría revolucionaria, como expresión de una verdad social, está por encima de cualquier enunciado, es decir: que la Revolución puede hacerse si se interpreta correctamente la realidad histórica y se utilizan correctamente las fuerzas que intervienen en ella, aun sin conocer la teoría. Es claro que el conocimiento adecuado de ésta simplifica la tarea e impide caer en peligrosos errores, siempre que esa teoría enunciada corresponda a la verdad. Además, hablando concretamente de esta revolución, debe recalcarse que sus actores principales no eran exactamente teóricos, pero tampoco ignorantes de los grandes fenómenos sociales y los enunciados de las leyes que los rigen. Esto hizo que sobre la base de algunos conocimientos teóricos y el profundo conocimiento de la realidad, se pudiera ir creando una teoría revolucionaria.
>
> Cuando se nos pregunta si somos marxistas o no, nuestra posición es la que tendría un físico al que se le preguntara si es *newtoniano*, o a un biólogo si es *pasteuriano*. Hay verdades tan evidentes, tan incorporadas al

conocimiento de los pueblos, que ya es inútil discutirlas. Se debe ser marxista con la misma naturalidad con que se es *newtoniano* en física, o *pasteuriano* en biología, considerando que si nuevos hechos determinan nuevos conceptos, no se quitará nunca su parte de verdad a aquellos otros que hayan pasado. Tal es el caso, por ejemplo, de la relatividad *einsteniana* o de la teoría de los *quanta* de Planck, con respecto a los descubrimientos de Newton; sin embargo, eso no quita absolutamente nada de su grandeza al sabio inglés. Gracias a Newton es que pudo avanzar la física hasta lograr los nuevos conceptos del espacio. El sabio inglés es el escalón necesario para ello. A Marx como pensador, como investigador de las doctrinas sociales y del sistema capitalista que le tocó vivir, puede, evidentemente, objetársele ciertas incorrecciones. Nosotros, los latinoamericanos, podemos, por ejemplo, no estar de acuerdo con su interpretación de Bolívar o con el análisis que hicieran Engels y él de los mexicanos, dando por sentadas incluso ciertas teorías de la raza o la nacionalidad inadmisibles hoy. Pero los grandes hombres, descubridores de verdades luminosas, viven a pesar de sus pequeñas faltas y éstas sirven solamente para demostrarnos que son humanos.

El mérito de Marx es que produce de pronto en la historia del pensamiento social un cambio cualitativo; interpreta la Historia, comprende su dinámica, prevé el futuro, pero, además de preverlo, donde acabaría su obligación científica, expresa un concepto revolucionario: *No sólo hay que interpretar la naturaleza, es preciso transformarla*. El hombre deja de ser esclavo e instrumento del medio y se convierte en arquitecto de su propio destino. En ese momento, Marx empieza a colocarse en una situación tal, que se constituye en el blanco obligado de todos los que tienen interés especial en mantener lo viejo, como antes le pasara a Demócrito, cuya obra fue quemada por el propio Platón y sus discípulos, ideólogos de la aristocracia esclavista ateniense.

A partir de Marx revolucionario, se establece un grupo político con ideas concretas que, apoyándose en los gigantes, Marx y Engels, y desarrollándose a través de etapas sucesivas, con personalidades como Lenin. Mao Tse-tung y los nuevos gobernantes soviéticos y chinos, establece un cuerpo de doctrinas y, digamos, ejemplos a seguir. La Revolución Cubana toma a Marx donde éste dejara la ciencia para empuñar un fusil revolucionario: y lo toma allí, no por espíritu de revisión, de luchar contra lo que sigue a Marx, de revivir a Marx *puro*, sino simplemente porque hasta allí Marx, el científico, colocado fuera de la Historia, estudiaba y vaticinaba. Después, Marx revolucionario, dentro de la Historia, lucharía. Nosotros, revolucionarios prácticos, iniciando nuestra lucha, simplemente cumplíamos leyes previstas por Marx el científico y, por ese camino de rebeldía, al luchar contra la vieja estructura del poder, al apoyarnos en el pueblo para destruir esa estructura, y al tener como base de nuestra lucha la felicidad de ese pueblo, estamos simplemente ajustándonos a las predicciones del científico Marx. Es decir, y es bueno puntualizarlo una vez más, las leyes del marxismo están presentes en los acontecimientos de la Revolución Cubana, independientemente de que sus líderes profesen o conozcan cabalmente, desde un punto de vista teórico, esas leyes.

En ese trabajo, El Che reseñó las diferentes etapas de la Revolución (clasificó seis períodos distintos, desde la organización en México hasta la campaña de Las Villas), asignando a cada una de ellas determinadas influencias en la mentalidad del grupo guerrillero. Y concluye:

> Los hombres que llegan a La Habana, después de ardorosa lucha en la Sierra y los llanos de Oriente, en los llanos de Camagüey y en las montañas, los llanos y ciudades de Las Villas, no son, ideológicamente, los mismos que llegaron a las playas Las Coloradas, o los que se incorporaron en el primer momento de la lucha. Su desconfianza en el campesino se ha convertido en afecto y respeto por las virtudes del mismo, su desconocimiento total de la vida en los campos se ha convertido en un conocimiento absoluto de las necesidades de nuestros guajiros; sus coqueteos con la estadística y con la teoría han sido anudados por el férreo cemento que es la práctica.

Los cambios que menciona, efectivamente, se habían producido. Pero más que en el espíritu de todos los guerrilleros, en su propia mentalidad. Era él mismo quien se definía en esa metamorfosis. Era El Che el que más había absorbido las enseñanzas prácticas de la Sierra, porque era también él quien contaba con mayor formación ideológica. De ahí su solidez doctrinaria cuando hubo que definir políticamente a la Revolución.

El ministro de Industrias

El embargo del comercio cubano con Estados Unidos, en octubre de 1960, obligó a concretar nuevos acuerdos con los países comunistas. Pero esta vez El Che quiso ir personalmente a obtenerlos. Como el viaje de Raúl Castro por el otro lado de la denominada Cortina de

Hierro había redituado valiosos contactos y abierto el camino para las negociaciones, ahora él iba a hacer valer su carácter de presidente del Banco Nacional. Encabezó entonces la delegación y partió de La Habana el 21 de octubre de 1960. Los principales puntos del itinerario eran Checoslovaquia, la Unión Soviética, China continental, República Democrática Alemana, Hungría y República Popular de Corea.

Cuando retornó, con el portafolios cargado de convenios comerciales firmados en todos los países que visitó, por un total de 357 millones de dólares[42], fue ascendido.

Fidel Castro creó un nuevo ministerio, el de Industrias, exclusivamente para él y lo nombró titular de esa cartera el 23 de febrero. Era la mejor forma de satisfacer un insistente pedido suyo: "Mirá", le había dicho a Fidel, "a mí no me gusta mucho esto del Banco Nacional. Que se ocupe otro. Esto es muy burocrático y yo no sirvo para burócrata... Preferiría volver al Departamento de Industrialización del INRA. Dame eso". A fines de 1960, cuando Huberman y Sweezy visitaron Cuba, El Che les repitió lo mismo: "Créanme que no me gusta esto; prefiero el Departamento de Industrias".[43]

También en esa época Herbert L. Matthews, que recopilaba información para su libro, habló con El Che y le preguntó sobre los resultados del viaje. "Al explicar su éxito en obtener ayuda económica del bloque comunista", escribió después el corresponsal del *New York Times*[44], "El Che Guevara me dijo: *No podíamos hacer un pedido sobre una base económica; este fue simplemente un pedido político*. Nosotros hicimos de alguna manera lo mismo en Europa con el Plan Marshall. Requirió verdaderos sacrificios por parte de todo ciudadano norteamericano, y tuvo buen resultado. Sin embargo, no hemos querido afrontar un desafío similar en nuestro propio hemisferio. América latina no tuvo participación alguna en el Plan Marshall".

Durante ese viaje, El Che fue invitado en Moscú a los festejos del cuadragésimo tercer aniversario de la Revolución Rusa. El 7 de noviembre subió al palco de honor y fue ubicado junto a Kruschev, y al lado de otro visitante especial, Maurice Thorez, el líder comunista de Francia. Al día siguiente *Pravda* destacaría esa foto a toda página e informaría de un suceso muy importante para los rusos: la elección de un nuevo presidente norteamericano. ¿Kennedy o Nixon? Para ellos no había duda alguna. El mismo Kruschev, mentalmente, votaba por Kennedy. Y Kennedy ganaba. O, más exactamente, Eisenhower y Nixon perdían.

Para los rusos el cambio era importante, porque la insistencia de Kruschev en "coexistir pacíficamente" (aunque generara problemas con China) tendría más puntos de contacto en Washington si gobernaban los demócratas en lugar de los republicanos. En la Casa Blanca, mientras tanto, los viejos funcionarios de carrera sabían que el diálogo personal de su presidente con Kruschev se reanudaría de un momento a otro, quizás apenas Kennedy se hospedara allí, en su carácter de nuevo jefe de Estado.

Para El Che, que escuchaba en Moscú toda clase de conjeturas, no había modificaciones. "Estados Unidos es enemigo de Cuba desde hace más de un siglo. No creo que cambie ahora porque se vaya un presidente que juega al golf y venga otro que practica *yachting*. En todo caso, en vez de querer pegarnos con un palo, es probable que nos ataquen desde un barco", respondió con todo desenfado a un cronista ruso. El chiste encerraba una sugerencia cargada de intención, pues el palo de golf de Eisenhower era algo así como una edición más refinada del *big-stick* (política del garrote), y el yate de Kennedy simbolizaba el riesgo de un desembarco de *marines* en las costas cubanas.

Ruptura de relaciones y sondeos

Si la inminencia del cambio presidencial en Estados Unidos no inmutaba al Che, a Fidel Castro, por lo contrario, lo hizo reflexionar muy seriamente a fines de 1960. Kennedy asumiría a mediados de enero de 1961 y se descontaba que su entrevista con Kruschev sería uno de los primeros pasos que darían ambos gobernantes, deseosos de negociar los puntos más críticos. Entre ellos estaba Cuba, la que para los rusos nunca iba a ser tan importante como para los propios cubanos.

Fidel Castro suponía que Kruschev era capaz de jugar a Cuba como una pieza valiosa en el ajedrez internacional, pero factible de ser canjeada. Y si así no fuera, porque esa posición ganada era demasiado importante como para negociarla enseguida, debía esperarse por lo menos un cambio de actitud. Algo así como una recomendación de mesura por parte de los rusos, dirigida a lograr que Cuba se entendiera con Estados Unidos y desoyera las voces guerreras de China.

Fidel Castro, con cuya venia se había colocado la economía cubana en manos de la Unión Soviética, aceptó la idea porque en ese momento no estaba para chistes. El 25 de diciembre los rusos le habían hecho un importante regalo de Navidad: anunciaron la instalación en Cuba de un centenar de fábricas; prometieron incrementarles la producción de acero de cuarenta mil a doscientas mil toneladas anuales y planearon la búsqueda de nuevos yacimientos de petróleo y de hierro en un área de diez mil kilómetros. Valía la pena, entonces, esperar algo de la nueva situación internacional.

Pero las especulaciones que Fidel Castro hacía a fin de año fueron sacudidas violentamente en el tercer día de 1961. Dos semanas antes de irse, en la mañana del 3 de enero, Eisenhower rompió las relaciones diplomáticas con La Habana. "¿Y esto qué significa?", se preguntaron los jefes de la Revolución. Pensaron dos posibilidades: o era una maniobra urdida por Kennedy para provocar reacciones intempestivas de Fidel Castro y desbaratar los planes de Kruschev, o bien los republicanos querían culminar su administración con una medida espectacular de dureza política.

Pero concluyeron que no se trataba ni de especulaciones políticas ni de actitudes póstumas, sino de un proyecto para invadir la isla (elaborado pacientemente por la CIA) que los republicanos deseaban transferir al nuevo presidente. Y dentro de ese paquete iba la ruptura diplomática, imprescindible para poner la operación en marcha. Eisenhower era el más indicado para romper relaciones, porque esto respondía a su imagen agresiva. Kennedy, en cambio, no iba a comenzar su presidencia con un hecho de esa naturaleza sin antes revisar la política exterior, como había prometido.

Fidel Castro, que estaba al tanto de los preparativos de la CIA (se habían captado mensajes cifrados y nadie ignoraba que los invasores eran instruidos militarmente en Guatemala), creyó llegado el momento de buscar por vías indirectas –la diplomacia soviética– una negociación con Estados Unidos. Temía que esa invasión fuera decisiva y quiso frenarla. Sugirió entonces la idea de "empezar de nuevo", aprovechando la instalación de otro presidente, e hizo sus sondeos. Pero éstos cayeron en el vacío, pues el proyecto de la CIA estaba demasiado maduro y, contrariamente a sus cálculos, Kennedy terminaría dándole su aprobación.

No pocos observadores encontraron más tarde cierta similitud entre esta situación y otra de 1945, cuando el gobierno de Washington desoía los sondeos diplomáticos del Japón (también por medio de la Unión Soviética) porque el presidente Harry S. Truman había dado su aprobación al lanzamiento de la primera bomba atómica, un proyecto heredado de su antecesor Franklin Delano Roosevelt.

Un libro y dos cartas

Por ese entonces, El Che aprovechó para retocar algunos de sus escritos. Eran los apuntes tomados en su diario de campaña, que se decidió a publicar "para que los jóvenes del Ejército Rebelde sepan lo que es la conducta revolucionaria en los momentos más difíciles". Sabía que, si se producía un ataque contra la isla, él tendría que ocupar otra vez su puesto de comandante, y por eso creyó necesario refrescar a los soldados algunas escenas de la guerra. Estos apuntes, una vez corregidos, se dividieron en artículos separados que publicó la revista *Verde Olivo*. (Dos años después, en 1963, la Unión de Escritores y Artistas de Cuba los iba a recopilar en un libro: *Pasajes de la guerra revolucionaria*.)

Antes de iniciar su relato, El Che hizo una advertencia a sus lectores:

> Muchos sobrevivientes quedan de esta acción y cada uno de ellos está invitado a dejar también constancia de sus recuerdos, para incorporarlos y completar mejor la historia. Sólo pedimos que sea estrictamente veraz el narrador; que nunca, para aclarar una posición personal o magnificarla, o para simular haber estado en algún lugar, diga algo incorrecto. Pedimos que, después de escribir algunas cuartillas en la forma en que cada uno pueda, según su educación y su disposición, se haga una autocrítica lo más seria posible para quitar de allí toda palabra que no se refiera a un hecho estrictamente cierto, o en cuya certeza no tenga el autor una plena confianza. Por otra parte, con ese ánimo empezamos nuestros recuerdos.[45]

Le preocupaba mucho la veracidad de los hechos relatados. "¿A qué macanear", solía decir, "si la guerra la ganamos nosotros y no hay por qué ocultar nada?". Es que cuando leía algunas crónicas demasiado exageradas, no toleraba la fanfarronería del autor colocado en héroe.

Tampoco admitía que se idealizaran los personajes ni que se derramaran excesivas dosis de almíbar sobre los textos. Cuando advirtió algo de esto último, se puso furioso. "No tengo inconveniente", le respondió al novelista Juan Angel Cardi[46], "en que utilice lo que le parezca del diario de Las Villas. Recuerde, sin embargo, que al publicarlo fue adornado con lenguaje florido por un comemierda".

Celia escribe en *La Vanguardia*

En Buenos Aires, la madre del Che también había comenzado a escribir. Su segunda visita a Cuba, en 1960, le sirvió para descubrir que una revolución era algo más serio que un simple cambio de personajes (como ocurría en la Argentina desde 1930), y Celia quedó cautivada por completo. Ella no entendía muy bien lo que era marxismo. Aunque había tratado de cerca a los comunistas y sabía que no eran "tan monstruosos" (su hermana Carmen y su cuñado *Policho* fueron afiliados en otra época a ese partido), desconocía por completo el contenido de sus teorías.

Ella era una impaciente como su hijo, no una doctrinaria. Si su Ernesto estaba haciendo una revolución que le sacaba a los ricos para darle a los pobres, había que ayudarlo. El argumento era sencillísimo, tan simple como el de una novela de aventuras. Y en esta historia Robin Hood era él, el gran amor de su vida.

Celia había traído toda clase de fotografías, folletos y libros de La Habana. Estaba ansiosa por utilizarlos para transmitir lo que había visto, escribir algo para ayudar a Ernesto. No sabía cómo empezar ni quién le editaría esas cosas, cuando alguien le sugirió ir a *La Vanguardia*, el semanario de los socialistas, que dirigía por ese entonces la doctora Alicia Moreau de Justo. Ella había pensado en *La Prensa*, pero se quitó la idea enseguida, porque era absurdo suponer que el diario de los Gainza Paz (por más parientes que fueran de los Guevara Lynch) le iba a abrir sus páginas para que defendiera a Cuba. Los socialistas, en cambio, eran los más ardientes defensores de la Revolución en ese momento y además, como ese órgano partidario estaba dirigido por una mujer, valía la pena conversar con ella, proponerle notas y abundante material fotográfico.

Allá fue una tarde, a la semidestruida Casa del Pueblo [47] donde funcionaba la redacción de *La Vanguardia*, y conversó con su directora. Le propuso las notas, le mostró las fotos y la entusiasmó.

–Vea usted estas cifras, doctora; son todas del Banco Nacional, donde estuvo Ernesto. Son cuadros comparativos del aumento de producción de arroz, azúcar y café. Y estas otras son de la producción ganadera.

–De acuerdo. Tráigame usted todo eso escrito y publicaremos las notas a partir del próximo número.

Celia se encerró en su casa de la calle Aráoz y redactó cuatro artículos que tituló: "Cuba por dentro", "La tierra para el guajiro", "Vivienda para todos" y "Desarrollo industrial".[48] En este último aprovechó para explicar todos los proyectos del Che.

Hablaba de la industrialización del guano de murciélago; de la fabricación de cocinas, refrigeradores, ollas a presión y motores; del acueducto proyectado en La Habana y de la producción anual de ácido fosfórico. Pero había algo más importante para ella que todo eso: "La extraordinaria juventud de los dirigentes, pues son raros los que han cumplido treinta y cinco años de edad". Entre ellos estaba Ernesto, a quien vio trabajar infatigablemente, más responsable que nunca, tan obsesivo para lograr esos objetivos como cuando se impuso la obligación de rendir una docena de materias de medicina en un año.

La fascinaba ver a tantos muchachos al frente de un gobierno. "Si los guerrilleros aprendieron a pelear, peleando", anotó, "ahora están aprendiendo a gobernar, gobernando". Y, asombrada por la ductilidad de su hijo, escribió a continuación: "Cada uno descubrió en sí mismo condiciones insospechadas, que salieron a flote desde el fondo dormido de su personalidad y que los hicieron capaces de desempeñar los oficios más diversos".

El triunfo de Palacios

Las notas se publicaron en un momento muy especial para los argentinos, e incluso para los socialistas. La Revolución Cubana había atrapado las simpatías de los sectores universitarios, ahora atraídos más que nunca por las ideas marxistas, y la juventud del Partido Socialista Argentino trataba de infundir izquierdismo revolucionario a sus viejos líderes. Esa batalla interna del socialismo determinó la renuncia de la doctora Moreau de Justo a la dirección de *La Vanguardia*[49] y un cambio de orientación doctrinaria en vísperas electorales. Había que cubrir una banca del Senado correspondiente a la Capital Federal y el PSA proponía al candidato más factible: Alfredo L. Palacios. El viejo líder, que algunos meses antes estuvo en Cuba recorriendo las nuevas plantas industriales, había observado algo que, para él, justificaba por ese solo hecho a la Revolución: la conversión de cuarteles en escuelas. "¡Esto es maravilloso! ¡Increíblemente maravilloso!", enfatizó Palacios al contemplar ese espectáculo.

Fidel Castro y El Che lo hospedaron esa vez con todos los honores y recordaron que la voz de Palacios era de las pocas que se alzaron en Buenos Aires en junio de 1954, para condenar la invasión armada a la Guatemala de Jacobo Arbenz. El Che lo observaba con detenimiento, no le quitaba los ojos de encima a ese viejo de ochenta años, obsesivamente guapo e incorruptible, de quien se había reído tantas veces. Le impresionaban dos cosas: el vozarrón y la estampa. Por primera vez le encontraría explicación a ese poncho colgando de un hombro y a esos bigotes obstinados. Claro, ¿cómo no se había dado cuenta antes? Los bigotes de Palacios eran como la barba de Fidel, y el poncho un símbolo tan criollo como el mate y la bombilla... Entonces, ¿de qué se había estado riendo durante tanto tiempo?

Llegaron las elecciones de senadores, el 5 de febrero de 1961, y Palacios ganó. Su triunfo se debió a la conjunción de diversos factores. Uno de ellos fue su adhesión a Cuba, que le reportó los votos de la juventud universitaria (desengañada del frondizismo) y de los sectores de izquierda en su totalidad. Como su margen de ganancia fue ajustado[50], por primera vez en la historia política de la Argentina hasta los votos comunistas sirvieron para algo.[51] En Cuba se alegraron del triunfo de Palacios y El Che, como argentino, fue el receptor de las primeras felicitaciones.

Con Martínez Estrada

Arrastrando pesadamente sus sesenta y seis años, Ezequiel Martínez Estrada (invitado por Casa de las Américas) había ido "a ver qué es eso de la revolución de los jóvenes barbudos"; a confirmar con sus propios ojos porque ya estaba harto de que lo engañaran. "Sí, en mi país", repetía en aquel tiempo, "los jóvenes también llevaron a su líder al poder. Pero miren lo que ha hecho...". Se refería a Frondizi, en cuyo antiimperialismo también él había confiado. Cuando lo dejaron ver todo eso y se convenció de que era realmente una revolución, quiso contarlo. Escribió algunas líneas a máquina, como si se tratara de una breve "radiografía de la isla", y se las dio a Gustavo Roca, que viajaba a Buenos Aires, para que las difundiera entre los periodistas amigos. Decía en esa nota:

> Gustavo ha presenciado lo que yo pudiera narrar, y su testimonio disipará cualquier duda acerca de la veracidad de lo que parece increíble. El ha visto la realidad de lo que en Cuba se ha hecho en veinte meses y de lo que se está haciendo para organizar una vida común de paz y de progreso. Vio lo que puede un pueblo que se levanta de su postración y adquiere conciencia cabal de sus derechos y de sus deberes.[52]

Una noche, Martínez Estrada quiso conocer al Che y se corrió hasta la plaza Cadenas de la Universidad de La Habana, donde el flamante ministro de Industrias hablaría sobre "El papel de la Universidad en el desarrollo económico de Cuba". Estaba dispuesto a permanecer de pie varias horas con tal de curiosear de cerca a "ese argentino legendario", como lo llamaba él. Al verlo, le pareció estar en presencia de un personaje bíblico, con uniforme de fajina en vez de túnicas. Observaba cómo el pelo y la barba le daban una apariencia de adolescente fatigado, con los hombros altos y el torso aplanado. Aquella escena él la contaría así:

> Al presentarse en público iluminado por concentrados focos de luz, la asamblea prorrumpió en un aplauso efusivo que evidenció el fervor que Guevara ha despertado en los jóvenes. Lo escuché con intensa atención, en actitud crítica, para captar en sus palabras y en sus gestos lo que pudiera haber de escénico, ya que la gran prensa lo presenta, lo mismo que a Fidel Castro, como a un mistagogo demagógico. Tengo alguna experiencia de esa clase de histriones de la democracia, producto aborigen de nuestras tierras, y cierta pericia de sus artilugios. Mi posición era, pues, de simpatía desconfiada. Habló con elocución tranquila, sin ademanes ni patetismo en la inflexión de la voz, sin énfasis ni recursos oratorios. Habló con dominio del tema y con seguridad de sí. No se dirigió a un auditorio sino a una familia numerosa: llano, con dignidad.[53]

Esa noche, El Che le pareció la reencarnación insospechada de los libertadores del siglo pasado. "Hombres así", comentó "retrotraen la historia industrial a la historia humana; de la noción de guerra entre naciones venales que defienden intereses mercenarios saltamos a la mitología, a la guerra de los ángeles contra los demonios, de la luz contra las tinieblas; a la concepción de *la historia como hazaña de la libertad*, según Croce".

Gustavo Roca se encargaría de presentarlos, de programar la primera entrevista. Y El Che recibió al viejo con devoción; como si se conocieran desde siempre. Martínez Estrada no se podría olvidar jamás de ese primer encuentro, y lo documentó así:

> Ha sido para mí, cansado y lejos de la patria, un bien reconstituyente platicar más tarde con quien puedo también yo nombrar Che Guevara. ¿De qué conversamos? De Argentina, de personas, lugares y cosas que ambos conocimos y que están donde estaban. Los dos conservamos de allá una bandera no mancillada que podemos desplegar en cualquier parte. Che Guevara me transmite la sensación de que también yo puedo hacer algo por mis hermanos y mis hijos desconocidos dondequiera que me lleve el destino. El escritorio está atestado de papeles; sobre una mesita hay un mate con bombilla, especie de amuleto que únicamente conmueve a los iniciados. Rubén Darío lo llamó *calumet de la paz*, porque se bebe en común. Es símbolo de la amistad.
>
> El mate, que indefectiblemente nos acompaña cuando hemos partido, es lo último que conserva para el paladar el sabor de la tierra nativa. Nos reconocemos sin habernos conocido. Dialogamos como si bebiéramos mate. No hay ningún desnivel entre su altura y mi pequeñez. Estamos juntos, codo con codo, platicando de igual a igual, pues la condición humana oblitera a todas las otras. En su compañía descanso. Insensiblemente el diálogo toma cariz confidencial y sin advertirlo nos hallamos cambiándonos recuerdos como prendas de amistad. Oigo a un hombre de ingénita sinceridad, llano y transparente, que cautiva entregándose y que inspira seguridad. Guevara olvidó cuanto aprendió y sabe, y vive de nuevo una vida que no le pertenece. Ojalá pueda yo hacer lo mismo. Che Guevara le llama el pueblo que ignora que en guaraní quiere decir *mi* Guevara. Es del pueblo, efectivamente, y se ha recuperado entregándose a él. Huyendo, como Jonás, ha cumplido un deber imperativo. La mano que lo conduce es visible en el camino que anda. Me ayuda a incorporarme y paternalmente, él, que puede ser mi hijo, me conduce del brazo como si cumpliera conmigo su misión de amparar y guiar. Así nos despedimos y no nos separamos. Lo miro fijo para no olvidarlo; abarco toda su faz de Judas Macabeo, y siento en mi brazo una energía que me hace sentir más libre y más resuelto. Comprendo que debo contar, lo mejor que pueda y en la forma más fiel, lo que me ha sido revelado. Cumpliré ese deber hasta el fin. Le digo: *En sus manos hay muchas vidas, y también usted está en otras manos*. Las manos del buen Dios, a quienes sirven, sépanlo o no, cuantos combaten a los tiranos.

Esas tertulias se repitieron y, según Gustavo Roca[54], "El Che acabó por tomarle un cariño especial al viejo ensayista. Comenzó a visitarlo por las noches, después de terminar sus tareas en el Ministerio, para charlar sobre política e historia".

Kennedy se decide por la invasión

Durante la mayor parte de 1960 en Cuba se vivió pendiente de una amenaza de invasión. Los servicios de espionaje cubanos denunciaron por entonces que la CIA estaba armando a un contingente de anticastristas, para lanzarlo sobre la isla con apoyo bélico de Estados Unidos. Se conocían hasta los detalles del entrenamiento, cuya base de instrucción militar estaba, efectivamente, en Guatemala.

Era una nueva maniobra (bautizada "Operación 40") que intentaba reeditar el éxito de la CIA en 1954, cuando el jefe de esa Central de Inteligencia, Allen Dulles, consiguiera hacer derrocar al presidente guatemalteco Jacobo Arbenz. Aquella vez, Allen Dulles había sido el brazo ejecutor, porque la idea fue de su hermano, John Foster Dulles, entonces al frente del Departamento de Estado. Ahora, muerto John Foster y reemplazado por Christian Herter, la ocurrencia de hacer lo mismo con Fidel Castro era del propio Allen Dulles. Así se lo propuso un día al presidente Eisenhower, asegurándole el éxito de la operación.

Estaba planeada para noviembre de 1960, pero como a principios de ese mes los republicanos perdieron las elecciones, Eisenhower se sintió obligado a postergarla. "No podemos poner en marcha esta operación", advirtió el gobernante, "porque ya hay un nuevo presidente electo que asumirá dentro de dos meses".

En efecto, el 20 de enero de 1961 Kennedy recibió, junto con el poder, los secretos de la operación. Se le transfería todo el plan con sus ejecutores. "¿Qué hacemos?", preguntó el nuevo presidente a sus consejeros. No era fácil responderle. Primero convenía informarse bien y para eso fue citado Allen Dulles a una reunión privada dos días después de la transmisión del mando presidencial. El equipo asesor de Kennedy[55] convocó a tres hombres del Gabinete: Dean Rusk (secretario de Estado); Robert McNamara (Defensa) y Robert Kennedy (Justicia), para que escucharan a Dulles. Una semana después, el 28 de enero, el mismo Kennedy quiso oír al jefe de la CIA y lo citó a su despacho de la Casa Blanca. Pero no pareció quedar muy convencido, a pesar de los esfuerzos de Dulles por demostrar "la eficacia de la CIA en esta clase de operaciones". Es que había muchas cosas que no estaban muy claras y los riesgos de un fracaso atemorizaban al presidente.[56]

Por fin, después de reiteradas conversaciones entre los estrategos de la CIA y los asesores de Kennedy, éste resolvió lanzar la invasión. Le habían asegurado que, "apenas desembarquen los anticastristas, todo el pueblo cubano se alzará en armas contra Castro". Y allí estuvo el error más grande: creer en la impopularidad del líder; confundir los deseos con la realidad. Schlesinger, que de todos los asesores de Kennedy era el que menos confianza le tenía al proyecto, reveló después que los agentes de la CIA no informaron, o informaron mal, sobre la verdadera situación política de la isla. Pero Schlesinger, como tantos otros, no abrió la boca en las reuniones de Gabinete.

Lo cierto es que la decisión de Kennedy estuvo avalada por todos sus asesores, aunque éstos se arrepintieran tiempo después.[57] Los únicos que pudieron dormir sin inquietud de conciencia fueron el secretario adjunto de Estado, Chester Bowles, y el senador William Fulbright (demócrata de Arkansas), quienes se cansaron de redactar documentos que recomendaban suspender definitivamente la invasión.

Bahía de Cochinos (o Playa Girón)

A principios de abril, Kennedy aprobó el plan de operaciones (propuesto conjuntamente por la CIA y el Pentágono) y el día 17 los invasores anticastristas desembarcaron en la Bahía de Cochinos. Poco le costó al Ejército Rebelde, con sus 250.000 milicianos entrenados y adoctrinados por El Che[58] (quien recibió una herida en un pómulo al rozarlo una bala, pues retenía el cargo de comandante de regiones militares, a pedido de Fidel), emplear el armamento recién recibido de la Unión Soviética y Checoslovaquia para doblegarlos. Los aviones Mig, por ejemplo, resultaron un arma decisiva para contener el ataque.

Este hecho, que no figuraba en los planes anticastristas (ellos esperaban que la aviación norteamericana, con sus poderosos jets, los protegiera desde el aire), desbarató las esperanzas y convirtió a Bahía de Cochinos (Playa Girón, para los fidelistas) en una espectacular victoria del gobierno de la Revolución. Lo necesario para fortalecerlo aun más.

¿Qué había sucedido? Que Allen Dulles manejó las cosas pésimamente y confundió a todos, hasta al propio Kennedy, convencido de que el régimen castrista tambaleaba; que caería de un soplido. No era así, evidentemente, y al primer error de cálculo, los invasores se quedaron sin municiones, sin aviación y sin refuerzos, librados únicamente a su propia suerte. Los que no murieron, fueron tomados prisioneros. Sólo unos pocos alcanzaron a escapar, maldiciendo a los norteamericanos por haberlos entusiasmado con la idea y abandonado en los peores momentos. En Cuba se celebró el triunfo ruidosamente. En Estados Unidos, en cambio, después de la desazón llovieron toda clase de preguntas sobre la Casa Blanca.

Ahora, a ganarle a los comunistas

A la semana siguiente comenzaban las tratativas para fusionar a los grupos políticos adictos a la Revolución. Hasta ese momento actuaban por separado, coordinadamente (aunque sin evitar las polémicas internas) tres sectores básicos: el Movimiento 26 de Julio (fidelista), el Directorio Revolucionario (con base en la Universidad) y el Partido Socialista Popular (comunista). Los diarios anunciaron que esas tres siglas habían sido fusionadas en una importante reunión celebrada en la ciudad de Guantánamo.[59]

Pocos días después, el 4 de junio, El Che habló en un mitin estudiantil celebrado en La Habana, y explicó: "Aunque parezca a simple vista que el proceso revolucionario avanza sin un partido de masas, este partido existe en la unidad real de las organizaciones revolucionarias. Si bien todavía no está organizado, lo único que falta es crear el partido y nombrar a Fidel su secretario general".

El resultado de aquellas negociaciones fue la creación de una entidad coordinadora efectiva. Se la llamó Organizaciones Revolucionarias Integradas (ORI) y su propósito era edificar la estructura nacional del futuro Partido Unico de la Revolución Socialista de Cuba (PURSC). En esta primera etapa, los comunistas del PSP, conducidos por su viejo líder Aníbal Escalante, intentaron adueñarse de la conducción. Lo consiguieron al principio, cuando se necesitaba dar forma orgánica al partido, porque ellos eran los únicos expertos en la materia (el 26 y el DR carecían por completo de organización interna). Pero una vez que el PURSC comenzó a marchar solo, Fidel Castro retomó las riendas y mantuvo a los viejos comunistas a distancia prudencial.

Claro que los comunistas habían aportado no sólo sus conocimientos prácticos sino también su doctrina. A fines de agosto de 1961, el capitán Emilio Aragonés anticipó que "el PURSC se construirá sobre bases marxistas leninistas" y explicó: "El centralismo democrático es el método que Lenin descubrió para la aplicación de la verdadera democracia. Es el único método para aplicar la democracia. Consiste en que la democracia sea aplicada por una dirección central, por la dirección de la vanguardia obrera que es el partido".[60]

El sistema era eficaz, pero, en la medida en que ese partido fuera realmente una vanguardia obrera y por eso El Che previó a tiempo: "Aquí no es cuestión de inventar un partido obrero para que lo manejen los que no lo son. Así que, a incorporar a los obreros al partido, porque es para ellos". Esta advertencia fue decisiva, pues con la propia doctrina de los comunistas, éstos fueron apartados transitoriamente y los fidelistas reconquistaron el timón político.

El ensayista argentino Alberto Ciria, buscando claridad en este proceso, dice, al referirse a las etapas intermedias, que la vieja guardia stalinista, encabezada por Escalante, intentaba subordinar el resto de los cuadros revolucionarios al PSP, pero luego, al constituirse el PURSC, el proceso comenzó a ser conducido con creciente intensidad por el equipo fidelista. Sin descartar la colaboración de los cuadros del ex PSP, fue mayor numéricamente la cantidad de nuevos afiliados que se incorporaba a sus filas en los medios industriales y, sobre todo, campesinos, mediante diversos sistemas de reclutamiento: elección en fábricas de "obreros modelo", que luego pasarían a ser considerados como posibles miembros del PURSC.[61]

En definitiva, los líderes revolucionarios le ganaron la conducción a los comunistas apelando a los obreros (una clientela que les era difícil captar, por su empeñamiento sectario) y, además, les quitaron la doctrina. De tanto usufructuarla, los jefes revolucionarios terminaron por definirse como marxistas-leninistas, pero "a la cubana", sin subordinar el interés nacional a la política exterior de la Unión Soviética, como pretendían obcecadamente los comunistas en casi todas partes.

Se estaba en ese proceso político cuando se realizó la esperada reunión en la cumbre. Kennedy y Kruschev conversaron largamente en Viena el 3 y el 4 de junio de 1961, y el jefe soviético dijo allí: "Fidel

Castro no es un comunista, pero la política norteamericana quizá lo ayude a serlo. Yo no puedo pronosticarle hasta dónde llegará Castro...".[62] Kennedy sabía el significado de esas palabras, pero en ese instante le interesaba más el aflojamiento de la tensión internacional. Ganarse la amistad del dicharachero y simpaticón Nikita, porque eran demasiadas las cosas que debían discutir.

"Les honneurs, ca m'enmerde"[63]

A poco de instalarse en su despacho de ministro de Industrias, El Che organizó sus papeles con escrupuloso orden. ("Es un perfecto gerente de empresa", escribió Matthews en *The New York Times*, después de verlo en su lugar de trabajo.) Trasladó el mate junto con sus carpetas y siguió vistiendo el uniforme verde oliva de los guerrilleros. Ya tenía el acento cubano suficientemente pegado (hacía cuatro años que convivía con ellos), pero no perdía su personalidad. Seguía siendo el único puntual en las reuniones de Gabinete y conservaba su agudo sentido del humor para los momentos especiales.

Una vez fueron algunos jóvenes a anunciarle un gran homenaje público "por su magnífica preparación de los milicianos del Ejército Rebelde", tras la victoria de Playa Girón, y les contestó: "Me parece que ustedes no entienden lo que yo escribo y repito en mis conferencias. Aquí lo que hace falta no son homenajes, sino trabajo. ¿Ustedes se consideran revolucionarios? Bueno, entonces yo les buscaré un puesto de lucha... en alguna fábrica. En cuanto a los honores, se los agradezco, pero les voy a responder en francés, que es más delicado, para no ofenderlos: *Les honneurs, ca m'enmerde!*".

Fracasa un atentado

Como se avecinaban los festejos del octavo aniversario del asalto al Moncada, El Che retornó en esos días, los primeros de julio de 1961, a La Habana. Su estada en Santiago de Cuba respondía a las tratativas entre los sectores políticos que buscaban fundirse en el PURSC, y ya debía retornar a su función específica: el Ministerio de Industrias.

Raúl Castro, en cambio, quedaba allí, en su cuartel general. Iba a presidir en Santiago los festejos del 26 de Julio y, sin saberlo, estaría más cerca de la muerte que durante la invasión de Bahía de Cochinos, porque un grupo anticastrista había planeado asesinarlo. El complot (denunciado por El Che un mes más tarde, en Punta del Este) consistía en ametrallar su automóvil desde un edificio o, en caso de no acertarle, provocar el estallido de los cartuchos de dinamita amarrados a las patas del palco oficial donde iba a decir su discurso. Con escasas horas de diferencia, un par de morteros dispararían andanadas contra la base norteamericana de Guantánamo, para simular una represión y encender la guerra.

El plan, sin embargo, no pudo llevarse a cabo porque los servicios de inteligencia cubanos descubrieron a tiempo la dinamita colocada en los palcos.

Fidel insiste en negociar

El 26 de julio se hicieron los actos celebratorios y no pasó nada anormal. Pero esa misma noche, Fidel y El Che conversaron tres horas sobre un tema trascendente: la conferencia interamericana de ministros de economía, programada para el 5 de agosto en Punta del Este. A pesar de su negativa, Fidel había obligado algunos días antes al Che a que aceptara presidir la delegación cubana. "No, chico, tienes que ir tú. No me vengas con remilgos... Si te niegas, me vas a obligar a que te lo ordene. Que esto no es un paseíto, sino una obligación. ¡Y muy grave! Tú sabes que corremos el riesgo de una segunda invasión. Si eso ocurre, nos liquidan, porque no van a cometer dos veces el mismo error... Por eso hay que ir allá con pie de plomo; sin renunciar a nada, pero con ánimo negociador. Con mesura. Y tú lo sabes hacer mejor que yo. Seguramente no van a aceptar ninguna de nuestras propuestas, pero nos dejarán hablar, y en este momento, para nuestra política, es muy importante que nos dejen decir algunas cositas. Sobre todo poder recordarles que la ayuda que ofrecen ahora los yanquis es la misma que negaron cuando la pedimos nosotros."

La conferencia de Punta del Este era el resultado directo del Acta de Bogotá y ésta, a su vez, de una conferencia anterior: la de San José de Costa Rica, cuyo documento final condenaba abiertamente a la Revolución Cubana y precipitó, como respuesta inmediata, la Declaración de La Habana. Aunque parezca enredado, el hilo es fácil de desenrollar:

1) El 29 de agosto de 1960 los cancilleres se reunieron en San José de Costa Rica, convocados por la OEA, para considerar un pedido norteamericano (por boca de otro delegado, el de Perú) en el sentido de condenar unánimemente a Cuba. La resistencia opuesta por el representante colombiano ganó adeptos y el proyecto inicial se redujo a una condena contra "la intromisión extracontinental", sin mencionar ni a Cuba, ni a Fidel Castro, ni a la URSS.

2) Tres días después, el 2 de septiembre de 1960, Cuba lo mismo se dio por aludida y contestó a través de la Declaración de La Habana: "La ayuda soviética en caso de agresión yanqui, no es un acto de intromisión sino de solidaridad".

3) Preocupado por ganar apoyo decidido y sin retaceos en su batalla contra Cuba, Eisenhower envió cuatro días después al subsecretario de Estado, Douglas Dillon, con una promesa de quinientos millones de dólares para repartir en América latina, en la segunda etapa de la Conferencia de la OEA. Esta se celebró en Bogotá, el 6 de septiembre de 1960. Pero el plan fracasó, porque todos consideraron esos quinientos millones como "una gota de agua en el mar". Dillon tuvo que hablar por teléfono a Washington y conseguir autorización de Eisenhower para convertir esos quinientos millones en "un aporte inicial de un plan de ayuda más extenso...". El Acta de Bogotá, que se firmó recién el día 30, sancionó esa ayuda y comprometió al Consejo Interamericano Económico y Social (CIES) para que diera forma al programa.

4) El cambio de gobierno en Estados Unidos (Kennedy triunfó el 8 de noviembre de 1960 y asumió el 20 de enero de 1961) postergó la reunión del CIES. El nuevo presidente norteamericano aprovechó entonces para anunciar, el 13 de marzo de 1961, los lineamientos de su prometido plan de ayuda latinoamericana: la Alianza para el Progreso. El intento de Bahía de Cochinos, en abril, y las secuelas políticas de ese fracaso norteamericano volvieron a postergar una vez más la reunión del CIES para mejor oportunidad. Se eligió entonces como fecha inamovible el 5 de agosto de 1961, en Punta del Este. Allí se iban a dar cita los ministros de economía de todo el continente para decidir las características de ese plan de ayuda y dar forma a la Alianza para el Progreso, que, según las versiones, llegaba ahora a veinte mil millones de dólares a causa de una propuesta de Kennedy resistida en el Parlamento norteamericano.[64]

Punta del Este

El aeropuerto de Carrasco estaba atestado de jóvenes universitarios cuando aterrizó el avión norteamericano que traía a Douglas Dillon, otra vez representante de Estados Unidos a pesar del cambio de gobierno. Algunos lo abuchearon. Otros permanecieron en silencio por temor a la policía. Pero diez minutos después, todos estallaron en un estribillo: "¡Cuba sí, yanquis no!". Acababa de aterrizar otro avión, esta vez cubano, y por la escalerilla bajaba El Che con su boina y su barba, suelto, ágil, risueño.

Su traslado a Punta del Este fue precedido por una ruidosa caravana de automóviles. Era como volver a casa. Allí se toma mate, se reverencia a Gardel y se juega bien al fútbol. El Che, que sentía nostalgia por todo eso, llevaba otra cosa más pesada en el portafolios. No era ni la pava ni los discos ni la pelota. Eran papeles: veintinueve proyectos cuidadosamente elaborados para presentarlos en la Conferencia.

La Conferencia se inauguró, como estaba previsto, el sábado 5 de agosto, y el discurso de apertura, a cargo de un técnico de la CEPAL[65], el argentino Raúl Prebisch, fue toda una sorpresa. Prebisch habló esa tarde de la reforma agraria y de "una revolución económica necesaria para América latina". Horas más tarde, en el seno de una de las comisiones, tuvo un incidente con la delegación de su propio país, porque ésta se oponía a la formación de un comité de técnicos de la CEPAL. Prebisch sostenía que un equipo de expertos podía servir de contrapeso a "ciertas instituciones" que oponían barreras al desarrollo económico.

Era la vieja disputa entre la CEPAL y el FMI.[66] "La influencia que debían contrapesar", explicaría Prebisch a dos periodistas argentinos[67] "se manifestaba en la oposición a la siderurgia, en la oposición a la gestión de ciertos servicios básicos por parte del Estado, en la oposición a la explotación nacional del petróleo, y en ciertas recomendaciones del Fondo Monetario que, a nuestro juicio, no eran compatibles con el desarrollo de América latina".

La Conferencia, además de convocar a delegados y periodistas de todo el continente, albergaba también en sus alrededores a un compacto núcleo de argentinos que habían ido a conocer al Che. Estaban también sus familiares más íntimos (los padres, Celia y Ernesto Guevara Lynch; su hermano menor, Juan Martín) y algunos amigos como Ricardo Rojo, con quien volvía a encontrarse. El clima húmedo del Río de la Plata le había producido, al bajar del avión, un principio de espasmo bronquial que se negaba a desaparecer totalmente y que lo mantenía agitado. "Cuidate", le rogó Celia. "Estate segura de que no me voy a morir en la cama, vieja", respondió. Y volviendo la cara hacia un costado, le mostró su última herida, la de la mejilla. "Mirá, ¿te gusta? Me la hizo un *gusano*..."

"Hay ayuda gracias a Cuba"

El turno del representante cubano llegó el martes 8. Para ese entonces, El Che ya había tomado sus buenos mates con el presidente uruguayo Eduardo Víctor Haedo, en La Azotea[68] y anotado varias intervenciones de los otros delegados. Su discurso era esperado con expectativa por todos. Entre ellos, Douglas Dillon. Se descontaba que éste iba a ser el receptor de la mayoría de sus frases. O, más concretamente: el blanco de sus ataques. Sin embargo, recordando las sugerencias de Fidel ("Hay que ir con ánimo negociador...") apuntó más alto. Habló para todos. Empezó por contestar a una frase de José Martí, pronunciada por Dillon en la sesión anterior[69], con otra frase de José Martí: "El pueblo que compra, manda; el pueblo que vende, sirve. Hay que equilibrar el comercio para asegurar la libertad. El pueblo que quiere morir, vende a un solo pueblo; el que quiere salvarse, vende a más de uno. El influjo excesivo de un país en el comercio de otro se convierte en influjo político". La frase, tomada de la Conferencia Monetaria Internacional celebrada setenta años antes, le venía al dedillo para definir, con palabras de Martí, la política comercial de Cuba: comerciar con todos, no con uno solo.

Como era muy evidente que el plan de ayuda norteamericano había sido engendrado por temor a que "el ejemplo de Cuba se multiplique en todo el continente" (como decían los editorialistas norteamericanos), El Che habló sin ambages:

> *Una nueva etapa comienza en las relaciones de los pueblos de América,* dice en el informe a discutir, y es cierto. Sólo que esa nueva etapa comienza bajo el signo de Cuba, territorio libre de América, y esta conferencia y el trato especial que han tenido sus delegaciones y los créditos que se aprueban, tienen todos el nombre de Cuba, les guste o no les guste a los beneficiarios.

Hizo después una síntesis de "las agresiones soportadas por Cuba"; recordó las palabras de Kennedy del 12 de abril, "cuando afirmó categóricamente que no se invadiría Cuba", y evocó el ataque del día

17 de abril. "El presidente Kennedy", señaló, "se hizo responsable de la agresión. A confesión de partes, relevo de pruebas". Luego completó ese cuadro revelando, en carácter de primicia, los detalles del "complot para asesinar a Raúl Castro y provocar un incidente en Guantánamo que precipitara la intervención de Estados Unidos".

Y por último se refirió a los famosos quinientos tractores que Fidel había pedido en canje por los prisioneros de la invasión:

> Como no querían cambiar tractores por prisioneros, les sugerimos otro canje: la libertad del patriota puertorriqueño Pedro Albizu Campos y de todos los presos políticos del continente. Pero tampoco aceptaron.

Internándose un poco en el terreno político, El Che aprovechó para definir el sistema cubano:

> Es una revolución agraria, antifeudal y antiimperialista, que fue transformándose, por imperio de su evolución interna y de las agresiones externas, en una revolución socialista y que lo proclama así, ante la faz de América: ¡Una Revolución Socialista!

Esas frases lo excitaban, lo sacaban un poco de la calmosa monotonía de su oratoria. Su voz, grave, con inocultables afecciones cubanas (sus compatriotas advertían que había perdido la pronunciación argentina de la *y*, a favor de una muy castiza *i*), sólo cambiaba de tono para soltar alguna sutileza o para pegar de frente.

"Hay 500 millones, no 20.000"

El Che era consciente de que el apoyo prometido por la Alianza para el Progreso no incluía a Cuba. Las razones eran obvias. Pero de todos modos quería acuciar a los norteamericanos preguntándoles si, efectivamente, era así. No consiguió que le respondieran en ningún momento. Entonces decidió alertar a los otros delegados, prevenirlos contra algunos misterios del plan de ayuda propuesto por Estados Unidos. Y con mirada paternalista, les preguntó:

> No tienen un poco la impresión de que se les está tomando el pelo; se dan dólares para hacer carreteras, caminos, alcantarillas. Señores: ¿con qué se hacen las carreteras, los caminos, las alcantarillas?, ¿con qué se

hacen las casas? No se necesita ser un genio para saber eso. ¿Por qué no se dan dólares para comprar equipos, dólares para maquinarias, dólares para que nuestros países subdesarrollados, todos, puedan convertirse en países industriales-agrícolas, de una sola vez? Realmente, es triste.

Luego se refirió al financiamiento de veinte mil millones de dólares "anunciado por el honorable señor Douglas Dillon" (el tono era suspicaz) e hizo notar que "hasta ahora, lo único aprobado son sólo quinientos millones". Pero fue más lejos:

> Veinte mil millones es una cifra interesante. Es nada más que las dos terceras partes de la cifra que nuestro primer ministro anunció como necesaria para el desarrollo de América; un poquito más que se empuje y llegamos a los treinta mil millones... (risas). Pero hay que llegar a esos treinta mil millones contantes y sonantes, uno a uno, en las arcas nacionales de cada uno de todos los países de América, menos esta pobre Cenicienta que, probablemente, no recibirá nada... (Más risas.)

La planificación de la letrina

Para demostrar "la ineficacia del proyecto", se remitió a estas cifras:

> La tasa de crecimiento que se da como una cosa bellísima para toda América es de 2,5 por ciento de crecimiento neto. Nosotros hablamos de diez por ciento de desarrollo sin miedo alguno. Esto es lo que prevé Cuba para los años venideros.
> ¿Qué piensa tener Cuba en 1980? Pues un ingreso neto *per capita* de tres mil dólares, más que Estados Unidos actualmente. Si no nos creen, perfecto; aquí estamos para la competencia, señores. Que se nos deje en paz; que nos dejen desarrollar, que dentro de veinte años vengamos todos de nuevo, a ver si el canto de sirena era el de Cuba revolucionaria o era otro.

Para obtener esos resultados, se permitió sugerir la receta cubana: "¿Quieren hacer esa reforma agraria? Saquen la tierra al que tiene mucha y dénsela al que no tiene. La reforma agraria se hace liquidando latifundios, no yendo a colonizar allá lejos". Y definió el proyecto presentado por el grupo técnico como "la planificación de la letrina", porque se insistía en mejorar las condiciones sanitarias como requisito previo al crecimiento económico. En esta refutación, El Che fue terminante y mordaz:

> Me da la impresión de que se está pensando en hacer la letrina como cosa fundamental. Eso mejora las condiciones sociales del pobre indio, del pobre negro, del pobre individuo que yace en una condición subhumana: *Vamos a hacerle letrina y entonces, después que le hagamos letrina, y después que su educación le haya permitido mantenerla limpia, entonces podrá gozar de los beneficios de la producción.* Porque es de hacer notar, señores delegados, que el tema de la industrialización no figura en el análisis de los señores técnicos. Para los señores técnicos, planificar es planificar la letrina. Lo demás, ¡quién sabe cómo se hará! Si me permite el señor presidente, lamentaré profundamente, en nombre de la delegación cubana, haber perdido los servicios de un técnico tan eficiente como el que dirigió este primer grupo, el doctor Felipe Pazos. Con su inteligencia y su capacidad de trabajo, y nuestra actividad revolucionaria, en dos años Cuba sería el paraíso de la letrina, aun cuando no tuviéramos ni una de las doscientas cincuenta fábricas que estamos empezando a construir, aun cuando no hubiéramos hecho la reforma agraria.

Luego defendió "el derecho al pataleo de los países más pequeños" en las conferencias y exaltó los créditos obtenidos por Cuba en los países socialistas. "Ya tenemos concedidos", dijo, "357 millones de dólares y estamos en conversaciones de verdad por ciento y pico de millones más, con lo cual llegaremos a los quinientos millones en préstamos en estos cinco años. Esta es la misma cifra que Estados Unidos dispone para toda América...".

Poco antes de pronunciar su discurso, los informantes de la delegación cubana habían recogido en los corrillos la versión de que Estados Unidos estaba dispuesto a negociar con Cuba "en el más alto nivel", para evitar que este país abandonase el sistema interamericano. El temor de Kennedy era que Fidel Castro incluyera a Cuba en el Pacto de Varsovia[70] y como, a su vez, Castro temía que el gobierno de Kennedy lanzara su segunda invasión, las condiciones para un relajamiento de la tensión entre ambos países no podían ser mejores. Por eso, en aquel discurso, El Che exclamó:

> Nos preguntan si estamos dispuestos a reingresar al seno de las naciones latinoamericanas. Nosotros nunca hemos abandonado a las nacio-

nes latinoamericanas, y estamos luchando para que no se nos expulse, para que no se nos obligue a abandonar el seno de las repúblicas latinoamericanas. Lo que no queremos es ser arria, como decía Martí. Sencillamente eso.

Estamos dispuestos a colaborar siempre y cuando se respete, de Cuba, su peculiar organización económica y social, y se acepte ya como un hecho consumado e irreversible su gobierno socialista.

¡Huevos!

Constantemente asediado por periodistas, jóvenes de izquierda y admiradoras, El Che se pasó toda esa semana escapando de la gente. Tuvo, sin embargo, que admitir algunas entrevistas ineludibles. Como se negaba a conceder reportajes exclusivos y a aceptar charlas en privado, en ellas aparecían siempre las entusiastas barras juveniles, con su encendido fervor revolucionario y sus preguntas ingenuas. Una de ellas precipitó la respuesta más simple y clara, y también la más famosa de aquellos días:

–Comandante: ¿qué se necesita para que una revolución triunfe en América latina?

–¡Huevos! –respondió muy seriamente.

Alguien mencionó en esas reuniones al "político honrado, que jamás robó", aludiendo a un ex funcionario argentino, y El Che le contestó:

> Ustedes todavía no se han curado del político honrado. El señor que no roba ni defrauda. Que está siempre a mano para ocupar un cargo donde se requiera un hombre honesto. Vive de esa honradez. Es su capital. Cobra buenos dividendos por ser decente. Pero no le molesta cubrir con su honradez y con su honestidad todas las miserias de una sociedad de ladrones. Apuntala con esa característica suya un régimen de piratas. Si un político es realmente honrado no sirve de apoyo al sistema de la explotación y el robo. Un político honrado no puede ser su cómplice.

Esta respuesta fue anotada por Julia Constenla y Germán Rozenmacher [71], quienes aprovecharon para preguntarle por su regreso a la Argentina. El Che fue categórico en este sentido:

"Cuando un hombre se compromete con una revolución, declina la posibilidad de hacer proyectos personales. Yo estoy comprometido en llevar adelante mi trabajo en Cuba. Carezco de la posibilidad de decidir personalmente otra cosa. Puede ser que vuelva a la Argentina, pero eso ya no depende de mí. Es tema de consulta".

Frondizi planea una entrevista

Los delegados argentinos mantenían al presidente Frondizi informado al minuto sobre estos entretelones. Y Frondizi, nada remiso a tomar iniciativas en el terreno interamericano (ese año se había entrevistado con Janio Quadros, en Uruguayana), pensaba que su mediación ante Cuba era un buen servicio para Estados Unidos (más concretamente para Kennedy), a cambio del rol de intermediario técnico-financiero que este país asignaría a Brasil y Argentina. Su aliado en esta operación, Janio Quadros, acababa de invitar al Che a pasar por el Brasil en su viaje de regreso a La Habana. Pero tanto Frondizi como Quadros gobernaban jaqueados por el militarismo, y la estabilidad política de ambos era tambaleante.[72]

Confiado en que el respaldo norteamericano a su gestión tranquilizaría a los militares, Frondizi se manejó con un exacto conocimiento de los hechos. Contaba con los informes confidenciales que regularmente le enviaba Dardo Cúneo desde Washington[73], de manera que estuvo al tanto de las intenciones negociadoras de Kennedy, y del optimismo de Bowles y de Stevenson, desde un primer momento. El último informe que había recibido confirmaba que el gobierno norteamericano tenía más interés en negociar con Cuba que en llevar adelante la Alianza para el Progreso.[74]

La primera entrevista del Che con el delegado norteamericano Richard Goodwin abrió la huella para una segunda, esta vez con Frondizi. Este instruyó entonces a Jorge Carretoni (que era asesor del Consejo Federal de Inversiones y miembro de la delegación argentina) para que propusiera al Che viajar a la Argentina. Frondizi estaba dispuesto a recibirlo si él se comprometía a cumplir con tres requisitos: 1) solicitar la entrevista por vía diplomática; 2) pedir formalmente la visa de su pasaporte; 3) mantener el secreto del viaje y de su permanencia en la capital argentina. De ese modo Frondizi se aseguraba todos los recaudos legales; concretaba la entrevista desprendiéndose de la iniciativa y evitaba manifestaciones populares en favor del viajero.

"No podemos esperar quinientos años"

Todo ocurrió en vísperas de la clausura de la conferencia. El 16 de agosto, después de aceptar las condiciones del viaje a Buenos Aires y programarlo para el 18, El Che pronunció su segundo discurso en el recinto de deliberaciones, para anunciar que "Cuba se abstiene en la votación del documento final". Era lo previsto.

Su argumento fue éste:

> Estados Unidos no contestó a nuestra pregunta. Queríamos saber si Cuba participará en el plan de Alianza para el Progreso y el silencio parece indicar una negativa. Mal se puede apoyar una alianza en la cual el aliado no va a participar para nada...

En pocas palabras (este discurso fue más breve) El Che sentenció el fracaso de la Alianza. Sus cálculos fueron rápidos y sencillos:

> Con una tasa de crecimiento anual de 2,5 por ciento por habitante, se requiere aproximadamente un siglo para alcanzar el nivel presente de los Estados Unidos; y calculando que el proceso de los países industrializados y el de los subdesarrollados se mantuviera en la misma proporción, los subdesarrollados tardarían quinientos años en alcanzar el ritmo de ingreso por habitante de los países desarrollados. Entendemos nosotros que cuando la situación de América está como está, y por algo nos hemos reunido en esta conferencia económica, no podemos hablar de fines tan grandes y plantearnos objetivos tan pequeños.

Los veintinueve proyectos cubanos que él había sometido a las comisiones de estudio fueron, lógicamente, descartados. Pero no era eso lo que importaba, sino el reconocimiento de Cuba como un hecho irreversible:

> Consideramos que Cuba ha obtenido algunas satisfacciones y, fundamentalmente, consideramos que se abre una nueva perspectiva para América, a pesar de que no se pueda firmar el documento por parte de nuestra delegación. Consideramos que en uno de los parágrafos se admite explícitamente la existencia de regímenes diferentes a los que tienen la filosofía de la *libre empresa* y que, por lo tanto, se admite la exis-

tencia, dentro del cónclave americano, de un país que presenta una serie de características específicas que lo diferencian de los demás, pero que, sin embargo, le permiten estar dentro del total, desde que se lo nombra explícitamente en un considerando. Por tal razón, creemos que se ha establecido el primer vínculo de coexistencia pacífica real en América y que se ha dado el primer paso para que aquellos gobiernos que están decididamente contra el nuestro y nuestro sistema reconozcan, al menos, la irreversibilidad de la Revolución Cubana y su derecho a ser reconocida como un Estado independiente, con todas sus peculiaridades, aunque no guste su sistema de gobierno.

A continuación señaló el resultado más efectivo para Cuba:

El gobierno de Estados Unidos ha votado afirmativamente todas las partes de esta carta y entendemos, de tal manera, que también ha dado un paso positivo, estableciendo que pueden existir regímenes cuya filosofía afecta al de la *libre empresa* en esta parte de América. Creemos que ese es un paso muy positivo.

Luego admitió también los deseos de negociación:

Siempre hemos estado dispuestos a dirimir nuestras dificultades con el gobierno de Estados Unidos, que han sido motivo de muchas discusiones y de algunas conferencias en estos años por parte del mundo, y hemos dicho, sistemáticamente, que podemos hacerlo en cualquier lugar y con la única premisa de que no haya condiciones previas.

Y finalmente se atajó de las suspicacias de algunos delegados:

Nuestro gobierno no está mendigando ninguna clase de acercamiento ni está solicitando ningún tipo de tregua, sino, simplemente, fijando su posición y estableciendo claramente, ante todos los países amigos, que la disposición de Cuba es la de vivir en amistad con todos los pueblos del continente que así lo deseen.

El Che concluyó su discurso en esa fría tarde del 16 de agosto de 1961 (la misma en que Berlín cerraba su frontera interna con un muro) ante el silencio expectante de los demás delegados. No hubo ni aplausos ni murmullos. Cuando se sentó, se echó para atrás, descargando todo su peso en el respaldo de la silla, y recorrió el recinto con la vista. Enfrente, justo enfrente, estaba la delegación argentina presidida por el ministro Roberto T. Alemann. Por un instante se cruzaron las miradas. Alemann sabía que por lo menos para la mitad de sus compatriotas el verdadero delegado argentino no era él sino El Che.

El texto íntegro de este segundo discurso recién se publicó en Buenos Aires a los diez días, en una sola revista.[75]

"La guerra no nos conviene"

La ausencia de calor popular durante aquella alocución fue compensada al día siguiente con un acto organizado por los estudiantes uruguayos. Lo invitaron a pronunciar un nuevo discurso en el paraninfo de la Universidad de la República Oriental del Uruguay. Allí se dieron cita todos los grupos izquierdistas de Montevideo y las barras de argentinos que viajaron especialmente para conocerlo. Sobraban los aplausos y lo interrumpían a cada momento para corear estribillos cubanos.

El Che aprovechó esa oportunidad para dictar una conferencia sobre la situación económica de Cuba. A través de un rápido esquema de los hechos principales producidos por la Revolución (reforma agraria y plan industrial), deslizó un argumento para justificar los motivos de la buena disposición hacia Estados Unidos. Esto último, obviamente, no era bien recibido por las izquierdas, las que soñaban con una segunda victoria fidelista en caso de producirse una nueva invasión. Entonces les explicó:

> No es bueno el estado de guerra; nosotros, con toda nuestra dignidad, hemos anunciado repetidas veces la disposición del gobierno para tratar seriamente los problemas del intercambio con Estados Unidos y con algunos otros países con los que hemos tenido problemas. Desgraciadamente no se ha podido hacer todavía.

Los motivos para reanudar el diálogo, según su explicación, eran los de corregir algunas medidas del bloqueo económico norteamericano que perjudicaban enormemente su plan industrialista. Por ejemplo, contó que "antes los ingenieros de las fábricas cubanas, cuando necesitaban piezas de repuesto no tenían más que pedirlas a Estados Unidos por una clave; pedían el XZ21 y de Nueva York les llegaba el XZ21". Después del bloqueo, los repuestos no se conseguían tan fácilmente, porque en los nuevos mercados esas piezas no se fabricaban o no se podían identificar. "Esto", señaló, "hizo paralizar algunas fábricas y disminuir el ritmo de producción en otras".

Fue allí donde El Che comenzaría a reconocer públicamente algunos de los errores de la Revolución (principalmente los del ministerio a su cargo) cometidos cuando no se tenía aún una idea exacta del significado económico de un bloqueo. En aquel momento, El Che había sido precisamente el menos temeroso.

También fue en esa conferencia donde habló por vez primera de la importancia de los estímulos morales sobre los materiales. Imbuido de una pasión revolucionaria inagotable, él pensaba que el fervor popular (todavía caliente en Cuba, a sólo tres meses de la invasión) no se enfriaría jamás:

> Ya no importan las horas de trabajo, no importa lo que se vaya a ganar, no importan los premios en efectivo, lo que importa es la satisfacción moral de contribuir al engrandecimiento de la sociedad, la satisfacción moral de estar poniendo algo de uno en esa tarea colectiva y ver cómo, gracias a su trabajo, gracias a esa pequeña parte del trabajo individual, que se junta en millones y millones de trabajos individuales, se hace un trabajo colectivo armónico, que es el reflejo de una sociedad que avanza.

El viaje a la Argentina

En la mañana del 18 de agosto, El Che ya tenía todo dispuesto para volar a Buenos Aires en el mayor de los secretos. A las siete de la mañana Carretoni fue a buscarlo en un automóvil y lo llevó hasta el aeródromo de Adami, situado cerca de Melilla. Allí esperaba una avioneta particular identificada con las iniciales CX-AKP, bautizada *Bonanza*, a cargo del piloto uruguayo Tomás Cantori. El Che, Carretoni y Ramón Aja Castro (funcionario del Ministerio de Industrias de Cuba), a bordo de ese aparato, despegaron rumbo a la Argentina a las nueve y media.

También a las siete de la mañana en Buenos Aires hubo movimientos nerviosos. Frondizi había ordenado la noche antes a dos hombres de su custodia personal, los tenientes de fragata Emilio J. Filipich y Fernando García Parra, que se trasladaran hasta el aeródromo civil de Don Torcuato "porque allí aterrizará por la mañana un taxi aéreo, donde viajará un personaje muy importante que ustedes reconocerán enseguida". Las instrucciones fueron estrictas: "Lleven ustedes dos o tres automóviles, con personal bien armado, y traigan a ese señor directamente a la residencia presidencial de Olivos. Por ningún motivo se desvíen del rumbo trazado ni permitan a ese hombre bajar en ninguna parte. Yo debo responder personalmente por la vida de ese caballero. ¿Entendido?".

A las diez y media el *Bonanza* aterrizó en Don Torcuato. El Che bajó de un salto, subió al automóvil que lo esperaba y partió con su acompañante Aja Castro en dirección a Olivos. La comitiva (llevaban dos coches de custodia) enfiló velozmente por una carretera hasta la estación Boulogne. Allí doblaron hacia San Isidro, a buscar la Avenida del Libertador. Cuando cruzaron la ruta Panamericana (aún en construcción) y se internaron en San Isidro, bordeando el Hipódromo y los campos de golf, El Che comenzó a reconocer lugares, a rememorar episodios. Hacía ocho años que faltaba de su país y, aunque no iba a entrar en Buenos Aires exactamente (porque su itinerario lo detendría veinte cuadras antes), los alrededores de la gran ciudad le trajeron infinidad de recuerdos. San Isidro tenía un significado muy grande para él. Allí sufrió el primer ataque de asma, a los dos años (algo que sus padres nunca pudieron olvidar y siempre le recordaban); allí jugó un tiempo en el SIC, antes de pasar al Atalaya; allí se quedó muchas veces a dormir en casa de una tía, hermana de su padre, cuando vino solo de Alta Gracia a estudiar medicina.

–¿Cómo anda el SIC? –le preguntó al chofer del auto.

–¿El qué señor?

–(*Me parece que éste conoce poco de rugby. Mejor voy a intentar con el fútbol.*) Rosario Central, digo, ¿cómo anda?

–Ah... ¿Rosario Central dice usted? ¡Bárbaro! El domingo le hizo cuatro goles a San Lorenzo. ¡Qué boleta: 4 a 0!

En Olivos con Frondizi

A las once de la mañana del 18 de agosto Frondizi recibió a su visitante. Durante los saludos, ambos se estudiaron un rato para comprobar si la imagen que cada uno tenía del otro era acertada. Como ocurre siempre, los dos debieron corregir un poco sus juicios. Ni El Che era tan espectacular, tan *vedette* como Fidel Castro, ni Frondizi respondía a la clásica imagen del político argentino. El trato fue cuidadoso, de "doctor" a "doctor". Ninguno hacía referencia a la investidura del otro. Nada de "señor ministro" ni de "señor presidente".

Según la versión de Frondizi[76], aquella entrevista se realizó "para explorar la posibilidad de un acercamiento entre Cuba y Estados Unidos, que impidiera la exclusión de Cuba del sistema interamericano y que este país fuera forzado a ingresar en la órbita soviética". El ex presidente argentino la relata así:

> Yo había conversado con algunos de los colaboradores inmediatos de Kennedy sobre el caso cubano. Aunque yo no había hablado todavía personalmente con él, en mi opinión deseaba hallar una fórmula de conciliación. También la quería Cuba, como se desprende de lo que Guevara dijo a Goodwin en Punta del Este y de lo que me dijo a mí. Guevara me escuchó y accedió a examinar el problema sobre la base, que yo le propuse, de que Cuba no insistiera en querer exportar su revolución a otras naciones del hemisferio. Sin embargo, me dio su opinión sobre América latina afirmando que, aun sin influencia o injerencia cubana, la revolución era inevitable pues estaban cerrados los caminos de la evolución pacífica. Guevara me dijo que él no era un teórico marxista, que tenía lecturas fragmentarias de marxismo, pero que se resolvía en la práctica. Le pregunté qué perspectivas tenía un movimiento contrarrevolucionario que esos días se decía que se estaba gestando en la misma Sierra Maestra de donde había partido el movimiento castrista. Me contestó que no tenía éxito, pues las guerrillas sólo prosperan cuando los campesinos y aldeanos les prestan apoyo. Recordé esta reflexión cuando Guevara fue muerto en Bolivia: no había obtenido apoyo de la población y sin embargo se empeñó en seguir una lucha suicida. Guevara me impresionó como un temperamento idealista, decidido y apasionado, pero profundamente equivocado en su análisis de la situación latinoamericana. Su tesis de la violencia correspondía a un estado primitivo del pensamiento revolucionario y no obedecía a la actual situación mundial.
> Sostengo que en el momento de mi entrevista con Guevara era posible el arreglo entre Estados Unidos y Cuba. Las enormes presiones que se ejercieron contra esta solución, sobre Kennedy y sobre los países latinoamericanos que propiciaban tal arreglo, lo hizo fracasar entonces.

La entrevista concluyó a las doce y cuarto, porque Frondizi debía ir a la Casa de Gobierno, donde lo esperaban los originales del discurso sobre "Imperio del derecho y desarrollo", que debía leer ese día por la cadena oficial de radio y televisión. El Che le pidió un favor: "Antes de volver a Montevideo quisiera aprovechar este viaje para ver a una tía que está muy enferma. Vive en San Isidro y me queda de paso, en el camino al aeródromo". Frondizi lo autorizó con la condición de que no demorara en irse del país.

Cuando la mujer del presidente, Elena Faggionatto de Frondizi, le preguntó si deseaba tomar algo antes de irse, El Che confesó:

—La verdad, señora, es que no pruebo nada desde las siete de la mañana. Apenas alcancé a tomar un par de mates antes de salir...

—Entonces lo que usted necesita no es un desayuno sino algo más sólido, porque tendrá que seguir viajando. Le haremos preparar un bife.

—Pero, señora...

—¿Jugoso?

—¡Jugoso!

Cuando Buenos Aires conoció la noticia ("¡El Che está aquí!"), él ya se había ido. Todo fue tan rápido, tan cuidadosamente pensado que nadie tuvo tiempo de reaccionar. Frondizi les había ganado a los militares (quienes jamás hubiesen aceptado recibir al ministro de Industrias de Cuba), y éstos se quedaban enconados por enterarse tarde de los hechos.

Los tres secretarios militares, general Rosendo Fraga (Ejército), contralmirante Gastón Clement (Marina) y brigadier Jorge Rojas Silveyra (Aeronáutica), que componían el llamado Gabinete Militar [77], le reclamaron explicaciones a Frondizi a las cinco y media de la tarde. Este alcanzó a contener el primer ataque con un comunicado oficial que se daría a conocer en las primeras horas de la noche.

A las ocho la Presidencia entregó ese texto. Contenía una docena de párrafos con la información escueta sobre la visita del Che (allí lo llamaban "el señor ministro"), en el que Frondizi incluyó muy hábilmente un par de noticias para atemperar a los militares argentinos: la entrevista del mismo personaje con el presidente uruguayo Haedo y su inminente viaje a Brasil, a invitación de Janio Quadros. "Estos dos presidentes", les señaló Frondizi a los secretarios militares, "invitaron al señor Guevara y nadie se asustó. Yo, en cambio, recibí su pedido de visa y me limité a recibirlo para saber qué quería. Eso fue todo".

Pero eso no era todo. Resultaba difícil convencer a los militares (éstos siempre sospechaban que Frondizi no decía toda la verdad), y resultaba difícil persuadirlos de que había un interés común con el presidente norteamericano en toda esa operación. El episodio fue aceptado de mala gana por el Gabinete Militar y sumó más puntos en contra de Frondizi entre los sectores castrenses.

El Che "derroca" a Quadros

Cuando regresó a Montevideo (la avioneta recorrió la misma ruta anterior: Don Torcuato-Colonia-Juan Lacaze-Adami), El Che no tuvo tiempo para descansar. A las cinco de la tarde lo esperaba otro avión en el aeropuerto de Carrasco, para llevarlo al Brasil. Pero como el aparato tenía un motor descompuesto y la partida se demoró casi tres horas, él aprovechó para dormir en el avión. El ruido del cuatrimotor lo sacudió a las siete y media, hora en que por fin levantó vuelo. Viajaba con él, además de todos los delegados cubanos a la conferencia, otro invitado más: Celia, su madre. Cuando ella le preguntó por la entrevista con Frondizi, él reveló pocos detalles:

–Bueno, lo que ya sabemos: que Cuba no exporte su revolución ni se incorpore al Pacto de Varsovia, a cambio de que acepten nuestro sistema como una situación de hecho.

–¿Y él? ¿Qué te pareció?

–Parece un tipo inteligente, un burgués iluminado... No cree en la revolución. O no le conviene creer, porque los militares lo tienen acogotado. Y me parece que al primer golpe de viento...

El Che pensaba que los gobiernos como el de Frondizi, que intentaban acelerar la etapa capitalista con un plan de desarrollo industrial, sin alterar las viejas estructuras políticas, están condenados al fracaso. Lo acababa de advertir en un segundo discurso de Punta del Este: "Para que una política de este tipo tuviera éxito, debería contarse no solamente con una burguesía nacional fuerte, agresiva, deseosa de superación y consciente de sus ideales, sino, además, con un ejército que fuera capaz de comprender el momento actual de América y del mundo". Y a Frondizi le faltaban ambas cosas: la "burguesía consciente" y el "ejército comprensivo". Estaba para el soplido.

Sin embargo, la primera ráfaga de viento barrería a otro antes que a Frondizi.

Eran las primeras horas de la madrugada del sábado 19 cuando el cuatrimotor Britania aterrizó en Brasilia. Quadros ya no lo esperaba: cansado, muerto de sueño, se había ido a dormir. Pero a la mañana El

Che fue recibido con todos los honores y el presidente brasileño le impuso una condecoración, la Orden de la Cruz del Sur (que los brasileños llaman La Gran Cruz).

Fue el último acto presidencial que los militares permitieron a Quadros. Inmediatamente lo acosaron y cuatro días después debió redactar su renuncia. El soplido se lo había dado, sin querer, El Che. Frondizi tragaba saliva. Todavía faltaban siete meses para que fuera derrocado.

En La Habana, adonde la comitiva regresó el lunes 21, prepararon un gran programa de televisión para que El Che explicara a todo el país los resultados de su gestión. Repitió todo lo que había dicho en esas dos semanas y agregó una frase: "En Punta del Este los delegados escucharon, por primera vez en una conferencia interamericana, que una voz discrepaba en cuestiones de fondo". No era un elogio a sí mismo sino a Cuba, pero que tampoco disimulaba su satisfacción personal.

Notas

1 *La Razón*, Buenos Aires, 4 de enero de 1959. (Cable de United Press.)
2 *New York Herald Tribune*, Nueva York, 3 de enero de 1959.
3 *La Razón*, 6 de enero de 1959. (Cable de France Presse.)
4 "Escritos de John Quincy Adams." Reproducido en *Estados Unidos y la independencia de América latina (1800-1830)*, por Arthur Preston Whitaker, Buenos Aires, Eudeba, 1964.
5 *Louisiana Courier*, 15 de marzo de 1820.
6 "Memorias de John Quincy Adams." Este párrafo de Jefferson, citado por Adams, fue reproducido en *La rivalidad entre Estados Unidos y Gran Bretaña por América latina (1808-1830)*, por J. Fred Rippy, Buenos Aires, Eudeba, 1967.
7 Canning temía que Francia o Estados Unidos le arrebataran la isla a España y por eso quiso adelantarse a los acontecimientos. En una carta anterior, del 6 de agosto de 1825, había advertido a Liverpool sobre "la picardía de los yanquis". Dos años después, en agosto de 1827, Canning urdió un plan: enviar agentes ingleses a Cuba para promover una rebelión contra las autoridades españolas, copar luego el movimiento rebelde e invitar a los británicos a tomar posesión de la isla. Pero ese proyecto no pudo ponerse en marcha.
8 En 1850 las importaciones norteamericanas procedentes de Cuba alcanzaron a doce millones de dólares y las exportaciones a ese mismo país, a ocho millones. Cuba representaba en ese momento la tercera parte del comercio exterior norteamericano, algo que jamás conseguirían los españoles, a pesar de ser los dueños legales de la isla.
9 La guerra de la independencia se desató en octubre de 1868, con el Grito de Yara, que convocó a Carlos Manuel Céspedes, Francisco Aguilera, Máximo Gómez y Antonio Maceo. Los

dos últimos insistieron en 1895, tras el Grito de Baire. El jefe civil de la independencia y líder del Partido Revolucionario era José Martí, quien logró unificar a los insurrectos y obtener la autonomía nacional.

10 Otra de las cláusulas obligaba a Cuba a "vender o arrendar a Estados Unidos las tierras necesarias para carboneras o estaciones navales en ciertos puntos determinados, las que se convendrán con el presidente norteamericano".

11 *Cuba, anatomía de una revolución.*

12 *La Razón*, 2 de enero de 1959.

13 Discurso insertado en *La Revolución Cubana.*

14 "Proyecciones sociales del Ejército Rebelde."

15 Ese estilo, válido durante la guerra, no era recomendable una vez en el poder. Fidel Castro lo advirtió antes que El Che, y empezó a cuidarse de lo que decía. Se trataba de un período político distinto (la Revolución en el gobierno) y había que adaptarse para no fracasar.

16 *Investments in Cuba* (Inversiones en Cuba). Informe publicado por el U. S. Department of Commerce; Washington, D.C., Government Printing Office, 1956.

17 Reproducido en *Juan B. Justo y las luchas sociales en la Argentina*, por Dardo Cúneo, Buenos Aires, Alpe, 1956. (Juan B. Justo fue un reformador social, no un revolucionario; pero se acercó al movimiento obrero con la misma vocación sacerdotal que El Che: por razones humanistas antes que doctrinarias.)

18 *Gepolítica da fame* (Geopolítica del hambre). Editado en portugués en 1951 y traducido al castellano por Nicolás Cócaro para Editorial Raigal, Buenos Aires, 1955.

19 *Importancia y alcance de las enfermedades por deficiencia nutricional en Cuba.* Presentado en el Primer Congreso Nacional de Alimentación, La Habana, 1945.

20 *Report on Cuba* (Informe sobre Cuba). International Bank for Reconstruction and Development, Washington, 1950.

21 "Pensamiento económico." Tesis del Movimiento Revolucionario 26 de Julio, reproducida en *La Revolución Cubana.*

22 *Cartas inéditas*, Editorial Sandino, Montevideo, 1967.

23 *Cartas inéditas.*

24 Masetti, Jorge Ricardo, *Los que luchan y los que lloran*, Buenos Aires, Freslond, 1958.

25 Discurso del 21 de enero de 1959, en el Palacio Presidencial. *La Revolución Cubana.*

26 Reportaje por televisión del 2 de abril de 1959. *La Revolución Cubana.*

27 *Leyes de Gobierno Provisional de la Revolución.* Folleto de divulgación legislativa, La Habana, 1959.

28 Una caballería equivale a 13,5 hectáreas.

29 La ley expropió ciento noventa mil hectáreas a la United Fruit, en Oriente, y cien mil a la Francisco Sugar, en Camagüey.

30 "Una revolución que comienza." Primero de los tres artículos exclusivos para *O Cruzeiro*, publicados el 16 de junio y el 1º y 16 de julio de 1959. (La primicia de estos relatos fue obtenida por el corresponsal de *O Cruzeiro*, Fernando G. Campoamor, quien visitó al Che en La Cabaña, y se llevó también todas las fotos tomadas por Antonio Núñez Jiménez.)

31 El Pacto de Bandung fue aprobado el 24 de abril de 1955 por unanimidad de las delegaciones presentes.

32 "Viaje del comandante Guevara por los países del Pacto de Bandung", servicio especial de Prensa Latina publicado en el periódico *Sagitario*, Buenos Aires, junio de 1960.

33 Un intento de explicación de las reacciones que producen las ideas de izquierda entre los

norteamericanos fue desarrollado por el sociólogo André Gorz, en febrero de 1966, durante una conferencia en la Escuela de Ciencias Políticas de la Universidad de México. Dijo Gorz: "Se trata de una sociedad (la norteamericana) de fuerte raigambre puritana que, como todas las sociedades protestantes, ha sido poco permeable al pensamiento marxista; menos permeable en todo caso que las sociedades de raigambre católica (o budista), inclinadas a interrogarse sobre el sentido de la Historia, sobre una escatología. Si agregamos a esta escasa permeabilidad al marxismo la cerrazón de los Estados Unidos al extranjero, es decir: cierto provincialismo y una tendencia de antiguo a la unión sagrada de todas las clases contra el enemigo de afuera, tenemos las principales razones históricas (pero evidentemente hay muchas otras) de la débil autonomía, de la pobre conciencia de clase del movimiento obrero norteamericano, de su corporatismo, de su ausencia de espíritu internacionalista". (*La sociedad industrial contemporánea*, México, Siglo XXI, 1967.)

34 Huber Matos fue liberado en 19..

35 "Los Estados Unidos proporcionarán su asistencia a todos los países del Cercano Oriente, para fortalecer su poder económico y su independencia nacional", dijo Eisenhower en su Mensaje al Congreso, el 5 de enero de 1957.

36 Odette Guitard describe la aproximación soviética al bloque neutralista en *Bandung y el despertar de los pueblos coloniales* publicado en 1961 por la Universidad de París y editado en castellano por Eudeba en 1962.

37 *¿Podrá sobrevivir el hombre?*, Buenos Aires, Paidós, 1968.

38 *The Cuban Story*, Nueva York, George Braziller, 1961.

39 Así lo demuestra James P. Warburg en su libro *Disarmament: The Challenge of the Nineteen*; Nueva York, 1961. Se explica allí que "de las diez compañías azucareras más grandes de Cuba, que dominaban la industria más importante de la isla, siete pertenecían a firmas norteamericanas".

40 *Granma*, del 29 de octubre de 1967.

41 *Verde Olivo*, La Habana, octubre de 1960.

42 Los créditos fueron obtenidos en la Unión Soviética (200 millones), China (60), Checoslovaquia (40), Rumania (15), Hungría (15), Polonia (12), Alemania oriental (10) y Bulgaria (5).

43 *Cuba, anatomía de una revolución*.

44 *The Cuban Story*.

45 Prólogo de *Pasajes de la guerra revolucionaria*.

46 Correspondencia del 11 de noviembre de 1963, incluida en *Cartas inéditas*.

47 La Casa del Pueblo, sede del Partido Socialista, había sido saqueada e incendiada el 15 de abril de 1953 por los grupos de choque del peronismo, en venganza por el estallido de una bomba en Plaza de Mayo durante un mitin oficialista. (También fueron incendiados esa noche la Casa Radical, de la UCR, y el Jockey Club, epicentro del conservadorismo.)

48 Esos artículos se publicaron con un título general, "La obra de la Revolución Cubana", entre el 23 de noviembre y el 28 de diciembre de 1960, en los números 13.702, 13.703, 13.704 y 13.707 de *La Vanguardia*.

49 El 45º Congreso Nacional Ordinario del PSA, celebrado en Buenos Aires el 11 de diciembre de 1960, rechazó el informe de la doctora Moreau de Justo "por desviacionismo socialdemócrata" y "por creer en la reforma liberal-burguesa".

50 El PSA obtuvo 308.000 votos, contra 301.000 de la UCRP y 251.000 de la UCRI.

51 El ínfimo caudal del PC (28.000 votos) fue tan decisivo, por ejemplo, como el aporte de la colectividad judía (100.000 votos, aproximadamente).

El Che Guevara   243

52 "Por qué estoy en Cuba y no en otra parte", escrito en octubre de 1960 y publicado en Buenos Aires por algunos periódicos de izquierda. La revista *Casa de las Américas* lo reprodujo en su número 3 (La Habana, noviembre de 1960).
53 "Che Guevara, capitán del pueblo." Relato incluido en el libro *Mi experiencia cubana*, Montevideo, El siglo ilustrado, 1965.
54 Entrevistado por Jorge (*Nilo*) Neder.
55 Entre los principales consejeros figuraban Theodore C. Sorensen y Arthur Schlesinger Jr.
56 Los entretelones de la invasión a Cuba fueron revelados en los siguientes libros: *Kennedy*, por Theodore C. Sorensen (Barcelona, 1966); *Los mil días de Kennedy*, por Arthur Schlesinger Jr. (Barcelona, 1966); *Allen Dulles, espía maestro*, por Bob Edwards y Kenneth Dunne (Bs. As., 1961), y *CIA, de Dulles a Raborn*, por Gregorio Selser (Bs. As., 1967).
57 Sorensen y Schlesinger, en sus libros, y McNamara en un reportaje por televisión (*La Razón*, del 5 de febrero de 1968; cable de UP), confesaron su error.
58 El Che era el jefe de la región militar de Occidente.
59 *Revolución*, La Habana, 24 de mayo de 1961.
60 *Revolución*, 21 de agosto de 1961.
61 Alberto Ciria desarrolló esta explicación en un artículo titulado "Cuatro ejemplos de relaciones entre fuerzas armadas y poder político", publicado en la revista *Aportes*, Nº 6 (París, octubre de 1967) y la amplió en su libro *Cambio y estancamiento en América latina* (Buenos Aires, Jorge Alvarez, 1967).
62 *Primera Plana*, Nº 160, 30 de noviembre de 1965.
63 ¡Me cago en los honores!
64 Los pasos iniciales del programa de ayuda norteamericano, elaborados durante la presidencia de Eisenhower, pueden seguirse detalladamente en el libro de Gregorio Selser *Alianza para el Progreso, la mal nacida* (Buenos Aires, Iguazú, 1964). La continuación de ese proceso, con los esfuerzos de Kennedy por ampliar la ayuda exterior hacia América latina, figuran en el libro de Dardo Cúneo *Las nuevas fronteras* (Buenos Aires, Transición, 1963).
65 Comisión Económica de las Naciones Unidas para América Latina.
66 Fondo Monetario Internacional.
67 Julia Constenla y Germán Rozenmacher, enviados especiales de la revista *Che*, Nº 21, del 25 de agosto de 1961.
68 La Azotea era la finca de Eduardo V. Haedo en Punta del Este. Allí se hizo célebre un diálogo de suspicacias del Che con el dueño de casa, cuando éste le preguntó por el sur cubano:
–Cuba no tiene Sur; es una isla apaisada –respondió El Che.
–Pero parece que tiene Norte...
–Ah, por supuesto, pero también tiene Oriente...
69 La frase era: "Los americanos somos uno en el origen, en la esperanza y en el peligro". Dillon la recordó al empezar su discurso.
70 Se conoce como Pacto de Varsovia al Tratado de Asistencia Mutua de Europa oriental, firmado el 14 de mayo de 1955, por todos los países del bloque socialista como consecuencia de la creación de la OTAN (Organización del Tratado del Atlántico Norte). La OTAN, creada en 1949, es el organismo militar de los países occidentales, y el Pacto de Varsovia es su similar en el bando comunista.
71 *Che*, Nº 21, 25 de agosto de 1961.
72 Frondizi fue cuatro años presidente y soportó treinta y un planteos militares.

73 Dardo Cúneo cumplió funciones diplomáticas en Estados Unidos, desde diciembre de 1959 hasta marzo de 1962, y sus informes confidenciales fueron recopilados en el libro *La batalla de América latina*, Buenos Aires, Siglo Veinte, 1964.

74 Ese informe, del 15 de agosto de 1961, decía así: "En altos niveles, hasta ayer se estimaba: 1) la conferencia de Punta del Este no ha sido un éxito ni mucho menos; 2) fue *psicológicamente dominada* por Guevara".

75 *Che*, Nº 21, 25 de agosto de 1961.

76 Sobre esta entrevista, Arturo Frondizi fue asediado por los periodistas italianos durante su permanencia en Roma, en febrero de 1968. Pero la versión que publicó *Il Giorno* de Milán, sobre su charla con El Che, fue desmentida cuatro días después. A su regreso, el 27 de marzo, Frondizi fue entrevistado por el autor, especialmente para este libro.

77 El Gabinete Militar fue creado por la ley 13.234, sancionada en 1949 durante la primera presidencia de Perón. Este la bautizó Ley del Plan Conintes (Conmoción Interna del Estado). La ley rigió durante los cuatro últimos años del peronismo (1951-1955), fue mantenida por los presidentes Lonardi y Aramburu (1955-58) y aceptada por Frondizi. El Gabinete Militar se convirtió así en un cogobierno.

De la Revolución a la Leyenda

Le cortaron las manos y aún golpea con ellas.
Lo enterraron y hoy viene cantando con nosotros.
                                        PABLO NERUDA

VI
El socialista

A su regreso de Punta del Este, El Che encontró varios y complicados problemas sobre el escritorio de su despacho. El más urgente era la paralización de algunas industrias debido a la falta de repuestos, algo que ya había advertido en su conferencia del paraninfo de la Universidad del Uruguay, y que no parecía solucionarse tan fácilmente. Por esos días se efectuó en Cuba la Conferencia sobre la Producción, donde él fue invitado a hablar y entonces aprovechó para recordar que "la Revolución está en perenne crisis en las piezas de repuesto". Para conseguirlas, los ingenieros debían estudiar los modelos, reconstruir sus diseños y enviarlos a los países socialistas.

A veces debían esperar que se las fabricaran especialmente.

Pero la Conferencia sobre la Producción tenía, además, un sabor amargo: la escasa producción de azúcar anunciada por los funcionarios del INRA. Por eso El Che aprovechó para formular un llamado a los agricultores. Había que conseguir a toda costa incrementar esa producción y, para que la cosecha fuera buena, el gobierno ordenó cortar toda la caña existente, sin importar su estado de crecimiento y madurez. De esa forma se sacrificaron las cepas de caña sembradas en 1958 y 1959, y se obtuvo en 1961 la cifra más alta de producción: seis millones ochocientas mil toneladas.[1]

Fallas en la agricultura

Claro que esto no disimulaba las fallas en la agricultura. Durante los primeros meses de 1961 las cifras fueron un récord de producción y, de pronto, un poco por culpa de la sequía y otro poco por un error de conducción que aún no se había advertido, los resultados comenzaron a disminuir considerablemente. A fines de septiembre, en un discurso, El Che atribuyó esa baja a la desidia de algunos sectores populares e hizo un llamado para "terminar con el ausentismo, que es el contrarrevolucionario más tenebroso y más sutil, y que está tomando características alarmantes".[2] Dos meses más tarde volvió a insistir: "Parece que un sector de la clase obrera a veces da la impresión de no entender bien el nuevo papel que tiene que jugar en esta Revolución".[3] Quería que comprendieran de una vez por todas que la marcha hacia el socialismo era lenta, que la Revolución había ayudado en un principio más a los campesinos que a los obreros porque eran los más necesitados y que, en consecuencia, estos últimos debían esperar un poco, hipotecar momentáneamente sus pretensiones en aras de un futuro feliz. "Esta es una generación sacrificada", repetía El Che en sus discursos, "porque el destino la ha señalado para cumplir una misión histórica: la construcción del socialismo. Debe sentirse orgullosa de esta misión".

Expulsión de la OEA

El 2 de diciembre Fidel Castro definió a la Revolución Cubana dentro de la ideología marxista-leninista, una vez que la Unión Soviética comenzó a dar pruebas de su viraje interno: el abandono de la política stalinista, adoptado oficialmente en el XX Congreso del Partido Comunista de la Unión Soviética. Además, Kruschev acababa de lanzar su primera andanada contra Mao Tse-tung, a través de una carta dirigida por el PC ruso a sus similares europeos[4], y comenzaba a edificar la *coexistencia pacífica* para ganarse a Kennedy. De ese modo, dentro del *statu quo* previsto por las dos grandes potencias encajaba perfectamente el acuerdo tácito entre Cuba y Estados Unidos de convivencia interamericana.

Sin embargo, esa adhesión cubana al marxismo-leninismo complicó las cosas. En Estados Unidos, los sectores más enconados volvieron a presionar sobre Kennedy y éste, que debía resolver en ese momento un problema más importante para él, jugó a Cuba en favor suyo. El resultado fue la eliminación de Cuba de la OEA, destruyéndose así todo lo que se había estado haciendo para mantenerla dentro del sistema interamericano.

Como en esos días (fines de enero de 1962) el Congreso norteamericano consideraría un presupuesto que le otorgaba a Kennedy verdaderos poderes extraordinarios, el joven presidente necesitaba votos y debía *ablandar* a los legisladores derechistas. Los conseguiría únicamente si se mostraba *duro* frente a Cuba. Entonces jugó su carta: ordenó estimular la separación de Cuba de la OEA y ganó todas las votaciones en el Congreso.

La sanción de la OEA se aprobó el 31 de enero, aunque el voto de Estados Unidos no logró esa vez arrastrar a ningún país importante.[5]

Los cohetes rusos

Seis meses después, en julio de 1962, los anticastristas refugiados en Miami comenzaron a presionar al gobierno de Washington para que adoptara medidas más severas contra Cuba "porque", decían, "Fidel Castro está instalando una base de cohetes rusos para lanzarlos sobre Estados Unidos". En un primer momento nadie les hizo caso, hasta que la CIA verificó que se trataba de material bélico de relativa importancia: cohetes antiaéreos suelo-aire, lanchas torpederas con cohetes para la defensa costera y aumento del personal militar.

Nada confirmaba la presencia de cohetes ofensivos. Sin embargo, en posteriores vuelos de reconocimiento, los aviones supersónicos U-2 (aparatos de espionaje norteamericano) descubrieron en el extremo oeste de Cuba la presencia de misiles de alcance medio al tomar abundantes fotografías.

La instalación de esas importantes bases obedecía a una medida de precaución cubana para evitar nuevos ataques del exterior. Fracasadas las tentativas de acercamiento y expulsada Cuba de la OEA, se temía entonces que por alguna maniobra política interna, los norteamericanos resolvieran volver a invadir la isla, esta vez con el propósito de no fracasar. Para los soviéticos, en cambio, se trataba de una poderosa arma de negociación. Tenían argumentos para justificar la instalación de esos cohetes, pues la Unión Soviética era entonces un país prácticamente cercado por bases de proyectiles norteamericanos.

Pero claro, en Estados Unidos las cosas se medían con otra vara. Kennedy, reunido con sus principales asesores, escuchó todas las propuestas y las analizó cuidadosamente. Las tres alternativas eran éstas: 1) ofrecer a Kruschev un canje: las bases rusas en Cuba a cambio de las bases norteamericanas en Turquía. Retiro total de ambas; 2) bombardear la isla y destruir esas bases; 3) entrar en Cuba y sacar a Fidel Castro.

La primera fue descartada porque significaba hacer el juego a Kruschev, hacer precisamente lo que él quería. La segunda (denominada "ataque quirúrgico") era demasiado peligrosa, pues no se tenían seguridades de liquidar fácil y rápidamente las bases, y los cubanos podían disparar a tiempo un cohete con cargamento atómico sobre territorio norteamericano. La tercera, sacar a Castro, entrañaba una nueva invasión y no parecía tan sencilla.

Sin embargo, de todas ellas, la que obtuvo más adeptos fue el bombardeo y, de no mediar a tiempo la influencia de algunos asesores civiles, quienes propusieron oportunamente (como cuarta alternativa) el bloqueo económico a Cuba, el Estado Mayor combinado de las fuerzas armadas habría preferido el "ataque quirúrgico". Kennedy, cercado por esta decisión que tanto entusiasmó a los militares, llegó a proponer a su mujer que abandonara Washington con los chicos y se refugiara en el subterráneo antiatómico asignado a la *primera familia*. Pero Jacqueline prefirió quedarse junto a él.[6]

Finalmente, Kennedy alcanzó a convencer a los militares de que debía comenzarse con el bloqueo (él lo denominaba "cuarentena"), a través de una celosa inspección de todos los barcos que llegaran a Cuba, bajo apercibimiento de ser hundidos. Y se telegrafió a Kruschev anunciándole que "Estados Unidos tanto puede accionar hacia la paz y el desarme como desencadenar una acción fuerte y abrumadoramente revanchista". (Estas fueron también las palabras que Robert Kennedy transmitió al embajador soviético.) Kruschev, nunca tan dispuesto a negociar, había ofrecido retirar los cohetes bajo supervisión de las Naciones Unidas, si Estados Unidos se comprometía a no invadir la isla.

La crisis concluyó el día 27 de octubre, cuando Kennedy y Kruschev convinieron, efectivamente, en retirar los cohetes y pactar la no agresión a Cuba. Los proyectiles empezaron a ser sacados y Estados Unidos levantó el bloqueo a las cuarenta y ocho horas. Ambas potencias retornaban a su política de coexistencia pacífica. Kennedy había ganado esta batalla y Kruschev, aunque perdedor, conseguía mantener en pie su imagen pacifista. Pero claro, en Cuba esta negociación cayó como una bomba y Nikita perdió repentinamente su popularidad. Tal como se preveía, Cuba era una pieza más en el ajedrez internacional, factible de ser canjeada en cualquier momento.

El Che, quien durante toda la crisis ocupó su puesto militar en Pinar del Río, no quitaba los ojos de ese tablero y observaba atentamente cada una de las jugadas. Este iba a ser el segundo motivo de roce con la "vieja guardia" del comunismo cubano (capitaneada por Aníbal Escalante), la que esa vez presionó para que el gobierno aceptara impasible la negociación entre Kennedy y Kruschev, a costa del retiro de los cohetes rusos de Cuba.[7]

Volver a empezar

Pero si bien la crisis volvió a encrespar los ánimos y mantuvo en pie de guerra a los cubanos (esta vez la isla estuvo a punto de ser bombardeada), El Che debió librar otra batalla no menos difícil. Cuando advirtió que la zafra azucarera no respondía a sus previsiones y que el mecanismo que puso en marcha para industrializar el país se complicaba demasiado, profundizó el problema y se puso a redactar algunas conclusiones. La más importante fue ésta:

> Surge cada vez más imperiosa la necesidad de acogerse a cierta división internacional del trabajo socialista y dedicarnos a rubros especiales, los que no solamente nos permitan autoabastecernos de determinados productos, sino ofrecer excedentes de ellos al campo de los países amigos.[8]

Este fue el reconocimiento público de uno de sus errores más graves: haber confiado ciegamente en la industrialización acelerada, en detrimento de la agricultura. El Che confesaba, no sin dolor, que Cuba debía retornar urgentemente a su economía agroexportadora. Y lo reconoció sin tapujos, con la dignidad con que admitía sus yerros, aunque eso implicara darle la razón al adversario. Aceptar la división internacional del trabajo, en la que Cuba tenía asignada la función de abastecer de azúcar, era como volver a empezar.

Sin embargo, había diferencias notorias. Ahora el intercambio comercial se hacía con países no capitalistas, "los que", según él, "deben sentirse obligados a cooperar económicamente con las revoluciones populares que marchan hacia el socialismo". La idea era bien clara: si Cuba no lograba industrializarse por sus propios medios, debido a sus características de país atascado por el subdesarrollo, las grandes naciones del campo socialista, con suficiente avance tecnológico, debían ayudarla sin retaceos.

¿Estímulos materiales o morales?

El viraje económico de Cuba obligó a buscar formas para estimular la producción azucarera a toda costa, pues se hacía imprescindible sanear las finanzas. Las cifras habían disminuido ostensiblemente y en diciembre de ese año (1962), al clausurar un congreso de trabajadores azucareros en el teatro Chaplin, de La Habana, El Che anticipó que la zafra de 1963 sería dificultosa "por la escasez de trabajadores en los cañaverales". En agosto había hecho su segundo viaje a la Unión Soviética, presidiendo una delegación económica, y allí se convenció (o lo convencieron) de que la única salida posible era intensificar la producción agrícola-ganadera. Se trataba de negociar el azúcar en los mercados socialistas, porque seguía siendo la única divisa fuerte de Cuba.

El problema, claro, era la forma de alcanzar ese aumento de producción, y allí nació la famosa polémica sobre los estímulos, que El Che libraría con los comunistas. En un artículo que Adolfo Gilly escribió en diciembre de 1962, mientras observaba de cerca el proceso cubano[9], se analizaron las diferencias marcadas entre el pensamiento de los economistas soviéticos y el del Che. Dice Gilly:

> En la Unión Soviética, en el debate iniciado con los artículos de Liberman en *Pravda*, una serie de economistas insistieron sobre la necesidad de extender los estímulos materiales. Una de las expresiones más claras la dio el académico Nemchicov: "La economía socialista ha alcanzado un grado tal de desarrollo que, si no se completa el plan con un nuevo y más perfecto sistema de estímulos materiales, no pueden ser movilizados y utilizados con eficiencia todos los recursos y las reservas existentes". En Cuba, un economista soviético, Serguei Shkurko, publicó en octubre un artículo en *Cuba Socialista* defendiendo la prioridad de los estímulos materiales.
> Pero es posible que haya sido la experiencia de la movilización militar lo que haya afirmado más definidamente al ministro Guevara para salir a la defensa pública de la posición contraria: basarse principalmente en los estímulos morales. En un análisis del desarrollo del trabajo en los días de la movilización de octubre último (crisis de los cohetes rusos), realizado por el consejo de dirección del Ministerio de Industrias, los directores comprobaron unánimemente cómo, durante la movilización, no

obstante haber sido movilizado a las trincheras un tercio o la mitad de los trabajadores de una serie de industrias, los planes de producción fueron cumplidos totalmente y en muchos casos sobrepasados, y una serie de problemas de bajo rendimiento, ausentismo y otros parecidos que se planteaban hasta entonces, desaparecieron automáticamente. Uno de los directores hizo un resumen de la experiencia diciendo que "la masa es quien lo ha hecho todo en estos momentos de emergencia nacional y la que ha impulsado las tareas, imprimiéndoles el dinamismo que han tenido", y destacó que "ha habido un aumento en la producción y una burla de toda la capacidad instalada, lo cual es digno de análisis". Sugirió a los administradores de empresas que "observen con detenimiento este fenómeno y lo analicen" (Hoy, 9 de diciembre de 1962).

No un aumento de sueldos sino la amenaza de la invasión y la movilización general hicieron dar un salto a todos los índices de producción. "Es evidente que el estímulo material existe en la etapa de construcción del socialismo", planteó el comandante Guevara. "Lo único es que nosotros anteponemos siempre la parte educativa, la parte de profundización de la conciencia, el llamado al deber como medida primera. Y además del llamado al deber, los estímulos materiales necesarios para movilizar a la gente." Este llamado va unido a la dirección centralizada.

Calentura tropical y revolucionaria

El Che confiaba más en el temperamento de los cubanos que en sus cerebros. Consideraba más apropiado inducirlos a alcanzar un objetivo con consignas revolucionarias, estimulándolos moralmente, que ofreciéndoles recompensas materiales. Suponía que era cuestión de aprovechar esa rica espontaneidad cubana (puesta a prueba en Sierra Maestra) y dejarlos ser protagonistas interesados en la Revolución antes de que se convirtieran en espectadores tontos e insaciables. De conseguirlo, su sociedad socialista podría edificarse sobre bases más sólidas.

El estado de ebullición que vivía Cuba en aquellos momentos y la forma en que El Che lo fotografiaba quedaron descubiertos en algunas cartas que se sentó a escribir a fines de 1962 y a principios de 1963. Una de ellas, dirigida a la escritora marxista Anna Louise Strong, radicada en Pekín, resultó reveladora:

> Estimada compañera: Recibí su carta de septiembre 10. Comprendo los problemas que usted tiene. La invitamos a Cuba fundamentalmente por la alegría de que estuviera entre nosotros y pudiera conocer nuestra Re-

volución; no está obligada de ninguna manera a escribir, aunque creo que es muy modesta en cuanto a su calificativo. En la cuestión de su viaje está abierta mi invitación permanente, por el tiempo que desee y para hacer lo que guste (desde un libro de mil páginas hasta nada, lo que también tiene sus encantos).
Le adjunto algunas copias de su libro sobre las Comunas, que tuvo mucho éxito en Cuba. Lamento decirle que su libro sobre Laos fue triturado por los peligrosos engranajes de nuestra maquinaria burocrática.
La situación aquí en Cuba es de alarma de combate; el pueblo espera la agresión en pie de guerra. Nadie piensa dar un paso atrás. Todos están listos para cumplir con su deber. Si llegamos a sucumbir (lo que será después de vender muy caras nuestras vidas) se podrá leer en cada rincón de nuestra isla algún mensaje parecido al de las Termópilas. De todas maneras, no estamos estudiando la pose para el gesto final; queremos la vida y la defenderemos. Reciba un saludo revolucionario de su amigo. PATRIA O MUERTE. VENCEREMOS.[10]

Esa "alarma de combate" mencionada por El Che fue la que instituyó la frase con que se empezaron a terminar todos los documentos, correspondencias y declaraciones de cualquier tipo en Cuba: "Patria o muerte. Venceremos". Rápidamente se convirtió en un eslogan apto para mantener latente la llama revolucionaria frente al peligro de agresión externa (como antes había sido "Cuba sí; yanquis no"), que los líderes tomaron de la época heroica de Augusto César Sandino, el guerrillero nicaragüense que estampaba al pie de sus cartas: Patria y Libertad.

Otra carta, esta vez dirigida a Peter Marucci, editor del *Telegraph The Daily Mercury*, de Guelph, Canadá, también sirvió para rescatar una definición del Che sobre el país donde convergían, en ese momento, las miradas del mundo:

> Cuba es un país socialista, tropical, bravío, ingenuo y alegre. Es socialista sin perder ni una sola de sus características propias, pero agregando madurez a su pueblo. Vale la pena conocerlo.[11]

El Che lo veía así: "bravío y alegre". Dos condiciones básicas para hacer una revolución en serio. Bravío porque es tropical y caliente. Alegre porque es ingenuo y sincero. En cuanto a la madurez, resulta fácil advertir que sólo se trataba de una mera expresión de deseos. No se puede ser maduro e ingenuo a la vez.

En esas semanas (mayo de 1963), El Che recibió un sobre de la doctora Aleida Coto Martínez, subdirectora de educación primaria regional. Eran composiciones escolares que le devolvían el nostálgico recuerdo de Alta Gracia y que le produjeron un sacudón interior. "Mis hijos", se reprochó, "me he desentendido demasiado de ellos". Su respuesta confesaba esos sentimientos:

> A veces los revolucionarios estamos solos, incluso nuestros hijos nos miran como a un extraño. Nos ven menos que al soldado de la posta, al que llaman tío. Las composiciones que me envió me hicieron retornar por un instante a una composición que hiciéramos por la visita de un presidente a nuestro pueblo cuando estaba en segundo o tercer grado; y la diferencia entre lo que expresaban aquellos niños y éstos de la revolución de hoy nos hace sentir seguros del porvenir.

Las guerrillas: un método

El de 1963 fue un año de agrias discusiones en Cuba. La Revolución necesitaba enderezar su rumbo, después de los primeros cacheteos producidos por el oleaje contrarrevolucionario y las experiencias de la improvisación. Con dignidad, El Che jamás dejaba de reconocer la parte de culpa que le correspondía. "Nuestras dificultades", le dijo al periodista Jean Daniel en esos días, "son fruto principalmente de nuestros errores. Estos han sido numerosos. El que nos provocó el mal mayor, ya lo conoce usted: fue la subexplotación de la caña de azúcar".

Para aventar los rumores de aburguesamiento que comenzaban a llover sobre los líderes revolucionarios, en especial sobre quienes tenían en sus manos los resortes clave del gobierno (y él manejaba nada menos que la economía), El Che alternaba sus jornadas en el Ministerio de Industrias con esporádicas escapadas a los cañaverales. Una vez le confesó a Celia, su madre: "Me encanta ayudar en la zafra. Cortar caña es una evasión, un descanso mental, y también un ejercicio físico. Al rugby y al fútbol aquí no juega nadie, y el béisbol no me gusta. Salvo alguna que otra partidita de ajedrez (cada tanto... porque insume demasiado tiempo) o ir a pescar, no tengo otras evasiones. A veces también me cuelgo la cámara y voy a tomar fotos, pero muy de vez en cuando".

Eran las únicas distracciones que podían arrebatarlo un poco de la Revolución, porque cuando no estaba sumergido en expedientes, gráficos estadísticos e investigaciones económicas, se zambullía en los textos marxistas para releer y bucear en la doctrina orientadora. "Polemizar con los *bolches* no es tarea fácil", le habían advertido una vez, hacía mucho tiempo, antes de que se hiciera revolucionario. Y era cierto. Pero como él hurgaba en esos textos más que ellos, logró sacar ventaja en las discusiones.

Pudo, asimismo, trazar una estrategia revolucionaria para América latina sobre la base de las premisas marxistas y de sus experiencias personales. La redactó a mediados de 1963, y se llamó *La guerra de guerrillas: un método*. Había llegado el momento de hacerle entender a sus adversarios que el no cumplimiento de una de las partes en un convenio, por verbal que éste fuera, eximía a la otra de toda obligación. Es decir: si bien nunca se alcanzó un formal entendimiento con Estados Unidos, la sola intención de que ambas partes estuvieran de acuerdo en no agredirse, significaba, de hecho, un convenio tácito. Por lo menos eso era lo que él había conversado en Uruguay con Richard Goodwin, y en la Argentina con Frondizi, los mediadores de Kennedy. Y como se violara el compromiso de "mantener a Cuba dentro del sistema interamericano", al ser expulsado de la OEA, el gobierno cubano quedaba en libertad de acción.

El *hombre nuevo*

Mientras el mundo se sacudía ese año con noticias que marginaban un poco a Cuba de la primera plana de los diarios, dentro de la isla la polémica seguía en toda su intensidad. El 3 de junio murió en Roma Juan XXIII, el papa que dos años antes propiciara el socialismo a través de la encíclica *Mater et Magistra*, y dos días después, en Londres, renunciaba el ministro británico John Profumo, tras su espectacular enredo con la modelo Christine Keller. El 15 de septiembre Argelia tuvo su primer presidente: Ben Bella, uno de los hombres con los que El Che se entendería mejor, y el 22 de noviembre, ante los ojos azorados del mundo entero (incluyendo esta vez a los líderes cubanos), una noticia provocó desconcierto y pánico: "John F. Kennedy fue asesinado en Dallas".

En Buenos Aires, donde la rueda de la economía se detuvo bruscamente al ser derrocado Frondizi y los militares golpistas pugnaban con los legalistas sin poder solucionar la complicada crisis política y social, el desgaste de las fuerzas en pugna precipitó una salida inesperada. Se había convocado a elecciones presidenciales [12] y la fórmula de la UCRP, Arturo Illia-Carlos H. Perette, ganaba merced al fracaso de las negociaciones del peronismo con los sectores frentistas del frondizismo y del conservadorismo, que terminaron por dividir los votos. Illia asumió el poder el 12 de octubre de 1963.

El Che, que al otro día de festejarse la Navidad en toda Cuba debió advertir por televisión que se implantaban nuevas normas de trabajo, no muy descansadas, y anunciar la escala de salarios en el sector industrial (inferior a la esperada), comenzaba a recibir dardos de distintas direcciones.

Sin embargo, estaba absolutamente convencido de que su teoría sobre el *hombre nuevo* era factible, y que sobre esa base se edificaría el socialismo. Así lo confesó, veladamente, en una carta que enviara por entonces al escritor León Felipe, por quien sentía una especial admiración:

> Maestro, hace ya varios años, al tomar el poder la Revolución, recibí su último libro, dedicado por usted. Nunca se lo agradecí, pero siempre lo tuve muy presente. Tal vez le interese saber que uno de los dos o tres libros que tengo en mi cabecera es *El ciervo*. Pocas veces puedo leerlo, porque todavía en Cuba dormir, dejar el tiempo sin llenar con algo o descansar, simplemente es un pecado de lesa dirigencia. El otro día asistía a un acto de gran significación para mí. La sala estaba atestada de obreros entusiastas y había un clima de *hombre nuevo* en el ambiente. Me afloró una gota del poeta fracasado que llevo dentro y recurrí a usted, para polemizar a la distancia. Es mi homenaje; le ruego que así lo interprete. Si se siente tentado por el desafío, la invitación vale.[13]

Un rótulo: chinófilo

Si las dificultades eran grandes en Cuba, para salir adelante se necesitaba una voluntad de hierro y un gran sentimiento patriótico. El Che lo entendía así y por eso confiaba en la centralización económica y en los estímulos espirituales. "Es necesario", repetía, "hacer constantes llamados al esfuerzo colectivo, excitar el entusiasmo revolucionario, el esfuerzo desinteresado y voluntario que, más que la misma fe, mueve las montañas". Esa actitud intransigente, alérgica a las críticas, a las dudas, a las concesiones, no admitiría que alguien sugiriera la apertura de algunos mercados privados de productos agrarios. "Estamos por la socialización total de la distribución", protestaba. Y se encendía de ira contra el *interés*, el *lucro* y los *estímulos materiales*. "Por supuesto", dijo en una de esas polémicas, "un buen reformismo mejoraría el nivel de vida del pueblo cubano. Pero eso no sería la Revolución. Y la Revolución es sacrificio, lucha, confianza en el futuro. La Revolución debe sobrepasar ese estúpido programa reformista. Por eso es necesario condenar la rentabilidad, la ganancia individual, para conseguir una conciencia socialista... Es necesario cambiar la mentalidad para obtener un *hombre nuevo*".

Cuando se publicaron los entretelones de la polémica, empezaron a ponerle rótulos. Tomando la información del periódico francés Le Nouvel Observateur (que por entonces recogía las versiones confidenciales del gran debate cubano), un semanario argentino reconstruyó fielmente aquel instante:

> Las revistas cubanas publican esta polémica, en la cual toman parte economistas extranjeros. Los "expertos" occidentales hacen sus evaluaciones: Dorticós sería el blando; Castro el semiduro; Guevara el duro, el "chinófilo", porque se sirve de algunas de las tesis de Pekín, aunque él plantea los problemas del comercio de los Estados socialistas sobre la base del "precio mundial" impuesto por los grandes Estados y los grandes monopolios capitalistas. Todas esas etiquetas son superficiales y equívocas, ya que los esquemas prefabricados encajan mal en las realidades complejas y cambiantes de América latina. Lo único cierto es que la controversia es real: Castro debe hacer de árbitro.[14]

Y allí fue donde sobrevino el desgaste, el cansancio intelectual. El Che tenía ya ganada la mitad de la guerra, porque la batalla de los estímulos se definió en su favor, otorgándosele primacía al incentivo moral. Pero el resto no parecía tan sencillo. Le bastó un simple sondeo: viajar por tercera vez a Moscú (con la excusa de negociar nuevos convenios comerciales) para convencerse de que los técnicos rusos, al expresar sus opiniones doctrinarias, respondían a una política inamovible del Kremlin con respecto a Cuba.

Era bien claro que los rusos aprovecharían la relación de dependencia económica del pequeño país, para presionar en su favor e impedir cualquier viraje que beneficiara a los chinos. Fue entonces que el grupo de la "vieja guardia" comunista cubana, conducido por Aníbal Escalante ("Nuestro hombre en La Habana", como ironizara Nikita Kruschev) volvió a tener gravitación. El peso de la Unión Soviética los respaldaba e, indirectamente, empujaba a Fidel Castro a aceptar sus decisiones.

Pero El Che no estaba dispuesto a admitir presiones de nadie. Si él era ministro, lo era en todo el sentido de la palabra. Y sólo admitía cambios cuando lo convencían de algún error, cuando su viraje era consciente. Por la fuerza, no. Comenzó entonces a pensar seriamente en un alejamiento. Le rondaba la idea de abandonar el Ministerio y retornar a la lucha revolucionaria inicial, aquella de la guerrilla y la selva. "Al fin y al cabo", pensó, "si lo hice en Cuba sin ser cubano, puedo hacerlo en cualquier otra parte...". Y esa "cualquier otra parte" eran los países subdesarrollados de Asia, Africa y América latina.

Entre USA y URSS, en la UN

Las meditaciones que lo atraparon al retornar de la Unión Soviética serían decisivas. "No se puede confiar en los rusos", calculó, "porque ellos hacen su política. Nosotros les resultamos secundarios y por eso conviene mantenerse a distancia prudencial, como ocurre con esos ómnibus equipados con freno de aire. Si uno los sigue muy arrimado, en cualquier frenada choca contra ellos". Como el enemigo más próximo y directo de Cuba seguía siendo Estados Unidos, El Che pensó que la mejor forma de alineación política volvía a ser el bloque neutralista. Esos países, también subdesarrollados, se defendían de las grandes potencias con pactos de ayuda económica mutua, y practicando un socialismo independiente de Moscú.

Para Fidel Castro ya era demasiado tardía una actitud similar, pues los compromisos y las presiones internas y externas lo mantenían estacionado junto al Kremlin. Pero para El Che, quien se consideraba sin ataduras, esa puerta estaba abierta. El se podía permitir el lujo de irse a pelear a otra parte, si en Cuba le obstruían el camino. Y con sigilosa paciencia empezó a madurar esta última idea.

En esos días (fines de 1964), El Che planeó un nuevo viaje a los países afroasiáticos. El justificativo sería la reunión de delegados de países socialistas programada para febrero de 1965, en Argel. Pero su propósito era llegar allí mucho antes, para entablar conversaciones y buscar puntos de contacto con otros países. La reunión de Argel sería una magnífica oportunidad para enfrentar a los ideólogos soviéticos desde una trinchera socialista. Antes, claro, aprovecharía la ocasión para arremeter una vez más contra los norteamericanos (esto le daba autoridad para encarar luego a los rusos), en la asamblea general de las Naciones Unidas.

En los primeros días de diciembre de 1964, con sus carpetas bajo el brazo y un equipaje desusado, El Che salió de Cuba rumbo a Nueva York. El recinto de la UN lo iba a acoger con su imponencia y su auditorio multitudinario. Ya no se trataba del familiar y divertido salón de Punta del Este, donde había dominado la conferencia antes de hacerse presente. Allá sería más difícil.

Sin embargo, en la sesión en que le tocó hablar (la del 11 de diciembre), El Che concentró nuevamente las miradas sobre su figura. Y como tomándose una revancha de aquella estéril actitud negociadora de Punta del Este, sus dardos fueron arrojados con afinada puntería:

> Es de hacer notar que las noticias sobre el entrenamiento de mercenarios en distintos puntos del Caribe y la participación que tiene en tales actos el gobierno norteamericano se dan con toda naturalidad en los periódicos de Estados Unidos. No sabemos de ninguna voz latinoamericana que haya protestado oficialmente por ello. Esto nos demuestra el cinismo con que maneja Estados Unidos a sus peones. Los sutiles cancilleres de la OEA, que tuvieron ojos para ver escudos cubanos y encontrar pruebas "irrefutables" en las armas yanquis exhibidas por Venezuela, no ven los preparativos de agresión que se muestran en Estados Unidos, como no oyeron la voz del presidente Kennedy, quien se declaraba explícitamente agresor de Cuba en Playa Girón. En algunos casos es una ceguera provocada por el odio de las clases dominantes de países latinoamericanos sobre nuestra Revolución; en otros, más triste aún, es producto de los deslumbrantes resplandores de Mammon.[15]

Más adelante, tras recordar el arreglo entre Estados Unidos y la Unión Soviética que culminó con el retiro de los cohetes rusos de Cuba, El Che aprovechó para definir su política internacional. Esta vez, el alfilerazo fue también para los rusos:

> Nosotros queremos construir el socialismo, nos hemos declarado partidarios de los que luchan por la paz. Nos hemos declarado dentro del grupo de países no alineados, a pesar de ser marxistas leninistas, porque

los no alineados como nosotros luchan contra el imperialismo. Queremos paz, queremos construir una vida mejor para nuestro pueblo, y por eso eludimos al máximo caer en las provocaciones maquinadas por los yanquis; pero conocemos la mentalidad de sus gobernantes: quieren hacernos pagar muy caro el precio de esa paz. Nosotros contestamos que ese precio no puede llegar más allá de las fronteras de la dignidad.

Visitas a Ghana, Guinea y Mali

La presencia del Che en Estados Unidos, más que obedecer a su interés por hablar en el recinto de la UN, había tenido un claro propósito: iniciar contactos con las delegaciones afroasiáticas, con vistas a la reunión de Argel. El 17 de diciembre, vía Canadá, voló hacia esa capital provisto ya de algunas informaciones confidenciales obtenidas en esas conversaciones, y el 18 aterrizó en Argel. Ben Bella volvió a recibirlo con inocultable alborozo. Charlaron reservadamente sobre la forma de enfrentar a los rusos en la próxima conferencia socialista, sin necesidad de alinearse en el frente chino. "Por sobre todas las cosas", insistió El Che, "no hay que agravar la crisis. Nosotros no podemos ser divisionistas, sino unificadores en este punto. Ellos tienen la obligación de ayudarnos, porque de lo contrario...".

Ocho días después, el 26 de diciembre, El Che voló hasta la República de Mali, donde conversó con el presidente Modibo Keita y aceptó participar de una conferencia de prensa. Los afroasiáticos comenzaban a llamarlo "el Mao de América latina", y aunque el mote no le agradaba mucho, aceptó su significado, porque él era en esos momentos "la revolución en marcha". Antes de abandonar Mali, El Che dijo a los periodistas locales:

> La lucha revolucionaria contra la intervención de Estados Unidos toma más y más carácter continental en el hemisferio. En América latina el poder revolucionario pasa actualmente por la etapa de la acción armada. Mientras más tiempo pasa, no se hace más que aumentar los riesgos de un enfrentamiento brutal entre los pueblos latinoamericanos y el gobierno de Estados Unidos.[16]

El 2 de enero de 1965 El Che aterrizó en Brazzaville (capital del ex Congo francés, independizado en 1963), donde mantuvo conversaciones con los líderes Pascal Lissouba y Alphonse Massemba-Debat. Seis días más tarde atravesó el golfo de Guinea para llegar a Conakry, en el extremo oeste del continente africano. Allí lo esperaba Sékou Touré, presidente de Guinea y marxista pro chino, quien se manifestaba decididamente en favor de las guerras de liberación nacional. Ambos convinieron en presionar a la Unión Soviética (bajo la amenaza del respaldo chino) para que los rusos se comprometieran a ayudar económicamente al proceso de descolonización y unidad afroasiática.

De Conakry pasó a Accra, donde permaneció una semana (del 14 al 21 de enero) dialogando con el presidente de Ghana, Kwame Nkrumah, y sus principales asesores. Allí aprovechó para charlar con periodistas y obreros gráficos de los diarios *Evening News* y *Ghanaian Times*, sobre su teoría del *hombre nuevo*.

Ghana, Guinea y Mali eran un triángulo clave en ese recorrido, pues en diciembre de 1960 esos tres países habían pactado luchar por la unificación de Africa occidental. Pero El Che tenía también otras escalas. Dahomey, cerca de Ghana, y Tanzania, sobre el Océano Indico, también esperaban su visita. En la capital de este último país, Dar es Salam, estuvo cinco días. Allí se entrevistó con el presidente Julius Nyerere, quien poco después viajaba a Pekín en visita oficial.

Argel, un reto a los rusos

Antes de regresar a Argel, planeó una escala más: El Cairo. Y el mismo día en que abandonaba Dar es Salam para ir en busca de Nasser, El Che advirtió en su discurso de despedida: "Después de completar mi gira por siete países africanos, estoy convencido de que es posible crear un frente común de lucha contra el colonialismo, el imperialismo y el neocolonialismo". El 19 de febrero llegó a Egipto, se reunió con Nasser y le sintetizó el resultado de sus entrevistas. Cambiaron impresiones sobre la actitud del Tercer Mundo frente a la disputa entre China y la Unión Soviética, y aprovechó esa hospitalidad para dar los últimos toques al discurso que pensaba decir la semana siguiente en Argel, durante el Segundo Seminario Económico de la Organización de la Solidaridad Afroasiática. Por fin, el 27 de febrero, en su carácter de "observador cubano", El Che habló en esa conferencia para amonestar severamente a los jefes del Kremlin, quienes "regatean", decía, "su apoyo a las revoluciones populares, en beneficio de una política exterior egoísta, distanciada de los grandes objetivos internacionalistas de la clase obrera". En el párrafo más saliente de su discurso hizo la advertencia:

> Debe extraerse una conclusión: *el desarrollo de los países que empiezan ahora el camino de la liberación, debe costar a los países socialistas*. Lo decimos así, sin el menor ánimo de chantaje o de espectacularidad, ni para la búsqueda fácil de una aproximación mayor al conjunto de los pueblos afroasiáticos. Es una convicción profunda. No puede existir socialismo si en las conciencias no se opera un cambio que provoque una nueva actitud fraternal frente a la humanidad, tanto de índole individual, en la sociedad en que se construye o está construido el socialismo, como de índole mundial en relación con todos los pueblos que sufren la opresión imperialista.
> Creemos que con este espíritu debe afrontarse la responsabilidad de ayuda a los países dependientes, y que no debe hablarse más de desarrollar un comercio de beneficio mutuo, basado en los precios que la ley del valor y las relaciones internacionales del intercambio, desigual, producto de la ley del valor, imponen a los países atrasados. ¿Cómo puede significar "beneficio mutuo" vender a precios de mercado mundial las materias primas que cuestan sudor y sufrimientos sin límites a los países atrasados y comprar a precios de mercado mundial las máquinas producidas en las grandes fábricas automatizadas del presente?
> Si establecemos este tipo de relación entre los dos grupos de naciones, debemos convenir en que los países socialistas son, en cierta manera, cómplices de la explotación imperialista. Se puede argüir que el monto del intercambio con los países subdesarrollados constituye una parte insignificante del comercio exterior de estos países. Es una gran verdad, pero no elimina el carácter inmoral del cambio. Los países socialistas tienen el deber moral de liquidar su complicidad tácita con los países explotadores del Occidente.[17]

El Che consideraba que al entrar los pueblos afroasiáticos en la ruta del socialismo ("el único camino hacia la liberación definitiva"), era inevitable fijar precios equitativos a sus materias primas para protegerlos de "la angurria y la competencia del mercado mundial". "La tarea consiste en fijar los precios que permitan el desarrollo", señaló, "y habrá que cambiar el orden de las relaciones internacionales. No debe ser el comercio exterior el que fije la política, sino por el contrario, aquél debe estar subordinado a una política fraternal hacia los pueblos". Esta fue, en síntesis, su concepción del desarrollo económico de los países afroasiáticos y latinoamericanos. La idea era bien clara: forjar una alianza sólida, sincera, con los países industrializados del campo socialista, "para sacarlos de su aburguesamiento y señalarles la responsabilidad revolucionaria que les confiere la ideología marxista". Una aspiración tal vez demasiado utópica.

Viaje secreto a China y exigencias de Mao

Ese letargo sólo lo podía diluir la Revolución China, ansiosa por liderar a los países subdesarrollados. Y El Che, entusiasmado otra vez con la idea de retornar a las guerrillas de liberación, quiso ir a Pekín a conversar con Mao Tse-tung, a proponerle "un plan de lucha antiimperialista con el apoyo de China". Pero como este viaje tenía carácter reservado, para eludir los comentarios debió comprometer en el secreto a Nasser y a Ben Bella.

El 3 de marzo se anunció en Argel que "el ministro de Industrias de Cuba partió ayer rumbo a El Cairo, después de charlar con su colega argelino, el ministro de Industrias Bacchin Boumaza".[18] A su vez, El Cairo informaba ese mismo día que "Guevara comenzó hoy su visita de cuatro días". Efectivamente, El Che voló de Argel a El Cairo, pero su estancia en esta capital fue apenas una simple escala. De allí partió enseguida hacia Pekín, donde sería recibido en privado por Mao.

Los detalles de esas conversaciones jamás se dieron a conocer, pero como El Che reveló algunos pormenores a sus amigos más íntimos, tiempo después trascendió que los términos habían sido aproximadamente estos: como la Unión Soviética negaba armas para extender la revolución socialista a otros países, alegando compromisos internacionales de coexistencia pacífica, El Che reclamaba esa ayuda a China y se ofrecía para dirigir las operaciones guerrilleras una vez establecido el nuevo foco de subversión. "Mi experiencia es buena y mis servicios tienen un solo propósito: hacer la revolución socialista. No soy un ambicioso y he dado pruebas de ello", habría dicho El Che. Por su parte, China se mostraba interesada en el ofrecimiento, aunque prefería que El Che se quedara en Cuba. "Lo necesitamos allí. Usted es el hombre indicado para defender nuestra posición revolucionaria frente al revisionismo soviético", le pidió Mao.

Pero él no estaba dispuesto a convertirse en una pieza de ajedrez y rechazó la idea, pues no había volado tantos kilómetros para eso. Su propósito era llevar la revolución a otra parte, extenderla por América latina, hallar una segunda base de apoyo para sostener a Cuba. "Solamente así", decía, "con un nuevo gobierno revolucionario en América latina, la Revolución Cubana será independiente". Si se conseguía ese objetivo, los revisionistas soviéticos deberían resignarse a ser aliados y no tutores. Es decir: El Che proponía una jugada más ambiciosa que la de quedarse a defender a los chinos, como pretendía Mao.

Su fastidio por la incomprensión consiguió alterarle los nervios y le produjo un fuerte ataque de asma, que derivó, por primera vez, en un paro cardíaco. No tuvo tiempo de tomar las tabletas de coramina que, por precaución, llevaba en los bolsillos, y los médicos chinos debieron salvarle la vida con un par de inyecciones. Debió quedarse en Pekín algunos días más, para reponerse físicamente, y recién llegó a Cuba el 14 de marzo.

El socialismo y el hombre

Dos días antes había aparecido en Montevideo el texto completo de una carta que El Che le enviara al director del semanario *Marcha*, doctor Carlos Quijano, cumpliendo con una promesa hecha algunos meses antes. Ese documento, que llevaba el propósito de ser difundido por toda América latina, fue concluido y despachado en El Cairo, días antes de la conferencia de Argel. "Acabo estas notas en viaje por el Africa", empezaba la correspondencia, "animado del deseo de cumplir, aunque tardíamente, mi promesa. Quisiera hacerlo tratando el tema del título. Creo que podría ser interesante para los lectores uruguayos". El título de esas notas (convertidas luego en un documento clave para entender la evolución de su pensamiento) era: "El Socialismo y el Hombre en Cuba".[19] Allí desarrolló El Che su teoría del *hombre nuevo* en forma más amplia, analizando las condiciones humanas:

> Intentaré definir al individuo, actor de ese extraño y apasionante drama que es la construcción del socialismo, en su doble existencia de ser único y miembro de la comunidad. Creo que lo más sencillo es reconocer su cualidad de no hecho, de producto no acabado. Las taras del pasado se trasladan al presente en la conciencia individual y hay que hacer un trabajo continuo para erradicarlas. El proceso es doble: por un lado actúa la sociedad con su educación directa e indirecta; por otro, el individuo se somete a un proceso consciente de autodeterminación. La nueva socie-

dad tiene que competir muy duramente con el pasado. Este se hace sentir no sólo en la conciencia individual, en la que pesan los residuos de una educación sistemáticamente orientada al aislamiento del individuo, sino también por el carácter mismo de este período de transición, con persistencia de las relaciones mercantiles. La mercancía es la célula económica de la sociedad capitalista; mientras exista, sus efectos se harán sentir en la organización de la producción y, por ende, en la conciencia. Se corre el peligro de que los árboles impidan ver el bosque.

Persiguiendo la quimera de realizar el socialismo con la ayuda de las armas melladas que nos legara el capitalismo (la mercancía como célula económica, la rentabilidad, el interés individual como palanca, etc.) se puede llegar a un callejón sin salida. Y se arriba allí tras de recorrer una larga distancia en la que los caminos se entrecruzan muchas veces y donde es difícil percibir el momento en que se equivocó la ruta. Entretanto, la base económica adoptada ha hecho su trabajo de zapa sobre el desarrollo de la conciencia. Para construir el socialismo, simultáneamente con la base material hay que hacer al *hombre nuevo*. De allí que sea tan importante elegir correctamente el instrumento de movilización de las masas. Ese instrumento debe ser de índole moral, fundamentalmente, sin olvidar una correcta utilización del estímulo material, sobre todo de naturaleza social.

Su esperanza en el perfeccionamiento de la criatura humana tenía una explicación teórica:

El hombre, en el socialismo, a pesar de su aparente estandarización, es más completo; a pesar de la falta del mecanismo perfecto para ello, su posibilidad de expresarse y hacerse sentir en el aparato social es infinitamente mayor. Todavía es preciso acentuar su participación consciente, individual y colectiva en todos los mecanismos de dirección y de producción y ligarla a la idea de la necesidad de la educación técnica e ideológica, de manera que sienta cómo estos procesos son estrechamente interdependientes y sus avances son paralelos. Así logrará la total conciencia de su ser social, lo que equivale a su realización plena como criatura humana, rotas las cadenas de la enajenación.

El cambio no se produce automáticamente en la conciencia, como no se produce tampoco en la economía. Las variaciones son lentas y no son rítmicas; hay períodos de aceleración, otros pausados e, incluso, de retroceso.

Sin dejar de reconocer que "el socialismo es joven y tiene errores", El Che confiaba en la elaboración del "modelo humano del siglo

XXI" con las herramientas que la misma revolución socialista pone en manos de sus realizadores. Desconfiaba de poder crear al *hombre nuevo* con la vieja maquinaria, y por eso proponía que "el partido fuera una organización de vanguardia":

> Los mejores trabajadores son propuestos por sus compañeros para integrarlo. El partido es minoritario, pero de gran autoridad por la calidad de sus cuadros. Nuestra aspiración es que el partido sea de masas, pero cuando las masas hayan alcanzado el nivel de desarrollo de la vanguardia, es decir, cuando estén educadas para el comunismo. Y a esa educación va encaminado el trabajo.

Sentimientos de amor y sacrificio

La definición del modelo revolucionario del siglo XX que trazó esa vez era una definición de sí mismo. Y muy patética:

> Déjeme decirle, a riesgo de parecer ridículo, que el revolucionario verdadero está guiado por grandes sentimientos de amor. Es imposible pensar en un revolucionario auténtico sin esta cualidad. Quizá sea uno de los grandes dramas del dirigente; éste debe unir a un espíritu apasionado una mente fría y tomar decisiones dolorosas sin que se contraiga un músculo. Nuestros revolucionarios de vanguardia tienen que idealizar ese amor a los pueblos. No pueden descender con su pequeña dosis de cariño cotidiano hacia los lugares donde el hombre común lo ejercita. Los dirigentes de la revolución tienen hijos que en sus primeros balbuceos, no aprenden a nombrar al padre; mujeres que deben ser parte del sacrificio general de su vida para llevar la revolución a su destino; el marco de los amigos responde estrictamente al marco de los compañeros de revolución. No hay vida fuera de ella.
> En esas condiciones, hay que tener una gran dosis de humanidad, una gran dosis de sentido de la justicia y de la verdad, para no caer en extremos dogmáticos, en escolasticismos fríos, en aislamiento de las masas. Todos los días hay que luchar porque ese amor a la humanidad viviente se transforme en hechos concretos, en actos que sirvan de ejemplo, de movilización. El revolucionario, motor ideológico de la revolución dentro de su partido, se consume en esa actividad ininterrumpida que no tiene más fin que la muerte, a menos que la construcción se logre en escala mundial.

Finalmente, como queriendo dejar bien fotografiada su imagen de revolucionario prototipo, El Che confesó:

> En nuestro caso, hemos mantenido que nuestros hijos deben tener y carecer de lo que tienen y de lo que carecen los hijos del hombre común; y nuestra familia debe comprenderlo y luchar por ello. La revolución se hace a través del hombre, pero el hombre tiene que forjar día a día su espíritu revolucionario.

Notas

1 En 1959 la producción de azúcar había sido de 5.900.000 toneladas y en 1960 de 5.800.000.
2 *Revolución*, 25 de septiembre de 1961.
3 *Idem*, 29 de noviembre de 1961.
4 *La crisis entre Mao Tsé-tung y Kruschev; textos oficiales y notas críticas*, Buenos Aires, Coyoacán, 1961.
5 La exclusión de Cuba de la OEA fue aprobada por catorce votos contra uno (el de Cuba) y seis abstenciones (Argentina, México, Brasil, Bolivia, Chile y Ecuador).
6 Las intimidades de esta crisis quedaron reveladas en el documento póstumo de Robert Kennedy, escrito en 1967 y publicado cinco meses después de su muerte. Fue reproducido con el título de "Los trece días desesperados" por *Primera Plana*, en el Nº 308, del 19 de noviembre de 1968.
7 Raúl Castro reveló ese entredicho en sus acusaciones contra la "microfracción" comunista, seis años después, en febrero de 1968.
8 *Cuba socialista*, La Habana, marzo de 1962.
9 Adolfo Gilly, escritor argentino de tendencia trotskista, vivió un año en Cuba (1962-63) y estudió el proceso económico en su etapa más difícil. Sus conclusiones fueron recopiladas en el libro *Cuba: coexistencia o revolución*, Buenos Aires, ed. Monthly Review, 1965.
10 *Cartas inéditas*, correspondencia del 19 de noviembre de 1962.
11 *Cartas inéditas*, correspondencia del 4 de mayo de 1963.
12 Las elecciones fueron posibles debido al triunfo del sector militar legalista, que se comprometió a respaldar con las armas el cumplimiento de la Constitución Nacional y la voluntad de las urnas.
13 *Cartas inéditas*, correspondencia del 21 de agosto de 1964.
14 *Confirmado*, Nº 122, Buenos Aires, 19 de octubre de 1967.
15 *Cuadernos de Marcha*, Nº 7, noviembre de 1967.
16 *Granma*, 22 de octubre de 1967.
17 *Cuadernos de Marcha*, Nº 7, noviembre de 1967.
18 En esa entrevista se acordó la venta de petróleo argelino a Cuba.
19 *Marcha*, 12 de marzo de 1965.

VII
El revolucionario

Apenas regresó a La Habana, El Che se reunió con Fidel Castro para relatarle los pormenores de su largo viaje. Había partido a principios de diciembre de 1964, rumbo a Nueva York, y luego se extendió en un recorrido de tres meses por Asia y Africa. Era mucho lo que necesitaba contarle, sobre todo después de las experiencias vividas en Argel (donde su discurso causó verdadero impacto) y en China (donde el diálogo con Mao había destrozado gran parte de sus ilusiones).

En Cuba, la discusión con los comunistas se agudizaba cada vez más. La "vieja guardia" presionaba insistentemente para que Fidel Castro se definiera en favor del revisionismo ruso y en contra de China, apoyándose en un hecho inocultable: la economía cubana se mantenía gracias a la ayuda soviética. "Si la Unión Soviética nos mantiene", razonaba el grupo de Aníbal Escalante, en favor de su partido, "es justo que reconozcamos esa solidaridad y retribuyamos con una definición política acorde con la realidad". Esta especulación, por supuesto, no era compartida por Castro, y menos aún por El Che. Ambos sabían que a los bolcheviques lo único que les interesaba entonces era reclamar el precio de la ayuda soviética.

El Che comprendió, sin embargo, que su amigo Fidel se sentía acorralado por esas presiones. "O hay definición política o no hay más plata", insinuaban los soviéticos a través de Escalante. Y como la Revolución necesitaba de ese dinero para subsistir, la elección no iba a ser muy difícil. Pero él no podía aceptarla. Acababa de desnudar públicamente a los rusos en Argel, reclamándoles otro tipo de ayuda menos interesada para los países subdesarrollados, y no estaba dispuesto a tragarse semejante píldora. Tampoco confiaba ya en los chinos, quienes intentaban utilizarlo con el único objeto de contener a los rusos. "Cuba no puede ser un conejito de Indias", se enfureció en esos días, y confesó a Castro su idea de "ir a hacer la revolución a otro lado".

Llevar la revolución a otra parte

El diálogo que mantuvieron aquella vez jamás trascendió textualmente. Sólo se supo, por infidencias de allegados y por hechos posteriores, que Fidel Castro trató vanamente de convencerlo para que desistiera de abandonar Cuba. El Che no lo escuchaba. Sus argumentos eran contundentes: "La Revolución cubana necesita contar con un aliado importante en América latina, para tener otro punto de apoyo y fortalecerse; ese aliado se consigue únicamente llevando la Revolución a otra parte, y para eso tiene que ir al frente un jefe con sólida experiencia en guerrillas y con el prestigio necesario para liderar el movimiento político". "Ese jefe", habría dicho El Che, "soy yo". Además, a él no se le escapaba que su permanencia en Cuba obstruía en ese momento la marcha de la Revolución. Si Fidel Castro debía aceptar inevitablemente las presiones soviéticas, la presencia del Che se convertía en un obstáculo (máxime desde un puesto tan clave como el Ministerio de Industrias). Hacia su cabeza apuntaban en ese instante los cañones de la "vieja guardia" comunista, deseosa de sacárselo de encima. Convenía que se fuera.

"Vos no podés hacer la Revolución en otra parte", le dijo a Fidel Castro, "porque tenés que seguir al frente de ésta. En cambio yo sí. ¡Y la voy a hacer, carajo!". ¿Dónde? Eso estaba aún en estudio. El Che pidió una sola cosa: "Dame tiempo, y asegurame hombres y armas, que yo te presentaré un plan bien concreto. Dejame estudiar la cosa un poco más".

Para analizar cuidadosamente sus ideas y trazar el plan prometido a Castro, El Che decidió hacer un retiro. Pidió que se mantuviera en reserva su paradero, "para ir acostumbrando al pueblo a la idea de mi ausencia". Y se fue a vivir cerca de un cañaveral con Alberto Granado. Antes de salir de La Habana despachó una carta para Buenos Aires. Su destinataria era Celia. Le informaba muy escuetamente que se iba "a cortar caña por un mes" y que los próximos cinco años los dedicaría a "dirigir una empresa". El final de la carta era de orden familiar: "Sé que tenés ganas de venir a Cuba, pero aguantátelas por ahora". En el sobre iban también las últimas fotos de los chicos, con una nota al dorso de una de ellas: "Este es Ernestito, el último. Con él se cierra la producción".

La carta llegó a destino a mediados de abril y conmovió a su madre en un momento muy especial. Enferma de cáncer, a pesar de que aún conservaba energías suficientes como para desarrollar su "vida normal" (moviéndose de un lado para otro), Celia descifró claramente que algo raro le estaba ocurriendo a Ernesto. Se propuso contestarle enseguida, preguntarle qué era realmente lo que tramaba o lo que le sucedía. Pero como la correspondencia entre Buenos Aires y La Habana debía moverse por conductos personales (más aún entre El Che y su familia), Celia llamó a Ricardo Rojo para preguntarle si tenía algún amigo que viajara a Cuba en esos días y pudiera llevar una carta a Ernesto.

Rojo se comprometió a entregar el sobre a un dirigente peronista amigo suyo, el que acababa de ser invitado por el gobierno de Cuba a visitar la isla. "El la llevará, es un tipo responsable y confío ciegamente en él", le dijo a Celia. Entonces ella no dudó un instante y empezó a redactar la respuesta. Ensobró la carta y se la dio cerrada a Rojo. Este, a su vez, fue de inmediato a entregársela a su amigo (con mil recomendaciones) y se ausentó por un par de semanas de Buenos Aires, confiado en la eficacia del mecanismo. Pero al retornar, a fines de mayo, fue sorprendido por dos noticias ingratas: la primera era que su amigo no había podido viajar a La Habana, porque su nombre fue tachado a último momento de las listas de invitados [1], y le devolvió la carta; la segunda, la enfermedad incurable de Celia, internada en un sanatorio y a punto de morirse.[2]

Rojo voló hasta el sanatorio y allí se dio cuenta de la gravedad. Entonces prefirió guardarse la carta y dejar a Celia en la creencia de que había sido entregada. Celia le suplicó que se comunicara con Ernesto:

—Llamalo, decile que venga. Quiero verlo por última vez...

—¡Pero déjese de joder, vieja! Si usted no tiene nada.

—No, no. Yo estoy mal. Yo sé que estoy mal. Decile que venga. Hablá con los radicales amigos tuyos y pediles que lo dejen entrar. Haceme el favor...

Despedida de los viejos

El Che nunca pudo leer esa carta, y cuando se enteró de la muerte de Celia, ya estaba en camino una página con destino a sus padres. En ella les informaba directamente de su decisión de volver a las guerrillas:

> Queridos viejos: Otra vez siento bajo mis talones el costillar de Rocinante; vuelvo al camino con mi adarga al brazo. Hace de esto casi diez años, les escribí otra carta de despedida. Según recuerdo, me lamentaba de no ser mejor soldado y mejor médico; lo segundo ya no me interesa, soldado no soy tan malo. Nada ha cambiado en esencia, salvo que soy mucho más consciente, mi marxismo está enraizado y depurado. Creo en la lucha armada como única solución para los pueblos que luchan por liberarse y soy consecuente con mis creencias. Muchos me dirán aventurero, y lo soy; sólo que de un tipo diferente y de los que ponen el pellejo para demostrar sus verdades.
> Puede ser que ésta sea la definitiva. No lo busco pero está dentro del cálculo lógico de probabilidades. Si es así, va un último abrazo: Los he querido mucho, sólo que no he sabido expresar mi cariño; soy extremadamente rígido en mis acciones y creo que a veces no me entendieron. No era fácil entenderme, por otra parte, créanme, solamente, hoy. Ahora, una voluntad que he pulido con delectación de artista, sostendrá unas piernas fláccidas y unos pulmones cansados. Lo haré. Acuérdense de vez en cuando de este pequeño condottiero del siglo XX. Un beso a Celia, a Roberto, Juan Martín y Pototín, a Beatriz, a todos. Un gran abrazo de hijo pródigo y recalcitrante para ustedes, Ernesto.[3]

Adiós a *Pepe* y a Alberto

El plan del Che ya estaba en marcha. Primero un viaje al Africa, para reanudar los contactos establecidos la última vez y comprometer la ayuda necesaria para hacer la revolución en otro país latinoamericano. "Armas y hombres tengo", reveló a los líderes negros, "lo que me hace falta es apoyo político apenas entre en acción. Es necesario respaldar nuestra tarea en el plano internacional, crear algún organismo de enlace intercontinental que actúe de inmediato, para liberarnos un poco de las influencias soviéticas y chinas". Antes de irse, en junio de 1965, escribió también otras cartas de despedida. Tomó un ejemplar de *Pasajes de la guerra revolucionaria* y en la primera hoja escribió a su amigo José González Aguilar:

> Pepe: Es la hora de partir. Quizás esto te explique mis reticencias al viaje de Roberto. Te dejo éste que espero no sea el recuerdo póstumo; no es vanidad intelectualoide, es un gesto de amistad nada más. Hasta otra, si se produce. Un abrazo fraterno. Che. Habana/65.[4]

Luego abrió un ejemplar de *El ingenio*, obra de Manuel Moreno Fragináls sobre la economía azucarera cubana, y borroneó unas líneas para Alberto Granado:

> Habana. Año de la Agricultura. Alberto: No sé qué dejarte de recuerdo; te obligo pues a internarte en la economía y en la caña de azúcar. Mi casa rodante tendrá dos patas otra vez y mis sueños no tendrán frontera, hasta que las balas digan, al menos... Te espero, gitano sedentario, cuando el olor a pólvora amaine. Un abrazo a todos ustedes (inclúyeme a Tomás). Che.[5]

La renuncia formal

Pero la carta más importante era para Fidel Castro. Este, que no sabía cómo contener las embestidas de los periodistas (diariamente abrumaban al gobierno los corresponsales extranjeros) ansiosos por conocer el paradero del Che, había declarado el 20 de abril:

> Lo único que puedo decirles del comandante Guevara es que siempre estará donde sea más útil a la Revolución. Creo que su gira por Africa fue muy provechosa. Estuvo también en China con motivo de la visita de una delegación nuestra. Es polifacético. De una comprensión extraordinaria. Uno de los dirigentes más completos.[6]

El Che, que en esos días aún estaba en Cuba y se veía reservadamente con Fidel Castro en un cañaveral, leyó esas declaraciones en los diarios (también descubrió que ese mismo 20 de abril, en Buenos Aires, moría Alfredo Palacios) y comenzó a redactar la renuncia formal a todos sus cargos. Quería dejar en libertad de acción a Fidel y escribió así su despedida:

Fidel: Me recuerdo en esta hora de muchas cosas, de cuando te conocí en casa de María Antonia, de cuando me propusiste venir, de toda la tensión de los preparativos. Un día pasaron preguntando a quién se debía avisar en caso de muerte y la posibilidad real del hecho nos golpeó a todos. Después supimos que era cierta, que en una revolución se triunfa o se muere (si es verdadera). Muchos compañeros quedaron a lo largo del camino hacia la victoria. Hoy todo tiene un tono menos dramático, porque somos más maduros, pero el hecho se repite. Siento que he cumplido la parte de mi deber que me ataba a la Revolución Cubana en su territorio y me despido de ti, de los compañeros, de tu pueblo, que ya es mío.

Hago formal renuncia de mis cargos en la dirección del partido, de mi puesto de ministro, de mi grado de comandante, de mi condición de cubano. Nada legal me ata a Cuba, sólo lazos de otra clase que no se pueden romper como los nombramientos. Haciendo un recuento de mi vida pasada creo haber trabajado con suficiente honradez y dedicación para consolidar el triunfo revolucionario. Mi única falta de alguna gravedad es no haber confiado más en ti desde los primeros momentos de la Sierra Maestra y no haber comprendido con suficiente celeridad tus cualidades de conductor y de revolucionario.

He vivido días magníficos y sentí a tu lado el orgullo de pertenecer a nuestro pueblo en los días luminosos y tristes de la crisis del Caribe. Pocas veces brilló más alto un estadista que en esos días. Me enorgullezco también de haberte seguido sin vacilaciones, identificado con tu manera de pensar y de ver y apreciar los peligros y los principios. Otras tierras del mundo reclaman el concurso de mis modestos esfuerzos. Yo puedo hacer lo que te está negado por tu responsabilidad al frente de Cuba y llegó la hora de separarnos. Sépase que lo hago con una mezcla de alegría y dolor: aquí dejo lo más puro de mis esperanzas de constructor y lo más querido entre mis seres queridos... y dejo un pueblo que me admitió como un hijo; eso lacera una parte de mi espíritu. En los nuevos campos de batalla llevaré la fe que me inculcaste, el espíritu revolucionario de mi pueblo, la sensación de cumplir con el más sagrado de los deberes: luchar contra el imperialismo dondequiera que esté; esto reconforta y cura con creces cualquier desgarradura.

Digo una vez más que libero a Cuba de cualquier responsabilidad, salvo la que emane de su ejemplo. Que si me llega la hora definitiva bajo otros cielos, mi último pensamiento será para este pueblo y especialmente para ti. Que te doy las gracias por tus enseñanzas y tu ejemplo y que trataré de ser fiel hasta las últimas consecuencias de mis actos. Que he estado identificado siempre con la política exterior de nuestra Revolución, y lo sigo estando. Que en dondequiera que me pare sentiré la responsabilidad de ser revolucionario cubano, y como tal actuaré. Que no dejo a mis hijos y mi mujer nada material y no me apena: me alegro que así sea. Que no pido nada para ellos, pues el Estado les dará lo suficiente para vivir y educarse. Tendría muchas cosas que decirte a ti y a nuestro pueblo, pero siento que son innecesarias, las palabras no pueden expresar lo que yo quisiera, y no vale la pena emborronar cuartillas. Hasta la victoria siempre. ¡Patria o muerte! Te abraza con todo fervor revolucionario: Che.

Fidel lo despide

Fidel Castro guardó por un tiempo esa carta, esperando la oportunidad propicia para darla a conocer. Mientras tanto, El Che fue reemplazado por Arturo Guzmán en el Ministerio de Industrias, y se anunciaba que "el comandante Guevara tiene sus razones para no aparecer en público". Pero las conjeturas empezaron a corroer al gobierno de Cuba. Se presumió que El Che había sido eliminado por el grupo comunista, con la complicidad de Fidel Castro. Simultáneamente circulaban versiones de que estaría peleando junto a los guerrilleros peruanos, en Andamarca, la Sierra Central. O escondido en la República Dominicana, al acecho de una nueva oportunidad. Cuando Fidel Castro exaltó su figura en el acto central del 26 de Julio, en La Habana provocó una ovación de la multitud.

Sin embargo, como él no aparecía por ningún lado, recrudecieron las versiones de que los comunistas cubanos lo habían matado. Entonces se decidió hacer pública la carta de despedida, en la que El Che liberaba a Cuba de toda responsabilidad en las acciones que estaba a punto de emprender. En su discurso del 3 de octubre de 1965, Castro leyó aquel documento y lo respondió públicamente:

> Nosotros podríamos contestar, todos nosotros: Compañero Guevara, ¡no es la responsabilidad lo que nos preocupa!, nosotros estamos responsabilizados con la Revolución, ¡y nosotros estamos responsabilizados con la ayuda al movimiento revolucionario en la medida de nuestras fuerzas! Y asumimos la responsabilidad y las consecuencias y los riesgos. Durante siete años casi ha venido siendo así, y sabemos que mientras el imperialismo exista, y mientras haya pueblos explotados y colonializados, seguiremos corriendo esos riesgos y seguiremos asumiendo serenamente esa responsabilidad.

"A mis hijos"

Ese día Fidel Castro también reveló que El Che había dejado una carta para entregar a sus hijos, la que éstos debían conocer únicamente en el momento de la partida. Su texto no era muy extenso:

> A mis hijos. Queridos Hildita, Aleidita, Camilo, Celia y Ernesto:
> Si alguna vez tienen que leer esta carta, será porque yo no esté entre ustedes. Casi no se acordarán de mí y los más chiquitos no recordarán nada. Su padre ha sido un hombre que actúa como piensa y, seguro, ha sido leal a sus convicciones.
> Crezcan como buenos revolucionarios. Estudien mucho para poder dominar la técnica que permite dominar la naturaleza. Acuérdense que la revolución es lo importante y que cada uno de nosotros, solo, no vale nada. Sobre todo, sean siempre capaces de sentir en lo más hondo cualquier injusticia cometida contra cualquiera en cualquier parte del mundo. Es la cualidad más linda de un revolucionario.
> Hasta siempre hijitos, espero verlos todavía. Un beso grandote y un gran abrazo de Papá.[7]

Estas líneas confirmaban una expresión suya: "Los revolucionarios tienen hijos que en sus primeros balbuceos no aprenden a nombrar al padre" (*El Socialismo y el Hombre*), frase que sería recordada cinco días después de conocida su renuncia formal, en un artículo que el periodista uruguayo Carlos María Gutiérrez tituló "Que los enemigos se preocupen".[8] Gutiérrez también recordó esa vez una anécdota de los días en que conoció al Che:

> Cuando lo conocí en un valle perdido de la Sierra Maestra, hacia 1958, entre los exuberantes guerrilleros barbudos y rotosos, ya lucía la estrella de comandante y estaba probado en todos los avatares de la lucha, pero seguía siendo ante todo un intelectual bonaerense, que se recogía a la sombra de una mata a leer un tomito de la editorial Aguilar, del que no se separaba. Y por debajo del cantito cubanizado, se mantenía la leve insolencia del porteño. Una vez me dijeron que había ofrecido alojarme en su campamento (mejor comida, más comodidades) y fui a agradecérselo. "No es por vos", aclaró. "Es que me revienta tomar mate solo, de mañana..."

Los bolcheviques en acción

A pesar de que Castro se desesperaba entonces por demostrar lo contrario, la desaparición del Che jugó muy en favor de los comunistas de la "vieja guardia". Evidentemente, los bolcheviques cubanos se lo habían sacado de encima, y el mismo Castro lo tendría que admitir tiempo después, cuando acusó a ese sector de constituir "una corriente que hemos denominado microfraccionaria, desarrollada en los últimos dos años al margen de la Revolución".[9] Las observaciones apuntadas por un periódico británico resultaron acertadas: "Fidel Castro habla de un período de dos años, que coincide más o menos con la desaparición del Che Guevara. No deja de ser significativo este hecho, ya que la mayoría de los microfraccionarios, empezando por Escalante, se opuso siempre a Guevara".[10]

La ausencia del Che habría restado entonces un apoyo importante a la Revolución Cubana, en su defensa ideológica, permitiendo que los "viejos bolcheviques" crecieran peligrosamente y empujaran al gobierno a una posición prosoviética. Las palabras de Castro en aquel 3 de octubre de 1965 (al despedir al Che), eran bien elocuentes respecto del peligro que se cernía sobre el rumbo político de la Revolución: "Si no nos da la gana de que las divergencias en el campo socialista nos dividan a nosotros, ¡nadie podrá imponernos semejante cosa!".[11] Pero, contrariamente, se las impusieron durante dos años.

Rumbo al Congo

Al producirse el reemplazo de Ben Bella por Boumedienne, en junio de 1965, El Che creyó que la revolución africana comenzaría a tambalear. Estaba ansioso por retornar a la lucha y esa era una oportunidad para internarse en el Continente Negro. El Congo era, a todas luces, el lugar más apropiado para reanudar la tarea guerrillera, pues parecía estar aún caliente la sangre de Patrice Lumumba.

Su partida de Cuba con destino al ex Congo belga fue cuidadosamente preparada por los servicios de inteligencia de Fidel Castro: la G-2 cubana. Al llegar (en el mayor de los secretos), El Che observó la batalla que libraba el izquierdista Pierre Muléle contra el colonialista Moisé Tshombé, y se dirigió después hasta Brazzaville a informar al presidente Massemba-Debat (ex Congo francés) de sus propósitos de actuar en el bando rebelde.

El Che, que iba acompañado de un pequeño grupo de guerrilleros cubanos, tenía el propósito (aún no confesado) de entrenar a su contingente para dar luego una batalla más cara a sus aspiraciones: América del Sur. Más cubanos fueron llegando al Africa e incorporándose al grupo, los que nunca alcanzaron a superar el centenar. La mayoría eran instructores de comandos, quienes permanecieron cerca de ocho meses peleando en la jungla africana.

Nace la Tricontinental

La experiencia congoleña del Che y de sus lugartenientes, "los comandantes Emilio Aragonés y Drake", terminó cuando fueron informados desde La Habana de que "la presencia de guerrilleros cubanos en el Congo compromete en estos momentos seriamente a la Revolución". Castro quería sacarlo de allí a toda costa. Lo necesitaba para frenar de algún modo el avance de los viejos bolcheviques y para evitar que terminara despedazado por algún guerrero africano.

El grupo capitaneado por El Che abandonó silenciosamente Brazzaville en marzo de 1966. En el ínterin, él había obtenido un espectacular triunfo político al concretarse uno de sus grandes proyectos: la formación de un organismo intercontinental con sede en Cuba. Esto ocurrió en los primeros días de 1966 (del 3 al 15 de enero), cuando se reunió en La Habana la Primera Conferencia de Solidaridad de los Pueblos de Asia, Africa y América latina (llamada Tricontinental), con la presencia de cuatrocientos delegados y treinta observadores. De esa asamblea escribió Alberto Ciria: "El espíritu, ya que no la presencia, de Ernesto *Che* Guevara presidió las deliberaciones de la Conferencia de La Habana, y fue visible el entusiasmo con que los delegados celebraban su nombre las muchas veces que fue pronunciado".[12]

Entre marzo y junio de 1966, El Che recorrió de incógnito algunos países sudamericanos. Estaba afeitado, teñido de rubio y (por primera vez en trece años) volvió a ponerse una corbata. Indudablemente, su mejor manera de pasar inadvertido era vistiendo un elegante traje. Jamás iban a reconocerlo así. Su itinerario no tenía rumbo fijo, era apenas un viaje de reconocimiento, que abarcó el Uruguay, el Brasil y el Paraguay, en un principio.

Estaba sumergido en el análisis de la situación política y social de toda esa zona (y de la Argentina, por supuesto), cuando se produjo en Buenos Aires el derrocamiento del presidente Illia. Los militares, por entonces unánimes golpistas, derrocaron en forma súbita el poder civil y establecieron nuevamente un régimen al margen de la Constitución.[13] El 28 de junio fue invitado a asumir la presidencia el general Juan Carlos Onganía.

Argentina, el gran objetivo

El Che analizó cuidadosamente el proceso. No se le escapaba que la eliminación de los partidos políticos (a los cuales nadie intentó defender) era el resultado de un desgaste interno del sistema. Era bien visible que dentro de éstos la desorganización latía mucho antes de que los suprimiera el nuevo gobierno. Este descalabro sería reconocido por los propios dirigentes políticos. ¿Era entonces el momento para dar un golpe revolucionario en la Argentina? Podía ser, pues aunque la política de Illia había empezado a recomponer la economía del país, su imagen abúlica (hábilmente explotada por los detractores) contribuía a estimular el deseo de un cambio institucional de corte revolucionario.

Las fuerzas militares, como tantas otras veces, hicieron el cambio pero no una revolución. Y El Che, que barajaba posibilidades y veía crecer la indiferencia popular hacia derrocados y derrocadores, soñaba con la manera de instalar un foco guerrillero en el borde mismo del país, con proyección hacia el futuro.

La idea de crear un foco guerrillero en la Argentina lo perturbaba desde mucho tiempo antes. Cada vez que Ricardo Rojo iba a La Habana, El Che lo ametrallaba a preguntas. Y después de informarse sobre el estado de la economía y de los problemas políticos y sociales, inevitablemente llegaba a esta conclusión: "No caben dudas de que la Argentina camina lentamente en dirección revolucionaria. Es cuestión de esperar un poco más". Desde 1960, en que trabó amistad con el argentino John William Cooke (dirigente peronista de izquierda), El Che tuvo una información suficientemente exacta de lo que acontecía en su país de origen. Cooke recordó en un reportaje que le efectuaron cinco meses antes de la muerte del Che, que éste "siempre mostró enormes deseos de volver a la lucha, pues no se sentía satisfecho detrás de su escritorio".[14] La última vez que Cooke lo vio fue en abril de 1965, cuando estaba a punto de desaparecer de Cuba. Más tarde volvieron a tener contacto a través de los agentes de enlace, mediante los cuales El Che recibía información directa de la Argentina, y Cooke, de sus planes guerrilleros.

Adolfo Mena, un señor calvo

El 5 de agosto de 1966 la Cancillería del Paraguay dijo haber ordenado "una vigilancia especial en el límite con Brasil, debido a que Guevara ha sido visto en Baribao, a escasos kilómetros de la frontera paraguaya". Las versiones confidenciales, demasiado exageradas, sostenían que El Che circulaba disfrazado de hermano dominico, con el nombre de fray Hernando Juan de los Santos, un atuendo parecido al que utilizaba Tyrone Power en *La marca del zorro*. Un inocente franciscano del lugar se salvó por poco de ser apremiado para que confesara.

Obsesionado por la idea de hacer otra revolución (la única receta para evitar los peligros del aburguesamiento, según aprendiera de León Trotsky), El Che obtuvo una nueva identidad para poder entrar en territorio boliviano, lugar elegido para establecer el primer foco guerrillero. En Uruguay volvieron a cambiarle la fisonomía. Esta vez se convirtió en Adolfo Mena, un señor calvo, de anteojos, con un documento que lo acreditaba como "enviado especial de la Organización de Estados Americanos, para efectuar estudios y reunir información sobre las relaciones económicas y sociales que rigen el campo boliviano". La credencial, oficializada luego ingenuamente por el gobierno de Bolivia (en La Paz, el 3 de septiembre de 1966), ponía a disposición del señor Adolfo Mena nada menos que "las autoridades nacionales e instituciones privadas del país, para que le presten toda la cooperación que requiera en su labor investigadora".

Y allá fue, a poner en práctica un plan que los hermanos Roberto (*Coco*) y Guido (*Inti*) Peredo Leigue, bolivianos, le propusieron en 1965. Los Peredo habían estado ya en Cuba en 1962, y jamás desdeñaron la idea de llevar la revolución a su país. Se deduce de esos hechos que, cuando El Che partió hacia el Congo, siguió manteniendo estrechos contactos con los hermanos Peredo, con la intención de trasladar a Bolivia el ansiado foco rebelde.

El plan de los hermanos Peredo

El plan trazado por *Coco* e *Inti* Peredo, y aceptado por El Che con pequeñas modificaciones estratégicas, consistía en situar el foco guerrillero en el sur boliviano. Esa zona, además de ser apropiada para la guerrilla por su frondosa vegetación, tenía una ubicación ideal para los proyectos del Che. Su idea de crear "dos, tres... muchos Vietnam" (que luego haría pública en un documento) podía llevarse a cabo extendiendo las operaciones con nuevos focos guerrilleros en el Brasil, el Paraguay y la Argentina, países limítrofes de Bolivia. "Estados Unidos tendrá que actuar sin más trámite, y cuantos más frentes les opongamos, más rápido los agotaremos. Llegará el momento en que las guerrillas habrán incendiado América latina por todas partes", auguraba El Che.

El eje de ubicación fue el río Grande, que divide el país de Norte a Sur en dos zonas (oriental y occidental) hasta Santa Cruz de la Sierra. Ese río gira hacia el Oeste, en línea paralela al límite con la Argentina, y muere cerca de Sucre. Cien kilómetros al sur se abre el cañón de Ñancahuazú (en quechua: cabeza de río), un espeso monte de selvas vírgenes regadas por varios ríos (el más importante es el Ñancahuazú), cuyo desfiladero forma un maravilloso bastión natural. Allí se decidió instalar la primera base de operaciones y para eso debía sembrarse el lugar con escondites de municiones y víveres y construir fortificaciones.

Una vez que Ñancahuazú estuviese bien pertrechada, los guerrilleros se dirigirían hacia el Norte, cruzando el río Grande, y dominando la zona de Samaipata y Vallegrande, para amenazar desde allí a las ciudades de Cochabamba (al oeste) y Santa Cruz (al este). Instalados en ese lugar, al que llegarían escondiendo armas por todo el camino, se iba a establecer la segunda base, junto a las laderas orientales. El propósito era comenzar la lucha allí recién en septiembre de 1967, cuando las etapas iniciales se hubieran cumplido en su totalidad. Abierto el fuego y denunciada la presencia de los guerrilleros, éstos se abrirían en grupos pequeños (para desconcertar al ejército boliviano) e iniciarían un lento repliegue hacia el Sur, hasta el punto de partida: Ñancahuazú.

La táctica ("muerde y huye; espera, acecha, vuelve a morder y a huir", como decía El Che) no era novedosa; figuraba en *La guerra de guerrillas*, pero el plan estratégico ofrecía esta vez una variante poco común: moverse en un terreno cuidadosamente preparado, con armamentos y víveres a granel, y dos bases bien fortificadas. Lo suficiente como para enloquecer a un ejército tan inexperto como el boliviano.

A su vez, el plan político basaba su éxito en el descontento popular con la dictadura militar. "Inevitablemente", suponían los estrategos, "se irán incorporando sectores campesinos y mineros, cautivados por el éxito militar de las guerrillas". Ñancahuazú, bastión final de los rebeldes, era terreno probado durante la guerra independentista por Manuel Ascensio Padilla y su mujer Juana Azurduy de Padilla (*Santa Juana de América*), quienes se refugiaron allí perseguidos por los godos.

El Che confiaba en que, a mediados de 1969, se podría ingresar en territorio argentino con una avanzada de cincuenta hombres. Para ese entonces, los norteamericanos estarían demasiado ocupados en repeler los focos guerrilleros de Bolivia y Perú, país que sería invadido a fines de 1967, en la región de Ayacucho. El centro de comunicación sería Puno, lugar de enlace entre bolivianos y peruanos.

Con las piezas en el tablero

El costo de esta operación se calculó en setenta y tres mil dólares, y su jefe era El Che. A un peruano que actuaba con el seudónimo de *Capac* se le encomendó la misión de preparar el grupo y se le entregaron veinticinco mil dólares para que enviara, desde Perú, a los primeros veinte hombres. El segundo jefe sería *El Chino*, quien llevó los cuarenta y ocho mil dólares restantes a un contacto rebelde instalado en La Paz, poco antes de viajar a Ñancahuazú (en marzo de 1967) en compañía del argentino Ciro Roberto Bustos.

Coco e *Inti* Peredo habían llegado a Bolivia en febrero de 1966 y se alojaron en Camiri, un centro petrolero situado a ochenta kilómetros al sur de Ñancahuazú. Allí se hicieron amigos de los parroquianos y soltaron la idea de "comprar campos en la zona para sembrar cereales y verduras, e instalar un criadero de cerdos". Los Peredo lograron por fin hacerse de una finca abandonada en Ñancahuazú (adquirida a la familia Padilla) y con un par de jeeps recorrieron íntegramente el lugar. Un carnicero de Camiri, Ciro Algañaraz, además de venderles alimentos, también les arrendó una finca colindante con la de los Padilla.

Los Peredo contaron también con dos contactos clave: la maestra argentina Laura Gutiérrez Bauer (*Tania*) y el empleado petrolero Epifanio Vargas. *Tania*, hija de padre argentino y madre alemana, era un importante agente de enlace. Nadie sabía que estaba casada desde hacía tres años con un boliviano de apellido Martínez, quien se encontraba radicado en Bulgaria. Vargas, en cambio, creía que los hermanos Peredo eran traficantes de cocaína o ladrones de ganado, porque siempre le pagaron al contado. Como Vargas viajaba regularmente a Lagunillas (localidad cercana a Ñancahuazú), sería contratado luego para guiar al ejército rebelde hasta la primera base de operaciones. De Lagunillas hasta los profundos cañones de Ñancahuazú apenas hay veinte kilómetros.

El trabajo de captación de nuevos elementos (principalmente en el gremio minero) estaba a cargo de Moisés Guevara y Simón *Willy* Cuba, quienes reclutaron al grupo boliviano de combatientes. Esos efectivos fueron reforzados en noviembre de 1966 con un contingente de guerrilleros cubanos: Gustavo Machin Hoed (*Alejandro*), Juan de Acuña Núñez (*Joaquín*), Orlando Pantoja Tamaño (*Antonio*), Eliseo Reyes Rodríguez, Jesús Suárez Cayoli y Alberto Sánchez. Poco después se incorporaron otros cuatro, quienes respondían a los seudónimos *Marcos, Mogambo, Tuma* y *Moro*.

Los cubanos debieron viajar en avión hasta la Unión Soviética y hacer escalas en Leningrado, Moscú, Praga y Berlín oriental, antes de volar hacia América del Sur. Después de tocar Río de Janeiro y San Pablo, en Buenos Aires tomaron otro avión hasta La Paz, adonde entraron con documentos falsos y se alojaron en el hotel Copacabana. El 12 de diciembre llegaron por fin a Ñancahuazú y fueron recibidos por *Ramón* (seudónimo adoptado por El Che durante las guerrillas en Bolivia), quien les preparó un pequeño festejo para la Nochebuena. En el diario de campaña, que El Che había iniciado el 7 de noviembre (en una agenda médica alemana), quedaría registrada esta fiestita: "Frugal cena de Navidad. Fue un picnic muy agradable". Todo se redujo a unos tragos de ron, cerveza y pisco, que sirvieron para brindar "por el éxito de la empresa".

Las condiciones de Mario Monje

Dos días después de Navidad los guerrilleros recibieron la visita de Mario Monje, secretario general del Partido Comunista de Bolivia, a quien El Che había entrevistado mucho antes para reclamarle el apoyo de los centros urbanos a la futura guerrilla. Fiel a la consigna soviética de no comprometer a los partidos comunistas en estos movimientos, Monje advirtió que él estaba dispuesto a renunciar a su afiliación y a incorporarse al grupo. Pero claro, impuso tres condiciones y descubrió su maniobra: "Yo hago formal renuncia de mi afiliación al PC, pero quiero ser nombrado jefe del movimiento. Este deberá, además, eliminar toda influencia maoísta y tomar contacto con los grupos políticos bolivianos".

El Che lo miró paternalmente, le puso una mano en el hombro y con una sonrisa le respondió: "No le acepto ninguno de los tres puntos, porque yo no me chupo el dedo... El jefe de esta guerrilla soy yo. Lo lamento". Estaba muy claro que los comunistas no querían adherirse oficialmente al movimiento, pero tampoco perder su control. Temían que éste fuera copado definitivamente por los maoístas.

Monje se fue y El Che anotó en su diario: "La actitud de Monje puede ahora retardar el desarrollo, pero por otro lado lo acelera, pues me ha liberado de promesas políticas". Finalmente, la ayuda comunista a la guerrilla se limitó a un mero "apoyo moral" a través de manifiestos y declaraciones.

Los uniformes y el "cemento"

También en diciembre de 1966 los guerrilleros recibieron sus uniformes y despertaron las primeras sospechas. En esas semanas alguien encargó al taller de Bernardino Fernández, instalado en La Paz, la confección de treinta camperas y un centenar de pantalones y camisas. Para eso se habían dejado allí dos cortes de telas alemanas y norteamericanas, y una campera hecha en Hong Kong, que servía de modelo. La factura sumó 3.460 pesos (unos cien mil argentinos) y fue hecha a nombre de Antonio Martínez, quien pagó sin discutir y retiró la mercadería enseguida. (Martínez, médico boliviano, estudió en La Paz y se graduó en Alemania oriental.)

Más sospechosos aún fueron los movimientos de "bolsas de cemento" que los hermanos Peredo descargaron en su finca, semanalmente, durante enero y febrero en 1967. En realidad se trataba de un cargamento más valioso que el cemento: fusiles M-1, municiones y granadas. Algo que no pasó inadvertido al carnicero Algañaraz, quien al comprender que se trataba de un foco guerrillero ofreció su "cooperación desinteresada". *Moro* anotaría en esos días en su diario: "La traición de Algañaraz es cosa comprobada".

Ajenos aún a esas sospechas y delaciones, El Che y *Marcos* (este último designado jefe de la vanguardia) recorrían la zona señalada para instalar el primer foco. *Marcos* se quedó unos días en Vallegrande y El Che retornó el 20 de marzo a Ñancahuazú. Dos noticias desalentadoras lo recibieron: la delación comprobada de Algañaraz y la deserción de Vicente Rocaval y José Terrazas. Rocaval, reclutado un mes antes, había sido policía en Camiri. La cuarta división de ejército (con asiento en esa ciudad) lo envió como espía a enrolarse en el movimiento. Junto con Terrazas, presentó un detallado informe al coronel Humberto Rocha Urquiza, a cargo de esa guarnición, quien ya había interrogado al empleado petrolero Epifanio Vargas.

Por si todo esto fuera poco, *Marcos* cometería un error gravísimo al dejar huellas en su recorrida por Vallegrande y permitir que una patrulla de soldados lo siguiera, aun sin saber todavía muy bien de qué se trataba. Al acumularse toda la información en el ejército, se ordenó bloquear la carretera que conducía al campamento (para poder aislarlo) y ocupar la finca de los Peredo.

Llegan Debray, *Tania* y Bustos

Mientras ocurría todo esto, a mediados de marzo de 1967, *El Chino*, *Tania* y Ciro Bustos llegaban a Ñancahuazú en compañía de Regis Debray (*Danton*), un francés de veintiséis años, profesor de filosofía, que en 1965 cambiara ideas con El Che sobre la organización de focos guerrilleros en América latina, durante su segundo viaje a Cuba.[15] Debray llegó con sus tres amigos a la jungla boliviana el 10 de marzo, y el 20 fue al campamento central a esperar el arribo del Che. Este escribiría esa noche en su diario: "Ha vuelto para quedarse. Le he pedido a *Danton* que regrese a Francia y organice una red de apoyo. Esto coincide con sus planes personales de casarse y tener un hijo". En otro pasaje de esos escritos, El Che observó que Debray tenía "buenas condiciones como intelectual, pero muy malas como guerrillero". En cambio elogiaba las virtudes de Bustos: "*El Pelado* está dispuesto a ponerse a mis órdenes. Yo necesito una especie de organizador para que me envíe hombres desde la Argentina".

Las cosas se habían complicado más de la cuenta y el plan estaba a punto de ser alterado, pues el ejército boliviano tenía ya conocimiento de las actividades guerrilleras. Difícilmente se podría esperar hasta septiembre para abrir el fuego, como pensaba El Che, porque los acontecimientos se precipitaban cada vez más. Se hacía necesario acelerar las etapas. Ir lo antes posible hasta Vallegrande a iniciar las hostilidades y replegarse después hacia Ñancahuazú, tal como estaba previsto.

Se abre el fuego

Pero los hechos ocurrirían de otro modo. Al toparse imprevistamente con una patrulla militar, un puñado de guerrilleros había abierto el fuego en Yacunda, el 17 de marzo, hiriendo a un soldado y llamando la atención del resto. Este se lanzó tras ellos, guiado por el espía Epifanio Vargas, y el 23 de marzo se produjo el primer choque frontal. El capitán Augusto Silva, que comandaba la patrulla del ejército boliviano, hizo un relato completo de los sucesos:

> A las siete y cuarto del Jueves Santo (día 23) comenzamos un patrullaje por orden superior, en busca de los hombres que una semana antes nos habían atacado. Era la quinta salida de rutina. Sabíamos que se hallaban en la zona de la quebrada de Ñancahuazú. Luego de andar casi una hora llegamos hasta el río que lleva el mismo nombre y seguimos por él hacia arriba, internándonos por algunos momentos con el agua hasta la cintura. La marcha era muy dificultosa. A la media hora de avanzar, la vanguardia encontró huellas de personas. Descansamos unos minutos y esperamos al mayor Plata que venía con un grupo. Acordamos que él avanzara a veinte metros detrás mío con el segundo grupo de hombres. El subteniente Amézaga, más atrás, al mando de otro grupo. Yo, con Epifanio Vargas, el guía civil, adelante. Les recomendé a todos que fueran observando a derecha e izquierda y con las armas listas, pues el lugar es muy arbolado y nos podían atacar de cualquier lado. Vargas, como presintiendo algo, me dijo: "Aquí vamos a dejar el pellejo". Lo animé con una sonrisa. A poco de reiniciar la marcha, llegamos a una curva y tomamos una recta. Habíamos andado unos treinta metros cuando los tres grupos fueron sorprendidos por un fuego cruzado intenso, de derecha e izquierda. Nos lanzamos cuerpo a tierra y buscamos protección en los árboles. Alcanzamos a disparar arrastrándonos, pero sin distinguir el blanco real; no veíamos a nadie. Escuché un fuerte grito a mi derecha:

Vargas se desplomó, cuando intentaba, corriendo, refugiarse tras un árbol. Vi caer a varios de mis soldados, acribillados a balazos.
Cuando comenzó el tiroteo, Amézaga se encontraba en medio del río. Allí cayó herido. No obstante siguió tirando y vi caer un guerrillero, abatido por sus balas. Amézaga alcanzó a llegar a la orilla y allí fue segado por una ráfaga de ametralladora. Yo, mientras tanto, disparaba sobre el sector derecho. Levanté la cabeza y una bala me voló la gorra. A los diez minutos, los guerrilleros, más numerosos y mejor armados, nos cercaron y debimos rendirnos.
Nos trataron bien. Nos dieron café y unas pastillas con vitaminas, pero no nos dejaban mover. Uno que parecía el jefe nos hizo varias preguntas sobre la represión que había comenzado, pero nos negamos a contestar. Se enojó por nuestro silencio y nos prometió la libertad si hablábamos. "Si no", dijo, "serán fusilados". Nadie contestó. A las cuarenta y ocho horas nos pusieron en libertad.[16]

El capitán Silva fue llamado seriamente al orden por este relato, pues su versión no coincidía con la del general Alfredo Ovando Candia (comandante en jefe), quien declaró a la prensa que las siete bajas (Vargas, Amézaga y cinco soldados) fueron producidas cuando "los guerrilleros fusilaron a los indefensos soldados bolivianos". Silva prefirió entonces pedir la baja y mudarse a Brasil.

Moro, a su vez, relató una historia similar a la de Silva en su diario de campaña, y concluyó así: "Gran día. Emboscada a cargo de *Benigno*, *Coco* Peredo, *Alejandro*, Moisés Guevara y *Pombo*. Estamos esperando que los *rangers* vengan hasta aquí". No hubo bajas en el sector rebelde, pero la guerra había comenzado antes de tiempo. (Los *rangers* que mencionaba *Moro* eran los soldados nativos adiestrados especialmente por oficiales norteamericanos expertos en lucha antiguerrillera.)

Aquel éxito fue muy parcial y no engañaba al Che, quien advirtió con claridad que la guerrilla fue a estallar justo donde debía concluir. El plan comenzaba a invertirse en sus peores términos: Ñancahuazú, meta final, era ahora punto de partida; y la Quebrada del Yuro (cerca de Vallegrande), señalada para iniciar las acciones, se convertiría seis meses después en escenario del último combate. Allí iba a ser apresado El Che.

Un repaso de la situación le permitió vislumbrar la probable derrota. "No podremos resistir", advirtió, "un ataque del ejército en este lugar. La ley de las guerrillas indica que ahora debemos tener un frente móvil. Perderemos los bastiones, los centros de aprovisionamiento y los lazos de comunicación. Hay que huir hacia el Norte". Estas instrucciones fueron precisas e indiscutibles. Y mientras se cumplían, el ejército iba encerrando a los rebeldes con dos divisiones: la cuarta (desde el Sur) y la octava (por el Norte), esta última al mando del coronel Joaquín Zenteno Anaya. Los guerrilleros quedarían así atrapados contra la cordillera oriental, que separa el altiplano.

Mensaje a la Tricontinental

El 27 de marzo, cuatro días después del combate de Ñancahuazú, el gobierno de Bolivia decretó el estado de emergencia en la región sudoeste y el 30 movilizó a los campesinos de Cochabamba. La clase de 1947 comenzó a ser reclutada en Camiri, elegido como centro de las operaciones de represión. En esos días fue descubierta también una pista de aterrizaje, utilizada por los rebeldes para entrar clandestinamente en Bolivia. Había allí bidones de gasolina, latas de aceite y conservas en mal estado, lo que probaba que el lugar estaba completamente abandonado.

El Che logró despachar en esos días un artículo suyo, dirigido a la Tricontinental para que se publicara en La Habana y se difundiera por todos los canales del nuevo organismo. Lo tituló "Crear dos, tres... muchos Vietnam, es la consigna", y estaba encabezado con una frase de José Martí. Lo había escrito en septiembre de 1966, poco antes de internarse en la selva boliviana, pero recién lo concluyó allí, rodeado de maleza y árboles frondosos, acechado por los bichos, las enfermedades y las balas. Comenzó evocando los veintiún años de paz mundial y señalando "los resultados prácticos de esa paz: la miseria, la degradación, la explotación cada vez mayor de enormes sectores del mundo":

> Crear dos, tres... muchos Vietnam, es la consigna.
> *Es la hora de los hornos y no se ha de ver más que la luz.*
> JOSÉ MARTÍ

> Ya se han cumplido veintiún años desde el fin de la última conflagración mundial y diversas publicaciones, en infinidad de lenguas, celebran el acontecimiento simbolizado en la derrota del Japón. Hay un clima de

aparente optimismo en muchos sectores de los dispares campos en que el mundo se divide. Veintiún años sin guerra mundial, en estos tiempos de confrontaciones máximas, de choques violentos y cambios repentinos, parecen una cifra muy alta. Pero, sin analizar los resultados prácticos de esa paz por la que todos nos manifestamos dispuestos a luchar (la miseria, la degradación, la explotación cada vez mayor de enormes sectores del mundo) cabe preguntarse si ella es real. No es la intención de estas notas historiar los diversos conflictos de carácter local que se han sucedido desde la rendición del Japón, no es tampoco nuestra tarea hacer el recuento, numeroso y creciente, de luchas civiles ocurridas durante estos años de pretendida paz. Bástenos poner como ejemplos contra el desmedido optimismo las guerras de Corea y Vietnam.
En la primera, tras años de lucha feroz, la parte...[17]

Ese documento historiaba las luchas en Corea y Vietnam, describía las erupciones políticas en Asia y Africa, y revelaba el carácter de los brotes guerrilleros en América latina. Su propuesta final era ambiciosa:

¡Qué importan los peligros o sacrificios de un hombre o de un pueblo, cuando está en juego el destino de la Humanidad!
Toda nuestra acción es un grito de guerra contra el imperialismo y un clamor por la unidad de los pueblos contra el gran enemigo del género humano: los Estados Unidos de Norteamérica. En cualquier lugar que nos sorprenda la muerte, bienvenida sea, siempre que ése, nuestro grito de guerra, haya llegado hasta un oído receptivo, y otra mano se tienda para empuñar nuestras armas, y otros hombres se apresten para entonar los cantos luctuosos con tableteos de ametralladoras y nuevos gritos de guerra y de victoria.

Debray debe irse

En la selva boliviana, mientras tanto, los guerrilleros vivían escondiéndose para eludir la persecución del ejército. El Che, que había aprendido a redactar sus cartas en una posición nada cómoda –sentado en la copa de un árbol, con los pies colgando, enganchado entre dos ramas–, seguía siendo el más astuto, el jefe indiscutible. Pero la tropa comenzaba a sufrir algunos problemas ineludibles, y ante la duda sobre la lealtad de cuatro guerrilleros bolivianos, el 28 de marzo fueron expulsados *Paco*, *Chingolo*, *Eusebio* y *Pepe*. Sumados a los que abandonaban el movimiento por su propia cuenta (temerosos de enfrentarse en franca desventaja con los *rangers*), los desertores llegarían en total a diecisiete, según reveló después Debray. "Se cometió el error", dijo el intelectual francés, "de informar a todos sobre la dirección del movimiento, la presencia de Guevara, la cantidad de efectivos y de armamentos".[18]

Una vez que se alejaron del cañón de Ñancahuazú, se hizo imposible para los guerrilleros sacar gente. En la página del 27 de marzo, El Che anotó: "La salida de la gente es difícil ahora. Esto no le sentó muy bien a *Danton* cuando se lo dije". Al día siguiente completó la frase: "El francés planteó con demasiada vehemencia cuán útil podía ser su presencia fuera de aquí...". Y en la página del día 28 estampó: "Estamos rodeados por dos mil soldados, aviones y bombas de napalm".

Lo que no se imaginaban los militares

El 3 de abril los rebeldes emprendieron la marcha divididos en dos grupos. Uno de veinticinco hombres, al mando del Che, y otro de diecisiete, comandado por Juan de Acuña Núñez (*Joaquín*). Llevaban armamento como para abastecer a cien guerrilleros, incluyendo cuatro morteros de 60 milímetros, que les sacaran a los siete soldados muertos en Ñancahuazú. Apenas abandonaron este lugar, cuando el ejército boliviano llegó allí fuertemente pertrechado y tomó el bastión rebelde sin disparar un solo tiro. Claro que en su interior ya no había nadie. Lo que encontraron fue realmente una sorpresa, algo inimaginable en materia de recursos militares de campaña. Un corresponsal de guerra británico, Murray Sayle (que acompañaba a las tropas bolivianas), describió así aquellos momentos:

> Estuve cuatro días de patrullaje con el primer batallón de la cuarta división, en esa selva primitiva, llena de serpientes, incluyendo boas, grandes arañas y jaguares. Es la selva de más espesa vegetación. Desembocamos junto a un pequeño río que corre a través de una cañada entre acantilados de 2.135 metros de altura. Luego vadeamos el río en una marcha de seis horas, sufriendo dolorosas picaduras de mosquitos y sanguijuelas. Un prisionero liberado nos guió a través de una entrada oculta, hasta un sendero que seguía a una cañada, por el lado de la garganta. A cada paso en este trayecto estaban bien colocados los nichos para armamentos, intercomunicados en una forma perfecta. En-

contramos una cocina de campaña muy bien equipada, con un gran horno que podría cocer pan para cien hombres, por lo menos. Cerca de allí, unos cultivos de vegetales y una instalación de carnicería donde se habían faenado mulas con machetes. Bajo los árboles había un hospital de campaña bien equipado. Envases vacíos, antibióticos, instrumentos y vendas de fabricación británica, italiana, alemana y norteamericana. El techo que cubría el centro hospitalario había sido quitado, pero se descubría allí una mesa para operaciones y asientos para los pacientes que esperaban afuera. Todos hechos de madera de árboles selváticos y atados con lianas. A cien metros de distancia estaba el dormitorio, con excusados excavados en típico estilo militar, y primitivas duchas fabricadas con cuero de mula.

Más de cien granadas de fabricación casera; hechas con envases de jugos de fruta y trozos de tubería de gas, rellenos de cartuchos de dinamita, para ser disparados con detonantes. Eran similares a las que se lanzaron contra la patrulla, el 23 de marzo. Encontré fotos de Guevara y una copia del discurso de Vo Nguyen Giap, traducido al español. Toda una obra de expertos. Tienen mucho que enseñar al ejército.[19]

Esos recursos fueron ideados por El Che, acostumbrado a resolver los problemas menudos de subsistencia con los elementos más precarios, y los oficiales bolivianos se maravillaron al comprobar tanta eficacia. Sin embargo, el jefe de la guerrilla había registrado ya su dolor ante lo que consideraba "un factor clave aún sin resolver". Era la falta de respaldo popular en la región. "No se nos ha unido todavía ni un solo campesino", escribió en su diario.

Barrientos recibe ayuda

Esa semana, la primera de abril, el presidente boliviano Barrientos envió al coronel León Kolle Cueto a cumplir "una misión valiosa y urgente" a Brasil y Argentina. Cuando los periodistas lo acosaron, Barrientos desmintió que hubiera solicitado ayuda. "Sólo va a explicar lo que ocurre", dijo. Simultáneamente llegaban a Camiri cuatro oficiales norteamericanos especializados en represión antiguerrillera: eran los famosos *boinas verdes*, entrenados en Vietnam y enviados por el Southern Command, con sede en Panamá (un coronel, un teniente y dos capitanes).

Poco después se conocían los primeros resultados de la gestión de Kolle Cueto: pertrechos argentinos llegaban por avión a Santa Cruz de la Sierra. El gobierno boliviano seguía negando esa ayuda, pero el periodista argentino Héctor Ricardo García registró la llegada de un DC-6, procedente de Buenos Aires, cargado de armas, víveres y ropas de fajina. Esos paquetes fueron enviados enseguida a Camiri, tras una rápida inspección a cargo del ministro de Defensa boliviano Hugo Suárez Guzmán. García alcanzó a tomar varias fotografías de los cajones descargados, con sus rótulos de Fabricaciones Militares (organismo del ejército argentino), y pudo conversar con cuatro oficiales (también argentinos): los mayores D'Elía y Lauría, el comodoro Raúl Lartigue y el coronel García Tuñón.[20]

Mientras tanto, en la frontera argentina comenzaban a apostarse tropas de infantería en el borde de las provincias de Salta y Jujuy, a unos doscientos cuarenta kilómetros al sur de la zona afectada por los guerrilleros. Dentro de Bolivia marchaba ya hacia ese lugar el Regimiento "Barrientos Ortuño", integrado por seiscientos campesinos movilizados por el ejército.

El combate de Iripití

Los dos contingentes rebeldes marchaban en direcciones opuestas, aunque sin rumbos fijos (para desorientar al ejército). La columna de *Joaquín*, todavía cerca de Ñancahuazú, atacó el 7 de abril a la guarnición militar El Mezón, pero el tiroteo no produjo bajas en ningún bando. El mismo día el otro grupo guerrillero asaltaba dos poblados, cerca de Tiraboy, para comprar víveres. En un último intento por obtener apoyo campesino, El Che arengó a los habitantes del lugar y pagó las mercancías el doble de su valor. No surtió efecto. Los campesinos lo escuchaban en silencio, con la mirada perdida.

Cuatro días después se produciría uno de los choques más sangrientos, y el que más vidas costó al ejército. Un contingente del Centro de Instrucción de Tropas Especiales, entrenados por los norteamericanos, perseguía insistentemente a los guerrilleros hasta que, en Iripití (veinte kilómetros al norte de Ñancahuazú), El Che ordenó constituir un batallón suicida para enfrentarlo en una emboscada que se realizó con éxito (los guerrilleros se instalaron en la parte más alta del lugar). Un testigo relató poco después ese combate. Era el periodista argentino Hugo López Tanco, quien iba con la tropa, al lado del camarógrafo de la NBC, Hermes Muñoz, también argentino. Su crónica dice así:

> Los relojes marcaban las diez y treinta del 11 de abril cuando llegamos a Lagunilla, último comando del ejército boliviano en la zona de emergencia. Malas noticias. Se sabe que ha sido emboscado un destacamento de quince soldados a cargo del teniente Víctor Saavedra y que ha sufrido serias bajas. Poco después arribaron soldados que huyeron de la muerte, y también algunos heridos. Confirmación de las bajas: tres muertos, entre ellos el teniente Saavedra, jefe del grupo. Se acercan también soldados que, tras caer prisioneros, fueron liberados por la guerrilla, luego de practicarles algunas curaciones. Política de captación, pensamos.
> Ambiente tenso, inquietante. Rápida movilización de efectivos y ya está en marcha hacia el río Ñancahuazú otro grupo de cuarenta y cinco hombres, al mando del mayor Rubén Sánchez. Imperiosamente debíamos partir con ellos. Nos dejan, pero vestidos de uniforme y bajo nuestra responsabilidad. Partimos con Hermes Muñoz. Dejamos atrás Lagunillas y El Pincal. Los vehículos quedan poco más allá, en la casa que sirvió de refugio y puesto de abastecimiento a los guerrilleros. Ahora, a pie, por el intrincado monte primero, y río abajo luego. La selva, como una maciza pared verde, lo enmarca por ambos costados. La patrulla avanza lentamente. A veces pisando piedras y otras sumergida en el agua. Su marcha es penosa y nosotros la seguimos de cerca. Han pasado varias horas. Nadie habla. El silencio pesa y cada ruido es un latigazo. Rumor de marcha y de ramas quebradas. Más de diez kilómetros nos separan ya de la última avanzada. Estamos en la zona de Iripití. El río se estrecha y el monte, muy espeso, se cierra más aún. De pronto un agudo grito sacude las fibras más íntimas de los hombres y con el inconfundible tableteo de ametralladoras emboscadas se inicia la tragedia. Son los guerrilleros que se hacen presentes. Cae el teniente Jorge Ayala, el suboficial Raúl Cornejo y varios soldados. "Ríndanse", surge la voz del monte. "Resguardarse y fuego", ordena el mayor Sánchez y dispara su metralleta. Vano intento. Los soldados nada ven y tiran a cualquier parte. Sólo gritos y disparos. Cae prisionero el mayor Sánchez, y con él varios soldados. Los otros logran escapar. Con ellos regresamos. Once soldados han caído.
> Luego, los soldados son liberados. Se les quitan las botas y quedan con el torso desnudo. Llegan portando en parihuelas los cadáveres de sus compañeros y también a los heridos. "Los guerrilleros les dan sólo veinticuatro horas de plazo para retirarse." Deben recorrer más de diez kilómetros a pie. El saldo son once militares muertos y siete heridos.[21]

Caen Debray y Bustos

La decisión de dejar ir a Bustos y Debray estaba aún en vigencia. Sólo se esperaba el momento oportuno. La misión del francés, hacer un gran reportaje al Che en la selva y transmitirlo por radio directamente desde allí, para lograr un mejor impacto, había fracasado. El transmisor apenas funcionó unos días, en marzo, y luego se descompuso. De manera que la presencia de Debray y Bustos seguía siendo un inconveniente para el grupo. El Che les había propuesto tres alternativas, que anotó en su diario el 3 de abril: "1) seguir con nosotros; 2) quedarse solos; 3) seguir con nosotros hasta Gutiérrez y desde allí tentar buena suerte en la mejor forma posible". Como la tentativa de abandonar la guerrilla en Gutiérrez fracasó por la cercanía de las tropas, se hizo otra, el 15 de abril, cerca de Muyupampa.

Debray y Bustos debían llevar un manifiesto al pueblo boliviano, firmado por El Che, pero cuando se toparon con el fotógrafo anglochileno George Andrew Roth (que pretendía reportear a los guerrilleros), los tres intentaron pasar entre las filas del ejército y fueron detenidos el 21 de abril en Yacunday. Los capturó una patrulla al mando del capitán Félix Villarroel. El Che, fastidiado, escribiría el 30 en su diario: "*Danton* y *Carlos* cayeron víctimas de su propio apuro y nosotros perdimos la comunicación con Cuba y la Argentina". (*Carlos* era otro apodo de Bustos.)

Debray admitió luego su error, al ser interrogado por el corresponsal francés Phillippe Nourry:

> Se había considerado un plan de salida para Bustos y para mí, con un guía que debía conducirnos por la selva hasta San Cruz; pero era un viaje interminable. Prefería salir lo más rápido posible y por cualquier medio, dejando sentado que volvería al campo tres o cuatro meses más tarde. Evidentemente, los acontecimientos posteriores trastornaron todo... El Che tenía razón. Todo fue improvisado. Ya era muy difícil en aquella época abandonar la zona; fue ese "por cualquier medio" lo que nos perdió a Bustos y a mí.[22]

Ultimo esfuerzo por obtener apoyo

Después de asaltar un pequeño convoy de abastecimientos, al norte de Iripití, para reponer víveres (la tropa rebelde había perdido su contacto con las provisiones escondidas en la selva, al quedar aislada), los guerrilleros atacaron en El Mezón, cerca de Muyupampa, a una patrulla que los rastreaba con perros. En ese choque hubo dos bajas de cada bando, y al día siguiente, 27 de abril, el ejército practicó una gran redada de sospechosos en La Paz.

El Che, consciente de la situación adversa, tenía aún esperanzas de que mejorara, según lo que anotó en su diario: "Nuestro aislamiento sigue siendo total. La base campesina no se mueve, está sometida por el miedo. Su apoyo vendrá más adelante. Después de la publicación de mi artículo en La Habana ya no deben subsistir dudas sobre mi presencia en Bolivia. Los norteamericanos envían helicópteros y *boinas verdes*, pero aún no hemos visto a estos últimos. Los campesinos no nos sirven más que como informantes".

El artículo que mencionaba era el que dirigiera a la Tricontinental y que, efectivamente, ya se estaba difundiendo en todo el mundo. Sin embargo, los efectos no fueron los que él suponía. Para enviarle ayuda del exterior había que contar con una buena base de apoyo urbano que respaldara al movimiento, y esa base no existía aún. (El Partido Comunista de Bolivia se había limitado a dar una declaración de solidaridad, pero no intentó movilizar sus cuadros políticos en favor de los guerrilleros.) Tampoco logró conmover a los bolivianos el manifiesto que El Che redactó en la selva e hizo llegar a La Paz, a través de un campesino. En este llamado, el Ejército de Liberación Nacional (así bautizó a las tropas rebeldes), intentaba tocar la fibra más sensible del pueblo, en un último esfuerzo por sacudirlo de su letargo:

> Nuestras tierras no nos pertenecen; nuestras riquezas naturales han servido y sirven para enriquecer a extraños y dejarnos tan sólo vacíos, socavones y profundas cavernas en los pulmones de los bolivianos; para nuestros hijos no hay escuela, no existen hospitales; nuestras condiciones de vida son miserables, los sueldos y salarios son de hambre; miles de hombres, mujeres y niños se mueren de inanición cada año; la miseria en que vive y trabaja el hombre del campo es pavorosa. En otras palabras, vivimos en condiciones de esclavos, con nuestros derechos y conquistas negados y pisoteados a la fuerza. Ante los azorados ojos del mundo entero, en mayo de 1965 los salarios fueron disminuidos, los obreros despedidos, confinados, desterrados, masacrados, y los campamentos, con mujeres y niños indefensos, bombardeados y saqueados. Si bien este es el cuadro que vivimos, el nuestro fue y es un pueblo que lucha, que no se dejó doblegar jamás.[23]

Exitos y arengas

En mayo los choques fueron esporádicos. Sólo se registró un combate frontal, el día 9, cerca de Ñancahuazú, donde el ejército boliviano sufrió tres bajas: el teniente Henry Laredo Arce y los cabos Alfredo Arroyo y Luz Peláez. A partir de ese momento las fuerzas de la cuarta división comenzaron a ser reemplazadas por los *rangers* que egresaban del Centro de Instrucción instalado en el ingenio La Esperanza, en la localidad de Montero. En estos batallones los oficiales se vestían con uniformes de soldados y la tropa tenía obligación de tutearlos durante los combates, para evitar que fueran identificados. Es que los guerrilleros acostumbraban a disparar contra los oficiales únicamente, para ganarse la simpatía del resto. Varias veces se escuchó la voz de *Tania* en la mitad de la lucha, quien desde un megáfono decía: "Ríndanse, soldaditos, que con ustedes no es la cosa".

Muyupampa y Ñancahuazú fueron bombardeados por la aviación durante semanas enteras, y el 14 de mayo los *rangers* pudieron adueñarse de un campamento guerrillero abandonado junto al río Yaque. Sin embargo, el 1º de junio hubo otro golpe rebelde, esta vez en Carahutarenda (al nordeste de Ñancahuazú), donde los guerrilleros de *Joaquín* perdieron tres hombres, mataron a dos soldados y se llevaron un par de camiones. Al día siguiente asaltaban el tren que une Santa Cruz de la Sierra con Yacuiba, a la altura de las ciudades Espino y Airmir, y se apoderaron de cincuenta toneladas de víveres destinados al ejército. Simultáneamente, en Muchirí (a cincuenta kilómetros de Espino), la columna del Che enfrentaba a una patrulla que se aprestaba a cruzar el río Grande. Las bajas fueron desiguales: siete soldados y dos guerrilleros.

El Che ignoraba que en ese momento los sectores mineros comenzaban a manifestar su adhesión al Ejército de Liberación Nacional, tocados por el manifiesto. El gobierno lo advirtió a tiempo y vigiló muy de cerca todos los movimientos, para evitar que se constituyeran cuadros políticos. La única forma de pasar esa barrera era poner en funcionamiento una organización celular, pero los comunistas estaban muy quietos. No obstante, Barrientos decretó el estado de sitio el 24 de junio, y su ejército irrumpió ese mismo día en las minas, donde los obreros festejaban junto a las fogatas el día de San Juan. Las crónicas de la fecha indican que "fueron muertos veinticuatro mineros, entre ellos mujeres y niños, con un total de setenta y dos heridos". Las minas de Huanuni, Siglo XX y Catavi quedaron ocupadas por las tropas, mientras el ejército trataba de resolver el problema creado por la deserción de sus soldados paracaidistas en la séptima división, al mando del coronel Edmundo Valencia.

Las dos columnas guerrilleras, que acababan de unirse en Carahutarenda, volvían a separarse. La del Che cruzaba el río y enfilaba hacia el Norte, en dirección a Vallegrande (la otra se quedaba operando cerca de Ñancahuazú) y el 29 de junio, en Florida, sostenía un violento combate en el que murieron tres guerrilleros y tres soldados. El Che seguía ignorando que el único apoyo obtenido por el movimiento se había manifestado en los centros mineros, e insistió erróneamente en conmover al campesinado. Para eso ocupó el 6 de julio las localidades de Fortaleza y Lima Mansa, y arengó a sus habitantes. Fue inútil. "Son tan impenetrables como las rocas. Cuando uno les habla, parece que en el fondo de sus ojos se están burlando de uno", estampó en el diario de campaña.

El ardid de Samaipata

Los guerrilleros salieron de esas localidades con ocho caballos y varias bolsas de comestibles. Y el 10 de julio dieron su mejor golpe, al apoderarse de un pueblo importante: Samaipata (a cien kilómetros de Santa Cruz de la Sierra), en una ingeniosa maniobra urdida por El Che.

Primero avisaron al campesino Enrique Stember que ocuparían el pueblo y éste corrió a informar a la guarnición local. En un principio no le creyeron, pero otro hombre llevó la noticia de que "hay movimientos sospechosos en la zona". Entonces los militares formaron un Comité de Defensa del Pueblo y resolvieron levantar una barricada en La Tranca, a diez cuadras de Samaipata. Pero en ese momento llega la versión (lanzada también por El Che) de que "los guerrilleros han ocupado el pueblito de Las Cuevas", cerca de allí. Inmediatamente el grueso de los efectivos salió a repeler la supuesta invasión y fue entonces que los guerrilleros entraron cómodamente en Samaipata, por el lado de atrás, con un camión azucarero y un ómnibus, secuestrados en la carretera que va de Cochabamba a Santa Cruz.

Llegaron a medianoche, doblegaron fácilmente a un oficial, un cabo y nueve soldados (las únicas fuerzas defensivas que quedaban allí), y concentraron a los mil habitantes en la plaza central. Todavía medio dormidos, éstos escucharon una vibrante arenga del Che (nadie lo reconoció), quien les pedía "apoyo para la revolución en marcha". Luego se retiraron con los soldados prisioneros, y en lugar cercano los soltaron (sin armas y sin botas), mientras el ejército los buscaba afanosamente muy lejos de allí.

El cerco se cierra

A fines de julio, el coronel Rocha Urquiza fue reemplazado del comando de la cuarta división por el coronel Luis Roque Terán, quien hasta ese momento fuera agregado militar en Washington. El nuevo plan estratégico consistía ahora en encerrar a los guerrilleros a través de la denominada *Operación Cynthia*, mediante un cañoneo y bombardeo intensos, en forma simultánea con el avance de las divisiones cuarta (desde el Sur) y octava (desde el Norte).

En agosto el ejército boliviano lanzó su nueva ofensiva, y en el camino descubrió la mayoría de los escondites guerrilleros.

La columna de *Joaquín*, con su intensa actividad, precipitó el toque de queda en Camiri. Y como enseguida comenzó a ser jaqueada, quiso intentar el cruce del río Grande, para unirse al Che. Esta decisión, iba a ser trágica –y decisiva para el futuro de los guerrilleros– pues *Joaquín* había confiado ingenuamente en el campesino Honorato Rojas, a cuya casa fue en busca de alimentos. Rojas abasteció esa vez a la pequeña tropa (nueve hombres y una mujer: *Tania*), pero más servicial sería poco después con el capitán Mario Vargas, del ejército boliviano, quien lo visitó al día siguiente.

Vargas, vallegrandino, muy baqueano en esa zona, comandaba un batallón de treinta hombres y sabía que *Joaquín* tenía un escondite muy cerca de allí. Rojas se lo reveló. Y también sus planes: "Quieren comprar una vaca para faenarla y necesitan que yo les indique un lugar donde vadear el río. Están algo extraviados y en condiciones muy precarias". Vargas le propuso entonces que guiara a los guerrilleros hasta un lugar convenido –el Vado del Yeso– y que se pusiera una camisa blanca "para identificarlo en el momento del tiroteo". Rojas se negó: "No hace falta, capitán, una vez que les indique el camino me dejarán ir, como hacen con todos los campesinos".

Caen *Joaquín* y *Tania*

Lo que ocurrió aquel 31 de agosto en la ribera del río Grande (donde los soldados de los regimientos Brown y Manchego esperaban impacientes desde las primeras horas de la mañana), sería relatado después por el propio Vargas:

> Mis hombres me pedían que tirara. *Dele capitán*, me decían. A *Braulio* lo llegué a tener a veinte metros de mi fusil. Pero me contuve para que no escaparan los otros. Había colocado un soldado, en quien confiaba mucho, más abajo y más alejado. Esperaba que terminara después con *Braulio*. Antes de salir a la otra orilla y cuando ya se nos perdió de vista, *Braulio* debió dar la señal, porque comenzaron a aparecer en fila india. *Joaquín*, primero y *Tania* detrás de todos. Con la mayoría de ellos en el agua y cuando venían de frente hacia nosotros, abrimos fuego. Inmediatamente tiraron sus mochilas, que se las llevó la corriente, y trataron de guarecerse en el agua. Huían en todas las direcciones, obligándonos a abandonar las posiciones y a bajar a la orilla. Desde ambos costados fuimos disparando y eliminándolos uno por uno. Todo no duró más de veinte minutos. *Tania* fue una de las primeras en caer. Yo hice el primer disparo y se me atrancó el fusil. Tomé otro y al levantar la vista vi que ella se agachaba lentamente. Era el blanco más visible. Vestía blusa blanca y pantalón marrón, distinguiéndose nítidamente de los uniformes grises de sus compañeros. Llevaba una boina y el pelo caía sobre sus hombros. Cayó sin hacer uso de su arma; ni siquiera pudo desprenderse de su mochila.[24]

El único que salvó milagrosamente la vida en esa carnicería fue *Paco* (José Carrillo), quien se escondió herido detrás de un peñasco. Allí lo encontraron después y fue hecho prisionero. Las bajas del grupo rebelde fueron catastróficas: *Tania, Joaquín, Walter, Braulio, Alejandro, Ernesto, Toro, Marcos* y *Moro*. Es decir, nueve de los diez guerrilleros. La pequeña columna había sido literalmente liquidada. Al enterarse de la muerte de *Joaquín*, El Che escribió: "Esta es una pérdida irreparable". Es que *Joaquín* había dado acabadas muestras de ser un guerrillero cabal, con sólidas condiciones de líder.

La Higuera: último reducto

En septiembre, el cerco volvía a cerrarse en torno del Che, ahora solo con un puñado de hombres, avanzando hacia el Norte. Ese mes el gobierno de Bolivia detuvo a dieciséis jóvenes que servían de enlace a los guerrilleros. El agente principal era Loyola Guzmán, estudiante de derecho, hija de un auditor de La Paz. A los pocos días de su detención, el ministro de Gobierno Antonio Arguedas informaba a la prensa que Loyola se había arrojado desde un segundo piso de su Ministerio "intentando suicidarse, mientras la interrogaban", y desmentía las versiones sobre torturas.

El día 22 el general Ovando anunció que habían sido secuestrados "diecinueve pasaportes falsos que sirvieron a los guerrilleros para entrar clandestinamente en el país" y puso precio a la cabeza del Che: cinco mil dólares. El gobierno presentía el triunfo. Barrientos y Ovando se mostraban eufóricos. Sin embargo, la opinión mundial seguía siendo escéptica. En Buenos Aires, como siempre, circulaba una versión antojadiza: se decía que las guerrillas eran "un invento de los militares bolivianos para obtener ayuda norteamericana". Es que había muchas dudas aún sobre la presencia del Che en Bolivia, a pesar de que el 22 de septiembre el canciller boliviano, Guevara Arze, exhibiera pomposamente una docena de fotografías ampliadas, en un despacho de la OEA, en Washington. Dos días después, Ovando declaraba en un mitin en Santa Cruz de la Sierra que "la captura del Che es inminente". Muy pocos creyeron que hablaba en serio. Unos porque se resistían a creer que el guerrillero argentino-cubano estuviera realmente allí, y otros porque confiaban en su imbatibilidad.

Lo cierto fue que el 26 de septiembre, en La Higuera (localidad cercana a Vallegrande), cayeron dos hombres importantes del grupo rebelde: *Coco* (Roberto Peredo) y *Antonio* (Orlando Pantoja Tamaño). Este último era un viejo amigo del Che, compañero de Sierra Maestra. Desbordantes de euforia, los oficiales bolivianos anunciaron que El Che había sido abatido. Pero su error fue desmentido poco después por el gobierno. (Lo habían confundido con *Coco* Peredo.)

El 7 de octubre, escondido en la Quebrada del Yuro con sus pocos hombres, El Che se sabía cercado. Estaba con un fuerte ataque de asma, aunque sin ánimo de rendirse. Esta tarde escribió en su diario el último párrafo: "A las doce y media, una vieja paseando sus chivas entró en el cañón en que habíamos acampado y hubo que apurarla.

La mujer no ha dado ninguna noticia fidedigna sobre los soldados, contestando a todo que no sabe. Le dimos cincuenta pesos y le pedimos que no hable, pero no nos hacemos muchas ilusiones".

La captura

A las ocho de la mañana del domingo 8 de octubre, un paisano llamado Víctor acudió al puesto militar de La Higuera e informó que "hombres desconocidos se mueven en los matorrales cercanos a su rancho, a pocos kilómetros de aquí". Este hecho fue revelado por un agente de la CIA (que conoció el desarrollo final de las guerrillas) y se encadena perfectamente con la última página del diario del Che. Es decir: la mujer que paseaba sus chivas habría informado a Víctor de la presencia de los guerrilleros, y éste a su vez al ejército.

Similares conclusiones se desprenden de la crónica reconstruida por Carlos J. Villar Borda, y difundida por United Press, en dos despachos cablegráficos fechados en Lima [25], los que confirman que "un oficial pagó a Víctor por su información e inmediatamente comenzó a transmitirla a las unidades *rangers* desplegadas en la zona". El relato de la captura del Che, según esa misma versión (coincidente con la de la CIA), es éste:

> La información de Víctor localizó exactamente los últimos movimientos de las guerrillas. El mayor Miguel Ayoroa, comandante de las dos compañías de *rangers* que operaban en la zona, ordenó a sus hombres por radio bloquear las salidas de las cañadas conocidas como San Antonio, Yagüey y El Yuro. El capitán Gary Prado fue enviado con un destacamento a la cañada El Yuro. Los hombres de Prado hicieron contacto con los guerrilleros poco después de mediodía. Dos soldados resultaron muertos en el primer encuentro. El tiroteo continuó en forma esporádica durante cerca de tres horas. Lentamente, los *rangers* fueron ganando terreno, llegando a unos setenta metros del enemigo. Alrededor de las 15.30 las guerrillas sufrieron su primera baja visible.
> Dos formas se movieron detrás de los arbustos que ocultaban a los rebeldes. Un hombre cayó y el otro lo arrastró a través de la vegetación, fuera del alcance de las armas de los *rangers*. Los dos se arrastraron a través de la cañada, mientras los otros guerrilleros mantenían a raya a los *rangers*. El hombre herido, ayudado por su compañero trató de llegar a uno de los pocos grupos de arbustos de las colinas circundantes, buscando

refugio temporario o una vía de escape. Cuando estaban a punto de alcanzar la cumbre de una de las colinas, el capitán Prado y un soldado llamado Ortiz emergieron de los matorrales y les apuntaron con sus armas. El capitán se había instalado en el mismo estratégico grupo de arbustos para dirigir a sus tropas durante la operación. Cuando ellos aparecieron, el guerrillero herido se puso en pie y gritó: "¡Deténganse, no disparen! Soy El Che, y valgo más para ustedes vivo que muerto".

"¡Tenemos a *Papá*!"

Con un balazo en el muslo izquierdo y otro en el antebrazo derecho, El Che fue capturado aún con vida. Su carabina estaba inutilizada, pues una bala le perforó el caño y tuvo que abandonarla. Entonces el capitán Prado lo ató a un árbol, y corrió a transmitir el mensaje cifrado más sensacional de su vida: "Hola, Saturno; ¡tenemos a *Papá*!" (Saturno era el coronel Joaquín Zenteno Anaya, comandante de la octava división).

Lo que ocurrió después debió reconstruirse sobre la base de las investigaciones hechas por diferentes corresponsales, extranjeros, agentes de inteligencia norteamericanos y algunos funcionarios de la policía argentina que viajaron a Bolivia. La versión de Villar Borda (que parece resumirlas todas) dice así:

> Guevara fue desatado del árbol. La versión oficial del ejército boliviano es que estaba demasiado herido para caminar y que fue llevado en una manta por cuatro soldados, hasta La Higuera, a varios kilómetros de distancia. Fuentes de confianza afirman, sin embargo, que en realidad caminó apoyándose en dos soldados y que el capitán del ejército y el líder guerrillero conversaron a intervalos. Una de las preguntas de Prado fue: "¿Por qué vinieron aquí?". Después de un largo silencio El Che murmuró enigmáticamente: "¿Verdad, no?". Cuando llegaron a La Higuera, el capitán Prado entregó los prisioneros al coronel Andrés Selich y al teniente Tomás Toty Aguilera, quienes estaban a cargo del puesto. La entrega se efectuó junto con un inventario de los objetos que había en el morral de Guevara, dos diarios, un libro de códigos, un libro de notas con mensajes descifrados, un libro con poemas copiados por El Che y otros tres o cuatro libros.

Las pruebas de la ejecución

Se sabe que El Che estuvo encerrado toda la noche en un aula de la escuelita de La Higuera, adonde entró una anciana a llevarle comida, y que fue ejecutado al día siguiente. Esto sería comprobado por los propios médicos bolivianos.

El diálogo que el periodista argentino Walter Operto mantuvo con el doctor José Martínez Caso[26], uno de los dos médicos que en la noche del martes 10 recibieron el cadáver para hacer la autopsia, fue concluyente:

–Cuando usted lo vio, ¿de cuántas horas dataría su muerte?
–De unas cinco horas atrás. Todavía estaba caliente.
–Es decir, que si el cadáver llegó al hospital de Vallegrande a las 17 del día 9, su muerte debió ocurrir alrededor del mediodía. ¿Podemos afirmar eso?
–Es lo exacto.
–¿Cuántas heridas de bala presentaba el cuerpo?
–Tenía siete heridas de bala. Cinco de ellas en las piernas, una en la garganta y la restante en el pectoral, debajo de la tetilla izquierda. Este proyectil le atravesó el corazón y el pulmón.
–¿Usted cree que con esa herida pudo sobrevivir siquiera diez minutos?
–No. Imposible. Esa es una herida mortal.

El otro médico, Moisés Abraham Baptista, ratificó esas declaraciones al afirmar que "el guerrillero murió mucho después de la batalla en la que se dijo fue herido", y concluyó diciendo que "Guevara fue rematado de un balazo en el corazón".[27] Los doctores Martínez Caso y Baptista firmaron un acta en Vallegrande, el 10 de octubre, donde se especificaban todos los detalles de la autopsia practicada. Luego la entregaron a la prensa. La agencia noticiosa United Press difundió íntegramente su texto.[28]

Todos se lavaban las manos

La deducción es, pues, obvia. Si El Che fue apresado con vida y después apareció muerto de un balazo en el corazón, es porque lo ejecutaron. Sobre eso no hubo jamás discusión, porque nadie creía en las versiones oficiales del gobierno de Bolivia ("Murió de las heridas provocadas durante el tiroteo", dijeron en un principio). Lo discutido, en cambio, era ahora la identificación del ejecutor.

El primero en ser señalado fue Gary Prado, a quien los oficiales superiores, con su silencio, habían dejado en la picota. "Cuando yo lo capturé, él estaba herido. Lo entregué con vida. De eso estoy bien seguro", insistió Prado.[29] Pero como su imagen de verdugo crecía en el exterior, y El Che empezaba a convertirse en mito, tuvo que interceder su madre, la señora Adela Salmón de Prado, para aventar esas acusaciones: "Mi hijo –exclamó– comandaba la unidad que capturó al Che Guevara y lo entregó vivo a sus jefes superiores en La Higuera. Ante el silencio del Estado Mayor y ante la calumnia que mancha el nombre de uno de los mejores oficiales, de quien saben no podrá aclarar nada por disciplina militar, debo tomar la defensa de mi hijo".[30]

El coronel Joaquín Zenteno Anaya, cada vez que era interrogado, se lavaba las manos diplomáticamente. "Cuando yo vi a Guevara, ya estaba muerto", repitió insistentemente ante el periodista argentino José De Thomas, quien lo entrevistó en su casa de Santa Cruz de la Sierra.[31] Las culpas recayeron entonces en el coronel Andrés Selich, el que –según el testimonio del soldado Benito Giménez y del subteniente Tomás Toty Aguilera– "fue quien más tiempo permaneció junto al Che, hablando siempre con él".[32] El propio Selich admitió después haber dialogado con el prisionero en términos poco amables. "Era un verdadero patán. Un fanático como sólo se los encuentra entre los argentinos y entre los cubanos", dijo. Y reconoció que al informar al gobierno de la captura, "el comandante en jefe del ejército discutió largamente con el presidente de la república y dio la instrucción de transportar a Guevara a Vallegrande, por la mañana".[33]

La orden de ejecución

Posteriores investigaciones determinarían que de esa discusión entre Ovando y Barrientos salió la orden terminante de "liquidar al prisionero". La revelación fue hecha en Estados Unidos: "La pena de muerte no existe en Bolivia y lo peor en el caso del Che era la cárcel; quizás un largo juicio, clamores de propaganda en todo el mundo comunista y la amenaza de que otras guerrillas pudieran surgir en Bolivia. La orden partió de La Paz para La Higuera: Ejecuten al Che".[34]

Esa orden, según comprobaron después los periodistas Juan de Onís y Michele Ray (esta última permaneció seis semanas en Bolivia, investigando el proceso), había sido cumplida por el sargento Mario Terán, en el aula de la escuelita de La Higuera, y verificada por el agente de la CIA Eduardo González.[35]

Por su parte, las versiones oficiales, que seguían adjudicando la muerte a las heridas del tiroteo y señalaban que el fallecimiento se produjo en el trayecto de La Higuera a Vallegrande, volvieron a derretirse cuando una revista norteamericana[36] publicó la foto del aparato que hizo ese viaje. El cuerpo del Che aparece allí envuelto como un paquete y amarrado a las patas del helicóptero, el lugar menos indicado para transportar a un herido agonizante (y el más cómodo para llevar un cadáver). También se deslizó una foto tomada en La Higuera, donde El Che aparece muerto en una camilla, cargado por soldados del Regimiento Manchego Ranger Nº 2, de Santa Cruz. Esta última se publicó en el diario *Presencia*, de La Paz.

Las contradicciones en que incurrieron siempre los militares bolivianos fueron sagazmente analizadas por el periodista francés Jean Larteguy, enviado especialmente a Vallegrande:

> Los oficiales y los jefes del ejército boliviano, tanto en el proceso a Regis Debray como en los comunicados que publican sobre el desarrollo de la lucha contra la guerrilla, como en este asunto, se conducen siempre de una manera desconcertante. Parecen tener una idea extraña, tanto de los usos y costumbres de la justicia como de la información. Se contradicen sin esfuerzo, se hipnotizan con detalles y descuidan lo esencial, y al mismo tiempo parecen obrar impulsados por motivos que nos son completamente extraños. Al mismo tiempo se muestran desconfiados, inquietos, susceptibles y no depositan su confianza en nadie. ¿Viejo reflejo de los indios aymaraes o quechuas que pueblan el altiplano y han mezclado su sangre con la de los conquistadores españoles? El general Mariano Melgarejo, uno de los dictadores más locos de este país que tuvo tantos, hacía fusilar su camisa "porque no puedo confiar en nadie, ni siquiera en ella".[37]

La presencia del Che, con su fuerte personalidad y su imagen legendaria, parecía haberlos asustado. Tal vez los bolivianos se sintieron impactados por la nacionalidad argentina del jefe guerrillero, más que temerosos de su ideología marxista. Y por eso actuaban así, sin saber muy bien qué hacer con él. Dieron tantas vueltas e incurrieron en tantas contradicciones, que se hacía difícil creer en la legitimidad de ese cadáver que exhibían en un lavadero de Vallegrande.

No faltaron conjeturas sobre "la falsa identidad del cuerpo" y su "dudosa aparición", aumentadas cuando se negó al doctor Roberto Guevara de la Serna la posibilidad de identificar a su hermano. Por eso se hizo necesario el cotejo con la ficha dactilar correspondiente a la cédula de identidad 3.524.272, emitida por la Policía Federal argentina, a nombre de Ernesto Guevara.

Los policías que identificaron las manos

Tres oficiales de investigaciones salieron con ese propósito del aeródromo militar El Palomar (en los alrededores de Buenos Aires), el 12 de octubre y aterrizaron en Santa Cruz de la Sierra. Eran Juan Carlos Delgado y Nicolás Pellicari, expertos en dactiloscopia, y Esteban Rolzhauser, perito en escopometría. Este es el testimonio de uno de ellos:

> Al llegar tomamos otro avión hasta Vallegrande, y allí el general Torres nos sorprendió con su respuesta: *Acá no tienen nada que hacer, porque el cadáver ha sido cremado.* Le dijimos que eso era una burla. ¿Para qué pedían nuestra colaboración entonces? Finalmente, Torres nos dijo que fuéramos a La Paz, porque allí todo se iba a arreglar. Y fuimos. En Vallegrande habíamos visto al doctor Roberto Guevara muy molesto, porque también le negaban la información que requería. Comprobamos el estado deplorable del ejército, con la tropa a punto de declararse en huelga por la escasez de comida y la falta de ropa adecuada. Los únicos bien equipados eran los soldados *rangers*. Vimos también cómo los periodistas extranjeros obtenían valiosas informaciones de los soldados, con sólo llevarles comestibles. El coronel Zenteno Anaya resultó ser el más presuntuoso: hacía declaraciones continuamente y posaba en todas las fotografías. En La Paz nos instalamos en el cuartel general de Miraflores; allí nos trajeron un recipiente cónico que contenía las manos, seccionadas a la altura de las muñecas. Estuvimos casi veinte horas trabajando en la pericia, pues había dificultades. El tejido papilar tenía arrugas profundas, por la acción del formol, y eso dificultaba el entintado. Entonces hubo que hacer hervir en agua las manos un largo rato, para que los tejidos expulsaran el formol y la tinta se adhiriera. Un método especial nos permitió inflar los dedos y tomar las huellas en hojas de polietileno. El

cotejo fue terminante, no dejó lugar a dudas sobre la identidad de Ernesto Guevara. Se hizo un acta con fecha 15 de octubre.[38]

El informe técnico no se publicó en Buenos Aires, pero un semanario porteño obtuvo el resumen de su parte esencial que coincide con la versión anterior.[39] Ya no había duda: era El Che. Sin embargo, la confirmación debía venir de Cuba, por boca de Fidel Castro. Y éste la dio el mismo 15 de octubre, por televisión: "Hemos llegado a la conclusión de que la noticia referente a la muerte del comandante Ernesto Guevara es dolorosamente cierta".[40]

Notas

1 Los bolcheviques cubanos, que en ese momento manejaban las listas de invitados, eliminaron a todos los dirigentes peronistas reacios a una integración con el PC argentino.
2 Celia de la Serna se internó primero en la clínica Stapler, pero en cuanto sus dueños advirtieron que era la madre del Che, la desalojaron sin contemplaciones.
3 Esta carta se publicó por primera vez en *Siete Días*, el 23 de mayo de 1967.
4 Esta carta se reprodujo en *Granma*, el 29 de octubre de 1967.
5 *Granma*, 29 de octubre de 1967.
6 *Granma*, 22 de octubre de 1967.
7 Esta carta, cuyo manuscrito es inédito, fue revelada el 10 de diciembre de 1967.
8 *Marcha*, 8 de octubre de 1965.
9 *Granma*, 29 de enero de 1968.
10 *The Economist* (Edición para América latina), Londres, 9 de febrero de 1968.
11 *Cristianismo y Revolución*, Nº 5, noviembre de 1967.
12 *Cambio y estancamiento en América latina*.
13 Se dictó un Estatuto Revolucionario, al que quedaron supeditadas las garantías constitucionales, y fueron disueltos los partidos políticos (prohibida su actividad y confiscados sus bienes) y las legislaturas nacionales y provinciales. El Congreso no volvió a funcionar y la Corte Suprema de Justicia fue reemplazada íntegramente.
14 *Así*, 27 de abril de 1967.
15 Regis Debray había observado de cerca la experiencia cubana (asistió a la gran campaña de alfabetización de 1961) y escribió dos ensayos: "América latina; algunos problemas de estrategia revolucionaria" (*Casa de las Américas*, La Habana, julio-agosto de 1965) y "El castrismo, la larga marcha de América latina" (*Les Temps Modernes*, París, enero de 1965). Dos años después resumió sus conclusiones (había recorrido ya América del Sur y analizado los escritos del Che) en un tercer ensayo: "¿Revolución en la Revolución?" (Publicado en *Cuaderno de Casa de las Américas*, suplemento aparecido en La Habana en 1967). Allí anunció la reaparición inminente del Che "como un indiscutido jefe político y militar".

16 Esta crónica se publicó en La Paz, en los diarios de la época.
17 Este documento fue difundido por la Organización de Solidaridad de los Pueblos de Africa, Asia y América Latina (OSPAAAL) mediante un suplemento de la anunciada publicación *Tricontinental*, y se editó en La Habana el 16 de abril de 1967, "sin esperar a la aparición del primer número de nuestra revista".
18 Regis Debray hizo estas declaraciones a un corresponsal de la agencia France Press, en su prisión de Camiri, el 27 de octubre de 1967.
19 *The London Times*, Londres, 11 de abril de 1967.
20 Héctor Ricardo García publicó las fotos y sus averiguaciones en *Crónica*, 6 de abril de 1967, y en *Así*, del 8 de abril de 1967, Buenos Aires.
21 *Norte*, Salta, 10 de mayo de 1967.
22 *Marcha*, 1º de diciembre de 1967.
23 *Cristianismo y Revolución*, Buenos Aires, noviembre de 1967.
24 *Punto Final*, Santiago de Chile, 30 de septiembre de 1967.
25 Los cablegramas se publicaron en *La Prensa*, de Buenos Aires, los días 13 y 14 de abril de 1968.
26 *Así*, 24 de octubre de 1967.
27 Declaraciones del doctor Moisés Abraham Baptista al corresponsal de la agencia noticiosa France Presse, publicadas en *Ultima Hora*, La Paz, 16 de octubre de 1967.
28 *La Razón*, 17 de octubre de 1967.
29 *Le Nouvel Observateur*, Nº 155, 1º de noviembre de 1967.
30 *Crónica*, 7 de febrero de 1968 (cable de ANSA).
31 *Clarín*, Buenos Aires, 5 de noviembre de 1967.
32 *L'Europeo*, octubre/noviembre de 1967.
33 *L'Europeo*, octubre/noviembre de 1967.
34 *Time*, 17 de octubre de 1967.
35 Juan de Onís publicó su versión del fusilamiento en *The New York Times*, del 5 de diciembre de 1967. Michele Ray en *Paris Match*, del 27 de diciembre de 1967.
36 *Life*, 20 de noviembre de 1967.
37 *Paris Match*, Nº 967, 21 de octubre de 1967.
38 Esta declaración fue hecha al autor de manera confidencial por uno de los tres oficiales de policía, quien prefirió el anonimato.
39 *Primera Plana*, Nº 252, 24 de octubre de 1967.
40 *La Prensa*, 16 de octubre de 1967 (cable de UP).

VIII
El mito

Al comprobarse la identidad de Ernesto Guevara y desaparecer misteriosamente su cadáver, la figura del Che se convirtió automáticamente en un mito. Extensas notas biográficas y centenares de fotografías comenzaron a poblar las páginas de diarios y revistas.

Una de esas fotos empezó a repetirse en afiches y carteles, a ser estandarte en todos los movimientos de izquierda que se agitaban en las calles de Europa, Asia, Africa y América latina. Era un rostro de mirada altiva y penetrante, con barba, melena y boina, que parece reunir en una sola pieza a todas las razas. Había algo asiático en sus ojos y en sus bigotes, y un color casi africano en su tez. Y sin embargo no perdería allí sus rasgos de fina ascendencia europea. Era el médico sin delantal, el comandante sin entorchados y el ministro sin chaleco. Realmente el símbolo de la época nueva; distinta.

Roberto Guevara en La Habana

Los hermanos del Che –al enterarse de la captura y de la muerte– habían resuelto en principio no reconocer el cadáver, para que la leyenda siguiera su curso y la figura del jefe guerrillero amenazara con resucitar en cualquier momento. Tantas veces se lo había dado por muerto en los últimos diez años, que bien se podía conservar el secreto y mantener en vigencia el mito. Pero esa idea (en la que involuntariamente colaboraron los militares bolivianos) se estrelló contra la dureza de las palabras de Fidel Castro, al reconocer éste que el cadáver era del Che. Roberto Guevara viajó a La Habana a fines de octubre de 1967 y Castro le pidió disculpas: "Perdóneme. No podíamos negar una evidencia tan grande. Teníamos todas las pruebas para demostrar que era él". A su regreso, Guevara acordó con su padre y sus hermanos emitir un comunicado reconociendo "la triste certeza de su muerte" y cerrando el contacto con la prensa. Desde entonces, la imagen del Che encabezó las manifestaciones de protesta juvenil en todo el mundo.

"¡Que sean como El Che!"

En La Habana, la noche del 18 de octubre de 1967, cientos de miles de personas se apretujaron silenciosamente en la Plaza de la Revolución, iluminadas por potentes reflectores. El rostro del Che mito, ampliado en forma descomunal, presidía el acto; una bandera cubana flameaba cerca de él. Habló Fidel Castro para evocar decenas de anécdotas en común con El Che y exaltar sus virtudes combativas e intelectuales. En uno de sus últimos párrafos dijo:

> Si queremos expresar cómo aspiramos a que sean nuestros combatientes revolucionarios, nuestros militantes, nuestros hombres, debemos decir sin vacilación de ninguna índole: ¡Que sean como El Che! Si queremos expresar cómo queremos que sean los hombres de las futuras generaciones, debemos decir: ¡Que sean como El Che! Si queremos decir cómo deseamos que se eduquen nuestros niños, digamos sin vacilación: ¡Queremos que se eduquen en el espíritu del Che! Si queremos un modelo de hombre que no pertenece a este tiempo sino al futuro, ¡de corazón digo que ese modelo sin una sola mancha en su conducta, sin una sola mancha en su actitud, sin una sola mancha en su actuación, ese modelo es El Che!
> Y cuando se hable de internacionalismo proletario y se busque un ejemplo, ¡ese ejemplo, por encima de cualquier otro, es el ejemplo del Che![1]

Debray acusa a los comunistas

La última frase de Castro estaba dirigida a los bolcheviques, infatigables enemigos del Che, parados cerca de él, en el mismo escenario. Flotaba en esos momentos una sospecha: la traición de los comunistas al movimiento iniciado en Bolivia. Algo que ya había revelado Regis Debray a un periodista español:

Ernesto Guevara murió ya antes del 8 de octubre, pues estaba vencido por la pavorosa naturaleza de aquella región, por la traición de algunos de los grupos prosoviéticos y prochinos de Bolivia, y también por la traición de otros que no eran bolivianos. Los comunistas lo abandonaron cuando él necesitaba su ayuda con mayor urgencia. No ha llegado todavía el momento en que toda la verdad resplandezca. Pero tengamos por cierto que, si bien Ernesto *Che* Guevara cometió errores en su actuación de guerrillero, los citados elementos del Partido Comunista cometieron una traición y le fueron infieles.[2]

Las probabilidades de una traición

Similares acusaciones hicieron los cinco sobrevivientes de la guerrilla boliviana, cuando llegaron a Chile (a fines de febrero de 1968, tras cruzar a pie seiscientos kilómetros en un increíble viaje de 133 días) y fueron acosados por los periodistas. Harry Villegas Tamayo (*Pombo*), Leonardo Tamayo Núñez (*Urbano*) y Dariel Alarcón Ramírez (*Benigno*), los tres cubanos; Efraín Quicañez Aguilar y Estanislao Vilca Coque, bolivianos, fueron remitidos a Cuba por vía indirecta (Isla de Pascua-Tahití-Praga-La Habana), en un viaje alrededor del mundo "para evitar escalas occidentales".

Es probable que en Cuba hayan revelado más detalles, pero no mucho más de lo que ya se sabía. Castro, al leer en esos días las declaraciones de tres jefes comunistas latinoamericanos publicadas por el *Pravda* de Moscú, meditó largamente sobre la posibilidad de una traición. Esas declaraciones fueron sintetizadas en un boletín suizo:

> En *Pravda*, el jefe del PC chileno, Luis Corvalán, defendió al PC de la Unión Soviética y a sus filiales sudamericanas contra el continuo reproche de Cuba, en el sentido de que aquél y éstas eran tradicionalistas y ortodoxos. En algunos círculos, dijo, esto se afirma solamente porque esos partidos han conservado la amistad del partido de Lenin y han abandonado la "palabrería revolucionaria". También Rodolfo Ghioldi, miembro directivo del PC de la Argentina, previno en *Pravda* contra la "aventura política" cubana y puso de relieve que los revolucionarios de Sudamérica, sobre los cuales se podía contar con que no eran guerrilleros, son los partidos comunistas de Argentina, Brasil, México, Uruguay y Chile. Rodolfo Guintero, profesor de la Universidad Central de Venezuela, calificó de descabellada la táctica guerrillera en Latinoamérica.[3]

El guevarismo, una táctica

Pero las jugadas políticas de los comunistas de ambas corrientes, que intentaron descalificarlo (tendencia soviética) o adueñarse de su imagen (maoístas y trotskistas), naufragaron en la misma medida en que se hundió el desesperado esfuerzo de la CIA por evaporar su figura. Finalmente, el mito los aplastó a todos.

Los jóvenes líderes marxistas de Europa como Rudi Dutschke, por ejemplo, que sacudía entonces a los alemanes con su guevarismo, al frente de la Liga de Estudiantes Socialistas, se hicieron admiradores del Che. Rudi bautizó a su hijo con ese nombre, y elogió su táctica guerrillera, "por ser una táctica móvil en la elección del lugar, tiempo y objetivo de las acciones directas, para este período de transición en el que los estudiantes de izquierda no pueden dar preferencia a una teoría cerrada en detrimento de la práctica".[4] A su vez, la televisión alemana envió al periodista Jürgen Corleis a Cuba, Bolivia y Argentina a filmar un cortometraje sobre la vida de Guevara, que se emitió en septiembre de 1968 por la Stern TV de Hamburgo, para toda Europa.[5]

San Ernesto de La Higuera

En América latina la leyenda entraba en esos días en una fase imprevisible. Los futbolistas de Monsefú (Lambayeque, Perú) salieron una tarde a la cancha con brazaletes negros y una bandera que tenía adosada la foto del Che mito. Más silenciosos, y cuando todos se habían ido ya con sus cámaras fotográficas, sus apuntes y sus gritos, los pobladores del pequeño pueblo boliviano La Higuera comenzaron a peregrinar hasta la escuelita donde El Che fue ejecutado y a venerar su imagen. Lo bautizaron San Ernesto de La Higuera.

En Lima, la personalidad del jefe guerrillero fue evocada por el cura Javier Arzuaga, durante un sermón pronunciado en el templo de Las Nazarenas, a la semana de su muerte. En Buenos Aires, en cambio, fue clausurada una muestra pictórica en el salón de la Sociedad Argentina de Artes Plásticas, donde Juan Carlos Castagnino, Carlos Alonso, Alfredo Plank y Marta Peluffo, entre otros, exponían cuadros sobre un mismo tema: El Che.

El diario de campaña

A las pocas semanas de la muerte del Che, el gobierno boliviano puso en venta al mejor postor los derechos exclusivos del diario de campaña encontrado en la mochila del guerrillero. La agencia noticiosa France Press informó a principios de noviembre de 1967 que "un importante grupo de publicaciones norteamericanas, conducido por la agencia Magnum, de la que forma parte *The New York Times*, firmó en La Paz el convenio de principio con el gobierno de Bolivia".[6] Cuatro días después, fue la agencia española EFE, la que dio cuenta de un "ofrecimiento de cien mil dólares por parte del editor parisiense Jean Jacques Pauvert", y del retiro de ese mismo ofrecimiento "después de saber que la familia del Che Guevara estaba decidida a oponerse a la publicación de los escritos del guerrillero".[7] Simultáneamente, a través de la United Press, el general Alfredo Ovando Candia informaba que existía "una propuesta de cien mil dólares de un consorcio norteamericano".[8] Al día siguiente, un cable de ANSA duplicó esa cifra anunciando que "Magnus está negociando con el gobierno boliviano, al cual ofreció doscientos mil dólares por la explotación no sólo del diario, sino de todos los documentos relacionados con las guerrillas".[9]

Cuando las tratativas con Magnum estaban a punto de concretarse en ciento veinticinco mil dólares, según informó la UP desde Nueva York,[10] una duda enfrió las negociaciones, pues los compradores se preguntaban quién era realmente el dueño de los manuscritos, si el gobierno boliviano o la viuda del Che. Entonces, por el temor de que el negocio se frustrara, el presidente de Bolivia, general René Barrientos, convocó a una conferencia de prensa en La Paz, y dijo: "Hay elementos comunistas interesados en perturbar las negociaciones que se celebran con la empresa editorial Magnum, pues temen las revelaciones que puede contener el diario".[11] Pero sus argumentos no lograron revitalizar el interés, puesto que a la semana siguiente llegó desde Londres la noticia de que "con el contrato casi firmado, Magnum, cooperativa internacional con oficinas en París y Nueva York y representantes en veintiséis países, ha optado por suspender la compra y traspasar sus intereses a cualquier otro sindicato".[12]

Ante el fracaso, el gobierno boliviano decidió ofrecer el texto del diario en forma reservada, e hizo sacar fotocopias de los manuscritos.

Representantes de editoriales norteamericanas y europeas pagaron, por separado, algunos miles de dólares (las cifras iniciales habían descendido) por ese material, en el entendimiento de que compraban una exclusividad. Fue en esas semanas, en junio de 1968, que un juego de fotocopias llegó misteriosamente a Cuba. Un mes antes de que el diario fuera publicado en La Habana, la agencia EFE había distribuido una noticia que parecía revelar el secreto: "El periodista británico Richard Gott asegura que un general boliviano tiene una fotocopia del diario del Che Guevara, el que estaría dispuesto a deshacerse de ella a cambio de cinco mil dólares".[13]

Gott acababa de publicar en Santiago de Chile, donde fuera reporteado, las fotos que El Che llevaba en su mochila,[14] cuyas copias había comprado en La Paz a otro oficial boliviano. Sin embargo, Castro había obtenido esas fotocopias por otra vía más directa.

El primero de julio de 1968 el gobierno cubano lanzó una edición gratuita titulada *El diario del Che en Bolivia*, que publicó el Instituto del Libro, con un prefacio de Fidel Castro denominado "Una introducción necesaria", en donde se confirmó oficialmente la responsabilidad del coronel Andrés Selich y del sargento Mario Terán en la ejecución del Che. También se explicó allí que los derechos de autor fueron cedidos por la viuda del Che (quien descifró pacientemente la pequeña letra de los manuscritos) a las editoriales François Máspero (Francia), Feltrinelli (Italia) y Trikent Verlag (Alemania Federal); y a las revistas *Ramparts* (Estados Unidos) y *Punto Final* (Chile).

La primera reacción del gobierno boliviano se conoció a través de las declaraciones de Barrientos: "Estoy seguro", dijo, "de que esto obedece a un plan de los jerarcas castristas para exaltar la figura del señor Guevara. Se trata de un diario ficticio, falsificado y convenientemente preparado".[15] Pero cuando el gobierno de Cuba desafió al de Bolivia a que "autorice a los periodistas extranjeros a comparar el original del diario con las fotocopias publicadas en La Habana"[16], Barrientos dio marcha atrás. "Creo que la intención del señor Castro", se evadió, "es confundir a la opinión pública mundial". Cinco días después, el vicepresidente boliviano Adolfo Siles Salinas y el comandante en jefe Ovando Candia admitían la autenticidad del diario editado en La Habana. Barrientos terminó por reconocer la legitimidad de ese texto en un viaje a Bogotá.[17]

Ese mismo día, el 9 de julio, el diario oficialista *Presencia*, de La Paz, publicó un suplemento extra con la fotocopia de la edición cubana. Y tres días después agregó algunos párrafos faltantes, que no habían llegado aún a poder de Fidel Castro, en los que se registraban detalles de escasa importancia. (Estas partes habían sido difundidas la noche anterior por Radio Nueva América, de La Paz.) En Buenos Aires, *El diario del Che en Bolivia* fue publicado íntegramente por las revistas *Primera Plana* (en tres ediciones: el 16, el 23 y el 30 de julio de 1968) y *Así* (en dos números: el 18 y el 22 de julio de 1968).

A mediados de julio iba a quedar revelado el secreto de la entrega del juego de fotocopias al gobierno cubano. El general Ovando Candia elevó un informe a Barrientos el día 18, acusando a Antonio Arguedas, ministro de Gobierno de Bolivia, de quien se comprobó que había tenido en su poder los originales del diario durante veinticuatro horas. Lo suficiente para fotografiar todas sus páginas. Algunas horas más tarde, en la mañana del 19 de julio, Arguedas escapaba de Bolivia en un jeep oficial, en compañía de su hermano Jaime, rumbo a la frontera chilena; y poco después de cruzarla (sin inconvenientes), admitió haber suministrado las fotocopias del diario del Che al gobierno cubano.

El mito alcanzó tal vez sus mayores proporciones cuando en la Argentina se lanzaron a la venta dos historietas con la vida del Che. A través de centenares de escenas dibujadas, con breves leyendas, los chicos comenzaron a quererlo como un personaje de aventuras y a interesarse por sus ideas. Las editoriales Hachedé y Ediko, autoras de esas historietas, consiguieron que la figura del Che penetrara en el sector menos politizado: la niñez.

La autodefinición

Los argentinos conocieron toda clase de opiniones sobre El Che, luego de revelarse su muerte. Desde las más comprometidas hasta las más aguadas. Todas. Pero hubo una, la del sacerdote Hernán Benítez –aquel cura que había sido confesor de Evita–, que sorprendió por la imagen angélica, con rasgos de heroicidad, ascetismo y sacrificio que describía:

> Pasar la vida en la jungla, hambreado, desnudo, con la cabeza a precio –¡cinco mil dólares!–, enfrentando el poderío bélico del imperialismo y, para colmo, enfermo de asma, exponiéndose a morir de ahogo si no lo

segaban las balas, él, que hubiera podido vivir regaladamente, con plata, juegos, amigos, mujeres y vicios en cualquiera de las grandes ciudades pecadoras; esto es heroísmo, heroísmo de ley, por arrevesadas que pudiera tener sus ideas. No reconocerlo sería, no ya reaccionarismo, sino estupidez.[18]

Probablemente El Che la hubiera desestimado. Para él todo era mucho más sencillo y claro. La opinión de sí mismo, es fácil advertirlo, está contenida en la carta de despedida a sus cinco hijos: "Vuestro padre ha sido un hombre que actúa como piensa y, seguro, leal a sus convicciones".

Notas

1 *Cristianismo y Revolución*, Nº 5, noviembre de 1967.
2 *Pueblo*, Madrid, 23 de octubre de 1967.
3 *Revista de la Prensa Suiza y Noticiario*, Berna, 27 de febrero de 1968.
4 *Tribuna Alemana*, selección semanal de la prensa alemana, Hamburgo, 29 de febrero de 1968.
5 El autor de este libro fue especialmente entrevistado en Buenos Aires cuando se publicó la primera edición.
6 *La Nación*, 4 de noviembre de 1967.
7 *Crónica*, 8 de noviembre de 1967.
8 *La Prensa*, 8 de noviembre de 1967.
9 *Clarín*, 9 de noviembre de 1967.
10 *La Prensa*, 4 de diciembre de 1967.
11 *La Razón*, 6 de diciembre de 1967.
12 *Crónica*, 12 de diciembre de 1967.
13 *Crónica*, 5 de junio de 1968.
14 *Punto Final*, 4 de junio de 1968.
15 *Clarín*, 2 de julio de 1968.
16 *La Nación*, 4 de julio de 1968.
17 *La Razón*, 10 de julio de 1968.
18 *Cristianismo y Revolución*, Nº 5, noviembre de 1967.

Indice de nombres

Abón Li: 158
Acosta, Julio Zenón: 111, 134
Acuña Núñez, Juan de (Joaquín, Vilo): 283, 290, 292, 296, 298, 299
Acuña, Sergio: 110, 111, 121
Adams, John Quincy: 174, 240
Agramonte, Roberto: 134
Aguilera, Francisco: 240
Aguilera, Tomás (Toty): 302, 304
Aguirre, Waldino (El Torito): 85
Aja Castro, Ramón: 235, 236
Alarcón Ramírez Daniel (Benigno): 287, 311
Albella, Gustavo: 85
Albizu Campos, Pedro: 227
Alekhine, Alexander: 44
Alemann, Roberto T.: 234
Algañaraz, Ciro: 282, 284, 285
Algañaraz, Julio: 19
Almeida, Juan: 102, 103, 104, 105, 108, 116, 120, 122, 123, 124, 125, 135
Almeijeiras, Efigenio: 104, 116, 120
Alonso, Carlos: 312
Alvear, Marcelo T. de: 32
Allende, Salvador: 76
Amézaga: 286, 287
Aragonés, Emilio: 221, 278
Aramayo, Carlos V.: 70
Aramburu, Pedro Eugenio: 97, 244
Arbentosa: 103
Arbenz, Jacobo: 75, 80, 81 82, 83, 84, 89, 94, 155, 164, 176, 215, 219
Arévalo, Juan José: 81, 83
Arguedas, Antonio: 24, 300, 315
Arguedas, Jaime: 315

Ariet García, María del Carmen: 20
Arzuaga, Javier: 312
Arroyo, Alfredo: 296
Attlee, Clement: 55
Avendaño, Víctor: 32
Ayala, Jorge: 293
Ayoroa Montano, Miguel: 25, 301
Azevedo, Waldir: 56
Azurduy de Padilla, Juana (Santa Juana de América): 282
Baigorria, Amalia: 16
Balbín, Ricardo: 137
Baptista, Moisés Abraham: 303
Barral, Fernando: 45, 53, 54, 86
Barrientos Ortuño, René: 24, 25, 27, 290, 296, 300, 304, 313, 314, 315
Batista, Fulgencio: 73, 92, 95, 109, 119, 129, 136, 139,142, 144, 160, 172
Baudelaire, Charles: 68
Bayo, Alberto: 95, 99, 118, 138
Bella, Ben: 256, 261, 264, 277
Benítez, Hernán: 315
Benítez: 108
Bermann, Gregorio: 86
Berstein, Jaime: 15
Betancourt, Rómulo: 79
Beveraggi Allende, Domingo: 76, 77
Beveraggi Allende, Walter: 76, 77
Bingham, Hiram: 64
Bolívar, Simón: 207
Bordabehre, Enzo: 39
Bordón Machado, Víctor: 162
Borrero, Marcos: 148
Bosch, Juan: 79
Boti, Regino: 184, 185
Boumaza, Bacchin: 264

Boumedienne, Houari: 277
Bowles, Chester: 219, 231
Braden, Spruille: 63
Bravo, Mario: 32
Bravo, Rubén: 85
Brenan, Ray: 183
Bulganin, Nicolai: 199
Bustos, Ciro Roberto (Mauricio, El Pelado, Carlos): 282, 285, 294
Butelman, Enrique: 15, 16
Butler, Smedley D.: 176
Cabot Lodge, Henry: 82
Cafaro, Billy: 165
Campoamor, Fernando G.: 241
Canning, George: 174, 175
Cantori, Tomás: 235
Capablanca, José Raúl: 44, 86
Capac: 282
Capone, Al: 177
Cardi, Juan Angel: 212
Carreras, José: 47
Carretoni, Jorge: 231, 235
Carrillo, José (Paco): 299
Casals, Violeta: 157
Casasbellas, Ramiro de: 17
Casillas, Joaquín: 110, 128, 158, 160, 161
Castagnino, Juan Carlos: 312
Castillo Armas, Carlos: 82, 89, 92, 127
Castillo, Ramón S.: 51
Castro, Guillermo: 47
Castro, Josué de: 183, 184
Castro Argiz, Ana: 178
Castro Argiz, Gonzalo: 178
Castro Mercader, Raúl: 126
Castro Ruz, Fidel: Mencionado constantemente como Fidel.
Castro Ruz, Juana (Juanita): 90
Castro Ruz, Raúl: Mencionado constantemente como Raúl.
Cervantes: 28
Céspedes, Augusto: 87

Céspedes, Carlos Manuel: 87, 240
Cienfuegos, Camilo: 103, 104, 107, 108, 109, 116, 120, 125, 135, 145, 147, 151, 152, 157, 158, 162, 163, 164, 197, 201, 202
Cieza de León, Pedro: 64
Cilleros: 122
Ciria, Alberto: 221, 243, 278
Clement, Gastón: 238
Cócaro, Nicolás: 241
Constenla, Julia: 36, 230, 243
Cooke, John William: 279, 280
Cooper, Gary: 120
Córdova Iturburu, Cayetano (Policho): 39, 85, 213
Córdova Iturburu, Carmen (Negrita): 54, 87
Corleis, Jürgen: 312
Cornejo, Raúl: 293
Cortázar, Julio: 100
Corvalán, Luis: 311
Coto Martínez, Aleida: 255
Crespo, Luis: 108, 111, 114
Croce, Benedetto: 216
Cuba, Simón (Willy): 25, 283
Cubela Secades, Rolando: 156
Cúneo, Dardo: 231, 241, 243, 244
Chaplin, Charles: 147
Chang, Juan Carlos (El Chino): 282, 285
Chibás, Eduardo (Eddy): 130
Chibás, Raúl: 125, 126, 130, 134, 146, 147
Chingolo: 289
Churchill, Winston: 55
Daniel, Jean: 255
Danton, Georges Jacques: 201
Darío, Rubén: 217
Debray, Regis (Danton): 285, 290, 294, 305, 307, 310
De Gaulle, Charles: 52
De la Serna, Antonio: 49

De la Serna (de Córdova Iturburu), Carmen: 39, 49, 50, 213
De la Serna (de Guevara), Celia: 31, 36, 39, 98, 105, 178, 187, 189, 213, 214, 225, 239, 255, 271, 272, 307
De la Serna, Juan Manuel: 86
De la Torre, Lisandro: 39
De la Serna Loaces: 86
Delgado, Juan Carlos: 306
D'Elia: 292
Del Rio Chaviano: 157
Demócrito: 207
Díaz, Epifanio: 112, 114
Díaz: 49
Díaz, Julito: 107
Dillon, Douglas: 224, 226, 228, 243
Discépolo, Enrique Santos (Discepolín): 75
Divito, Guillermo: 138
Dorticós Torrado, Osvaldo: 195, 258
Drake: 278
Dulles, Allen: 82, 218, 219, 220, 243
Dulles, John Foster: 80, 81, 82, 87, 218
Dumas, Alejandro: 43
Dunne, Kenneth: 243
Dutschke, Rudi: 312
Duvalier, Francisco: 92
Echevarría, José Antonio: 115, 157
Eden, Anthony: 87
Edwards, Bob: 243
Eisenhower, Dwight: 196, 205, 209, 210, 211, 218, 224, 242, 243
Eisenhower, Milton: 171
Eliskase, Erich: 44
El Vaquerito: 116
Engels, Federico: 47, 90, 207
Ernesto: 299
Escalante, Aníbal: 220, 221, 251, 259, 269
Espín, Vilma: 112, 193
Estrada Palma, Tomás: 168
Eusebio: 289

Fajardo, Manuel: 108, 110
Falla, Manuel de: 86
Fangio, Juan Manuel: 165
Farrell, Edelmiro J.: 86
Felipe, León: 257
Fernández, Bernardino: 284
Ferrer, Carlos (Calica): 69, 74, 75
Ferreyra, Horacio (Cuco): 54
Ferreyra, Maria del Carmen (Chichina): 54, 55
Figueres, José (Pepe): 79
Figueroa, Carlos: 58, 60
Filipich, Emilio J.: 235
Fraga, Rosendo: 238
Franco, Francisco: 39, 42, 43, 78, 130
Franqui, Carlos: 188
Freud, Sigmund: 43
Frías, Ciro: 111
Fromm, Erich: 199
Frondizi, Arturo: 71, 98, 137, 165, 215, 231, 235, 236, 237, 238, 239, 240, 243, 244, 256, 257
Frondizi, Elena Faggionatto de: 238
Fulbrigbt, William: 219
Funes, Aramís: 85
Gadea, Hilda: 80, 89, 91, 93, 187, 193
Gainza Larrazábal, Ana Lynch Zavaleta de: 48
Gainza Larrazábal, Martín José de: 48
Gainza Lynch, Alberto de: 48
Gainza Paz, Alberto: 48, 213
Galán: 49
Gambini, Gabriela: 16
Gambini, Verónica: 16
Gandhi (Mahátmá): 58
García, Calixto: 104, 108
García, Enrique (El Chueco): 41
García, Gualo: 75, 77
García, Guillermo: 120, 127
García, Héctor Ricardo: 292
García, Jorge Luis: 172

García Jiménez, Francisco: 56
García Parra, Fernando: 235
García Tuñón: 292
Garcilaso de la Vega (Inca): 64
Gardel, Carlos: 32, 39, 225
Gelblung, Samuel: 48, 85
Ghioldi, Rodolfo: 52, 311
Gilly, Adolfo: 252, 268
Giménez, Benito: 304
Gómez, Laureano: 67
Gómez, Máximo: 151, 179, 240
González, Eduardo (Eddy): 27, 305
González Aguilar, Carmen: 55, 78
González Aguilar, Francisco (Paco): 42, 46, 78
González Aguilar, José (Pepe): 42, 43, 49, 69, 78, 85, 86, 273
González Aguilar, Juan: 42
González Aguilar, Juan (h.): 42
González Arévalo: 71
Goodwin, Richard: 231, 237, 256
Gorz, André: 242
Gott, Richard: 314
Granado, Alberto (Mial) 61, 62, 63, 66, 67, 68, 69, 87, 189, 204, 270, 273
Granado, Tomás: 62, 63
Grau, Roberto: 44
Grau San Martín, Ramón: 90
Grinberg, León: 38
Guerra Eutimio: 106, 110, 113
Guevara, Aleida (Aleidita): 276
Guevara Arze, Walter: 300
Guevara, Camilo: 276
Guevara, Celia: 276
Guevara de la Serna, Ana Maria: 35, 42
Guevara de la Serna, Celia: 35, 42, 272
Guevara de la Serna, Ernesto: Personaje central, se lo cita constantemente como Ernesto o El Che. También recibe otros apodos: Teté,

Pitecantropus Erectus, El Chancho, Fray Hernando Juan de los Santos, Adolfo Mena, Ramón, San Ernesto de La Higuera.
Guevara de la Serna, Juan Martín: 35, 225, 272
Guevara de la Serna, Roberto: 35, 42, 47, 53, 68, 85, 272, 273, 306, 309
Guevara, Ernesto (hijo): 276
Guevara, Hilda (Hildita): 98, 137, 193, 276
Guevara, José: 38, 85
Guevara, José Gabriel: 47
Guevara, Juan Antonio: 47
Guevara Lynch, Ernesto: 31, 33, 34, 36, 37, 48, 225
Guevara Lynch, Marcelo: 86
Guevara, Moisés: 283, 287
Guevara, Roberto: 48, 86, 272
Guintero, Rodolfo: 311
Guitard, Odette: 242
Gutiérrez Bauer, Laura (Tania): 282, 285, 298, 299
Gutiérrez, Carlos María: 276
Gutiérrez de Santa Clara, Pedro: 64
Guzmán, Arturo: 275
Haedo, Eduardo Víctor: 226
Hamilton Russell: 44
Hayworth, Rita: 18
Hernández, Manuel: 150
Hernández, Melba: 73
Herrero, Andro: 75
Herter, Christian: 218
Hevia, Carlos: 134
Hitler, Adolfo: 39, 43
Hood, Robin: 130, 213
Hoover, Herbert: 32
Hoschild, Mauricio: 70
Huanca, Bernardino: 25, 27
Huberman, Leo: 100, 130, 133, 144, 209
Huberman, Silvio: 19

Icaza, Jorge: 81
Iglesias, Joel: 121, 124
Illia, Arturo U.: 257
Jefferson, Thomas: 174, 175, 240
Johnson, Lyndon B.: 87
Jonás: 217
Juan XXIII (Angelo Giuseppe Roncalli): 256
Judas Macabeo: 217
Justo, Agustín P.: 39, 51, 85, 183
Justo, Juan Bautista: 241
Keita, Modibo: 261
Keller, Christine: 256
Kennedy, Jacqueline: 250
Kennedy, John F.: 209, 210, 211, 218, 219, 220, 221, 224, 226, 227, 229, 231, 237, 243, 248, 249, 250, 251, 256, 260
Kennedy, Robert: 218, 250, 268
Kolle Cueto, León: 291, 292
Kruschev, Nikita: 196, 199, 205, 209, 210, 211, 248, 249, 250, 251, 259, 268
Lamarr, Hedy: 18
Lange, Oskar: 17
Langsford, Hans: 43
Laredo Arce, Henry: 296
Larteguy, Jean: 305
Lartigue, Raúl: 292
Latendorf, Abel Alexis: 118
Lauría: 292
Laviti: 106
Leal: 121, 122
Lenin (Vladimir Ilich Ulianov): 81, 90, 184, 186, 190, 194, 206, 207, 221, 311
Leoni, Raúl: 79
Liverpool: 175
Lissouba, Pascal: 261
Loaces y Arandia, Paula de: 86
Lonardi, Eduardo: 97, 244
London, Jack: 81, 103, 190

López, Darío: 96, 130
López, Hernando: 203
López Pérez, Rigoberto: 127
López Saavedra, Emiliana: 7, 16, 19
López Tanco, Hugo: 292
López Villagra: 49
Loyola Guzmán: 300
Lumumba, Patrice: 277
Lynch de Guevara, Ana: 48, 49, 213
Lynch Arribálzaga, Enrique: 86
Lynch Zavaleta, Ana: 48
Lynch, Benito: 86
Lynch, Francisco: 48
Lynch, Gaspar: 86
Lynch, Patricio: 48
Lynch, Patricio Julián José: 48
Lynch, Ventura: 48
Lynch y Arandia, Francisco: 48, 86
Llano Montes, Antonio: 188
Maceo, Antonio: 147, 151, 162, 240
Machin Hoed, Gustavo (Alejandro): 283, 287, 299
Manzi, Homero: 56
Mao Tsé-tung: 207, 248, 264, 265, 268
Marcos (Antonio Sánchez Díaz): 283, 285, 299
March Aleida: 187, 188, 193
March, Armando: 40, 41, 166, 190
María Antonia: 93
Marshall, George: 209
Martí, José: 145, 152, 175, 226, 230, 241, 288
Martí Leyva, José: 187
Martínez: 283
Martínez, Antonio: 284
Martínez Caso, José: 303
Martínez Estrada, Ezequiel: 21, 215, 216, 217
Martínez Páez, Julio: 133
Martínez, Ricardo: 157
Marucci, Peter: 254
Marx, Carlos: 47, 81, 90, 207, 208

Masetti, Jorge Ricardo: 189, 241
Massemba-Debat, Alphonse: 261, 278
Matos, Hubert: 115, 164, 197, 242
Matthews, Herbert L.: 113, 130, 169, 201, 209, 222
Mayobre, José Antonio: 83
Mazzeo, Miguel: 20
McKinley, William: 176
McNamara, Robert: 218, 243
Melgarejo, Mariano: 305
Melo, Leopoldo: 32, 85
Méndez San Martín, Armando: 68
Menéndez, Benjamín: 71
Mikoyan, Anastas: 199
Milanez, Fernando: 184
Miret, Pedro: 139
Miró Cardona, José: 185, 186
Mittelman, Bela: 37, 38
Mogambo: 283
Monje, Mario (Estanislao, El Negro, Mario): 283, 284
Monroe, James: 174
Montané, José 102
Monti, Luis (Doble Ancho): 31
Moors Cabot, John: 82
Morales, Calixto: 104, 108
Morán: 110, 113
Moreau de Justo, Alicia: 18, 213
Moreno Fraginals, Manuel: 273
Moreno, Iván Carlos: 86
Moro (Morogoro, Muganga, El Médico): 283, 287, 299
Mosca, Enrique M.: 86
Moyano, Dolores: 54
Moyano, Magdalena (Magda): 54
Muléle, Pierre: 277
Muñoz, Hermes: 293
Murúa, Fray Martín de: 64
Murray Sayle: 290
Mussolini, Benito: 39, 43
Najdorf, Miguel: 44, 86

Nasser, Gamal Abdel: 195, 198, 262, 264
Neder, Jorge (Nilo): 86, 243
Nehru, Jawaharlal: 195
Nemchicov: 252
Neruda, Pablo: 60, 245
Newton, Isaac: 207
Newton, Jorge: 86
Nieves Ríos, Castor: 79
Nixon, Richard: 171, 209
Nkrumah, Kwame: 262
Nougués, Isaías: 71
Nourry, Philippe: 294
Núñez Jiménez, Antonio: 158, 192, 241
Nyerere, Julius: 262
Oddone, Jacinto: 38, 86
Odonetto, Rodolfo: 38
Odría Manuel: 79, 92
Onganía, Juan Carlos: 17, 279
Onís, Juan de: 305, 308
Operto, Walter: 303
Orellano, Leda: 19
Orfila Reynal, Arnaldo: 130
Ortiz, Roberto M.: 51
Ortiz: 302
Osegueda, Raúl: 83
Osorio, Chicho: 106, 107, 108, 124
Ottén Mesana: 151
Ovando Candia, Alfredo: 24, 25, 26, 27, 287, 300, 304, 313, 315
Paco: 289
Padilla: 282
Padilla, Manuel Ascensio: 282
País, Frank: 112, 113, 114, 125, 129, 136, 157
Palacios, Alfredo L.: 18, 127, 165, 214, 215, 273
Pankhurot, Emmeline: 32
Pantoja Tamaño, Orlando (Olo, Antonio): 283, 300
Pardo, Israel: 124, 126, 128, 129

Patiño, Simón J.: 70
Patrón Costas, Robustiano: 51, 86
Pauvert, Jean Jacques: 313
Paz Estenssoro, Víctor: 70, 72, 94
Pazos, Felipe: 125, 126, 131, 134, 146, 184, 185, 200, 229
Pedraza, José Eleuterio: 158, 160
Peláez, Luz: 296
Peluffo, Marta: 312
Pellicari, Nicolás: 306
Pepe: 289
Peredo Leigue, Guido (Inti): 280, 281, 282, 283, 284, 285
Peredo Leigue, Roberto (Coco): 280, 281, 282, 283, 284, 285, 287, 300
Perette, Carlos H.: 257
Pérez, Crescencio: 99, 100, 104, 106, 111
Pérez, Faustino: 103, 104, 112, 113, 139, 140
Pérez Jiménez, Marcos: 79, 92, 155
Pérez Panoso: 25
Pérez, Pascual (Pascualito): 165
Perón, Eva (Evita, María Eva Duarte de): 72, 165, 315
Perón, Juan Domingo (Descartes): 52, 71, 72, 79, 90, 94, 137, 164, 165, 198, 244
Pesant, Roberto: 111
Petit de Murat, Ulyses: 86
Peurifoy, John: 83
Piedra, Carlos: 161
Pierini, Franco: 33, 48, 85
Pisani, Salvador: 69
Planck, Max: 207
Plank, Alfredo: 207, 311
Plata: 286
Platón: 207
Platt, Orville: 175, 176
Ponce: 103
Power, Tyrone: 280
Prado Salmón, Gary: 301, 302, 304

Prebisch, Raúl: 225
Prío Socarrás, Carlos: 131, 134, 143
Profumo, John: 256
Pueyrredón Caamaño, Rita de: 48
Quadros, Janio: 231, 238, 239, 240
Quicañez Aguilar, Efraín: 311
Quijano, Carlos: 265
Quindela Blez, Rolando (Braulio): 299
Quiroga, Tatiana: 54, 55
Raborn, William F.: 243
Ramírez, Pedro Pablo: 86
Rawson, Arturo: 86
Ray, Michele: 305, 308
Redondo, Ciro: 104, 125, 146, 162
Reyes, Cipriano: 87
Reyes Rodríguez, Eliseo (Rolando): 283
Reynaga, Aniceto: 25
Ricardo, Héctor: 85
Rippy, J. Fred: 240
Rivero Agüero, Andrés: 156
Rivero, Edmundo: 56
Roca, Deodoro: 52, 53
Roca, Gustavo: 86, 215, 217, 218
Roca, Jaime (Jimmy): 68
Roca, Tatiana Quiroga de: 54, 55
Rocaval, Vicente: 285
Rocha Urquiza, Humberto: 285, 298
Rodríguez, Armando: 111, 112
Rodríguez, René: 104
Rodríguez, William: 126
Rodríguez Jurado, Arturo: 32
Rojas, Honorato: 298
Rojas, Isaac F.: 97
Rojas Pinilla, Gustavo: 75, 92, 155
Rojas Silveyra, Jorge: 238
Rojo, Ricardo: 71, 72, 76, 77, 78, 79, 80, 82, 83, 97, 98, 137, 225, 271, 279
Rolzhauser, Esteban: 306
Roosevelt, Franklin D.: 212
Rosas, Juan Manuel de: 47
Rosell: 159

Roth, George Andrew: 294
Rozenmacher, Germán: 230, 243
Ruiz Arellano: 86
Ruiz Pineda, Leonardo: 79
Rusk, Dean: 218
Russell, Jane: 18
Saavedra, Víctor: 293
Saavedra Lamas, Carlos: 32
Sabattini, Amadeo: 39
Salas Cañizares: 129
Salgari, Emilio: 43, 122, 190
Salmón de Prado, Adela: 304
Sánchez, Alberto: 283
Sánchez, Celia: 112, 116, 125, 127
Sánchez Pinares, Alfonso: 152
Sánchez, Rubén: 293
Sánchez Toranzo, Nicasio: 84
Sánchez, Universo: 104, 108, 116
Sandino, Augusto César: 92, 118, 254
Santamarina, Antonio: 52
Santamaría, Haydée: 112, 116
Sarmiento, Domingo Faustino: 47
Schlesinger Jr., Arthur M: 219, 243
Selich, Andrés: 302, 304, 314
Selser, Gregorio: 70, 71, 72, 243
Shapiro, Samuel: 87
Shépilov Dimitri T.: 199
Shkurko, Serguei: 252
Siles Salinas, Adolfo: 314
Silva, Augusto: 286, 287
Smith, Earl T.: 129, 154, 155, 172
Somoza, Anastasio (Tacho): 81, 92
Somoza, Luis (Tachito): 171
Sorensen, Theodore C: 243
Sorí Marín, Humberto: 167, 191, 192
Sotús, Jorge: 115, 116, 120
Stalin, José: 196
Stember, Enrique: 297
Stevenson, Adlai: 231
Stroessner, Alfredo: 92, 171
Strong, Anna Louise: 253
Suárez Cayoli, Jesús: 283

Suárez Guzmán, Hugo: 292
Suárez, Raúl: 103
Sweezy, Paul M.: 17, 100, 130, 133, 144, 209
Taber, Bob: 116, 117
Tabernilla Dolz, Francisco: 149
Tamaño Núñez, Leonardo (Urbano): 311
Tamborini, José P.: 86
Taylor, William S.: 17
Terán, Luis Roque: 298
Terán Ortuño, Mario: 25, 26, 305, 314
Terrazas, José: 285
Thomas, José de: 304
Thorez, Maurice: 209
Thörlichen, Gustav: 71
Tito (Josep Broz): 195, 198
Toriello, Guillermo: 87
Toro: 299
Torres: 306
Torres, Félix: 152
Touré, Sékou: 262
Troiani, Osiris: 16
Troilo, Aníbal (Pichuco): 56
Troncoso, Oscar: 85
Trotsky, León: 280
Trujillo, Rafael Leónidas: 79, 92, 171, 172, 173
Truman, Harry S.: 211
Tshombé, Moise: 277
Tuma (Tumaini): 283
Tupac Amaru: 64
Uriburu, José Félix: 39, 85
Urquiza, Juan José de: 47
Urrutia Lleo, Manuel: 135, 172, 186, 192, 195
Urrutia, Miriam: 54, 172, 179
Valdovinos, Oscar: 75, 76
Valdez, Ramiro: 125, 129, 148
Valencia, Edmundo: 297
Varela, Orestes: 157
Vargas, Epifanio: 283, 285, 286, 287

Vargas, Mario: 298, 299
Varona, Manuel Antonio de: 134, 143
Vázquez Sempértegui, Marcos: 24
Verne, Julio: 43
Víctor: 301
Vilca Coque, Estanislao: 311
Villar Borda, Carlos J.: 301
Villarroel, Félix: 294
Villegas Tamaño, Harry (Pombo): 287, 311
Vo Nguyen Giap: 291

Walter: 299
Warburg, James P.: 242
Whitaker, Arthur Preston: 240
White, Lincoln: 154, 155
Whitman, Walt: 81
Womack Jr., John: 17
Wright Mills, C: 141, 167
Ydígoras Fuentes, Miguel:
Yrigoyen, Hipólito: 32, 39, 85, 98
Zenteno Anaya, Joaquín (Saturno): 27, 302, 304, 30

stockcero. com
Viamonte 1592 C1055ABD - Buenos Aires
ARGENTINA 54 11 4372 9322

stockcero@stockcero. com

www.ingramcontent.com/pod-product-compliance
Lightning Source LLC
Chambersburg PA
CBHW031705230426
43668CB00006B/116